LECTURES MAISON ROUGE

Rozsika Parker & Griselda Pollock

Maîtresses d'autrefois
Femmes, art et idéologie

fondation antoine de galbert

JRP|Editions

LECTURES MAISON ROUGE

Rozsika Parker
& Griselda Pollock

Maîtresses d'autrefois
Femmes, art et idéologie

Ouvrage préfacé par Giovanna Zapperi
Traduction de l'anglais (Royaume-Uni) par Christophe Degoutin

JRP|Editions

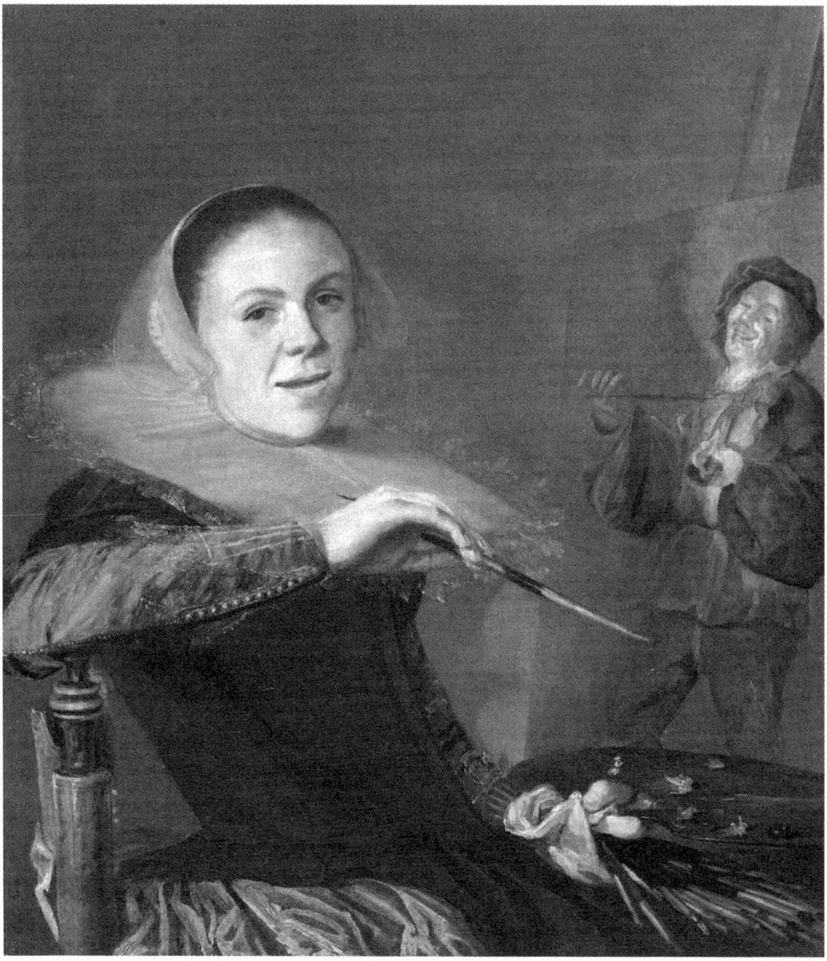

Judith Leyster
Autoportrait, c. 1630

Huile sur toile, 74,6×65,1 cm. The National Gallery of Art, Washington

Sommaire

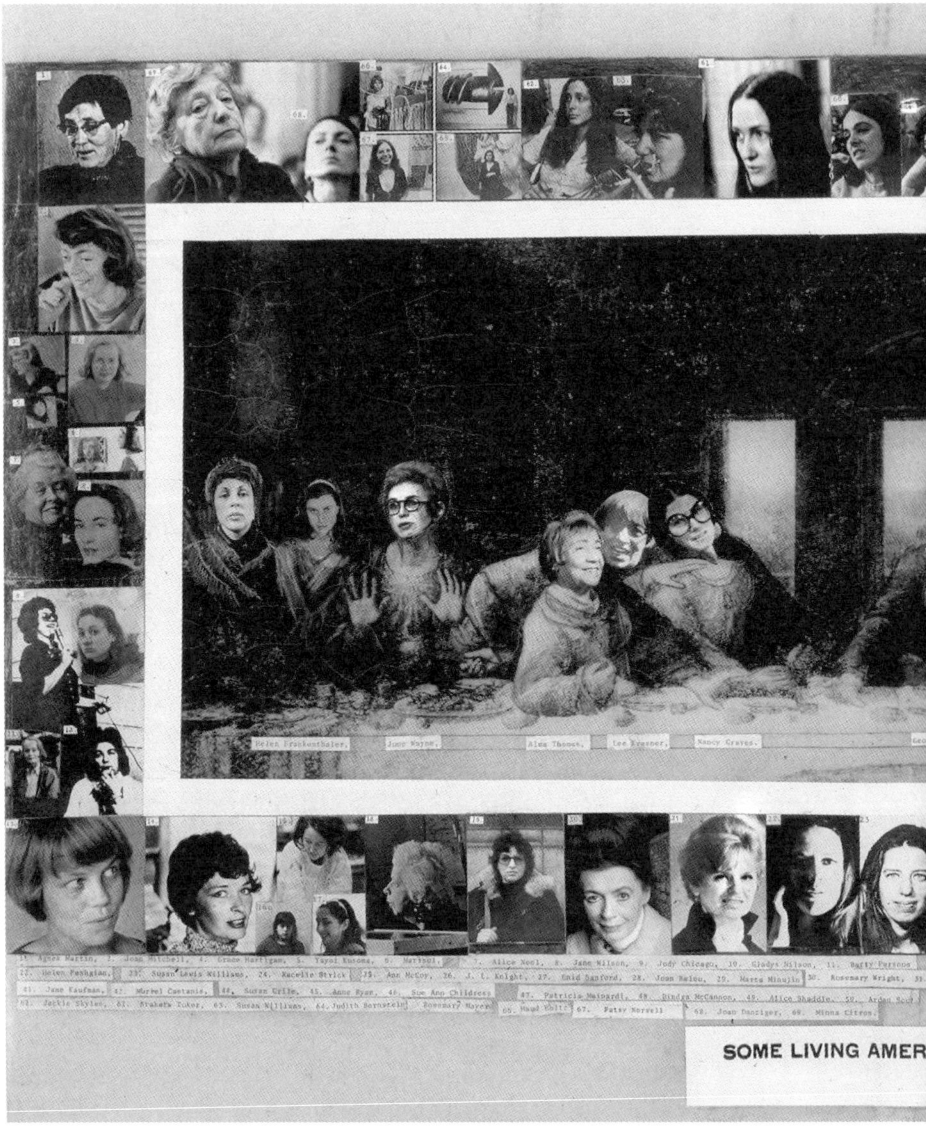

Mary Beth Edelson

Some Living American Women Artists, 1972

Participent à cette « Cène » : Lynda Benglis, Helen Frankenthaler, June Wayne, Alma Thomas, Lee Krasner, Nancy Graves, Georgia O'Keeffe, Elaine de Kooning, Louise Nevelson, M. C. Richards, Louise Bourgeois, Lila Katzen, Yoko Ono, Agnes Martin, Joan Mitchell, Grace Hartigan, Yayoi Kusama, Marisol, Alice Neel, Jane Wilson, Judy Chicago, Gladys Nilsson,

Techniques mixtes sur tirage pigmentaire, 63,5 × 96,5 cm

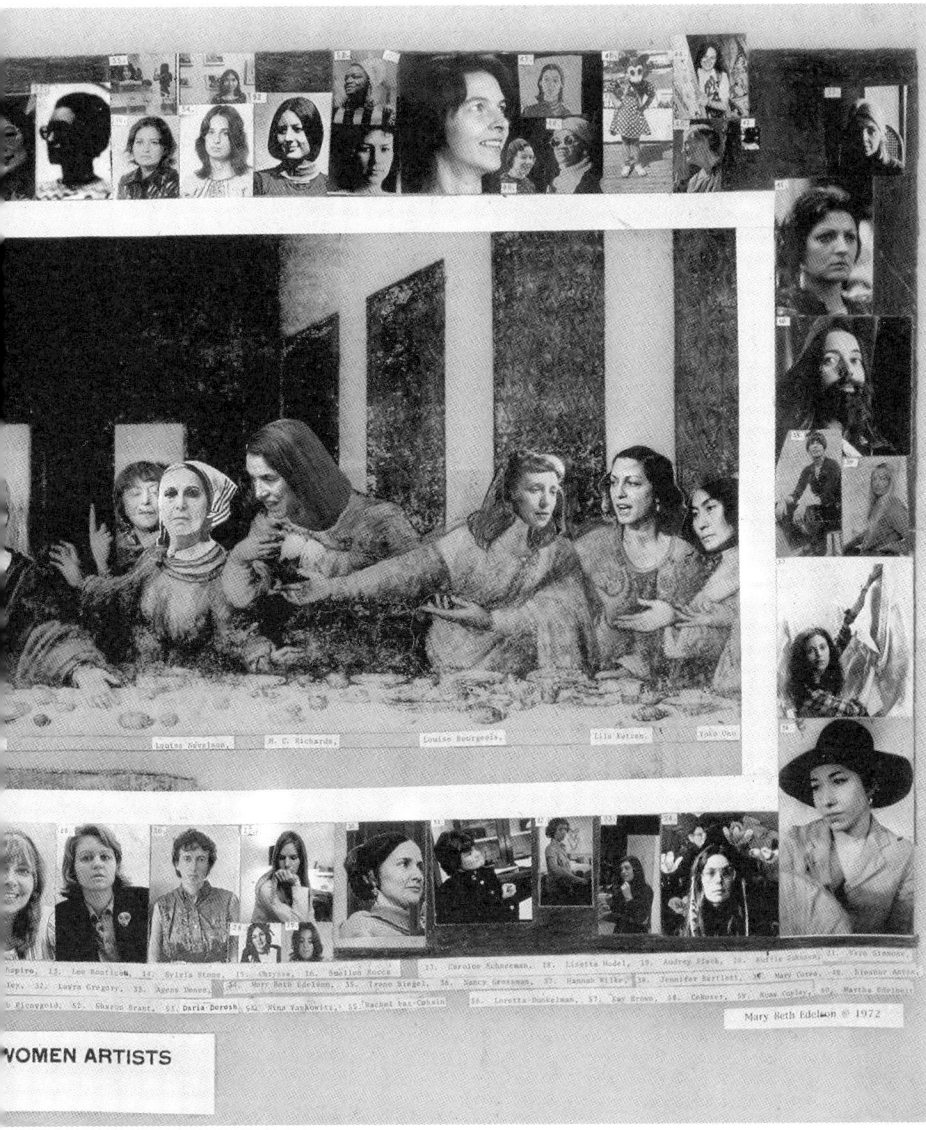

Betty Parsons, Miriam Schapiro, Lee Bontecou, Sylvia Stone, Chryssa, Suellen Rocca, Carolee Schneemann, Lisette Model, Audrey Flack, Buffie Johnson, Vera Simmons, Helen Pashgian, Susan Lewis Williams, Racelle Strick, Ann McCoy, J. L. Knight, Enid Sanford, Joan Balou, Marta Minujín, Rosemary Wright, Cynthia Bickley, Lawra Gregory, Agnes Denes, Mary Beth Edelson, Irene Siegel, Nancy Grossman, Hannah Wilke, Jennifer Bartlett, Mary Corse, Eleanor Antin, Jane Kaufman, Muriel Castanis, Susan Crile, Anne Ryan, Sue Ann Childress, Patricia Mainardi, Dindga McCannon, Alice Shaddle, Arden Scott, Faith Ringgold, Sharon Brant, Daria Dorosh, Nina Yankowitz, Rachel bas-Cohain, Loretta Dunkelman, Kay Brown, Ce Roser, Noma Copley, Martha Edelheit, Jackie Skyles, Barbara Zucker, Judith Bernstein, Rosemary Mayer, Maud Boltz, Patsy Norvell, Joan Danziger, Minna Citron.

INTRODUCTION

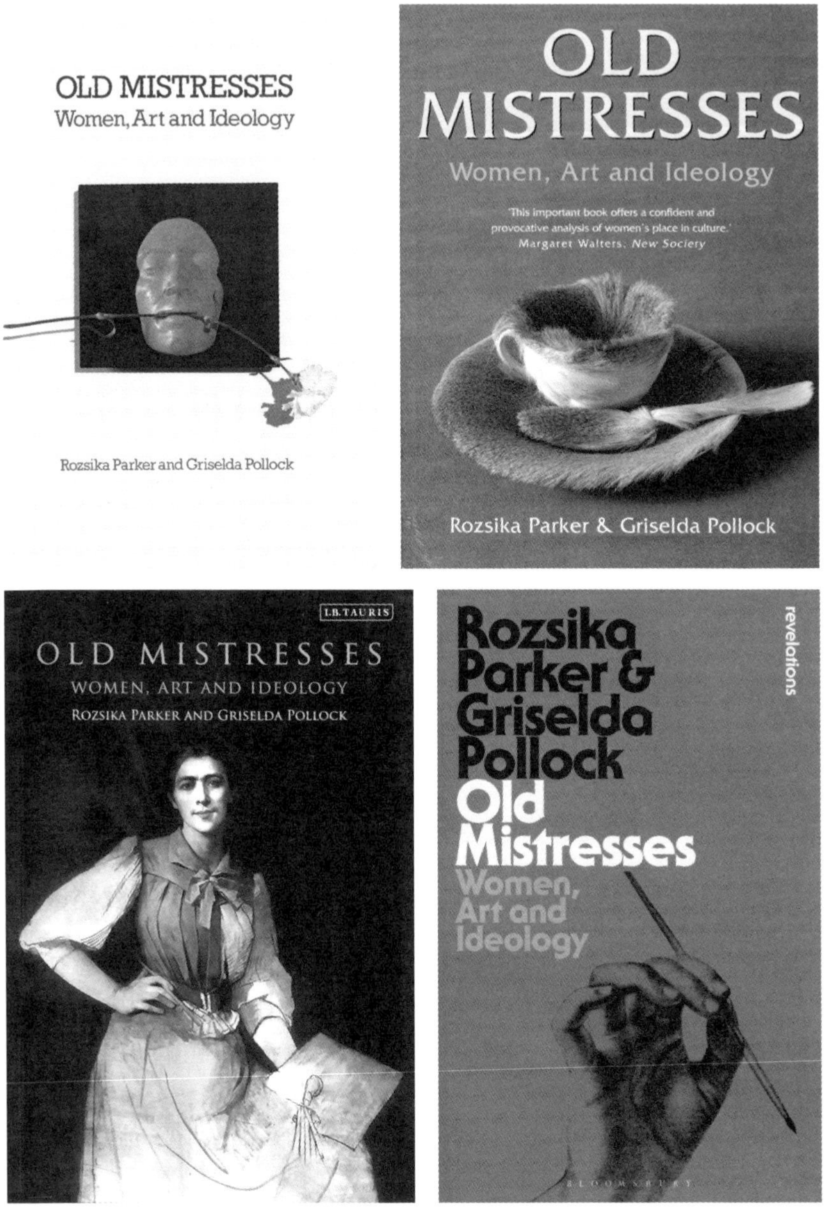

Couvertures des quatre éditions anglaises de *Old Mistresses. Women, Art and Ideology* de Rozsika Parker & Griselda Pollock, respectivement publiées en 1981 et 1995 par Pandora Press, 2013 par I. B. Tauris et 2021 par Bloomsbury. En couverture, figurent successivement des œuvres de Marisol Escobar, Meret Oppenheim, Anna Bilińska-Bohdanowicz et Pierre Dumonstier II (*La Main droite d'Artemisia Gentileschi tenant un pinceau*, 1625).

La nouvelle jeunesse des maîtresses d'autrefois

Giovanna Zapperi

Prologue : hier et aujourd'hui

Il aura fallu quatre décennies pour que *Old Mistresses. Women, Art and Ideology*, désormais un classique, réédité plusieurs fois dans sa version originale[1], soit enfin traduit en français. Depuis sa première publication en 1981, cet ouvrage a changé à jamais l'histoire de l'art en montrant à quel point cette discipline était constitutivement ancrée dans l'idéologie patriarcale. Dans les années 1970, les recherches visant à rétablir l'existence des femmes artistes que l'histoire semblait avoir oubliées s'étaient multipliées. Rozsika Parker et Griselda Pollock questionnaient cette approche réparatrice, qu'elles jugeaient tout à fait insuffisante si elle ne s'accompagnait pas d'une critique des structures de pouvoir qui soutiennent la discipline. Pour elles, la place que l'histoire de l'art reconnaît aux femmes – leur marginalisation, voire leur effacement – est d'abord l'effet d'un entrelacement complexe de discours, de pratiques et de représentations qui produisent le genre comme tel. Tant que cette structuration de la discipline n'est pas interrogée, toutes les démarches réparatrices laissent l'histoire de l'art en l'état, ne faisant qu'entretenir et pérenniser l'une de ses fonctions essentielles : l'histoire de l'art – c'est l'hypothèse de l'ouvrage – est l'un des lieux de la production et de la reproduction de l'idéologie patriarcale. Ajouter les noms de femmes artistes oubliées ne suffira pas à transformer la discipline de façon radicale.

Old Mistresses, il faut le rappeler, a été conçu et écrit durant les années 1970, alors que ses auteures achevaient leur formation intellectuelle et politique dans une combinaison heureuse de critique d'art, de *scholarship* et d'activisme. Rozsika Parker (1945-2010) est alors critique d'art pour la revue féministe *Spare Rib*, une position d'observatrice privilégiée qui lui permet de se forger les outils théoriques pour penser les transformations artistiques en train d'émerger en lien avec le Mouvement de libération des femmes. Formée, comme Rozsika Parker, au prestigieux Courtauld Institute de Londres, Griselda Pollock (*1949) débute quant à elle sa carrière universitaire. Les deux femmes s'étaient vite rapprochées du mouvement féministe. Elles avaient participé, avec de jeunes artistes, critiques et historiennes de l'art de leur génération, à la création du Women's Art History Collective afin de développer une analyse féministe dans le domaine de l'art et de l'histoire de l'art[2]. Ce collectif était fortement inspiré par les débats nord-américains. Aux États-Unis, les positions féministes s'affirmaient avec force dans le monde de l'art et dans ses institutions – où sont organisées les premières expositions non-mixtes[3] – autant que dans les universités. Il n'y avait, au début des années 1970, rien de comparable au Royaume-Uni, où les questions féministes étaient essentiellement abordées en dehors de tout cadre institutionnel[4]. Le Women's Art History Collective était un lieu de discussion autonome, centré d'une part sur la nécessaire interaction entre la théorie et l'enseignement, de l'autre sur la tentative de problématiser l'histoire de l'art en y introduisant des outils théoriques issus des domaines de la sémiotique, de la psychanalyse et de la théorie marxiste qui étaient en passe de trouver un terrain fécond au Royaume-Uni, tout particulièrement dans l'analyse de l'articulation entre cinéma, idéologie et culture de masse[5]. Les idées qui allaient converger dans *Old Mistresses* ont donc été formulées dans un cadre informel : la dynamique de l'engagement permettait d'explorer librement la relation de la production du savoir au politique.

Au-delà de la rédaction de *Old Mistresses*, la collaboration entre Rozsika Parker et Griselda Pollock s'est prolongée avec la publication, en 1987, de *Framing Feminism : Art and the Women's Movement 1970-1985*, une anthologie de textes, manifestes et ephemera, souvent reproduits en fac-similés, qui retraçait l'histoire du mouvement des femmes dans l'art au Royaume-Uni. Ce livre, qui prend la forme d'une archive militante et critique, est organisé en une série de sections accompagnées d'introductions rédigées par les deux auteures. *Framing Feminism* représente en quelque sorte le pendant « sur le terrain » de *Old Mistresses*. Si ce dernier interroge l'histoire de l'art en tant que récit et discipline, avec *Framing Feminism*, il s'agit d'archiver et d'organiser les nouvelles pratiques artistiques et les nouvelles formes de savoir, généralement collectives, auxquelles la prise de conscience produite par le Mouvement de libération des femmes avait donné leur impulsion.

Mais en 1987, lorsque paraît *Framing Feminism*, les parcours des deux auteures commencent à diverger. Griselda Pollock est désormais une universitaire affirmée, Senior Lecturer à l'Université de Leeds et d'ici peu directrice du Centre for Cultural Analysis de la même université. En 1988, elle publie *Vision and Difference*, qui compte parmi ses livres les plus lus, étudiés, commentés et réédités. Convoquant une riche gamme de thèmes variés, de l'art préraphaélite à la peinture impressionniste et l'art contemporain, elle y analyse l'enchevêtrement de la modernité, de la sexualité et de la représentation, en mobilisant marxisme et psychanalyse dans une perspective féministe. C'est dans *Vision and Difference* qu'elle clarifie sa notion d'« intervention féministe » dans les histoires de l'art (au pluriel) : non pas une « histoire de l'art féministe » qui serait une annexe à la discipline, mais une remise en cause profonde de ses fondements épistémologiques. Ces questions seront ensuite développées dans *Differencing the Canon*, publié en 1999, où Griselda Pollock s'attache à interroger le canon en tant que formation discursive, y compris dans le cadre de positions féministes en histoire de l'art[6]. Ces deux ouvrages proposent un renouvellement radical de l'approche sociale de l'histoire de l'art à travers un usage critique et non-essentialiste de la notion de différence. Les ouvrages que Griselda Pollock publie dans les années 2000 s'éloignent en revanche du dialogue avec le marxisme et se recentrent sur les questions de la temporalité, de l'archive ou du trauma. *Encounters in the Virtual Feminist Museum*, paru en 2007, développe en particulier une méthode susceptible de repenser les temporalités de l'histoire de l'art à travers une lecture féministe d'auteurs comme Walter Benjamin et Aby Warburg[7].

Le parcours de Rozsika Parker est tout autre. Il sera interrompu par sa mort prématurée en 2010. Lorsque paraît *Old Mistresses* en 1981, Rozsika Parker s'est déjà fait un nom en tant que critique d'art auprès de l'importante revue féministe *Spare Rib*, où elle publie textes critiques et comptes rendus d'expositions entre 1972 et 1980. Parallèlement, elle a conduit une vaste enquête historique sur les pratiques de la broderie dans leur dimension sexuée, comme expressions créatives féminines à travers l'histoire – le sujet forme aussi le cœur du deuxième chapitre de *Old Mistresses*. Dans *The Subversive Stitch : Embroidery and the Making of the Feminine*, publié en 1984, elle étudie le processus d'identification de la broderie au « travail féminin ». Par l'étude d'un corpus très varié (magazines féminins, lettres, écrits littéraires et œuvres d'art), Rozsika Parker dresse un récit complexe des déterminations changeantes de la féminité et du travail féminin à travers les siècles et les classes sociales, et de la transformation de cette sphère d'activité, par définition mineure, en un lieu d'expression et de résistance féminines. Tandis que paraît *The Subversive Stitch*, l'auteure débute une activité de psychothérapeute qui va devenir sa principale activité, tant sur le plan professionnel qu'intellectuel : ses travaux ultérieurs explorent en particulier la question de la maternité[8], et s'ils peuvent sembler très éloignés de l'histoire de l'art, ils témoignent néanmoins de la dimension fortement non-disciplinaire dans laquelle sa réflexion était ancrée. Entre critique d'art, activisme féministe, recherche historique, psychanalyse et – à la fin de sa vie – jardinage, les écrits et activités de Rozsika Parker montrent toute la fertilité d'une trajectoire libre et hors norme.

Personnellement, rédiger cette préface me remémore ma rencontre avec les écrits de Rozsika Parker et Griselda Pollock, lorsque je commençais mes études d'histoire de l'art à Rome et que j'avais du mal, comme les deux auteures de *Old Mistresses* vingt ans plus tôt, à trouver des points de contacts entre ce que j'étudiais – une histoire de l'art fortement fondée sur un paradigme formaliste ou l'iconologie de dérivation panofskienne – et ce qui me semblait important ou ce qui m'intéressait dans l'art. Dans le cadre de ma formation universitaire, j'étais aussi frappée par la manière dont l'art était si souvent dissocié de tout ce qui était primordial dans nos vies de jeunes adultes engagé·e·s, nous qui essayions de naviguer dans un monde qui, nous semblait-il, exigeait un ensemble d'outils que la discipline de l'histoire de l'art était incapable de fournir. Je suis tombée sur les écrits des auteures de *Old Mistresses* au hasard de mes recherches dans les bibliothèques et librairies, en particulier les librairies des femmes qui constituaient l'un des héritages du mouvement féministe italien des années 1970. L'une d'elles se trouvait à Rome. Me voyant me diriger vers le rayon « art », la libraire m'avait tout de suite indiqué les publications de Rozsika Parker et Griselda Pollock parues une dizaine d'années plus tôt, *Vision and Difference* et *The Subversive Stitch*. Je les ai immédiatement achetés.

Je ne raconte pas cela pour l'anecdote mais parce que, bien souvent, et sans doute encore aujourd'hui en France, ces rencontres intellectuelles et politiques ne sont possibles qu'aux marges des circuits disciplinaires et universitaires, c'est-à-dire dans des espaces militants qui fournissaient – et fournissent encore – les outils d'auto-formation que les institutions du savoir rechignent à rendre disponibles. La généalogie de *Old Mistresses* se situe, elle aussi, aux marges des institutions du savoir car la réflexion développée dans le texte n'aurait pas pu exister sans les réseaux informels au sein desquels Rozsika Parker et Griselda Pollock étaient impliquées. Ces réseaux informels – groupes de lecture, collectifs, revues et organisations féministes liés au monde de l'art impliquant des chercheuses, artistes, critiques d'art et commissaires d'exposition – se sont constitués dans le sillage de la tradition des groupes de *self-help* militants et dans le continuum des groupes de conscience féministes qui ont fleuri à partir du début des années 1970. Ces organisations collectives ont mis en place une infrastructure précaire, autonome et militante, ayant permis à leurs participantes de (se) forger de nouveaux outils théoriques et de nouvelles méthodes, dans une sorte de bricolage intellectuel et politique[9]. Comme le rappellera Griselda Pollock quelques années plus tard, le Women's Art History Collective lui a permis de concevoir une nouvelle pratique « non pas *en* histoire de l'art, mais *sur* l'histoire de l'art, depuis l'espace signifiant du mouvement des femmes[10] ».

Le livre qu'elles s'engagent à écrire dès 1974 est donc ancré dans ce moment révolutionnaire : le travail que Rozsika Parker et Griselda Pollock ont accompli dans l'enthousiasme, la solidarité et l'urgence intellectuelle et politique résonne nécessairement avec la situation actuelle, lorsque les domaines de l'art, des représentations et de la culture sont plus que jamais des lieux de lutte pour la reconnaissance et le changement. Alors que le débat autour des effets mortifères du privilège masculin (blanc, hétérosexuel) dans l'art et la culture est plus que jamais d'actualité en France[11], *Old Mistresses* peut encore fournir de formidables outils d'analyse dans le cadre d'une politique de la représentation réellement émancipatrice.

L'histoire de l'art : une « technologie du genre »

Avec son organisation diachronique et son approche transdisciplinaire, qui se nourrit avec brio des débats théoriques de son époque, *Old Mistresses* s'attache à déconstruire le mode de fonctionnement de l'histoire de l'art, en contestant les périodisations et les hiérarchies établies entre les genres artistiques, les époques et les contextes nationaux. L'étude de Rozsika Parker et Griselda Pollock se déploie à travers des périodes et des techniques artistiques hétérogènes, en articulant rigueur scientifique et sophistication théorique dans un langage qui reste toujours accessible parce qu'il s'inscrit dans un projet politique. Déployée par le biais d'un nombre impressionnant et diversifié d'études de cas, l'analyse se focalise sur un ensemble de questions qui interrogent la dimension politique de cette production de savoir qu'est l'histoire de l'art : comment la critique d'art a-t-elle élaboré une série de stéréotypes autour de la féminité ? Quel rôle a joué historiquement la figure du génie créateur dans la production et la reproduction de hiérarchies genrées ? Quel est le rôle des inégalités croisées de classe et de genre dans la mise en place de hiérarchies au sein du système des arts ? Quel est l'impact du mouvement féministe des années 1970 sur le travail des femmes artistes ? Ces questions sont traitées tout au long de l'ouvrage dans la perspective de dévoiler les hiérarchies de genre qui soutiennent les discours de la discipline.

Dès son titre, *Old Mistresses* s'inscrit à contre-courant de la vénérable tradition de l'histoire de l'art. Par son renversement de la formule « maître ancien », il produit l'effet d'un choc susceptible de convoquer ou, mieux, de démasquer les rapports de pouvoir qui sous-tendent la formule « Old Masters », expression véhiculant un ensemble d'idées habituellement associées à la création artistique : grandeur, autorité, génie, etc. Ces traits distinctifs que l'on attribue à l'artiste correspondent à la représentation la plus communément admise de l'histoire de l'art comme une succession de grands maîtres. La masculinité du grand artiste est implicite. Elle n'a pas besoin d'être dite, car tel qu'il a été construit par la tradition occidentale, le grand artiste est une figure de l'homme universel (donc masculin). En revanche, il n'y a pas d'équivalent féminin à « Old Masters ». Lorsqu'il est décliné au féminin, le régime genré qui le sous-entend apparaît soudainement par l'effet d'un retournement : dès lors qu'il se mue en « vieille maîtresse » ou « maîtresse ancienne », le champ sémantique change radicalement.

Avec le titre *Maîtresses d'autrefois*, nous avons choisi, pour la traduction française, de garder intacte l'ironie du titre, en nous référant implicitement à un texte canonique de l'histoire de l'art française (Eugène Fromentin, *Les Maîtres d'autrefois*, 1876[12]), même si le parallélisme entre « maître ancien » et « maîtresse d'autrefois » n'a pas le même écho qu'en anglais. Néanmoins, ce titre continue de résonner dans notre contemporanéité, où les privilèges de la masculinité (blanche, hétérosexuelle, eurocentrique) jouent encore un rôle si déterminant dans le monde de l'art avec ses institutions et disciplines du savoir connexes. L'asymétrie entre le « maître » et la « maîtresse » révèle, avec humour, la consubstantialité établie historiquement entre la masculinité et la créativité, alors que la féminité et la création sont implicitement présentées comme une association contre-nature qui appelle le ridicule. Le renversement sémantique entre le « maître ancien » et la « vieille maîtresse » révèle en somme une construction qui place l'homme du côté de l'art, tandis que la femme reste du côté du sexe.

En prenant comme point de départ le caractère symptomatique de ces idées reçues, Rozsika Parker et Griselda Pollock montrent que l'histoire de l'art n'est pas un exercice de recherche neutre et objectif, mais une pratique idéologique ou, mieux, une « technologie du genre », pour reprendre le concept élaboré par Teresa de Lauretis (*1938) dans les années 1980[13]. Si, en effet, le genre est produit et reproduit dans le cadre d'un ensemble de pratiques sociales et artistiques, de discours institutionnels et de contre-discours critiques, les disciplines du savoir participent activement à ce processus. Quels procédés spécifiques l'histoire de l'art met-elle en place pour produire et représenter le genre ? Comment ceux-ci ont-ils évolué à travers son histoire ? Ou plutôt, quels sont les éléments qui renvoient aux fondements épistémiques de la discipline ? Considérer l'histoire de l'art comme une technologie du genre implique l'idée que la manière dont l'histoire de l'art produit le genre n'est pas nécessairement stable ni immuable, mais qu'elle peut changer, notamment dans le cadre d'une analyse féministe. Ces effets transformateurs, qui sont aussi émancipateurs, sont au cœur de l'entreprise des auteures et de leur ambition de transformer la manière dont l'art est évalué et organisé. Pour aborder la question dans ces termes, il est nécessaire tout d'abord d'examiner l'histoire de l'art en tant que discipline qui définit son objet – l'art – et l'organise à travers un ensemble de critères et de techniques.

L'histoire de l'art doit être considérée à la lumière des valeurs qu'elle promeut et des hiérarchies qu'elle défend, mais qu'elle tend à présenter comme étant intrinsèques à ses objets. Ces idées reçues sont disséminées à travers les études savantes, les pratiques institutionnelles, jusqu'aux ramifications de l'histoire de l'art dans les domaines du marché et de la culture populaire, au point de paraître aller de soi. C'est ainsi que Rozsika Parker et Griselda Pollock proposent une lecture foucaldienne de l'histoire de l'art en tant que discipline qui trouve sa légitimation dans le cadre d'une série de langages et d'institutions spécifiques[14]. Elles s'interrogent sur les processus d'exclusion, de distribution et de valorisation de la parole, sur ses procédures (les principes de classement et ses règles internes), ainsi que sur son régime de vérité, sa « police discursive » pour reprendre la formule de Michel Foucault (1926-1984), qui permet de produire et de contrôler ses discours. De ce point de vue donc, ce qui a été historiquement défini en tant qu'« art », « beaux-arts », « arts mineurs » ou « grand art » ne correspond pas à des données objectives ni évidentes, mais résulte d'un processus de sélection qui produit un ensemble de significations.

C'est la raison pour laquelle les auteures précisent d'emblée leur terminologie dans la préface du livre : d'un côté, il y a ce qu'elles appellent « history of art », qui renvoie au matériel historique dont on fait l'histoire, le domaine de l'étude (les arts visuels) ; de l'autre, ce qu'elles appellent « art history », qui serait en revanche la discipline, identifiée à un ensemble de professions (enseignement, commissariat d'exposition, conservation de musée, etc.) qui étudie la *history of art* (p. 37). Cette distinction vise à établir que la manière dont les objets artistiques produits à travers les siècles (*history of art*) ont été évalués, étudiés et valorisés doit être analysée et déconstruite. L'ouvrage remet donc en question les formats à travers lesquels l'*art history* s'est constituée comme domaine légitime du savoir sur l'art. La vue d'ensemble sur une époque ou sur un mouvement artistique, implicitement fondée sur la notion que l'art évolue indépendamment des forces sociales, tout comme le catalogue raisonné ou la monographie d'artiste, sont des formes scientifiques surdéterminées par des intérêts spécifiques déclinés en termes de genre, de classe, de race et de sexualité. Ces formats qui, à vrai dire, comptent encore aujourd'hui parmi les méthodes principales de l'histoire de l'art, incarnent notamment des valeurs qui privilégient l'individu créatif doté d'un nom et certaines formes artistiques consacrées, au détriment d'autres expressions de créativité.

L'histoire de l'art est pensée en somme comme une formation discursive, au sens foucaldien, et comme une idéologie, selon la définition donnée peu avant par Louis Althusser (1918-1990) dans « Idéologie et appareils idéologiques d'État »[15]. Ce texte a eu un impact déterminant sur toute une génération de théoricien·ne·s de la culture qui s'intéressaient au potentiel du marxisme pour une critique de la représentation visuelle dans une perspective féministe. Rozsika Parker et Griselda Pollock s'étaient rapprochées des débats apparus au sein de la Social History of Art britannique, qui postulaient la possibilité de repenser l'implication de l'œuvre d'art dans la formation de l'idéologie[16]. Elles avaient surtout été inspirées par les premières analyses féministes de Linda Nochlin (1931-2017) et s'intéressaient aux recherches qui, au début des années 1970, articulaient une perspective féministe avec le marxisme[17]. À toutes ces problématiques, le concept althussérien d'« idéologie » fournissait un cadre théorique pour envisager le *modus operandi* de la discipline de l'histoire de l'art. Selon la lecture althussérienne, le propre de l'idéologie est de masquer les conditions réelles d'existence, « d'imposer les évidences comme évidences » à travers un ensemble de pratiques matérielles ancrées dans les rapports sociaux et dans les institutions (famille, Église, État, etc.). Ce qui apparaît particulièrement intéressant pour la démarche de Rozsika Parker et Griselda Pollock, c'est le fait que, dans cette conception, l'« idéologie » implique à la fois la constitution des individus en sujets (par « l'interpellation ») et la représentation des rapports sociaux. Cette lecture permettait d'examiner l'histoire de l'art de façon « symptomatique » et de comprendre que ses omissions servaient à masquer une construction idéologique visant notamment à assimiler « naturellement » la créativité à la masculinité[18]. Cette perspective permettait aussi de s'éloigner des mythologies individuelles qui se trouvent au cœur de l'histoire de l'art pour envisager les relations entre l'art, les femmes et l'idéologie – comme l'indique le sous-titre de l'ouvrage – dans leur instabilité et discontinuité. Il était donc nécessaire d'étudier les configurations spécifiques du genre dans le cadre de formations idéologiques au sein desquelles la réalité des antagonismes sociosexuels est dissimulée afin de déposséder les femmes d'une voix et d'un regard autonomes[19].

La femme artiste : une question épistémologique

La question de la femme artiste est un sujet primordial pour les historien·ne·s de l'art qui travaillent dans une perspective de genre. L'universalisme de l'histoire de l'art a en effet longtemps masqué le caractère masculin des généalogies d'artistes qu'elle promouvait. Au début des années 1970, il s'agissait de développer une histoire de l'art capable de renouveler ses objets d'étude et de mettre en place une nouvelle assise théorique et méthodologique, tout en conservant son caractère subversif de remise en cause des notions établies. Cette même exigence, faut-il le rappeler, s'est inévitablement exercée aussi bien à l'égard des notions d'« artiste » et de « femme ». Comme le rappellent Catherine Gonnard et Élisabeth Lebovici, la question d'une dénomination menace précisément de faire des femmes une sous-catégorie de l'histoire de l'art[20]. Les artistes qui sont des femmes ne seraient-elles pas, tout simplement, des artistes ? Peut-on affirmer qu'il y a une spécificité féminine dans la production artistique d'individus qui sont des femmes ? Que dit cette appellation d'une condition dans laquelle l'identité s'entremêle aux normes de genre qui régissent la production du discours de l'histoire de l'art ?

L'ouvrage de Rozsika Parker et Griselda Pollock aborde cet ensemble de questions. Si ses pages sont en grande partie consacrées à l'analyse d'œuvres réalisées par des femmes artistes depuis le Moyen Âge, il ne propose pas une histoire des « oubliées » de l'histoire de l'art. Son ambition concerne la possibilité d'un changement de paradigme qui investit les fondements épistémiques de l'histoire de l'art, car s'intéresser aux « Maîtresses d'autrefois » signifie questionner la discipline, notamment dans sa focalisation sur la figure de l'artiste. À bien des égards, les arguments développés dans ce texte anticipent les réflexions ultérieures de Griselda Pollock sur le canon en tant que structure idéologique et socio-symbolique et les problèmes posés par les tentatives féministes d'inverser, pour ainsi dire, le canon existant, en le remplaçant par une version féminine[21]. Un canon parallèle ne remettrait pas en cause les idées qui forment le socle de la discipline et ont pour toile de fond l'idéalisation de l'artiste par la mise en place d'un appareil mythique. Dans ses écrits ultérieurs, Griselda Pollock développera des arguments qui se nourrissent aussi bien de la théorie critique que de la psychanalyse (cette dernière n'apparaît encore que de façon minoritaire dans *Maîtresses d'autrefois*) pour proposer de prendre en compte le regard et les projections des historien·ne·s de l'art dans la formation du canon[22]. Néanmoins, les arguments proposés dans ce premier ouvrage vont dans la même direction. Les auteures y fournissent un cadre théorique pour penser le canon en tant que processus sélectif qui hiérarchise et naturalise une narration dans laquelle le rôle de l'artiste est surdéterminé par le genre. Dans le cadre de cette narration, qui s'appuie sur les structures du narcissisme masculin, l'exclusion des femmes (et d'autres sujets minoritaires, pourrait-on ajouter) est un corollaire indispensable.

La parution de *Maîtresses d'autrefois* en 1981 a donc marqué un tournant après une décennie qui avait vu se multiplier les relectures du canon à la lumière de son asymétrie de genre. Les travaux scientifiques et les expositions dans des musées et institutions artistiques s'étaient multipliés, notamment aux États-Unis et, dans une mesure moindre, en Europe, en lien avec le mouvement féministe[23]. Ces recherches avaient mis l'accent sur le fait que l'histoire de l'art, en tant que discipline, avait délibérément marginalisé, sinon effacé, les femmes artistes de son récit. Les années 1970 ont témoigné d'une véritable course à la « découverte » des femmes artistes, avec la mise en place de récits alternatifs visant à reconstruire une archive enfouie, car les œuvres des femmes étaient souvent rendues invisibles dans les réserves des musées. Néanmoins, ces initiatives restaient souvent focalisées sur les figures individuelles, dont l'œuvre était appréhendée à travers les méthodes classiques de l'histoire de l'art. Le risque était de former un canon parallèle et minoritaire fondé sur les mythologies individuelles qui étaient au centre du récit dominant, à savoir l'idée d'une parfaite coïncidence entre l'artiste et son œuvre, corroborée, on l'a vu, par la mise en place d'un appareil idéologique fondé sur la valorisation de l'individu et de sa singularité. Les tentatives d'interpréter cet effacement des femmes artistes à la lumière des notions d'art, d'artiste et de créativité étaient en revanche limitées, quand bien même le texte de Linda Nochlin, qui avait inauguré la décennie, représentait une première tentative en ce sens.

Le titre choisi par Rozsika Parker et Griselda Pollock était inspiré par l'une de ces expositions consacrées aux femmes artistes de la période des « maîtres anciens » précisément intitulée *Old Mistresses : Women Artists of the Past* (Walters Art Gallery de Baltimore)[24]. Les deux commissaires d'exposition, Elisabeth Broun et Ann Gabhart, avaient conduit des recherches dans les réserves du musée où se tenait l'exposition, ce qui les avait amenées à découvrir des œuvres réalisées par des femmes entre le Quattrocento et le XIXe siècle. Même s'il souligne les limites d'une perspective focalisée sur la mise en place d'un héritage féminin, l'ouvrage de Rozsika Parker et Griselda Pollock prend forme, lui aussi, dans une démarche archéologique, dans les sous-sols des musées londoniens où les œuvres des femmes étaient conservées à l'abri du regard du public. Cependant les questions qu'elles formulent dans ce cadre concernent avant tout le processus historique qui a déterminé cet état des choses, se rattachant à la perspective inaugurée peu avant par Linda Nochlin. Mais, à la différence des positions exprimées par cette dernière, ces questionnements sont pour les auteures l'occasion de développer une critique majeure du récit progressif d'une modernité émancipatrice, voire réparatrice, auquel participerait le féminisme des années 1970. Elles soutiennent en effet que c'est dans le cadre d'un processus historique non linéaire et discontinu que « l'artiste » et la « femme artiste » ont été produits en tant que catégories distinctes. Dans son texte fondateur, Linda Nochlin questionnait notamment la figure de l'artiste et son ancrage dans la masculinité mais ne remettait pas clairement en cause la notion de « grandeur » en art et paraissait convaincue que la discrimination était avant tout due à un ensemble de facteurs sociaux qui étaient en passe d'être surmontés dans le cadre de la lutte pour les droits civiques.

L'enquête de Rozsika Parker et Griselda Pollock montre au contraire que la femme artiste a été historiquement construite non pas comme une artiste de sexe féminin, mais comme une catégorie à part, dont les caractéristiques étaient assurées par un ensemble de stéréotypes. La femme artiste devient ainsi le négatif de l'artiste, à travers la mise en place d'un ensemble de hiérarchies qui touchent à la distinction binaire entre les beaux-arts et les arts appliqués, entre le génie et le goût, entre l'originalité et le travail dérivatif, etc. C'est ainsi que « tout l'art des femmes est perçu de manière homogène comme nécessairement féminin », écrivent les deux auteures (p. 158-159). Examiner la persistance des stéréotypes dans l'évaluation de l'art des femmes impliquait de se confronter à l'essentialisme, ce qui imposait un déplacement du problème de la sphère de la représentation vers celle de l'idéologie. Penser le stéréotype comme fonction de l'essentialisme signifie interroger ses modalités d'action et son efficacité à générer un système de croyances et d'attachements ancrés dans les mentalités[25]. C'est une question qui revient à différents moments du texte, lorsque Rozsika Parker et Griselda Pollock analysent les stratégies discursives employées par la critique d'art pour renvoyer systématiquement les femmes artistes à leur sexe. Ainsi, les œuvres d'une artiste comme Helen Frankenthaler (1928-2011), dont le vocabulaire formel est ancré dans les recherches picturales nord-américaines des années 1950-1960, sont-elles constamment extraites de leur historicité, pour faire en sorte que « son art [devienne] aussi intemporel que la nature » (p. 262).

Le problème de l'essentialisme apparaît aussi, de façon significative, lorsque les deux auteures proposent une analyse critique des stratégies de réappropriation du nu (féminin ou masculin) par des femmes artistes au XXe siècle. Dans cette partie, peut-être parmi les plus denses conceptuellement, Rozsika Parker et Griselda Pollock prennent leur distance par rapport aux pratiques se revendiquant du féminisme qui, notamment aux États-Unis, mettaient en avant l'affirmation d'une expérience corporelle libératrice à travers l'appropriation d'une imagerie sexuelle renvoyant de façon plus ou moins directe à l'anatomie du corps féminin[26]. Si elles s'intéressent peu aux pratiques performatives et au Body Art, leur analyse étudie particulièrement le risque d'essentialisme encouru par des démarches comme celle de Judy Chicago (*1939), qu'elles rattachent aux mécanismes de fétichisation du corps féminin par l'image, en s'inspirant des écrits contemporains de Laura Mulvey[27]. Avec le recul historique, cette position radicalement anti-essentialiste semble révélatrice des clivages qui pouvaient exister à l'époque entre les féministes et entre les générations de féministes. Néanmoins, leur analyse conserve toute sa pertinence lorsqu'il s'agit de penser la fabrique du genre dans le domaine de la représentation visuelle. Plutôt que de promouvoir une imagerie féminine supposée libérée de la domination masculine, elles proposent un travail d'émancipation qui est le propre de la déconstruction.

De manière similaire, s'il est inutile d'essayer de « corriger » la tradition du nu dans l'histoire de l'art, Rozsika Parker et Griselda Pollock expliquent que la marginalisation des femmes dans cette même histoire n'est pas un fait historique que l'on pourrait se contenter de corriger en ajoutant les noms des artistes oubliées, mais qu'au contraire elle structure la discipline. C'est la raison pour laquelle, tout en étant redevable aux recherches antérieures ayant permis d'établir de longues listes de femmes artistes, *Maîtresses d'autrefois* se positionne également de façon critique par rapport à cette perspective de recherche. Pour les auteures, il ne s'agit plus de prouver son existence, mais d'explorer le rôle que la « femme artiste », en tant que catégorie, tient dans l'histoire de l'art. Or, ce rôle n'est en réalité – c'est là l'une des hypothèses les plus brillantes de l'ouvrage – ni marginal ni négligeable, car le statut secondaire des femmes artistes répond à une fonction idéologique aussi précise que nécessaire. L'étude de la littérature artistique disponible montre un fait qui peut paraître aujourd'hui encore surprenant : l'existence des femmes artistes était pleinement reconnue jusqu'au XIXe siècle, au moins depuis les *Vite* (1550) de Giorgio Vasari, qui mentionnaient notamment Sofonisba Anguissola (c. 1532-1625) et Properzia de' Rossi (1490-1530), jusqu'à la critique d'art de l'époque victorienne qui, en imposant aux femmes artistes les limitations de l'idéologie bourgeoise des sphères séparées, a préparé le terrain à leur suppression imminente au XXe siècle[28]. Les recherches conduites à travers les archives, les biographies et les documents historiques témoignent de la reconnaissance historique des femmes dans l'art, même si ces archives apparaissent bien entendu marquées par la condescendance des commentateurs masculins.

Ce n'est qu'au XXe siècle que les femmes artistes disparaissent véritablement, au point que les chercheuses féministes doivent maintenant s'efforcer de prouver leur existence. En effet, le modernisme en art, les avant-gardes artistiques – auxquelles les femmes participent pourtant activement –, la mise en place du musée moderne, et surtout le développement de l'histoire de l'art en tant que discipline universitaire, représentent autant de facteurs qui ont activement œuvré à l'effacement des femmes artistes. Ce refoulement n'est donc pas l'héritage d'un passé rétrograde, mais un produit du présent : tel est le constat qui émerge de *Maîtresses d'autrefois*. Se confronter à ce problème exigeait donc de repenser non seulement l'idéologie corroborant le mythe de l'artiste, mais aussi une conception chronologique de l'histoire comme un récit progressif, qui contribuait à soutenir l'idéologie de la grandeur en art. Toutefois, le féminisme n'était pas totalement immunisé par rapport à cette conception, en raison notamment de sa tendance à s'inscrire dans un récit progressiste annonçant la « bonne nouvelle » : le mouvement féministe allait enfin permettre la découverte émancipatrice des femmes « oubliées de l'histoire ». Au contraire, Rozsika Parker et Griselda Pollock s'efforcent d'analyser les mécanismes historiques du refoulement des femmes artistes, en montrant qu'elles ont été « présentes différemment » à travers l'histoire, et non simplement « effacées »[29]. Il fallait donc s'attaquer à la linéarité « progressive » du temps historique dans ses multiples significations, que ce soit dans le cadre de la discipline histoire de l'art ou dans celui, antagoniste, du mouvement féministe[30].

Art, féminisme et histoire de l'art

Maîtresses d'autrefois est un texte fortement ancré dans le présent et cet ancrage le rend paradoxalement actuel à quatre décennies de distance. Son actualité est de nature politique mais, en écrivant cela, je ne veux pas tant me référer aux points de contact entre les années 1970 et aujourd'hui, qu'au rapport au temps de l'histoire qui se dessine dans ses pages. L'histoire de l'art repose, comme on le sait, sur la nécessité d'une distanciation entre le sujet du savoir et ses objets d'étude (l'art, l'artiste) qui exclut le présent de son champ. Comme Griselda Pollock ne cessera de l'analyser dans ses écrits ultérieurs, c'est ainsi que l'histoire de l'art contribue à s'exclure de son propre domaine d'analyse, en faisant abstraction de ses conditions d'existence[31]. Cette construction se fonde sur une représentation du passé comme un continuum définissant un espace séparé de l'actualité dans laquelle se trouve plongé·e celle ou celui qui en écrit l'histoire, les livrant ainsi à l'illusion de l'objectivité et de la neutralité du savoir. Or, ces conditions sont en réalité politiques, dans la mesure où toute pratique du savoir est située dans le moment idéologique de sa production et existe à l'intérieur de ce moment. Avec *Maîtresses d'autrefois*, Rozsika Parker et Griselda Pollock relèvent le défi d'écrire une histoire *au présent*, ce qui ne revient pas à affirmer que le livre serait anachronique, mais qu'il explore le temps de l'histoire de l'art du point de vue de ce que le présent permet de rendre signifiant. C'est précisément parce qu'elles s'intéressent au présent, que les deux auteures sont en mesure d'adresser un regard critique à la discipline dans laquelle elles se sont formées. Comme le rappelle Griselda Pollock dans sa préface de 2013, l'histoire de l'art avait peu à offrir, au moment de la formation des auteures et de la rédaction de leur ouvrage, si l'on voulait essayer de comprendre ce qui se passait dans l'art. C'est donc à partir de problématiques contemporaines que Rozsika Parker et Griselda Pollock ont pu entamer un chemin à rebours qui a finalement permis de comprendre comment l'histoire de l'art, dans sa dimension disciplinaire, a de fait empêché d'appréhender toute la complexité des rapports de force qui se jouaient dans l'art, au profit d'une entreprise qui visait essentiellement à assurer un système de domination.

Par conséquent, dans ses deux derniers chapitres, l'ouvrage examine l'art du XXe siècle, en y intégrant une problématisation d'un certain nombre de positions artistiques des dernières décennies afin d'interroger les effets transformateurs du mouvement féministe dans la production des artistes contemporaines. Les deux auteures étudient ainsi la pratique d'artistes comme Judy Chicago, Eva Hesse (1936-1970), Mary Kelly (*1941), Suzanne Santoro (*1946) ou encore Sylvia Sleigh (1916-2010). Comme le rappelle Griselda Pollock dans un texte ultérieur, « les interventions féministes doivent perturber la canonicité et la tradition en présentant le passé non comme flux ou évolution mais comme conflit, politique ou lutte sur le champ de bataille de la représentation pour le pouvoir dans les relations structurelles que nous appelons la classe, le genre et la race[32] ».

Il était donc inévitable que l'ouvrage établisse un dialogue intense entre réflexion théorique et production artistique contemporaine. Cette dernière, marquée par une reformulation radicale de l'art et de ses formes, était en train de redéfinir un ensemble de paradigmes à travers ce que l'on peut qualifier de « tournant conceptuel », et par la politisation de tout un pan de l'art des femmes – les deux aspects étant souvent indissociables. Les analyses de Rozsika Parker et Griselda Pollock s'inscrivent pleinement dans ce moment de transformation marqué par une critique radicale des paradigmes artistiques hérités du modernisme en art. Cette reformulation radicale du canon moderniste était portée aussi bien par des théoricien·ne·s que par des artistes, dont les œuvres étaient parfois ancrées dans un engagement politique et une réflexion théorique extrêmement sophistiquée. C'est le cas notamment de Mary Kelly, l'artiste sur laquelle se clôt *Maîtresses d'autrefois*, figure majeure de ce tournant qui associe art et théorie critique[33]. Il est significatif que l'ouvrage se termine sur une analyse détaillée de son *Post-Partum Document* (1973-1979), œuvre en six parties qui explore de manière inédite la relation mère-enfant et propose ainsi une méditation artistique et politique sur le travail reproductif et son exclusion du domaine de l'art. Réalisé en parallèle à la rédaction de *Maîtresses d'autrefois* par une artiste qui fréquentait les mêmes milieux politiques et intellectuels que ses deux auteures, avec lesquelles elle était en dialogue, *Post-Partum Document* est, pour Rozsika Parker et Griselda Pollock, emblématique des transformations en cours : elle « regroupe dans la galerie d'art les rôles historiquement séparés de l'artiste et de la mère, mais aussi le public et le privé ou le domestique et le professionnel, dont la séparation a contribué à définir structurellement ce qui relève ou non de l'art (p. 288).

La place occupée par Mary Kelly dans l'économie du texte renvoie donc au contexte dans lequel il a été écrit, où il s'agissait de mettre en place une méthodologie nouvelle, en se tournant, on l'a vu, vers la psychanalyse, le marxisme et l'analyse du discours, à travers l'appropriation de théories qui se trouvaient ainsi déterritorialisées et investies de nouvelles potentialités dans l'analyse féministe des représentations. Ce travail a été conduit collectivement, aussi bien dans le cadre de réseaux militants que de dialogues intellectuels, artistiques et politiques rendus notamment possibles par le biais de quelques revues alors à la pointe dans la mise en place d'outils critiques qui allaient complètement reformuler la théorie des images et de la représentation.

Les revues *Screen* (depuis 1969) et *Spare Rib* (1972-1993) ont représenté des plateformes de discussion particulièrement importantes pour les arguments développés dans *Maîtresses d'autrefois*. Les questions de la représentation, de l'image et du regard étaient au centre des débats théoriques qui avaient lieu dans les pages de *Screen*, une revue consacrée au cinéma et à la culture visuelle, qui a eu un rôle primordial dans la formulation d'une théorie féministe du cinéma, notamment avec la publication, en 1975, de l'article de Laura Mulvey « Visual Pleasure and Narrative Cinema »[34]. Dans ce texte désormais classique, l'auteure introduisait la notion de « male gaze » pour penser les structures sexuées du regard qui soutiennent l'imagerie cinématographique classique, dans laquelle le spectacle du corps féminin à l'écran est associé à la présence implicite d'un spectateur masculin. Les positions de Laura Mulvey proposent un nouveau vocabulaire critique dans lequel l'image est perçue comme un domaine organisé pour produire significations, affects et idéologie. Ces questions occupaient également Griselda Pollock, qui avait publié dans la même revue un article consacré aux problèmes soulevés par la notion des « images of women », dont les arguments sont partiellement repris dans le quatrième chapitre de *Maîtresses d'autrefois*, consacré au nu en peinture[35]. Ce texte élabore une première théorisation de la production du genre dans la sphère de la représentation et, dans le sillage de Laura Mulvey, met en garde contre toute tentation de superposer la « femme » en tant que représentation, signe et catégorie à une réalité supposée de l'expérience féminine.

De manière similaire, *Spare Rib*, une revue plus généraliste liée au Mouvement de libération des femmes au Royaume-Uni, a représenté un terrain privilégié d'analyse féministe des images et a accompagné le travail de nombreuses artistes, notamment grâce à l'activité critique de Rozsika Parker. Les articles et comptes rendus d'exposition qu'elle y publie lui permettent en effet d'élaborer un nouveau vocabulaire critique qui se dessine en parallèle des recherches menées par les artistes impliquées dans une redéfinition de l'art impulsée par le mouvement féministe. Dans ce contexte, les textes de Rozsika Parker représentent une entrée indispensable dans les débats féministes qui traversaient la scène artistique britannique et internationale. Elle y aborde les questions centrales de l'activisme, de la non-mixité, de l'essentialisme et du rapport aux institutions, en formulant à chaque fois des analyses théoriquement sophistiquées des œuvres produites par les femmes, que l'on retrouve souvent dans les pages de *Maîtresses d'autrefois*[36]. Ces articles de critique d'art nous plongent ainsi au cœur des problèmes esthétiques et politiques qui se posaient à celles qui essayaient de conceptualiser une pratique artistique informée par le féminisme à partir du constat, comme le rappellent Rozsika Parker et Griselda Pollock dans leur ouvrage, que les femmes artistes se sont exprimées, historiquement, à partir d'une position différente de celle de l'artiste homme. Cette position différente était précisément l'un des enjeux politiques les plus complexes et importants à formuler, dans la mesure où il était nécessaire de penser les moyens qui pouvaient permettre aux artistes contemporaines de produire des contenus autonomes – « leurs propres significations dans un langage fabriqué par un groupe dominant » (p. 160)[37]. La question de l'autonomie, telle qu'elle est formulée par les auteures, ne doit pas être comprise, bien entendu, dans le sens d'une essence féminine sous-jacente à la création artistique, ce qui conduirait à retomber dans les écueils du stéréotype. Il s'agit plutôt de la possibilité de désenclaver l'art des systèmes de valorisation et d'évaluation courants, qui sont structurellement ancrés dans une asymétrie de genre.

Cette question, me semble-t-il, reste aujourd'hui entière, à un moment où le mythe du créateur individuel et de sa liberté sexuelle refait surface de façon particulièrement brutale, notamment dans le milieu du cinéma français, où domine encore une représentation de la création artistique comparable à une essence ou une possession. Cette conception, dans laquelle la liberté (sexuelle et/ou artistique) s'exerce aux dépens des sujets subalternes, reflète l'idée que l'artiste exprime sa liberté créatrice indépendamment des forces sociales et des hiérarchies de genre, de classe, de race et de sexualité qui façonnent le monde[38]. Cette conception autoréférentielle de l'art est consolidée par un système de croyances – que Rozsika Parker et Griselda Pollock définissent comme une idéologie – ancré dans l'idée que l'œuvre d'art est l'émanation de la personne de l'artiste. C'est la raison pour laquelle toute discussion sur une supposée séparation de l'œuvre et de l'artiste apparaît structurellement biaisée. Pour pouvoir séparer l'artiste de son œuvre, il faudrait en effet une véritable révolution épistémique qui changerait de manière structurelle notre façon de comprendre ces objets que l'on appelle des œuvres d'art : une révolution en cours, mais toujours inachevée, dont *Maîtresses d'autrefois* a posé les premiers jalons.

NOTES — 1
Première parution : Pandora Press, Londres 1981, puis I. B. Tauris, Londres/New York 2013, et Bloomsbury, Londres/New York/Dublin 2021.

2
Actif de 1973 à 1975, le Women's Art History Collective fut notamment composé de Denise Cale, Pat Kahn, Tina Keane, Rozsika Parker, Griselda Pollock, Alene Straussberg, Lisa Tickner et Anne de Winter. Il s'est formé à la suite d'une controverse autour de l'œuvre *God Giving Birth* (1968) de l'artiste suédoise Monica Sjöö (1938-2005), représentant une femme en train d'accoucher, présentée dans l'exposition *Five Women Artists–Images of Womanpower*, Swiss Cottage Library, Londres, 1973. Voir Rozsika Parker et Griselda Pollock (dir.), *Framing Feminism: Art and the Women's Movement 1970-1985*, Pandora Press, Londres 1987, p. 3-22 et 187-191.

3
Aux États-Unis, Linda Nochlin (1931-2017) avait ouvert le débat en 1971 alors que, jeune enseignante, elle commençait à dispenser ses premiers cours sur l'art et les femmes. Au même moment, la scène artistique américaine était traversée, à tous les niveaux, par des expériences féministes où se distinguait par son rôle pionnier Lucy Lippard (*1937). Voir Linda Nochlin, « Pourquoi n'y a-t-il pas eu de grands artistes femmes ? » (1971), in Linda Nochlin, *Femmes. Art et pouvoir*, Oristelle Bonis (trad.), coll. « Rayon Art », Jacqueline Chambon, Nîmes 1989, p. 201-244, et *Pourquoi n'y a-t-il pas eu de grands artistes femmes ?*, Thames & Hudson, Londres 2021 ; Lucy Lippard, *From the Centre. Feminist Essays on Women's Art*, Dutton, New York 1976.

4
Pour toutes ces raisons, Rozsika Parker et Griselda Pollock étaient très attentives à ce qui se passait aux États-Unis, que ce soit en matière de nouvelles recherches en histoire de l'art ou dans le domaine de l'art contemporain. Voir, par exemple, le compte rendu que Rozsika Parker consacre à l'exposition *c. 7,500* organisée par Lucy Lippard (California Institute of the Arts, Valencia, mai 1973-février 1974) : Rozsika Parker, « Art has no sex. But artists do », *Spare Rib*, n°25, 1975, p. 34-35, repris in Rozsika Parker et Griselda Pollock (dir.), *Framing Feminism*, op. cit., p. 194-196.

5
Un exemple important en ce sens est celui de l'émission produite en 1971 par John Berger pour la BBC, dont une partie portait sur la représentation du nu féminin dans l'histoire de l'art et la culture de masse. Voir John Berger, *Ways of Seeing*, Penguin, Londres 1972.

6
Griselda Pollock, *Differencing the Canon. Feminist Desire and the Writing of Art's Histories*, Routledge, Londres 1999.

7
Griselda Pollock, *Encounters in the Virtual Feminist Museum. Time, Space and the Archive*, Routledge Londres 2007.

8
Voir notamment Rozsika *Parker, Torn in Two. The Experience of Maternal Ambivalence*, Virago, Londres 2005.

9
Voir le récit qu'en donne Griselda Pollock dans le texte « Une préface solitaire » (2013) publié dans ce volume. Pour une contextualisation de l'émergence de la critique féministe dans l'histoire de l'art au Royaume-Uni, voir aussi Victoria Horne, « ‹ Our project is not to add art history as we know it, but to change it. › The Establishment of the Association of Art Historian and the Emergence of Feminist Interventions, 1974-1990 », *Journal of Art Historiography*, n°18, juin 2018, p. 1-19.

10
Griselda Pollock, « The Politics of Theory », in Griselda Pollock (dir.), *Generations and Geographies in the Visual Arts. Feminist Readings*, Routledge, Londres 1996, p. 13.

11
Voir Virginie Despentes, « Césars : Désormais, on se lève et on se barre », *Libération*, 1er mars 2020, https://www.liberation.fr/debats/2020/03/01/cesars-desormais-on-se-leve-et-on-se-barre_1780212, consulté en mai 2024.

12
Eugène Fromentin, *Les Maîtres d'autrefois*, Plon, Paris 1876. Peintre et représentant majeur de la peinture orientaliste française, auteur de récits de voyage et d'un roman célèbre, *Dominique* (1862), Eugène Fromentin (1820-1876) publie *Les Maîtres d'autrefois* au retour d'un séjour en Belgique et Hollande. Ses analyses s'intéressent notamment à Hans Memling, Rembrandt, Pierre Paul Rubens et Jan van Eyck. L'ouvrage fait l'objet de nombreuses rééditions tout au long des XIXe et XXe siècles.

13
Teresa de Lauretis, *Technologies of Gender. Essays in Theory, Film and Fiction*, Indiana University Press, Bloomington 1987, p. 1-26. Pour une définition de la « technologie de genre », voir Maxime Cervulle, Françoise Duroux, Lise Gaignard, « ‹ À plusieurs voix › autour de Teresa de Lauretis. Théorie queer et cultures populaires, de Foucault à Cronenberg », *Mouvements*, n°57, 2009, p. 138-154 : « Teresa de Lauretis s'intéresse à ce qu'elle appelle les ‹ technologies du genre ›, c'est-à-dire à tout ce qui produit et intervient dans la construction et la déconstruction de la différenciation des humains entre hommes et femmes. Elle pense le genre comme le produit de technologies sociales variées (elle étudie principalement le cinéma), véhiculant mais aussi produisant – ou transformant – des représentations binaires M/F. »

14
Michel Foucault, *L'Ordre du discours*, Gallimard, Paris 1971.

15
Louis Althusser, « Idéologie et appareils idéologiques d'État » (1970) dans *Positions (1964-1975)*, Les Éditions sociales, Paris 1976, p. 67-125. Pour une mise en perspective contemporaine de la figure de Louis Althusser, voir Francis Dupuis-Déri, *Althusser assassin. La Banalité du mâle*, Les Éditions du remue-ménage, Montréal 2023.

16
Voir en particulier T. J. Clark, *Une image du peuple. Gustave Courbet et la révolution de 1848* (1973), Anne-Marie Bony et Françoise Jaouën (trad.), Les presses du réel, Dijon 2007.

17
Voir notamment les travaux de l'historienne de l'art américaine Carol Duncan (*1936) : « Happy Mothers and Other New Ideas in French Art », in *The Art Bulletin*, vol. 55, n°4, décembre 1973, p. 570-583 ; « Virility and Domination In Early Twentieth Century Vanguard Painting », *Artforum*, vol. 12, n°4, 1974.

18
Griselda Pollock, « The Politics of Theory », art. cit., p. 16. Dans un texte paru en même temps que *Old Mistresses*, Griselda Pollock déconstruisait les mythologies individuelles indispensables à la construction de la grandeur artistique en s'appuyant sur l'exemple de Vincent van Gogh : Griselda Pollock, « Artist Mythologies and Media Genius, Madness and Art History », *Screen*, vol. 21, n°3, 1980, p. 57-96.

19
Voir à ce propos Griselda Pollock, « Vision, Voice, and Power : Feminist Art Histories and Marxism », in *Vision and Difference. Feminism, Femininity and the Histories of Art*, Routledge, Londres 1988, p. 18-49 ; ce chapitre a été traduit en français *in* Maxime Boidy et Francesca Martinez Tagliavia (dir.), *Vision et visualité. Philosophie politique et culture visuelle*, POLI, Paris 2018.

20
Catherine Gonnard et Élisabeth Lebovici, *Femmes artistes/Artistes femmes. Paris, de 1880 à nous jours*, Hazan, Paris 2007, p. 6-9. Pour les deux auteures, dans le contexte français, la question de la femme artiste pose, de surcroît, le problème d'un lien paradoxal entre l'universel et le particulier, dans lequel la revendication d'une différence (« femme ») doit être négociée à partir de l'appartenance à une identité donnée comme universelle (« artiste »).

21
Griselda Pollock, *Differencing the Canon*, op. cit. ; voir en particulier le premier chapitre, dont il existe une traduction française : « Des canons et des guerres culturelles », *Cahiers du Genre*, vol. 2, n°43, 2007, p. 45-69.

22
Ibidem, p. 13-19.

23
Parmi les expositions et publications dont il est question dans le présent ouvrage : Eleanor Tufts, *Our Hidden Heritage : Five Centuries of Women Artists*, Paddington Press, New York 1974 ; Linda Nochlin et Ann Sutherland Harris, *Women Artists : 1550-1950*, Los Angeles County Museum of Art, Los Angeles, 23 décembre 1976-13 mars 1977 (traduction française du catalogue publié par Alfred A. Knopf : *Femmes peintres : 1550-1950*, Éditions des Femmes, Paris 1981) ; Germaine Greer, *The Obstacle Race : The Fortunes of Women Painters and Their Work*, Farrar, Straus & Giroux, New York 1979.

24
Old Mistresses : Women Artists of the Past, organisée en 1972 à la Walters Art Gallery de Baltimore par Elizabeth Broun et Ann Gabhart.

25
On pourrait reprocher à *Old Mistresses*, comme à une grande partie de la critique féministe euro-américaine de l'époque, son peu d'attention à la race et à l'ethnicité, notamment lorsqu'il est question de stéréotype et d'essentialisme ; leur analyse du rapport entre essentialisme et idéologie peut néanmoins être lue en parallèle d'autres analyses qui envisagent plus particulièrement le fonctionnement des stéréotypes liés à la race. Voir, par exemple, Rey Chow, *The Protestant Ethnic and the Spirit of Capitalism*, Columbia University Press, New York 2002, p. 50-94.

26
Ce qui leur sera reproché, notamment dans le compte rendu du livre écrit par Lawrence Alloway – par ailleurs, mari de la peintre Sylvia Sleigh (1916-2010) dont l'œuvre est mise en avant et débattue par les auteures – dans *Women's Art Journal*, vol. 3, n°2, automne 1982-hiver 1983, p. 60-61.

27
Laura Mulvey, « You don't know what's happening, do you Mr Jones ? », *Spare Rib*, n°8, 1973, p. 13-16.

28
L'analyse de l'idéologie bourgeoise des sphères séparées du point de vue de l'activité artistique des femmes au XIXe siècle fait notamment l'objet d'un texte ultérieur de Griselda Pollock : « Modernity and the Spaces of Femininity », in *Vision and Difference*, op. cit., p. 50-90.

29
Voir Francesco Ventrella, « The Temporalities of the ‹ Feminaissance › », Victoria Horne et Lara Perry (dir.), *Feminism and Art History Now. Radical Critiques of Theory and Practice*, I.B. Tauris, Londres 2017, p. 208.

30
Pour une analyse plus approfondie des temporalités de la théorie féministe à travers les récits du progrès, de la perte et du retour, je renvoie à l'excellent livre de Clare Hemmings, *Why Stories Matter. The Political Grammar of Feminist Theory*, Duke University Press, Durham 2011.

31
Voir notamment Griselda Pollock, *Encounters in the Virtual Feminist Museum*, op. cit.

32
Griselda Pollock, « The Politics of Theory », art. cit., p. 14.

33
Voir notamment Mary Kelly, « Re-Viewing Modernist Criticism », *Screen*, vol. 22, n°23, 1981, p. 41-62 ; repris in Mary Kelly, *Imaging Desire*, MIT Press, Cambridge, Massachusetts 1996, p. 80-106.

34
Laura Mulvey, « Plaisir visuel et cinéma narratif » (1975), in *Au-delà du plaisir visuel. Féminisme, énigmes, cinéphilie*, Florent Lahache et Marlène Monteiro (trad.), introduction de Teresa Castro, Mimesis, Paris 2017, p. 33-51.

35
Griselda Pollock, « What's wrong with ‹ images of women › ? », *Screen Education*, n°24, 1977, p. 25-33. L'éditeur de *Screen* a également publié le magazine *Screen Education* entre 1971 et 1982.

36
Voir son analyse de l'œuvre de Suzanne Santoro, *Towards New Expression* (1974), que l'on retrouve en partie dans *Old Mistresses* : Rozsika Parker, « Censored », *Spare Rib*, janvier 1977, p. 43-45.

37
Ces réflexions font écho aux positions exprimée peu auparavant par la critique d'art Anne-Marie Sauzeau Boetti (1938-2014) : Anne-Marie Sauzeau Boetti, « Negative Capability as Practice In Women's Art », *Studio international*, vol. 191, n°979, 1976, p. 24-25.

38
Pour une analyse plus approfondie du contexte, voir Élisabeth Lebovici et Giovanna Zapperi, « Maso et Miso in the Land of Man's Right », *e-flux journal*, n°92, juin 2018, www.e-flux.com/journal/92/205771/maso-and-miso-in-the-land-of-men-s-rights, consulté en mai 2024.

PRÉFACE

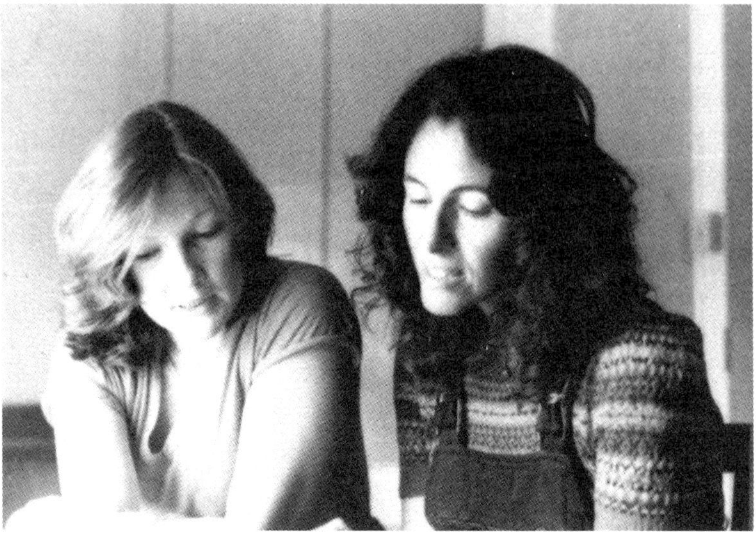

Rozsika Parker et Griselda Pollock en train de relire
les épreuves de la première édition de *Old Mistresses*, 1981
Photographie de Griselda Pollock

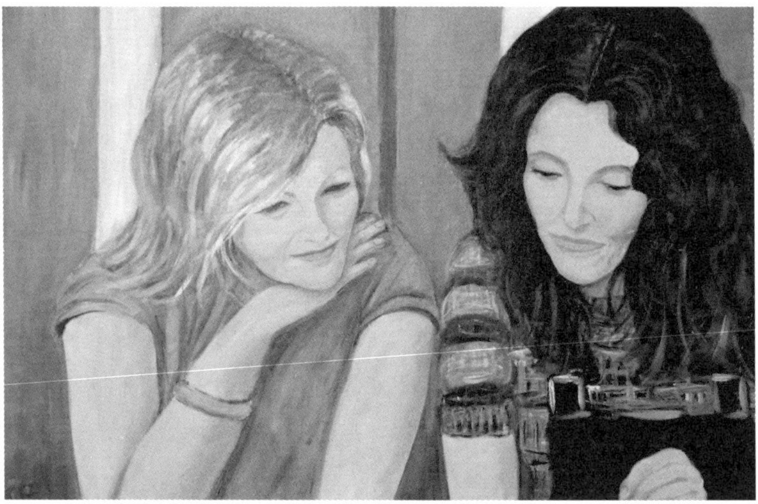

Griselda Pollock
Rozsika Parker et Griselda Pollock en train de relire
la première édition de Old Mistresses, 2012
Huile sur toile, 105 × 80 cm

Une préface solitaire

Griselda Pollock

2013

Il existe aujourd'hui [en 2013] un grand nombre de programmes télévisés sur l'art et les artistes. Présentés avec une énergie musclée par des animateurs très masculins, ils racontent de manière vivante les histoires d'individus héroïques, comme Paul Gauguin, ou de groupes, comme les Impressionnistes, sous la forme de documentaires ou de docu-fictions. Avez-vous déjà vu un programme de ce type qui célébrait aussi les femmes de la Renaissance, les femmes du cercle des Impressionnistes ou les femmes du modernisme américain ? Vous avez peut-être regardé un documentaire sur Frida Kahlo, Louise Bourgeois ou Tracey Emin. Mais posez-vous cette question : sont-elles présentées de la même manière que leurs homologues masculins ? Leur art est-il pleinement exploré, ou l'accent porte-t-il davantage sur leur vie privée, leur sexualité et, éventuellement, les épisodes tragiques ou traumatiques de leur existence ? Connaissez-vous Mary Cassatt ou Berthe Morisot aussi bien que Claude Monet ou Auguste Renoir ? Les noms de Lee Krasner ou d'Helen Frankenthaler vous viennent-ils à l'esprit aussi rapidement que Jackson Pollock ou Mark Rothko lorsqu'il est question de l'Expressionnisme abstrait ? Le faudrait-il ?

Au moment de terminer son film *Women in Art and Revolution* (sorti en 2011), l'artiste américaine Lynn Hershman Leeson (*1941) a interrogé en

2007 des visiteurs du Whitney Museum of American Art, New York. Elle leur a demandé de citer quelques femmes artistes. Aucun ou presque n'a pu en citer une seule. Quarante ans, presque un demi-siècle, se sont écoulés depuis qu'une première salve d'initiatives féministes a contesté l'effacement des femmes de l'histoire de l'art. Cela a-t-il transformé les attitudes ? Cela a-t-il créé une histoire de l'art inclusive ? Cet ouvrage a paru pour la première fois en 1981 dans le cadre de ces initiatives. Il s'en distinguait pourtant par un certain nombre d'aspects qui résonnent encore dans la situation actuelle, qui demeure déplorable. La plupart des livres publiés dans les années 1970 étaient, nécessairement, des recueils de noms oubliés, qui retrouvaient dans les archives revisitées un nombre important et constant de femmes artistes de toutes les époques et de toutes les cultures. Cependant, *Maîtresses d'autrefois* [*Old Mistresses* dans sa version originale] insistait sur le fait que se contenter de réintégrer les noms des femmes disparues était voué à l'échec. Il proposait, au lieu de cela, une critique du sexisme structurel au sein de la discipline de l'histoire de l'art elle-même. Dans le même mouvement, il articulait directement l'étude de l'histoire de l'art et des régimes dominants de la représentation visuelle à la compréhension et l'évaluation critique de l'art réalisé par les femmes au moment présent [celui de l'écriture de l'ouvrage]. Il jetait audacieusement un pont entre le domaine historique et le domaine contemporain.

Dans son article « Pourquoi n'y a-t-il pas eu de grands artistes femmes ? », paru pour la première fois en 1971 et à l'initiative de tout un champ de recherche en histoire de l'art, Linda Nochlin a défini le terrain théorique du projet féministe naissant comme un changement de paradigme[1]. Le féminisme ne devait pas se contenter de retrouver et remettre à l'honneur les héroïnes disparues du passé – ce qui, selon elle, était impossible ; il devait accepter l'impact négatif de la discrimination sociale dont toutes les femmes avaient été victimes dans le passé. Il n'y a tout simplement pas eu de grandes artistes parce que les institutions et les attitudes sociales ont limité les femmes en leur interdisant l'accès aux modalités fondamentales de la formation artistique et en façonnant pour elles des « mondes-vie » [*life-worlds*] soumis et domestiqués. En outre, le concept même de génie, de grandeur, était genré au masculin. Ayant accepté ces problèmes, le féminisme a pu étendre sa critique à toutes les formes d'exclusion sociale et remettre en cause la discipline de l'histoire de l'art elle-même en son cœur idéologique, en contestant l'idéal de l'artiste autonome et autodéterminé comme génie et la notion d'autonomie de l'art, libre de toute détermination sociale et historique. En utilisant le genre comme une sonde, le féminisme a pu transformer tout le paradigme de la pensée historique de l'art et ouvrir l'histoire de l'art formaliste hégémonique et ses canons exclusifs à tous les facteurs sociaux, institutionnels et culturels qui font de la différence – qu'il s'agisse de la classe, de la race, du genre ou de le sexualité – un motif d'exclusion de l'accès à l'art et de la reconnaissance dans le canon de l'art.

En un sens, *Maîtresses d'autrefois* est resté fidèle à l'appel radical de Linda Nochlin en faveur de ce que j'ai défini plus tard comme des « interventions féministes dans les histoires de l'art », lesquelles ont représenté beaucoup plus qu'un correctif cosmétique aux musées à moitié vide et aux bibliothèques incomplètes, parce qu'elles ont remis en cause les fondements de l'histoire de l'art[2]. Pour développer ce changement de paradigme, Rozsika Parker et moi-même nous sommes inspirées, pratiquement sans le savoir, des nouvelles tendances de la théorie de la culture apparues au début des années 1970. Nous avons commencé par définir l'histoire de l'art comme un discours en nous fondant sur notre nouvelle compréhension, inspirée de Michel Foucault, du fait que les groupes d'énoncés, les modèles de réflexion et les pratiques de pédagogie et d'insertion dans les modes de pensée constituaient activement – de manière performative, dirions-nous aujourd'hui – leur champ et ses objets. L'art n'était pas un donné qu'il s'agissait d'étudier : il était ce que l'expert en histoire de l'art en disait.

Rozsika Parker et moi-même avons donc utilisé la grande variété de la langue anglaise pour distinguer l'histoire de l'art (« history of art »), en tant que domaine d'étude, de l'histoire de l'art (« art history »), en tant que discipline formalisée qui avait étudié ce domaine et, ce faisant, façonné de manière sélective notre compréhension de ce que l'art avait été et de qui était l'artiste. Nous avons fait valoir que ce façonnement, la formation discursive de l'histoire de l'art, n'était pas seulement passive et oublieuse. L'histoire de l'art a empêché, structurellement et activement, de considérer que les femmes étaient capables de participer au domaine de l'art et de les considérer comme des artistes. Cela faisait partie de son projet : l'assignation du genre a donc été son effet idéologique.

Le langage est l'un des terrains de cette opération. Par conséquent, les mots « art » et « artiste », neutres en apparence, enregistrent en réalité, sans avoir à l'afficher ouvertement, un privilège accordé à la masculinité comme synonyme de la créativité. Pour indiquer en anglais que *an artist* [un·e artiste] est une femme, le nom neutre *artist* doit être qualifié par un adjectif. Cela a pour effet d'interdire immédiatement à la femme d'être traitée comme un·e artiste. *Artist/woman artist, artist/black artist, artist/queer artist* : toute qualification a pour effet de marquer le deuxième mot, le nom, et de le charger de particularismes locaux, tout en laissant inexprimé et non marqué le mot privilégié et en apparence universel, *artist*, comme l'espace de la masculinité, de la blancheur et de l'hétérosexualité.

Bien entendu, l'expression même « Old Mistresses » [Maîtresses d'autrefois], utilisée pour la première fois en 1972 par Elizabeth Broun et Ann Gabhart, dans le cadre d'une exposition consacrée aux femmes artistes du passé, dévoilait aussi les fondations idéologiques – c'est-à-dire intéressées, partiales et excluantes – du langage en général. Il n'existe pas d'expression de respect équivalente à « Old Master » [Maître ancien] pour désigner les femmes artistes qui, elles aussi, ont fait de l'art à la Renaissance, à la période baroque et dans les périodes suivantes en Occident. « Mistress » [maîtresse] a des connotations très différentes, ouvertement sexuelles.

L'histoire de l'art, comme le féminisme lui-même, doit être comprise, par conséquent, comme une « technologie du genre », d'après la formulation ultérieure de Teresa de Lauretis : la production active d'une différenciation de genre et d'une hiérarchie des valeurs et des significations au moyen de pratiques sociales et de discours disciplinaires[3]. Notre lecture des textes qui ont fait du discours de l'histoire de l'art la consécration sélective de l'art réalisé par et pour les hommes a révélé l'existence d'un « inconscient politique », lequel n'est parvenu en outre à maintenir la masculinité de son artiste idéal qu'en invoquant et assignant simultanément un genre à un état négatif : la féminité. Ainsi, bien que, dans l'ensemble, les femmes n'aient jamais été mentionnées dans les ouvrages standard d'« histoires de l'art », quelques-unes l'ont régulièrement été pour représenter tout ce qui, à la fois, n'était pas de l'art, et n'était pas de l'art parce qu'il était genré au féminin. C'est ce que nous avons appelé le stéréotype féminin : il attribuait des qualités essentielles à toutes les femmes et utilisait cet essentialisme négatif pour empêcher de considérer les femmes comme des artistes. Le stéréotype opérait en traitant les artistes qui étaient des femmes comme les élèves ou les continuatrices d'artistes hommes ; ou comme des artistes qui tendaient naturellement à faire des choses mineures, comme des portraits, des natures mortes et de la peinture florale ; ou dont le style était congénitalement faible, qui manquaient d'invention, qui préféraient la couleur sensuelle à la forme ou à la ligne intellectuellement rigoureuse, etc. Les arts décoratifs étaient donc considérés comme globalement féminisés, dans des termes tout aussi négatifs : ils reposaient sur des modèles, ils étaient répétitifs et, par-dessus tout, peu originaux.

Écoutant en analyste les séquences récurrentes de mots et d'expressions utilisés à propos de tout ce qu'il avait fallu écarter ou dévaloriser, nous avons constaté que des notions très conventionnelles et négatives du féminin établissaient, de manière discursive et insistante, une hiérarchie genrée. Il ne s'agissait donc pas d'accuser les individus de préjugés. Ce que nous voulions faire apparaître, c'était que, quel que soit son genre, quiconque entrait dans l'histoire de l'art, ou absorbait ses protocoles et son langage, était également inséré·e dans ses idéologies de genre et ses systèmes d'évaluation genrés. Tout ce que les femmes font ou ont fait se trouve purement et simplement séparé du domaine de l'art : en le qualifiant par un adjectif, on l'expulse effectivement, et il devient partiel, local et inférieur. L'analyse proposée dans *Maîtresses d'autrefois. Femmes, art et idéologie* a donc pour effet de remettre en cause, radicalement, les procédures normatives, les hypothèses intrinsèques, le système de valeurs et le langage idéologique qui constituent la discipline de l'histoire de l'art sous ses formes universitaires, vulgarisées ou muséographiques. Il n'est pas possible de se contenter d'ajouter les femmes à ce discours parce qu'il existe déjà une place pour elles – mais une place seulement secondaire et dérivée –, laquelle constitue un élément structurel de son élaboration. Dans un musée, par exemple, chaque fois qu'une conservatrice défie ses collègues en leur demandant pourquoi aucune femme artiste n'est proposée pour la collection ou une exposition, elle doit plaider la cause de cette artiste, comme si le fait qu'elle fasse partie de l'histoire de l'art – parce qu'elle est là – et qu'elle ait fait de l'art n'était pas une raison suffisante pour qu'elle soit reconnue comme ayant toujours déjà fait partie de ce qui devait être conservé, exposé et interprété.

En utilisant des concepts tels que le discours et l'idéologie, Rozsika Parker et moi-même avons également intégré, dans le nouveau paradigme des interventions féministes, une conception de la représentation, de l'image et du regard – des termes qui modifiaient simultanément la manière dont les représentations cinématographiques et l'imagerie de la culture populaire étaient analysées à l'époque. L'idée que l'art est l'expression d'un artiste individuel dont les intentions déterminent la signification de l'œuvre en fonction de préoccupations purement formelles ou esthétiques, une idée qui va de soi pour quiconque regarde un tableau ou une sculpture, était, et est toujours, dans l'esprit de la majorité, l'approche dominante, la seule approche de l'art. C'est le discours dans lequel nous avions été toutes les deux formées en étudiant l'histoire de l'art en Grande-Bretagne dans les années 1960 et 1970. Les études cinématographiques ont créé un nouveau vocabulaire dans lequel l'image est devenue un champ organisé sémiotiquement pour produire des significations et des affects chez le sujet qui occupe une position spécifique de vision/réception créée par l'organisation du champ visuel : la position du regard. La théoricienne féministe Laura Mulvey s'est inspirée de plusieurs courants de la théorie psychanalytique pour révéler que le regard cinématographique était structurellement masculinisé par l'organisation de plaisirs et d'angoisses autour de la vision et de ce qui était donné à voir – à un regard de maîtrise – selon un axe actif/passif, sujet/objet, assimilé aux positions masculines/féminines et non aux hommes et aux femmes réels[4].

L'art nous semblait, à Rozsika Parker et moi-même, beaucoup plus riche, intéressant et pertinent par rapport aux vies vécues, aux expériences de souffrance et de joie, d'oppression et de libération, d'ambivalence, d'envie, de honte et d'amour que ne le laissaient entrevoir les approches restreintes en histoire de l'art. Le formalisme paraissait ne servir qu'à appauvrir l'art. En nous tournant vers les remises en cause féministes simultanées du sexisme et des idéologies du genre dans les études littéraires et les études cinématographiques, notre travail féministe expérimental dans et sur les nombreuses histoires potentielles a également fait appel, d'une part, à notre expérience et, de l'autre, au langage de la psychanalyse, en tant que théorie de la subjectivité, du langage et de la différence des sexes dans le champ visuel. Ce que nous avons accompli n'a été par conséquent ni une histoire de la question de savoir pourquoi les femmes n'avaient jamais été de grands artistes, ni la réappropriation compensatoire d'un passé héroïque. Au lieu de cela, nous avons proposé une série d'analyses de la manière dont les femmes artistes avaient négocié les diverses conditions historiques dans lesquelles elles avaient fait de l'art et de la façon dont elles avaient inscrit leurs situations – complexes, ambivalentes et potentiellement transformées – dans leurs actes divers et historiquement spécifiques de représentation et, souvent, d'autoreprésentation. Nous avons à la fois cherché à rétablir le lien entre la pratique artistique et les forces sociales et historiques qui façonnent l'art autant que le genre, et à interpréter les arts visuels comme des inscriptions de subjectivités situées qui négocient des pratiques esthétiques et des langages artistiques, donnés ou changeants.

L'une des expériences les plus importantes de ma vie a été de travailler avec Rozsika Parker pour écrire ce texte, lequel fut initié comme le projet collectif d'un groupe de femmes constitué en 1973 à Londres pour explorer l'art et le genre. Notre groupe s'était réuni à l'occasion d'une manifestation organisé pour défendre l'artiste suédoise Monica Sjöö (1938-2005). Dans le cadre d'une exposition à la Swiss Cottage Library de Camden de Londres, celle-ci avait présenté un grand tableau figuratif, dans un style inspiré des muralistes mexicains comme Diego Rivera, qui montrait une femme en train d'accoucher fièrement. Elle avait osé l'intituler *God Giving Birth* [Dieu donnant naissance] (1968). Le tableau a été jugé pornographique et obscène, parce qu'il montrait une naissance, et presque blasphématoire, parce qu'il associait la divinité au corps féminin procréateur. Censurés et condamnés, le tableau et l'artiste sont devenus un sujet de revendication chez les artistes, écrivaines et historiennes de l'art qui étaient précisément en train de s'éveiller à un nouveau type de conscience grâce au dynamique Mouvement de libération des femmes dans le monde entier.

Depuis le tout début, la révolte historique des femmes avait compris que les images faisaient partie intégrante du problème auquel elles se trouvaient à présent confrontées, dans la deuxième vague du féminisme, tandis que la première s'était concentrée sur l'émancipation politique et économique. Aux États-Unis en 1968-1969 et en Grande-Bretagne en 1970, les femmes ont déclaré la guerre au sexisme idéologique dans la culture visuelle contemporaine en protestant contre les concours de Miss Monde, qui incarnaient parfaitement les idées contemporaines de la femme comme spectacle et corps désirable qui ne cherchait à se parfaire que pour l'exposition et la consommation. Lorsque John Berger a présenté *Ways of Seeing* à la télévision en 1971 – sa critique stupéfiante de l'art comme « civilisation », soit la thèse défendue peu auparavant par Kenneth Clark dans sa série télévisée du même titre (*Civilisation*, 1969) –, la critique féministe naissante de la femme comme image a reçu de puissantes munitions. John Berger y analysait un régime genré du voir (masculin) et de l'être donné à voir (féminin) qui traversait les frontières du grand art et de la pornographie soft contemporaine, mettant en évidence une logique commune de la femme comme corps sexualisé offert à un regard consumériste masculinisé. Lorsque notre groupe s'est réuni, nous disposions donc de quelques ressources qui nous permettaient de réfléchir à une critique des « images de femmes » [*images of women*].

Mais qu'en est-il de l'art ? Le Mouvement de libération des femmes a compris dès le départ le pouvoir des images et l'a utilisé à des fins de propagande, pour des affiches et même lors de performances politiques. La poètesse Alison Fell (*1944) a créé, par exemple, la performance *Flashing Nipples* dans le cadre d'une manifestation contre Miss Monde en 1970. Habillées en noir et plongées dans l'obscurité, des femmes allumaient et éteignaient des lampes de vélo qu'elles tenaient contre leur aine et leur poitrine, comme un commentaire de la cartographie sexiste et sexualisée du corps féminin. Mais l'art en tant que tel, son importance et la signification symbolique de l'artiste, de la créativité et des pratiques esthétiques ne faisaient pas partie du programme radical. Ces questions apparaissaient trop bourgeoises, trop élitistes, trop éloignées des terrains réels de la lutte quotidienne des femmes contre le travail domestique et la violence, l'absence de contrôle sur leur propre corps, les rémunérations inférieures et l'exclusion de la plupart d'entre elles des formes de décision et de pouvoir – du Parlement et des syndicats aux usines et bureaux de direction. Les artistes et celles d'entre nous qui avions choisi de nous intéresser à l'art – dans un cadre universitaire ou professionnel, en tant que critiques ou historiennes – nous demandions s'il y avait une place pour nous dans le Mouvement de libération des femmes et si, d'un autre côté, il y avait un espace pour une analyse féministe alors en plein essor dans la sphère de l'art. Et si oui, à quoi cet espace pouvait-il ressembler ?

Il est important de souligner qu'au début des années 1970, pour les artistes qui étaient des femmes, la situation s'apparentait à une *tabula rasa*. On ne trouvait rien dans les livres. Les femmes artistes n'étaient jamais abordées dans les cours d'histoire de l'art. Toute une histoire avait disparu au cours du XXe siècle. Le travail contemporain des femmes n'était guère chroniqué, reproduit, débattu ou documenté dans la presse artistique. Le Tamarind Lithography Workshop de Los Angeles, qui avait enquêté sur les principaux magazines d'art en 1970, avait révélé que ceux-ci consacraient 88 à 98 % de leurs textes et images à l'art réalisé par les hommes. Notre petit groupe a donc été obligé de chercher partout des méthodes et des matériaux pour s'informer sur les femmes dans l'art.

L'élément déterminant fut de prendre le Mouvement de libération des femmes alors en pleine construction pour modèle, notamment sa manière de mettre en avant la prise de conscience [*consciousness-raising*], soit l'exploration de nos propres récits, histoires et expériences, et son élan démocratique fondateur qui nous a donné la capacité d'utiliser notre expérience, de faire tomber les barrières entre les domaines de la pensée et de croire qu'il existait une histoire cachée que nous pourrions reconstituer et qui serait susceptible, en cette période de renouveau de l'activité féministe, de nous fournir une préhistoire nous permettant de nous instruire et de nous stimuler. Nous avons dû devenir archéologues, chercher des traces perdues et effacées, et nous appuyer sur une histoire des femmes dans la littérature – qui n'avait pas autant disparu – pour nous guider. Nous nous sommes informées sur une exposition intitulée *Old Mistresses : Women Artists of the Past*, organisée par Elizabeth Broun et Ann Gabhart à Baltimore en 1972. Les commissaires sont simplement descendues dans les réserves en sous-sol du musée et y avaient découvert, comme dans d'autres réserves à travers le pays, un nombre important de tableaux peints par des femmes à l'époque des Maîtres anciens, entre les XVe et XVIIIe siècles. Des diapositives en avaient été créées et, pour la première fois, nous avions un moyen de présenter des exemples concrets de belles œuvres réalisées par des femmes artistes italiennes, espagnoles, néerlandaises, françaises et britanniques. Je me suis donc rendue à mon tour dans les réserves de la National Portrait Gallery de Londres, et j'ai commencé à y consulter les catalogues. C'est là que nous avons découvert les œuvres des femmes artistes : elles s'y trouvaient bel et bien, mais elles étaient cachées.

Après 1975, lorsque le Women's Art History Collective s'est arrêté – ce collectif que nous avions créé pour présenter, dans les écoles d'art et les cours pour adultes, les résultats de nos recherches sur les femmes artistes du passé, les représentations des femmes et les stéréotypes de la critique –, Rozsika Parker, la principale critique d'art féministe de l'époque, et moi-même, désormais historienne de l'art à l'université, avons pris sur nous d'écrire un livre fondé sur ce que nous avions fait en son sein. Nous imaginions nous en tenir à ce qui avait été notre marque de fabrique dans ces présentations : *Old Mistresses (Women Artists of the Past)* [Maîtresses d'autrefois (Les femmes artistes du passé)], *Critical Stereotypes* [Les stéréotypes de la critique] et *Images of Women* [Images de femmes]. Mais l'énormité de ce que nous avions entrepris s'est vite imposée à nous.

À la fin des années 1970, alors que nous nous retrouvions régulièrement pour écrire cet ouvrage, les choses avaient beaucoup avancé au sein des études féministes naissantes. Les historiennes de l'art américaines avaient réalisé plusieurs études sur les femmes artistes, et Linda Nochlin et Ann Sutherland Harris avaient organisé leur grande exposition *Women Artists 1550-1950*[5]. Germaine Greer, qui s'était emparée à son tour du sujet, avait analysé, dans *The Obstacle Race* (1969)[6], la manière dont la société portait atteinte à l'ego des femmes et les raisons pour lesquelles ces dernières réalisaient des œuvres qui reflétaient ce processus. Par conséquent, nous avons dû nous demander s'il y avait une différence entre nos analyses et celles qui avaient déjà été publiées. Avions-nous quelque chose de nouveau à dire ? Avions-nous une perspective spécifique ? Il nous est apparu que nous avions quelque chose de différent à dire, et cela mérite d'être rappelé.

En analysant les discours et les histoires de l'histoire de l'art elle-même, nous avons fait, avec Rozsika Parker, une découverte qui nous a surprises. Les femmes artistes n'ont « disparu » qu'au XXe siècle, au moment du modernisme, c'est-à-dire au moment où le premier musée d'art moderne a entrepris de raconter l'histoire d'un art qui était alors récent et contemporain (le Museum of Modern Art de New York inauguré en 1929), au moment où l'histoire de l'art s'est étendue aux universités et où des éditeurs d'art ont vu le jour pour créer et alimenter le marché des connaissances sur l'art. En historiennes appliquées, nous sommes parvenues à reconstituer l'histoire des femmes dans l'art depuis l'Antiquité à l'aide de documents, d'archives, de registres, de biographies et d'études remontant jusqu'au début du XXe siècle. Il y avait eu un enregistrement ininterrompu quoique parfois condescendant. Le siècle moderne – le « siècle des femmes », d'un point de vue politique et social – fut toutefois le premier à effacer la mémoire culturelle et à refuser l'enregistrement des femmes contemporaines en tant que participantes créatives à la culture.

Maîtresses d'autrefois remet donc en question l'optimisme progressiste de Linda Nochlin qui voulait que, si les choses avaient été mauvaises dans le passé (la discrimination), certaines avancées allaient permettre aujourd'hui de libérer l'art de la discrimination et de favoriser l'égalité des chances. Rozsika Parker et moi-même nous sommes appuyées sur les modèles critiques émergents de la déconstruction, de la théorie du discours et de la psychanalyse pour contester la vision d'un progrès inéluctable, en soulignant que l'effacement des femmes de l'histoire de l'art n'était pas l'héritage de préjugés séculaires ; c'était de fait le produit, ou le fruit d'un travail actif, de la manière dont l'histoire de l'art moderniste et le musée moderniste du XXe siècle avaient construit un récit au sujet de leurs propres contemporain·e·s. Les femmes ont été plus décisivement effacées des pages des histoires de l'art au moment même où, plus que jamais auparavant, du fait de l'émancipation et des changements sociaux consécutifs à la Première Guerre mondiale, elles ont été actives et visibles dans un grand nombre de sphères publiques et professionnelles, y compris l'art – que nombre d'entre elles ont précisément embrassé comme un domaine de nouvelles libertés et d'autodéfinition.

Rozsika Parker et moi-même avons aussi écrit notre ouvrage sur fond de révolution culturelle massive dans l'art contemporain lui-même. Nous avons réalisé que, si nous ne parvenions pas à arrêter la « disparition » relativement récente et effective des femmes, ces artistes – nos contemporaines – subiraient elles aussi le même sort. En effet, la faible proportion d'œuvres de femmes contemporaines dans les collections ainsi que l'absence de conservation de leurs archives et d'exposition de leur pratique témoignent de l'échec de ce processus d'inclusion dans l'histoire. Nous devions également comprendre la complexité de ce que nos propres contemporaines étaient de fait en train de créer autour de nous, sous le même nouvel impératif féministe qui nous avait conduites à être leurs critiques et leurs scribes, mais aussi en réaction à des reformulations radicales intervenues dans l'art lui-même à la suite de l'art conceptuel, de l'apparition de nouveaux médiums comme la vidéo et la performance et de l'utilisation de la photographie et du cinéma. Rien dans mes études d'histoire de l'art ne m'avait préparée à comprendre ce qu'elles faisaient. Ce n'était pas le cas de Rozsika Parker. Comme critique d'art du magazine *Spare Rib*, elle avait vu et compris une grande partie du nouvel art des années 1970 et immédiatement articulé la psychanalyse à l'analyse culturelle féministe naissante pour ouvrir de nouvelles perspectives et initier ce que nous appellerions aujourd'hui l'« écriture sur l'art » [*art writing*].

Un aspect essentiel de l'histoire de ce livre réside dans le fait qu'il a été réalisé en collaboration, à une époque qui identifiait la créativité et la pensée créative à des individus. L'écriture en collaboration est un processus extraordinaire, exigeant une confiance totale. Elle offre une double libération par rapport à l'égotisme et à l'anxiété d'être seule responsable de ce qui y est écrit. Chaque partenaire apporte des ressources et des capacités différentes. Chacune doit totalement respecter l'autre mais rester également concentrée sur le projet plus vaste : qu'est-ce que nous sommes en train de faire, au juste, et pourquoi et pour qui ? La découverte la plus importante que représente désormais ce texte est celle-ci : le résultat est infiniment plus riche que la seule addition de deux esprits au travail. La plupart de ce qui se trouve dans ce livre n'aurait jamais vu le jour, et jamais sous cette forme, sans collaboration. Sa somme représente beaucoup plus que l'addition de nos deux personnes. En travaillant ensemble, nous nous sommes poussées l'une l'autre vers des idées que nous n'aurions jamais osé concevoir seules. Rozsika Parker était déjà dotée de ce que nous pourrions appeler aujourd'hui un esprit interdisciplinaire. Elle avait un don, en effet, pour penser en faisant fi des délimitations, pour confronter élégamment aux arts visuels ses idées passionnées issues de la compréhension psychanalytique – déjà entièrement établies avant sa formation – et sa lecture empathique de la littérature.

Le fait tragique est que Rozsika Parker n'est plus parmi nous pour participer à l'écriture de cette nouvelle préface. Elle est morte à l'âge de 64 ans, en novembre 2010. L'étude de référence qu'elle avait publiée par la suite, *The Subversive Stitch : Embroidery and the Making of the Feminine* (1984), venait de reparaître et de connaître un grand succès. Je suis seule aujourd'hui pour lui rendre hommage. Rosie contestait le patriarcat avec esprit et sagesse et, parfois, un peu de chocolat. Nous avons écrit ou édité trois livres ensemble entre 1975 et 1987. En pures *outsiders*, nous avons alors lutté contre le poids des structures oppressives qui cherchaient à réduire nos ambitions par la dérision et un rejet condescendant. Nos professeurs du Courtauld Institute – où Rozsika Parker avait fait ses études de premier cycle et, moi, mes études de deuxième cycle – nous ont rejetées : pourquoi gaspiller votre intelligence à un sujet aussi insignifiant ? Il nous est apparu alors que si nous parvenions à comprendre comment ces hommes avaient pu se moquer de nous parce que nous voulions connaître l'histoire des femmes dans l'art, nous réduirions la pression invisible mais étouffante du sexisme structurel de la discipline, qui persiste malheureusement aujourd'hui, profondément ancrée dans l'histoire de l'art muséale.

La tolérance polie à l'égard de la marge activiste – où la recherche féministe est autorisée à se consacrer à ses propres préoccupations – n'a pas cédé la place à un remaniement profond de l'imaginaire de l'histoire de l'art fondé sur le principe fondamental de l'inclusion : le fait que l'art est depuis toujours le produit des nombreuses composantes de la communauté humaine, et qu'il en va de l'obligation d'une discipline historique qui se respecte de présenter les données historiques telles qu'elles étaient et telles qu'elles sont. Le discours de l'histoire de l'art eurocentrique, patriarcal et raciste s'accorde le droit de choisir qui, et ce qui, doit être considéré comme digne d'étude, de conservation et d'exposition. Il s'appuie sur les critères très sélectifs de la valeur – supposés neutres et allant de soi – pour créer, pour lui-même, une image de la créativité et de la culture, en miroir narcissique de ceux qui font et préservent cette sélection. Le contre-argument que proposent ceux et celles qui, comme nous, cherchent à produire une vision inclusive d'histoires de l'art et de cultures visuelles multiples n'est pas qu'il faudrait tolérer sans réserve d'« autres » arts au panthéon du « grand art » (menacé par le fait de laisser entrer des œuvres n'ayant qu'une valeur sociale), mais bien étudier les données historiques pour faire apparaître tout ce que les nombreuses voix de celles et ceux qui font de l'art pourraient nous dire sur les histoires, les situations et les perspectives de la pluralité qu'est la condition humaine. Nous, qui nous regardons et regardons nos histoires au prisme des représentations et des pratiques artistiques, avons besoin de connaître tout l'éventail des récits – dans leur différence, leur complexité et leurs modes variés de créativité.

Cet ouvrage expose donc une série de questions théoriques et de problèmes méthodologiques qui montrent clairement que le féminisme n'est pas qu'un incident mineur dans l'histoire de l'histoire de l'art et de l'art lui-même. Il représente un défi majeur lancé aux notions canonisées de la normativité occidentale, masculine, blanche et hétérosexuelle qui ont visé à faire passer toute tentative de rendre visible le travail de ce que cette norme traitait comme « autre » (en fonction de la race, de la classe, de la sexualité ou du positionnement géopolitique) pour des grognements de coulisses et une demande de tolérance condescendante. Notre critique du discours de l'histoire de l'art – au musée, à l'université, en école d'art et dans la représentation publique – est aussi vive et pertinente que jamais.

Linda Nochlin a ouvert le domaine de recherche en 1971. *Maîtresses d'autrefois. Femmes, art et idéologie* a relevé le défi de changer le paradigme en 1981. Il aura fallu attendre la première décennie de ce nouveau siècle pour que le monde des musées s'éveille, un peu, à la critique féministe. Ce n'est qu'après 2006 que des expositions importantes – en France, aux

États-Unis, en Espagne, aux Pays-Bas, en Scandinavie et en Europe de l'Est – ont réintégré le féminisme, l'art féministe et les questions féministes, après une période de rejet actif du féminisme dans les poubelles de l'histoire.

En 2009, par exemple, pour la toute première fois, un musée important, le Musée national d'art moderne du Centre Pompidou, Paris, a consacré une partie de l'espace de sa collection permanente à un examen de l'art de la fin du XXe siècle exclusivement représenté par des femmes. L'exposition, qui a duré 18 mois, s'intitulait *elles@pompidou*. Pour la mener à bien, cependant, ce musée moderne a dû acheter, mendier, emprunter et demander 50 % de ce qu'il a exposé, parce qu'il n'avait pas encore réuni ces œuvres représentatives d'artistes qui étaient des femmes. En 2009 aussi, le Museum of Modern Art de New York a été encouragé à lancer le programme de publication d'un livre sur ses collections d'œuvres réalisées par des femmes, et à stimuler le raccrochage et l'exposition d'œuvres réalisées par des femmes – mais il a fallu pour cela une donation importante, qui a facilité cette nouvelle orientation. À Stockholm en Suède en 2010, le Moderna Museet a dû monter sa propre campagne de collecte de fonds pour compléter sa collection d'art moderne, connue dans le monde entier, par l'acquisition d'œuvres réalisées par des femmes qu'il n'avait pas cherché à acquérir jusque-là.

Quelque chose se passe enfin… Mais s'agit-il d'événements sans lendemain, de concessions destinées à répondre aux plaintes des féministes ennuyeuses, de négociations sans véritables évolutions structurelles ? Les institutions se sont-elles réellement transformées ? La politique du genre, comme d'ailleurs l'accès des femmes à l'égalité professionnelle dans l'art, a sans aucun doute changé, et principalement en bien, depuis 1981. La nouvelle édition de ce texte classique témoigne cependant de polémiques contemporaines et requiert une évaluation de la situation dans laquelle nous nous trouvons aujourd'hui : à quel point le discours de l'histoire de l'art *mainstream* et la pratique muséale ont-ils évolué vers l'inclusion et la reconnaissance, dans leurs pratiques, de la critique féministe d'un sexisme et d'un racisme plus profonds et structurels ? Ces gestes récents sont-ils cosmétiques ou sismiques ? La célébrité de quelques femmes dûment choisies, comme Louise Bourgeois ou Tracey Emin, est-elle suffisante ou révélatrice de transformations réelles et profondes ?

Depuis 2006, avec ces expositions et d'autres qui ont historicisé l'impact direct du féminisme sur l'art, le débat sur le genre, l'art et l'histoire est revenu au premier plan et a pris sa place dans des musées importants et dans leurs projets. Un nouveau public – de visiteur·se·s, d'étudiant·e·s, d'artistes et de commissaires – a été invité à réfléchir à l'impact du projet féministe dans l'art, dans l'histoire de l'art et dans le musée. Les événements en lien avec le « féminisme » connaissent désormais une fréquentation considérable, et les conférences sur les stratégies curatoriales féministes prolifèrent. Le Centennial Panel, organisé par la College Art Association états-unienne en 2001, a fait salle comble avec de nouvelles générations d'artistes et d'historiennes de l'art engagées.

Finalement, en quoi ce que les gens voient et apprennent dans les musées, galeries, ouvrages d'histoire de l'art et cours universitaires est-il important ? Rozsika et moi-même avons senti que cela avait une grande importance. Si l'on emmène un enfant dans un musée pour qu'il apprenne à connaître son patrimoine, ou ce que l'on considère comme le patrimoine culturel du pays dans lequel il vit, et qu'il n'y trouve que des représentations valorisées d'œuvres réalisés par des hommes blancs hétérosexuels, ou des représentations de femmes et d'autres, ethniques ou sexuels, dans des rôles de servitude domestique, rurale ou sexuelle, quelle perception de soi intériorise-t-il ? Si toute représentation positive de son type est absente, s'il n'y a pas une variété de récits et d'images auxquels il peut s'identifier et s'il ne trouve aucune représentation de ses semblables en termes de valeur et de singularité, nous sommes obligé·e·s de nous demander par quels abandons de ses aspirations à être quelqu'un, à parler de sa propre voix et à connaître le monde de son point de vue propre et valorisé cela se traduira. Les générations sont marquées par ce qu'on leur montre et leur raconte et par ce qu'on ne leur montre et ne leur raconte pas.

Maîtresses d'autrefois. Femmes, art et idéologie est né d'une révolte collective de femmes de toutes les classes, ethnies, sexualités et histoires géopolitiques. Il est né de l'expérience collective de deux femmes qui, en partageant cette aventure, ont osé conclure qu'il ne suffisait pas d'implorer l'establishment de l'histoire de l'art – musées, universités, maisons d'édition ou marchands d'art – de corriger ses idées biaisées et inadéquates à propos de ceux et celles qui font l'art. Nous devons contester l'appareil tout entier et sa fonction idéologique sous-jacente, qui déforme toutes nos compréhensions de ce que nous sommes et de ce que nous pouvons être. Le féminisme n'est pas seulement un point de vue supplémentaire, un événement mineur destiné aux femmes qui s'y intéressent, tandis que l'on continue à aduler les grands hommes artistes et les quelques femmes choisies autorisées à se mêler aux auteurs canonisés. (Et croyez-moi, cela continue. Il suffit de passer en revue les expositions événements des grands musées du monde entier pour constater, à quelques rares et honorables exceptions près, que le culte du grand homme artiste blanc reste leur principal investissement.) Pour Rozsika Parker et moi-même, le projet consistait à montrer que ce qui se disait à travers l'art, et ce qui se disait sur cet art, avait un impact direct et profond sur notre perception de nous-même, du sexe, du genre, de la race, de la classe et des possibilités humaines.

En hommage à ma merveilleuse co-auteure, Rozsika, et dans le chagrin perpétuel de sa perte, j'attends avec impatience la nouvelle vie qu'aura ce livre dans une nouvelle ère qui, si elle doit encore se confronter à ses arguments, doit aussi les prolonger et les contester, tout en restant fidèle à la relecture du passé non seulement comme source pour rêver, mais aussi pour construire des avenirs démocratisés, inclusifs et se respectant mutuellement.

NOTES — *

Cette préface a été rédigée en 2013 à Leeds à l'occasion de la nouvelle édition anglaise par I. B. Tauris de *Old Mistresses. Women, Art and Ideology*, Londres 2013, p. XVII-XXVIII. Dans ce volume figure aussi la préface rédigée en 1980 par Rozsika Parker et Griselda Pollock à Leeds et Londres, *ibid.*, p. XXIX-XXXI. Nous avons fait le choix de ne reproduire ici que la préface de 2013.

1

Linda Nochlin, « Pourquoi n'y a-t-il pas eu de grands artistes femmes » (1971), in *Femmes. Art et pouvoir*, Oristelle Bonis (trad.), coll. « Rayon Art », Jacqueline Chambon, Nîmes 1989, p. 201-244, et *Pourquoi n'y a-t-il pas eu de grands artistes femmes ?*, Thames & Hudson, Londres 2021. Voir aussi Vivian Gornick et Barbara K. Moran, *Woman in Sexist Society: Studies in Power and Powerlessness*, Basic Books, New York 1971.

2

Griselda Pollock, *Vision and Difference : Feminism, Feminity and the Histories of Art*, Routledge, Londres 1988.

3

Teresa de Lauretis, *Technologies of Gender. Essays on Theory, Film and Fiction*, Indiana University Press, Bloomington 1987 ; partiellement traduit en français in *Théorie queer et cultures populaires. De Foucault à Cronenberg*, La Dispute, Paris 2007.

4

Pour la traduction française de l'article fondateur de Laura Mulvey « Visual Pleasure and Narrative Cinema » (*Screen*, n°16, 1975), voir « Plaisir visuel et cinéma narratif » [1975], in *CinémAction*, n°67, 1993, p. 17-23. Voir aussi Laura Mulvey, «Plaisir visuel et cinéma narratif» (1975), in *Au-delà du plaisir visuel. Féminisme, énigmes, cinéphilie*, Florent Lahache et Marlène Monteiro (trad.), introduction de Teresa Castro, Mimesis, Paris 2017, p 33-51.

5

Linda Nochlin et Ann Sutherland Harris, *Femmes peintres. 1550-1950*, cat. exp., Éditions des Femmes, Paris 1981.

6

Germaine Greer, *The Obstacle Race. The Fortunes of Women Painters and Their Work*, Farrar, Straus & Giroux, Londres 1979.

1 — Les stéréotypes de la critique : l'« essence féminine » ou à quel point la féminité est-elle *essentielle* ?

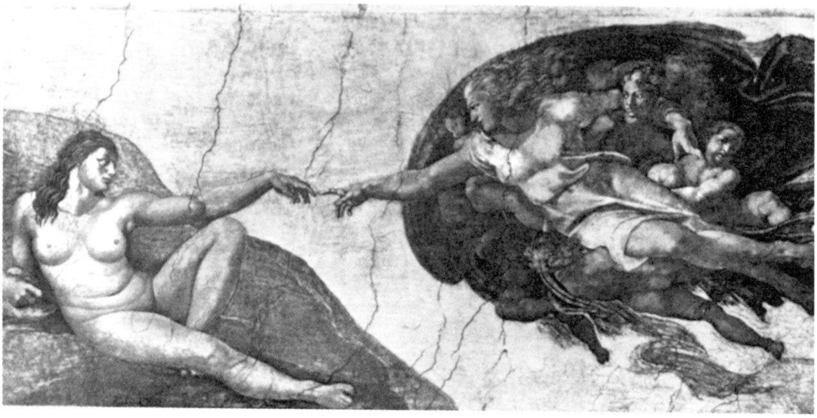

And God Created Woman in Her Own Image [« Et Dieu créa la Femme à son image »], 1970
Publicité pour Eiseman Clothing d'après Michel-Ange
et un dessin original de l'illustratrice Ann Grifalconi (1929-2020)

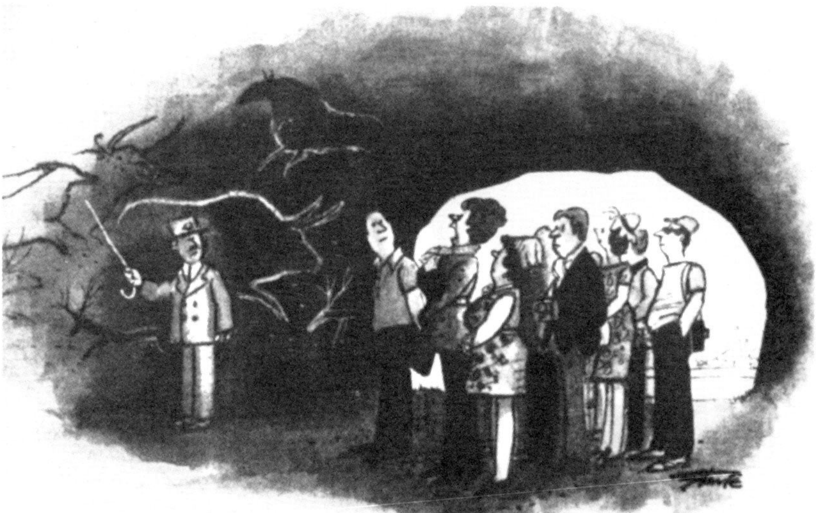

« It's never occurred to you, I suppose, that they could have been created by a cave-*woman* ? » [« Je suppose qu'il ne vous est jamais venu à l'esprit qu'ils avaient pu être tracés par une *femme* des cavernes »], 1973
Illustration de Leslie Starke parue dans le *New Yorker*, 23 juillet 1973

Ce dessin est une réponse ironique à l'histoire de l'art féministe, révélant et promouvant l'existence de femmes artistes. À l'évidence, nous ne sommes pas censés prendre cette remarque très au sérieux puisque la caricaturiste en a dessiné l'auteure de telle manière que nous n'éprouvions ni respect ni sympathie à son égard.

— 1 —

Invitée en 1928 à donner une conférence sur le thème « Les femmes et la fiction », Virginia Woolf déclara de manière ironique :

> Mille questions me venaient à l'esprit. Mais il me fallait des réponses et non des questions, et une réponse, je ne pouvais l'avoir qu'en consultant les doctes, les esprits sans préjugés, ceux qui, s'étant mis au-dessus des polémiques et de l'agitation des corps, ont livré le résultat de leur raisonnement et de leurs recherches dans des livres qui se trouvent au British Museum. Si la vérité ne se trouve pas sur les rayons du British Museum, me demandai-je, saisissant un carnet et un crayon, où peut-elle bien se trouver[1] ?

Des centaines de questions se posent également à propos des femmes dans l'histoire de l'art. Y a-t-il eu des femmes artistes ? Et si oui, qu'ont-elles créé ? Pourquoi ont-elles produit ce qu'elles ont produit ? Quels sont les facteurs ayant conditionné leurs vies et leurs œuvres ? Quelles difficultés les femmes ont-elles rencontrées et comment, en tentant de devenir des artistes, ont-elles surmonté la discrimination, le dénigrement, la dévalorisation et le rejet dans une société qui, depuis le Livre de la Genèse, accorde aux seuls hommes le droit divin de la création [p. 54] ?

Mais quelles réponses trouver dans les rayons du British Museum, ce dépôt des connaissances reçues ? Virginia Woolf a été surprise de découvrir le nombre impressionnant de livres qu'il y avait à consulter à propos des femmes, même s'ils étaient écrits du haut de l'autorité masculine. « Savez-vous que vous êtes peut-être de tous les animaux de la création celui dont on discute le plus[2] ? », demandait-elle sèchement à ses lectrices. Il y a en effet une mine d'information sur les femmes artistes au British Museum. Mais les doctes sont-ils vraiment sans préjugés à leur égard ?

Un simple coup d'œil à l'abondante littérature en histoire de l'art nous rend méfiantes vis-à-vis de l'objectivité avec laquelle le passé a été représenté. Une lecture plus attentive nous avertit de l'existence de mythes puissants à propos de l'artiste et de la cécité fréquente aux facteurs économiques et sociaux dans la production de l'art, la formation des artistes et la réception des œuvres d'art. Deux faits marquants émergent de la littérature de l'art du XVIe siècle à nos jours. L'existence de femmes artistes a été pleinement reconnue jusqu'au XIXe siècle mais pratiquement niée par les auteurs modernes. Cette reconnaissance incohérente s'accompagne de la construction et de la réitération constante d'une catégorisation fixe – un « stéréotype » – appliquée à tout ce que les femmes artistes ont produit.

Découvrir l'histoire des femmes dans l'art, c'est en partie rendre compte de la façon dont s'écrit l'histoire de l'art. Exposer les valeurs qui la sous-tendent, ses hypothèses, ses silences et ses préjugés, c'est également comprendre que la manière dont les femmes artistes sont identifiées et décrites joue un rôle essentiel dans la définition de l'art et de l'artiste dans notre société.

Un bref aperçu de l'importante littérature sur l'histoire de l'art jusqu'au XIXe siècle montre que l'existence des femmes artistes a toujours été reconnue. L'artiste et écrivain du XVIe siècle Giorgio Vasari compte parmi les premiers auteurs de l'histoire de l'art telle que nous la connaissons. Sa longue étude des artistes de la Renaissance est un ancêtre du genre le plus courant de l'histoire de l'art moderne : la monographie, l'étude de la vie et de l'œuvre d'un seul artiste. Dans ce texte du XVIe siècle, les femmes artistes de la période sont à la fois documentées et évaluées. On y trouve ainsi un chapitre sur la sculptrice Properzia de' Rossi (1490-1530) [p. 57], des informations détaillées sur Sofonisba Anguissola (c. 1532-1625) [p. 58] et ses cinq sœurs, et la description d'une fresque ambitieuse de Plautilla Nelli (1524-1588), la *Dernière Cène*, présente dans l'église florentine Santa Maria Novella.

Le mince filet de références aux femmes artistes du XVIe siècle grossit au XVIIIe siècle pour devenir un flot au XIXe siècle. De longues enquêtes sur les femmes dans l'art, depuis la Grèce jusqu'à l'époque moderne, ont été publiées dans toute l'Europe. Citons, par exemple, Ernst Guhl, *Die Frauen in der Kunstgeschichte* (1858), Elizabeth Ellet, *Women Artists in All Ages and Countries* (1859), Ellen C. Clayton, *English Female Artists* (1876), Marius Vachon, *La Femme dans l'art* (1893), Walter S. Sparrow, *Women Painters of the World* (1905) et l'énorme compilation de plus de mille articles consacrés aux femmes par Clara E. Clement dans son encyclopédie, *Women in the Fine Arts from the Seventh Century B.C. to the 20th Century A.D.* (1904).

Étonnamment, les travaux sur les femmes artistes diminuent précisément au moment où, en théorie, l'émancipation sociale des femmes et les progrès de l'éducation auraient dû entraîner une meilleure connaissance de la participation des femmes à tous les domaines de la vie. Au XXe siècle, il y a eu un quasi-silence sur les activités artistiques des femmes du passé, seulement rompu par quelques travaux

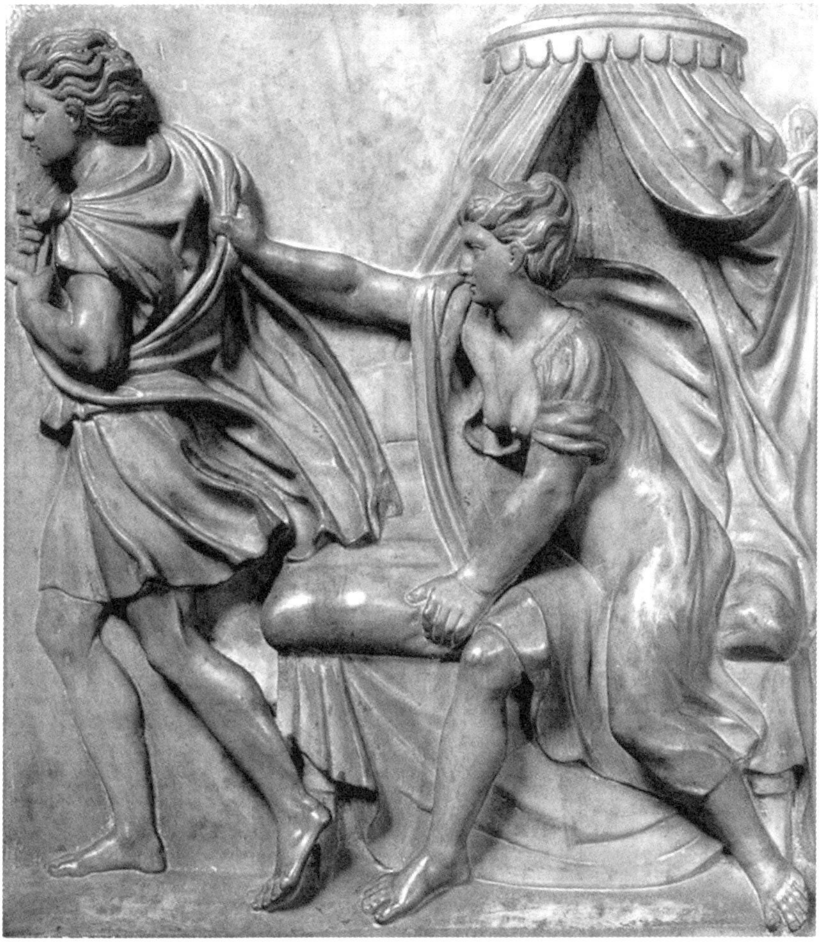

Properzia de' Rossi
Joseph et la femme de Putiphar, c. 1520

Properzia de' Rossi est née à Bologne, ville caractérisée par son attitude progressiste ayant favorisé l'activité d'un grand nombre de femmes dans diverses branches des arts et des sciences au cours de la Renaissance ; voir Laura Ragg, *The Women Artists of Bologna*, Methuen & Co., Londres 1907.

Bas-relief en marbre, 54,5 × 59 cm. Basilique de San Petronio, Bologne

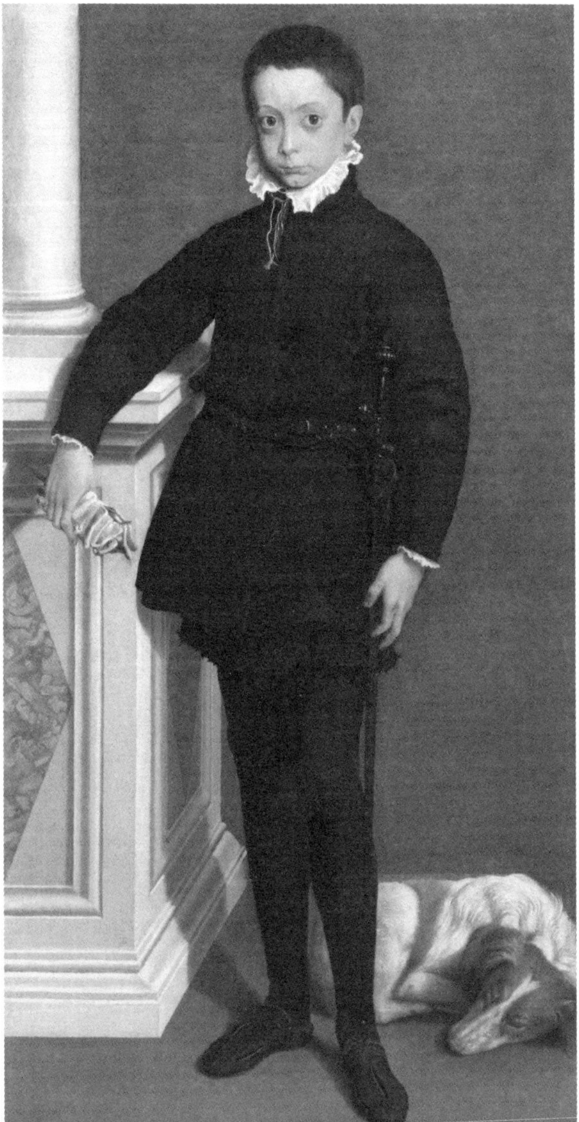

Sofonisba Anguissola
Portrait du marquis Massimiliano Stampa,
c. 1557

Huile sur toile, 136,8×71,5 cm. The Walters Art Museum, Baltimore

qui répétaient les conclusions du XIXe siècle. Un coup d'œil à l'index de n'importe quel manuel de référence contemporain d'histoire de l'art donne la fausse impression que les femmes ont toujours été absentes de la scène culturelle.

Les historiens de l'art du XXe siècle ont suffisamment de sources pour montrer que les femmes artistes existent depuis toujours, mais ils les ignorent. Le silence est absolu dans des ouvrages de vulgarisation qui retracent l'histoire de l'art occidental, comme ceux d'Ernst H. Gombrich ou Horst W. Janson[3]. Ni l'un ni l'autre ne mentionne les femmes artistes. Les organisatrices d'une exposition en 1972 sur l'œuvre des femmes peintres, *Old Mistresses : Women Artists of the Past*, ont révélé toutes les implications de ce silence :

> Le titre de cette exposition fait allusion au postulat tacite dans notre langue que l'art est créé par les hommes. L'expression révérencieuse « vieux maître/maître ancien » n'a pas d'équivalent véritable ; sous sa forme féminine – « vieille maîtresse/maîtresse ancienne » –, elle prend, c'est le moins que l'on puisse dire, une tout autre connotation[4].

Malgré l'augmentation considérable du nombre de femmes artistes au cours du XXe siècle [p. 6-7], le postulat persiste, dans la langue, que l'art est créé par les hommes, et cette attitude se perpétue dans la critique contemporaine[5]. Le Tamarind Lithography Workshop a publié dans le *Feminist Art Journal* (avril 1972) les résultats de son enquête sur la critique de l'art contemporain dans les principaux magazines d'art américains. Entre août 1970 et août 1971, 87,8 % des critiques publiées dans une importante revue d'art, *Artforum*, traitaient du travail des hommes ; 12,2 % seulement rendaient compte de celui des femmes. 92 % des critiques de *Art in America* étaient consacrées au travail des hommes, 8 % à celui des femmes, tandis que les hommes occupaient 95 % du texte consacré à l'art et 93 % des reproductions. Ce silence est entretenu par un certain nombre de postulats idéologiques sur le rapport des femmes à l'art. Lorsqu'une critique d'art féministe a interrogé un collègue masculin à propos de son attitude envers une femme artiste et lui a demandé pourquoi il n'avait jamais visité son atelier, « il lui a répondu en toute franchise qu'elle était si jolie que, s'il allait à son atelier, ce ne serait peut-être pas pour son travail ». Adressée à une étudiante par le directeur d'un département d'art, cette autre phrase est un exemple typique de cet état de fait : « Vous ne serez jamais une artiste, vous aurez des bébés, et c'est tout[6]. »

Lors d'une conférence à la Slade School of Fine Art en 1962, le sculpteur Reg Butler (1913-1981) a proposé une identification analogue des femmes avec la procréation et des hommes avec la création culturelle :

> Je suis certain que la vitalité de nombreuses étudiantes dérive d'une maternité frustrée et que la plupart d'entre elles, en trouvant l'occasion de se marier et de produire des enfants, ne connaîtront plus le mécontentement passionné qui les pousse constamment vers les travaux de création par d'autres moyens. Une femme peut-elle devenir une artiste créative et capitale sans cesser d'être une femme, sauf en ce qui concerne l'état civil[7] ?

John McEwan a employé une stratégie différente mais connexe dans son compte rendu d'une exposition organisée en 1978 par des femmes à la Hayward Gallery de l'Arts Council, Londres, et montrant principalement les œuvres de femmes artistes contemporaines [voir p. 275 sq.]. Au lieu d'identifier les femmes à l'art, il les a identifiées à l'artisanat domestique. Une seule artiste a échappé à sa censure mais pour des raisons significatives :

> [elle] au moins, ne montre pas *l'œil et le goût pour le détail, propres à l'enfileuse d'aiguilles*, qui sont si typiquement le cauchemar des femmes artistes quand elles sont livrées à elles-mêmes : une préoccupation qui favorise invariablement la présentation aux dépens du contenu[8].

Ces stéréotypes et postulats contaminent l'écriture sur l'art du passé et de présent. Mais le dénigrement des femmes par les historiens est dissimulé par une vision rigidement construite de l'histoire de l'art. Certains rationalisent leur rejet des femmes en affirmant qu'elles sont peu originales et donc insignifiantes. Reginald H. Wilenski déclarait catégoriquement, par exemple : « Comme chacun le sait, les femmes peintres imitent toujours le travail de certains hommes[9]. »

Mais la dépendance à l'égard de l'autre n'est vue comme une faute que si l'innovation stylistique ou formelle est le critère exclusif d'évaluation de l'art. Lucy Lippard conteste utilement cette notion si souvent utilisée pour justifier l'exclusion des femmes de tout examen approfondi :

> Dans les vieux contextes « progressistes » ou « évolutionnistes » [avant le « nouveau contexte » créé par le féminisme], l'art des femmes est souvent « peu novateur » ou « rétrograde » (c'est du moins ce que m'ont

> dit les hommes depuis que j'ai commencé à écrire sur les femmes…). Certaines femmes artistes réagissent consciemment contre l'avant-gardisme et se retranchent dans des domaines esthétiques négligés ou ignorés dans le passé ; d'autres ne sont pas affectées par ces motivations rebelles mais continuent de travailler selon des modes personnels qui ressemblent en apparence à divers styles artistiques du passé récent. L'une des principales questions que rencontre la critique féministe est de savoir si l'innovation stylistique est bien la seule innovation, ou s'il reste d'autres aspects de l'originalité à examiner : « Les formes artistiques qui correspondent aux idées qu'ont eues les hommes sont peut-être inadéquates pour les idées qu'ont les femmes. » Susana Torre suggère ici que les femmes, incapables peut-être de s'identifier aux styles historiques, s'intéressent vraiment plus à l'art en tant que tel, à l'expression de soi, à son histoire collective et à sa communication, et qu'elles s'écartent de la notion traditionnelle de l'avant-garde en opposant non pas des styles ou des formes, mais des idéologies[10].

Le plus constant, cependant, c'est l'attribution péjorative d'une certaine conception de la féminité à toutes les femmes artistes. À propos des femmes artistes du XVIIe siècle, James Laver écrivait :

> Certaines femmes artistes ont essayé d'imiter Frans Hals mais les coups de pinceau vigoureux du maître étaient au-dessus de leurs capacités. Il suffit de regarder les œuvres d'une peintre comme Judith Leyster (1609-1660) pour déceler la faiblesse de la main féminine[11].

Mais si la « faiblesse » de la féminité est si nette, contrairement à la vigueur « masculine » de Frans Hals, pourquoi tant d'œuvres de Judith Leyster [p. 4] ont-elles été attribuées à Frans Hals dans le passé ? (L'existence de Judith Leyster a été redécouverte en 1892 lorsqu'il est apparu qu'un tableau considéré comme étant de Franz Hals portait sa signature[12].)

Ce stéréotype « féminin », qui sert de « fourre-tout » à une large gamme d'idées, a une longue histoire. Comme l'a montré Mary Ellmann dans son étude de la « critique phallique » et de l'analogie sexuelle dans la critique littéraire (*Thinking About Women*, 1968), le stéréotype est le produit d'une culture patriarcale qui construit la domination masculine par l'importance qu'elle attache à la différence des sexes. Les femmes et toutes leurs activités étant considérées comme l'antithèse de la création culturelle, la notion de femme artiste est une contradiction dans les termes. Un auteur du XIXe siècle l'indiquait clairement : « Tant qu'une femme *ne se prive pas de son sexe*, elle ne peut exercer l'art qu'en amateur. La femme de génie n'existe pas ; quand elle existe, c'est un homme[13]. » Les critiques ne trouvent souvent pas d'autre manière, pour faire l'éloge d'une femme artiste, que de dire qu'« elle peint comme un homme », comme l'a fait Charles Baudelaire à propos d'Eugénie Gautier (1813-1886) en 1846.

Les auteurs ont néanmoins été forcés de reconnaître que les femmes avaient toujours peint et sculpté, mais l'application du stéréotype féminin à tout ce qu'ont produit les femmes leur a servi avant tout à séparer l'art des femmes du « grand art » (masculin) et à composer avec la contradiction interne entre la réalité des activités des femmes et les mythes de la créativité culturelle masculine. Un exemple en est le chapitre que Giorgio Vasari consacre à Properzia de' Rossi, qui avait commencé par ciseler des bibelots avant de devenir sculptrice et de produire des bas-reliefs tels que *Joseph et la femme de Putiphar* (c. 1520) [p. 57]. Giorgio Vasari nous dit, dans cet ordre, qu'elle était maîtresse de maison accomplie, belle de corps, meilleure chanteuse que toutes les autres femmes de sa ville et, enfin, habile tailleuse. Il ne voit dans son œuvre que subtilité, douceur et délicatesse. Il loue dans *Joseph et la femme de Putiphar* « un très beau bas-relief représentant la femme de l'intendant du Pharaon qui, amoureuse de Joseph et désespérée de l'inutilité de ses supplications, lui arrache finalement son manteau avec une grâce féminine absolument admirable[14]. » Ses lecteurs ont l'assurance que Properzia de' Rossi se conformait aux attentes et obligations sociales d'une aristocrate de l'époque.

Presque deux cents ans plus tard, examinant des œuvres d'Angelica Kauffmann (1741-1807) [p. 177], membre fondatrice de la Royal Academy of Arts, le comte Andreas Peter von Bernstorff faisait l'éloge de sa bienséance et de son respect des normes sociales :

> Ses figures ont la dignité tranquille des modèles grecs. [...] Ses femmes sont très féminines et pudiques. Elle transmet avec beaucoup d'art les relations convenables entre les sexes, la dépendance du faible à l'égard du fort qui plaît tant à ses critiques masculins[15].

Le XIXe siècle marque sans conteste l'apogée de cette description particulière de l'art des femmes comme étant biologiquement déterminé ou une extension de leur rôle domestique et raffiné dans la société, soit typiquement féminin, élégant, délicat et décoratif. L'idéologie bourgeoise attribuait aux femmes un rôle important mais secondaire[16]. Elles étaient les défenseures de la civilisation, les gardiennes du foyer et de l'ordre social. L'ouvrage de John Ruskin, *Sésame et les lys* (1865), indique clairement les idéaux victoriens et la stricte division des rôles entre les hommes et les femmes ; les hommes travaillent à l'extérieur et les femmes ornent le foyer. Elles y protègent les valeurs traditionnelles, morales et spirituelles, dans une nouvelle société industrielle. Comme l'implique le titre donné à la partie consacrée aux rôles des femmes, « Des jardins des reines », celles-ci doivent s'épanouir dans une sorte de Jardin d'Éden aristocratique et pur. Il déclare pour finir :

> Voici maintenant leurs caractères distinctifs. Le pouvoir de l'homme consiste à agir, à aller de l'avant, à protéger. Il est essentiellement l'être d'action, de progrès, le créateur, le découvreur, le défenseur. Son intelligence est dirigée vers la spéculation intellectuelle et l'invention. En revanche, l'intelligence de la femme n'est ni inventive ni créatrice mais tout entière d'aimable ordonnance, d'arrangement et de décision. Elle perçoit les qualités des choses, leurs aspirations, leur juste place. Sa grande fonction est la louange[17].

Des points de vue similaires sont sans surprise repérables chez les auteurs ayant écrit sur les femmes artistes au XIXe siècle. Les femmes artistes partageaient la grande responsabilité que l'Ère victorienne confiait à leur sexe. Si le travail d'un groupe de sculptrices américaines expatriées à Rome dans les années 1850 et 1860 a pu être soutenu par les critiques [p. 193-194], c'est parce que ces derniers l'ont entièrement perçu à la lumière de l'idéologie sociale. En 1866, un critique anonyme écrivait :

> Une ou deux dames artistes [*Lady Artists*] d'un talent éminent se sont fait un nom à Rome, mais nous avons ici [aussi] une belle constellation de douze étoiles de plus ou moins grande magnitude qui ont répandu leur douce influence humanisante sur une profession qui a tant fait pour le raffinement et la civilisation de l'homme[18].

Mais la particularité principale des écrits victoriens sur les femmes était d'attribuer des explications naturelles à ce qui était en réalité le résultat d'attitudes idéologiques. Ils prescrivaient des rôles sociaux et un comportement social tout en prétendant décrire des caractéristiques naturelles. John Jackson Jarves analysait ainsi ce même groupe de sculptrices :

> Peu de femmes ont été jusqu'à présent prédisposées à des activités intellectuelles exigeant de longues années de préparation et des espoirs différés. Elles se tournent *naturellement* vers les domaines de l'art qui paraissent donner les résultats les plus rapides pour le moins de dépenses en capital mental. Ayant en général un bon sens de la forme, des perceptions rapides, de la fantaisie et une imagination souvent assez vive, il n'est pas étrange que le modelage de l'argile soit tentant pour leurs doigts féminins. [...] Les femmes, *par nature*, sont aussi incitées, dans le traitement de la sculpture, à des motifs de fantaisie et de sentiment plutôt qu'au portrait réaliste ou à l'imagination créative absolue[19].

Un tel langage renforce sans cesse l'idée d'une féminité « douce » de l'art des femmes et de sa source supposée dans leur genre, bien que nous puissions trouver les raisons de la concentration des femmes sur certains sujets et de leurs réalisations plus limitées dans les domaines de la sculpture du nu ou de la commande publique de portraits héroïques dans les structures sociales de l'éducation, de la formation, de la politique publique et de la bienséance victorienne [p. 65].

Il existe au moins une écrivaine victorienne, Elizabeth Ellet, qui a pleinement reconnu que les facteurs sociaux, et non biologiques, déterminaient le choix des femmes en matière de formes artistiques :

> Le type de peinture dans lequel l'objet prédomine est celui qu'ont le plus pratiqué les femmes artistes. Les portraits, les paysages, les fleurs et les peintures d'animaux ont leurs faveurs. Elles ont négligé, en comparaison, les sujets historiques ou allégoriques ; et une raison importante à cela tient peut-être au fait qu'elles n'ont pas pu avoir accès aux années d'études nécessaires pour atteindre l'excellence dans ces domaines. Elles ont été plus nombreuses à s'engager dans la gravure sur cuivre que dans toute autre branche de l'art, et beaucoup ont été des peintres de miniatures.
>
> Ces occupations pouvaient être exercées dans le strict isolement du foyer auquel la coutume et l'opinion publique consignaient les étudiantes. Elles n'étaient pas non plus en disharmonie avec les liens d'amitié et d'amour, auxquels leur nature tendre s'accrochait. Dans

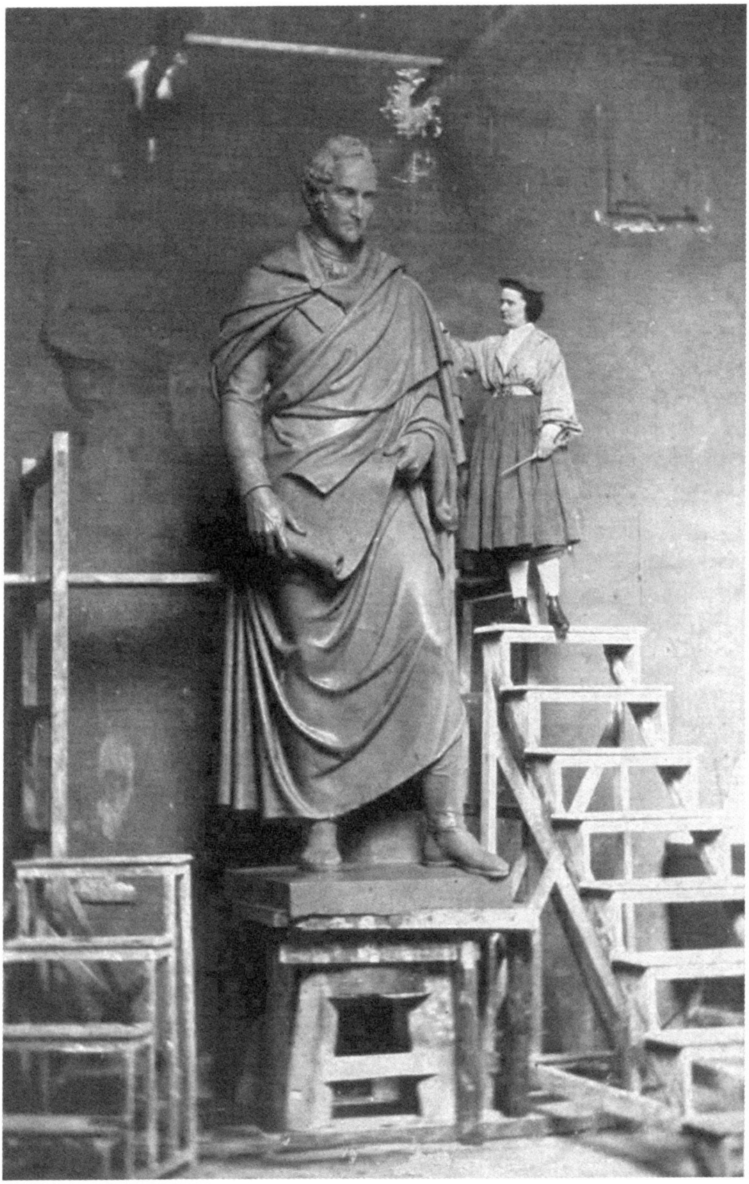

Harriet Hosmer sur un échafaudage travaillant à sa statue du sénateur Thomas Hart Benton, 1863

Photographie anonyme reproduite in Cornelia Carr, *Harriet Hosmer : Letters and Memories*, Moffat, Yard and Company, New York 1912

> la plupart des cas, les femmes ont été amenées à cultiver l'art par le choix de leurs parents ou de leurs frères. Alors que rien n'a été plus courant que de voir de jeunes hommes adopter cette profession contre la volonté de leurs familles et en dépit des difficultés, l'exemple d'une femme décidant ainsi pour elle-même est extrêmement rare[20].

Les auteurs victoriens ont trouvé une façon de reconnaître la compatibilité entre l'art des femmes et leur idéologie bourgeoise et patriarcale. Ils ont limité les activités des femmes et leur ont imposé les notions et définitions restrictives d'une sphère séparée. Ce sont pourtant ces prescriptions rigides qui ont préparé le terrain, insidieusement, au rejet et à la dévalorisation de toutes les femmes artistes au XXe siècle. C'est l'insistance des Victoriens sur la séparation des sphères entre les hommes et les femmes qui a précipité les femmes artistes dans l'oubli lorsque la sentimentalité chevaleresque victorienne a cédé la place à un sexisme plus déguisé mais tout aussi puissant.

Deux citations illustrent bien le caractère contradictoire des attitudes victoriennes à l'égard de l'art des femmes. La valeur positive que les Victoriens attribuaient aux femmes – en tant qu'esprits raffinés – transparaît dans une critique publiée dans l'*Art Journal* en 1874 au sujet d'une exposition de la Society of Lady Artists[21], fondée en 1857 :

> Néanmoins, le raffinement qui caractérise la peinture de ces Dames [*Lady Artists*] ne peut pas ne pas faire l'objet d'une remarque. Nous ne pouvons pas dire que l'art anglais n'a pas besoin de son influence, et il y a une bonne raison de croire que les Anglais gagneraient à s'inspirer des Anglaises. [...] Il ne s'y trouve presque aucune trace de vulgarité, et nous pourrions aller jusqu'à dire que les tableaux réunis ici suggèrent un esprit plus cultivé que nous ne saurions le prétendre d'un produit artistique moyen.

Empreinte des attitudes victoriennes, cette critique attribue néanmoins une certaine importance à la spécificité de l'art des femmes. Ses commentaires portent sur l'état de la peinture en Angleterre en 1874. Toutefois, un article plus approfondi sur la place des femmes dans l'art, signé du critique français Léon Lagrange, proclame des absolus universels, conditionnés par l'idéologie du XIXe siècle, qui concernent à la fois la qualité de l'art des femmes et les spécialisations – la peinture de fleurs, par exemple, ou les arts graphiques – dans lesquelles les femmes artistes étaient cantonnées par la structure sociale :

> Le génie masculin n'a rien à craindre du goût féminin. [...] Laissez le génie masculin s'exprimer dans les grands projets architecturaux, les sculptures monumentales et les standards les plus élevés de la peinture. En un mot, laissez les hommes s'occuper de tout ce qui concerne le Grand Art. En revanche, que les femmes se donnent à ce genre d'art que, depuis toujours, elles préfèrent, comme le pastel, le portrait, les miniatures. Ou encore les peintures de fleurs, ces prodiges de grâce et de fraîcheur, lesquels peuvent seulement rivaliser avec la grâce et la fraîcheur des femmes elles-mêmes. Aux femmes surtout la gravure, cet art du sacrifice, qui correspond si bien au rôle d'abnégation et de dévouement que la femme honnête remplit avec bonheur sur la terre, et qui est sa religion[22].

Léon Lagrange illustre en quelques lignes tout le recours destructeur aux stéréotypes que nous avons évoqué. Les hommes sont les vrais artistes, ils ont du génie ; les femmes n'ont que du goût. Les hommes s'occupent des œuvres sérieuses de l'imagination sur une grande échelle ; les femmes se consacrent à des passe-temps mineurs, délicats et personnels. L'analogie avec les fleurs place les femmes et leur travail dans la sphère de la nature. Le « devoir » de la femme, socialement assigné, devient un décret divin et sa restriction historique à certaines pratiques, le résultat inévitable de la Nature et de Dieu.

Les points de vue victoriens sur l'art et les femmes nous ont laissé en héritage le remplacement de l'histoire par la nature et celui de la sociologie par la biologie. Ils ont préparé le terrain aux croyances actuelles sur le manque de talent inné des femmes et sur une prédisposition « naturelle » des sujets « féminins ». En revanche, certains « compilateurs de courts mémoires » consacrés à des femmes artistes de la fin de l'époque victorienne, comme Elizabeth Ellet, ont fait preuve d'un plus grand sens historique. Les historiennes Ellen C. Clayton, Clara E. Clement et Walter S. Sparrow attestent la présence constante des femmes dans les beaux-arts et reconnaissent les difficultés qu'elles ont eu à négocier en tant que femmes, à la fois en termes institutionnels et sociaux[23]. Ces textes nous permettent de comprendre que les femmes *ont bien* une histoire dans l'art, mais une histoire différente de la norme reconnue, en raison de leur relation particulière aux structures officielles et aux modes de production artistique dominés par les hommes. Car les femmes artistes n'ont pas agi en dehors de l'histoire culturelle, comme de nombreux commentateurs semblent le croire ; elles ont été contraintes d'agir en son sein à partir d'un autre lieu que celui qu'occupaient les hommes.

— 2 —

Les noms des femmes artistes ont été consignés depuis l'Antiquité : par exemple Marcia (ou Iaia de Cyzique), Aristarété, Timarété (ou Thamyris), Olympias, Hélène d'Égypte, Calypso, Callirrhoé de Sicyone (ou Kora de Sicyone) et Irène. En prenant pour source l'historien romain Pline l'Ancien, le poète italien Boccace a rédigé au XIVe siècle un traité stimulant, *Les Femmes illustres* (*De Claris Mulieribus*, 1370), qui présentait brièvement trois artistes classiques : Irène, Marcia et Timarété – cette dernière est représentée dans une traduction française du traité datant du XVe siècle [p. 69]. Les essais de Boccace sur les femmes artistes contiennent des messages contradictoires. Ils proposent, d'une part, les réalisations classiques du passé comme modèles pour les artistes contemporains et, de fait, la présentation des femmes artistes de la période classique a servi à valider et encourager les femmes artistes du XIVe siècle. Mais, dans un même mouvement, le commentaire du poète contredit cela en affirmant que ces femmes étaient exceptionnelles et qu'elles avaient renoncé à leurs devoirs féminins pour exercer une profession masculine : « Cet art, qui demande une puissante intelligence, étant généralement étranger aux femmes, elles qui l'ont d'ordinaire bien lente, j'ai pensé qu'il fallait lui décerner ici de justes louanges[24]. » Le texte et les représentations des femmes artistes figurant dans un traité comme celui de Boccace nous font prendre conscience d'un certain nombre de contradictions dans la manière dont les pratiques artistiques des femmes nous ont été présentées. L'ouvrage, qui date du début de la Renaissance, est un exemple de la tendance à imposer une catégorisation rigide et anti-historique à l'art des femmes[25].

La recherche sur les femmes artistes au Moyen Âge – une époque où la production d'art et les théories de l'art étaient sensiblement différentes de celles apparues pendant et après la Renaissance – montre à quel point il est nécessaire de prêter attention aux conditions spécifiques des pratiques artistiques des femmes. La participation des femmes aux diverses formes de l'art médiéval doit être considérée en fonction de facteurs historiques particuliers : le développement inégal des centres

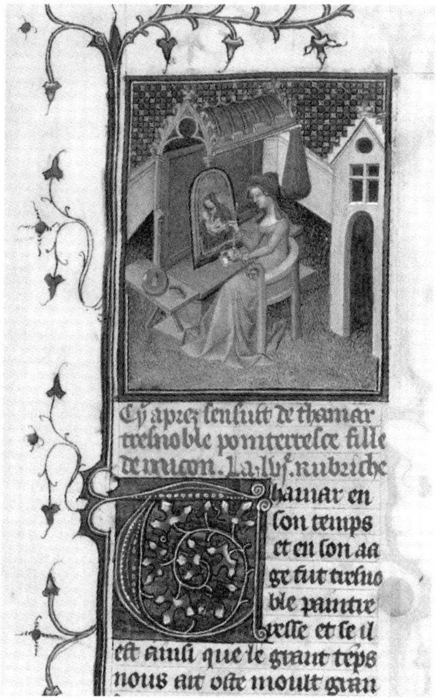

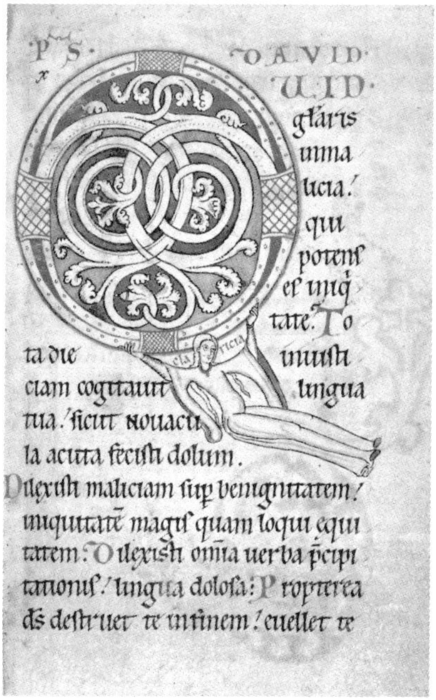

À GAUCHE : Maître des Clères femmes du duc de Berry
Timarété peignant une Vierge à l'enfant, 1403 (détail)
Tempera sur vélin. MS Français 598, fol. 86. Bibliothèque nationale de France, Paris

À DROITE : Claricia, *Initiale Q*, c. 1200 (détail)
Psautier, encre et tempera sur vélin, 22,8 × 15 cm. The Walters Art Museum, Baltimore

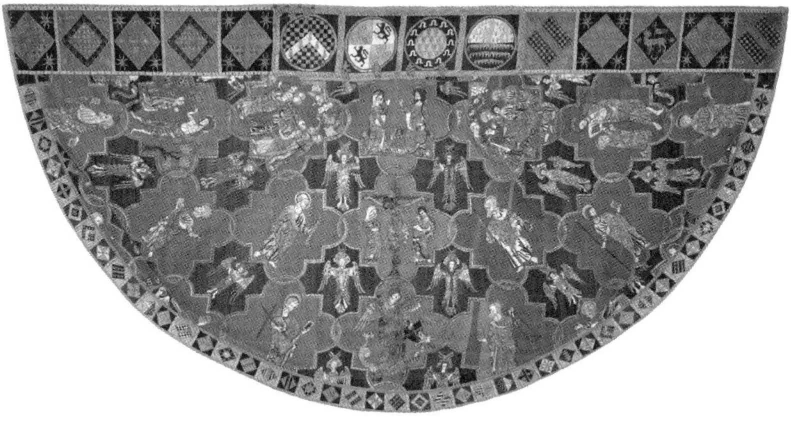

Chape dite de Sion, 1310-1320
Broderie de soies polychromes, fils d'or et d'argent sur toile de lin, 150,5 × 305 cm
The Victoria and Albert Museum, Londres

religieux et profanes de la production d'art ; le travail amateur et professionnel ; les attitudes à l'égard de l'appartenance des femmes à des organisations professionnelles telles que les guildes, celles-ci variant d'une guilde à l'autre et d'un pays à l'autre. Il convient en outre de distinguer la participation économique des femmes à des unités de production, tel que l'atelier familial, des rôles sociaux et sexuels prônés par la théologie chrétienne. Dans sa communication *Anastaise and Her Sisters : Women Artists of the Middle Ages*[26], Dorothy Miner a traité de plusieurs enlumineuses, notamment Claricia, dont nous reproduisons ici le travail d'apprentissage sur un manuscrit du sud de l'Allemagne [p. 69]. Au Moyen Âge, l'enluminure était pratiquée, dans les couvents et monastères, par des hommes comme par des femmes, et les noms de plusieurs de ces religieuses sont parvenus jusqu'à nous. C'est le cas, par exemple, de Ende, dont le nom apparaît dans un manuscrit daté de 975 ; de Guta de Schwartzenthann, une copiste du XIIe siècle ; et de Donatella, documentée à Bologne en 1271. Comme l'indique pourtant Dorothy Miner, Claricia, qui a intégré son autoportrait à l'initiale « Q », n'était pas religieuse. Sa longue chevelure tressée et sa tenue sont laïques. On peut donc supposer qu'elle était élève dans un scriptorium professionnel à Augsbourg.

À la fin du Moyen Âge, les activités des femmes sont mieux documentées dans les registres des guildes et les registres paroissiaux. Ceux-ci précisent les sculptrices et enlumineuses qui travaillent comme membres d'une unité de production familiale – les épouses et les filles –, et celles qui travaillent seules ou comme cheffes de famille. Dans la confrérie de Saint-Jean l'Évangéliste à Bruges, certaines femmes atteignaient le statut de membres à part entière. Selon Dorothy Miner, les cotisations de dix-huit d'entre elles ont été reçues pour l'année 1461-1462. James D. Farquhar a calculé que les effectifs féminins de cette guilde étaient passés de 12 % en 1454 à 25 % dans les années 1480. Bien que les noms des femmes connues pour leurs enluminures aient été enregistrés, il est difficile d'attribuer formellement un manuscrit à l'une ou l'autre d'entre elles, parce que les signatures étaient rares dans l'art médiéval. Aucune œuvre de la main d'Anastaise n'est par exemple connue, elle dont Christine de Pizan avait fait l'éloge :

> Pour ce qui est aujourd'hui de la peinture, je connais une femme du nom d'Anastaise, qui montre tant de talent et de savoir-faire à peindre les marges des manuscrits et à historier le champ des lettrines, que

> nul ne pourrait citer en la ville de Paris, où l'on trouve les meilleurs enlumineurs du monde, de maître en cet art qui la surpasse de quelque manière[27].

Contrairement à la division moderne rigide entre l'art réalisé avec de la peinture ou de la pierre et celui réalisé avec du fil et du tissu, dans les pratiques artistiques médiévales, différentes formes et différents moyens d'expression étaient liés par leurs fonctions rituelles. Sur les chapes riches et précieuses que portaient les ecclésiastiques, les scènes de dévotion, représentées sur les médaillons, étaient brodées selon des agencements comparables à ceux des enluminures des manuscrits ou des vitraux. Ce que l'on admirait, c'était l'habileté à adapter au moyen d'expression particulier employé un contenu théologique prescrit et des agencements formels courants. Dans la broderie ecclésiastique qui a culminé dans le style connu sous le nom d'*opus anglicanum* (travail anglais), et dont la *Chape dite de Sion* [p. 69] constitue un superbe exemple, un procédé particulier consistant à enrichir le tissu de fils d'or et d'argent, pour garantir que la chape brille et flotte lors des processions, avait été mis au point. Il était également possible de créer des effets subtils dans les traits du visage, le modelé et l'expression en brodant les mains et les visages en fils de soie. Les figures et les scènes sont organisées selon l'agencement alors en vogue des médaillons reliés entre eux. Dans le *Guide to English Embroidery*, Patricia Wardle évoque les éléments typiquement anglais de la chape, qu'ils partageaient avec l'école estanglienne d'enlumineurs, en particulier le fait de révéler des émotions par la force des gestes et des expressions faciales[28]. Comme l'enluminure, la pratique de la broderie n'était ni exclusivement féminine ni uniquement exécutée par ceux et celles qui appartenaient aux ordres religieux.

Ces quelques exemples du travail des femmes au Moyen Âge ne font qu'effleurer cette riche période mais peuvent néanmoins servir d'introduction à la problématique de la pratique artistique des femmes à notre époque. Ce qui a changé avec la Renaissance, c'est la condition générale de la pratique artistique, avec l'apparition d'une nouvelle identité et d'une nouvelle position sociale de l'artiste, de nouveaux modes de formation, de nouvelles fonctions de l'art, de nouveaux commanditaires et d'une nouvelle documentation de l'art. Ces changements intervenus à la fin du Moyen Âge et au début de la Renaissance ont eu des implications considérables pour les femmes. Annemarie Weyl Carr les a bien résumées dans le *Feminist Art Journal* :

> Les peintres professionnelles du XVe siècle étaient essentiellement des artisanes travaillant dans les conventions d'un style établi. Mais elles n'ont pas seulement perdu leur nom ; elles sont aussi devenues anonymes, sans l'immédiateté et l'individualité de leurs homologues médiévales antérieures. La miniature n'était plus l'art majeur qu'il avait été au Moyen Âge. L'atelier monastique amateur cédait la place à l'atelier professionnel, hautement qualifié : l'enlumineur médiéval cédait la place au peintre de miniature au sens moderne. L'art lui-même se transformait. Et avec lui, évidemment, le contexte de l'art des femmes du Moyen Âge a été balayé[29].

Avec les redéfinitions progressives de l'art et de l'artiste et la restructuration des conditions de la production artistique au cours de la période que nous appelons la Renaissance, de nouveaux facteurs ont affecté les pratiques des femmes dans les beaux-arts. Elles ont tendu, de plus en plus, à perdre leur accès aux formations conventionnelles. Certaines ont été exclues des ateliers d'artistes nouvellement créés. Il apparaît toutefois qu'un certain nombre de femmes sont parvenues à devenir artistes en profitant des nouvelles circonstances. Alors que les artistes masculins tendaient à venir de milieux paysan ou petit-bourgeois, rarement de l'aristocratie, les femmes artistes les plus importantes de la Renaissance étaient issues de la noblesse. Catherine de Bologne (1413-1463) venait de la noblesse de Ferrare et Properzia de' Rossi était la fille d'un aristocrate. Elle avait les talents d'une femme cultivée de sa classe. Elle avait un goût pour la musique et avait ciselé des motifs recherchés sur des noix ou des noyaux de pêche avant de développer son savoir-faire à une plus grande échelle et dans la sphère publique. Sofonisba Anguissola appartenait à une famille de cinq sœurs qui avaient été encouragées par un père éclairé à jouer de la musique et à apprendre le latin, mais aussi à peindre[30]. Les circonstances de sa naissance lui ont permis de passer par les voies normales de l'apprentissage. Chose plus importante, elle a également transcendé les contraintes les plus évidentes de sa classe et de son sexe. Elle n'était pas une simple « dame de la peinture » [*Lady Painter*]. Outre son emploi de peintre à la cour d'Espagne, Sofonisba Anguissola a reçu des commandes du Pape en Italie. Si ses origines nobles et italiennes étaient atypiques pour un artiste de la Renaissance, son genre et sa classe ont eu autant d'effets positifs que négatifs sur l'orientation prise par son œuvre. Faute d'années d'études et d'apprentissage de l'anatomie, elle n'était pas outillée pour peindre les œuvres religieuses ou historiques qui comprenaient un grand nombre de figures nues ou à demi drapées. Elle s'est concentrée sur les scènes ou modèles qui étaient à sa portée, représentant authentiquement son environnement immédiat. En peignant ses sœurs et leur chaperon dans *La Partie d'échecs* (1555) [p. 74], elle a exploré un nouveau type de portrait, qui plaçait ses modèles dans des cadres intimes et domestiques, au lieu de les entourer d'accessoires officiels ou allégoriques[31]. Dans son étude sur les artistes de la Renaissance, Giorgio Vasari parle de Sofonisba Anguissola et mentionne expressément ce premier exemple d'un nouveau type de portrait, que l'on appellera la « peinture de genre », dont il vante la vivacité : il n'y manque que la parole. Aux yeux du XXe siècle, l'enthousiasme de Giorgio Vasari semble déplacé, parce qu'à première vue, le tableau paraît lourd et maladroit : la table et l'échiquier présentent un défaut de perspective, et la raideur hiératique de la fille placée à droite ne semble pas très réelle. En regardant de plus près, cependant, les visages admirablement individualisés et caractérisés des autres figures sont vraiment remarquables et rendent compte de l'âge et de l'étape de la vie de femme de chacune des trois sœurs. Les relations qu'elles entretiennent les unes avec les autres sont présentées de manière audacieusement informelle et décontractée. Les parties difficiles et problématiques du tableau ne sont pas, elles non plus, sans intérêt. Les incohérences entre la composition d'ensemble et le traitement détaillé et réussi des individus indiquent le caractère expérimental du tableau, qui abandonne le portrait officiel – du type du *Portrait du marquis Massimiliano Stampa* [p. 58] – pour un nouveau genre, fondé sur le propre environnement familial de l'artiste.

En outre, Sofonisba Angissola a peint de nombreux autoportraits [p. 171], à une époque où il était relativement rare que les artistes se prennent eux-mêmes pour sujets de tableaux. Il n'est pas étonnant qu'elle se soit présentée si constamment comme une artiste, dans une société qui considérait les femmes artistes comme des exceptions notables. Ce faisant, elle a pourtant largement contribué au développement de l'autoportrait.

Bien que Sofonisba Anguissola ait été obligée de travailler dans les domaines spécialisés de la peinture de genre et du portrait, sa carrière illustre un aspect important de l'histoire des pratiques artistiques des femmes. Il est fréquemment arrivé que certains types de peinture initialement pratiqués par les femmes – en réponse, notamment, aux conventions sociales qui les affectaient en tant qu'artistes – deviennent par

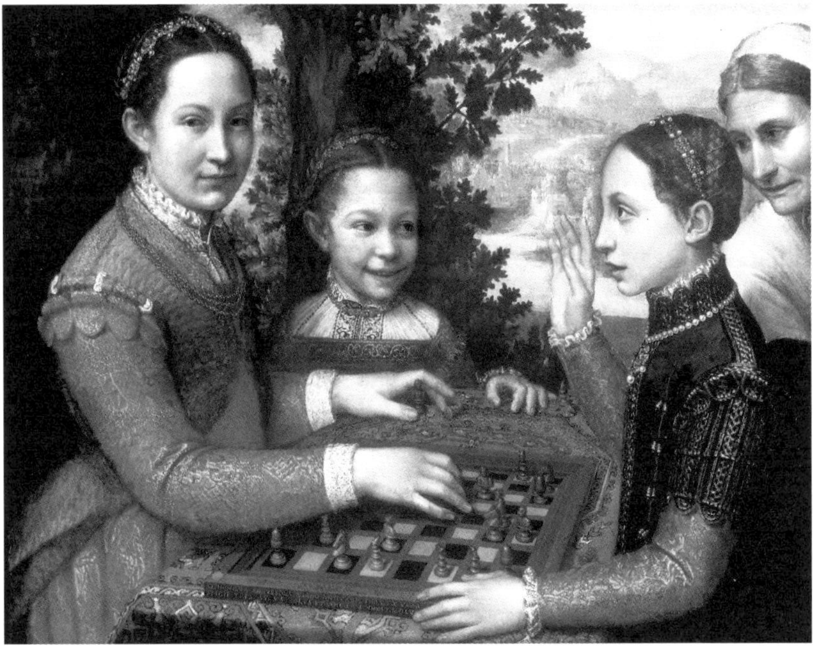

Sofonisba Anguissola
La Partie d'échecs (Portrait des sœurs de l'artiste jouant aux échecs), 1555

Sofonisba Anguissola est l'une des cinq filles d'une famille noble de Crémone. Avec Elena, sa deuxième sœur, elle étudie sous la direction de Bernardino Campi et Bernardino Gatti et reçoit des conseils de Michel-Ange, par l'intermédiaire de son père (voir Charles de Tolnay, « Sofonisba Anguissola and Her Relations with Michelangelo », *Journal of The Walters Art Gallery*, vol. V, 1941, p. 115-118). Invitée en Espagne par Philippe II en 1560, elle devient peintre de la cour et dame d'honneur de la reine. Pendant les vingt ans qu'elle y passe, elle peint également des portraits commandés par le Pape. En 1580, elle s'installe à Palerme avec son nouveau mari et y meurt à un âge avancé. En 1624, peu avant sa mort, elle reçoit la visite du peintre flamand Antoine van Dyck (1599-1641), lequel dessine son portrait et note dans son *Cahier italien* : « Portrait de la Signora Sofonisba Anguissola, peintre, réalisé sur le vif à Palerme, le 12 juillet 1624, à l'âge de quatre-vingt-seize ans [sic]. Elle a toujours une bonne mémoire, l'esprit vif et m'a reçu fort aimablement. [...] Lorsque je dessinai son portrait, elle me donna des indications [sur les ombres]. Elle me parla aussi de sa vie et m'apprit qu'elle avait très bien su peindre la nature » (In Michelle Bianchini, « Les autoportraits de Sofonisba Anguissola, femme peintre de la Renaissance », *Italies, Revue d'études italiennes*, Université de Provence, n°3, « Femmes italiennes », 1999, p. 367-386).

Huile sur toile, 72 × 97 cm. Musée national de Poznań, Poznań

la suite des sphères d'activité artistique importantes pour les hommes. C'est donc bien en raison des restrictions particulières qui réduisaient l'éventail d'options des femmes artistes à la Renaissance que Sofonisba Anguissola a été conduite à explorer en profondeur les possibilités qui s'offraient à elle et à apporter ainsi une contribution singulière au développement de la peinture de genre et du portrait propres à la Renaissance.

Parmi les femmes artistes de l'époque, Sofonisba Anguissola était cependant atypique par le fait que son père n'était pas un artiste. La grande majorité des femmes artistes des XVIe et XVIIe siècles était issue de familles de peintres dans lesquelles l'absence de fils ou la disponibilité des matériaux et l'enseignement gratuit avaient permis aux filles de s'engager dans une carrière artistique qui leur aurait été autrement beaucoup moins accessible. Les carrières de Fede Galizia (1578-1630), Catharina van Hemessen (1528-après 1587), Lavinia Fontana (1552-1614) et Clara Peeters (c. 1585-c. 1655) ont suivi ce schéma. Artemisia Gentileschi (1593-c. 1653), la fille et l'élève d'Orazio Gentileschi (1563-1639), un continuateur du Caravage, a été l'une des femmes les plus importantes de cette catégorie. Ses travaux sont conformes au style dominant du réalisme et du sujet dramatique caravagesques et constituent une contribution particulière à cette tradition.

La carrière et le travail d'Artemisia Gentileschi ont été bien documentés ces dernières années. Orazio Gentileschi lui a enseigné la peinture lui-même, mais l'a également envoyée chez d'autres artistes pour parfaire sa formation. À la fin des années 1630, elle a assisté son père dans les décorations de la Maison de la Reine à Greenwich, Londres. C'est en Italie, cependant, qu'elle a passé la majeure partie de sa vie active, d'abord à Florence, puis à Naples, où elle a fini par s'installer. Plusieurs de ses lettres qui nous sont parvenues montrent, qu'au XVIIe siècle, une femme artiste pouvait rencontrer des formes particulières de préjugés de la part de ses mécènes. À maintes reprises, elle a dû dissiper leurs doutes sur ses capacités en tant que femme. Elle a rassuré l'un d'entre eux sur le fait qu'elle avait inventé ses sujets et qu'elle ne se contentait pas de répéter les formules d'autres artistes. Nous l'y voyons présenter une défense bien compréhensible pour une femme travaillant dans un monde dominé par les hommes : « Vous trouverez en moi l'âme de César dans un corps de femme. »

Cette invocation de l'âme de César devait peut-être beaucoup aux conceptions de l'héroïque en vigueur au XVIIe siècle et à ce qui constituait son propre sujet de prédilection : les actions des héroïnes des époques bibliques et classiques. Ces thèmes s'inscrivaient dans une tradition qui consistait à représenter des femmes célèbres du passé dont les actes avaient été consignés dans la Bible et dans un opus comme celui de Boccace [p. 69]. L'histoire de Judith et Holopherne était l'une des plus appréciées ; elle a été représentée par des artistes hommes et femmes tout au long de la Renaissance.

Les historiens sont manifestement embarrassés par les images dramatiques et singulières des toiles d'Artemisia Gentileschi : *Suzanne et les vieillards* (1610), *Marie-Madeleine* ou *La Conversion de Madeleine* (c. 1615-1616), *Cléopâtre* (c. 1620), *Lucrèce* (c. 1623-1625) et *Judith* (1612-1613, puis c. 1620). Comme l'ont indiqué Caroline Dees et Amanda Sebestyen, on a souvent décrit les femmes représentées dans les tableaux d'Artemisia Gentileschi comme « sanglantes », « bestiales », « girondes » ou « moroses »[32]. Sa célébration des grandes figures féminines a été qualifiée d'« irréligieuse », et une auteure du XIXe siècle, Anna Jameson, a parlé des tableaux traitant du sujet de Judith comme d'une « preuve de son génie et [...] de son atroce égarement ». Confrontés aux images expressives, puissantes ou victimaires des femmes d'Artemisia Gentileschi, les critiques ne sont pas arrivés à faire correspondre ses tableaux au stéréotype féminin habituel : ils ne sont pas parvenus à y retrouver les signes attendus de la féminité – la faiblesse, la grâce ou la délicatesse. Incapables de réduire son travail à un stéréotype, ils se sont penchés sur les éléments dramatiques de sa vie et ont ressuscité la catégorie opposée, la putain, pour suggérer qu'elle était une femme dénaturée. Cela permet d'expliquer le caractère problématique de ces images violentes peintes par une femme. Dans des récits sensationnels, sont souvent cités les viols répétés qu'elle a subis de la part de son précepteur, Agostino Tassi, et la torture qui lui a été infligée au cours du procès visant à établir la vérité de ses allégations. Elle y est stigmatisée, selon les mots de Margot et Rudolf Wittkower, comme une jeune fille « sensuelle et précoce[33] ».

Il est impossible, avec la distance qui nous en sépare, d'évaluer l'impact de ces premières expériences sur Artemisia Gentileschi, mais beaucoup ont été tentés de lire dans ses tableaux la preuve de son aversion pour les hommes. Cette idée est contredite par les récits joyeux, relatés par ces mêmes auteurs, de ses diverses « liaisons » et des quatre filles qui en sont nées, lesquelles sont toutes devenues peintres à leur tour. Ce n'est qu'en surmontant cette fascination troublante pour sa vie et en rapportant son travail à son contexte – une époque, un lieu et une école de peinture précis – que nous sommes capables d'apprécier pleinement son activité de peintre.

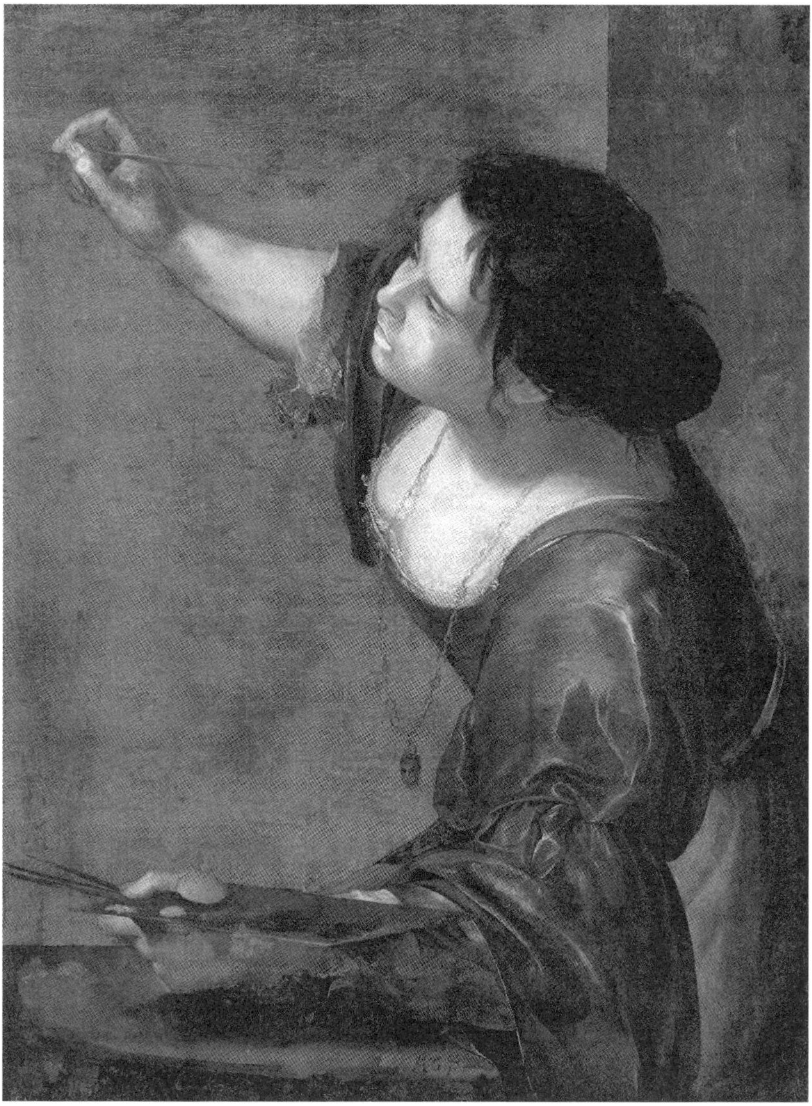

Artemisia Gentileschi
Autoportrait en Allégorie de la peinture,
1638-1639

Huile sur toile, 97 × 74 cm. The Royal Collection, Windsor

Parmi les sujets fréquents dans le cercle du Caravage, il y avait l'histoire de l'héroïne juive Judith, qui avait décapité le général ennemi, Holopherne, après avoir réussi à entrer dans sa tente en s'offrant comme otage. Artemisia Gentileschi a peint ce sujet à plusieurs reprises. Son intérêt pour le thème n'était pas inhabituel, pas plus que l'accent placé sur sa violence dans certaines versions [p. 80-81]. Ce qui est particulier, c'est l'importance qu'elle a donnée à la figure de Judith, représentée comme une femme puissante et déterminée, se défendant courageusement, libérant son peuple, pleinement capable d'un acte de violence soigneusement préparé [p. 83]. Cette version plus tardive (c. 1623- 1625), moins mélodramatique, illustrant le moment de suspens qui suit le meurtre, se concentre sur les deux femmes ayant mis en œuvre ce projet courageux et dangereux. Les moments angoissants postérieurs à l'exécution proprement dite – tout aussi importants pour le succès de l'action et leur ayant permis de s'enfuir sans se faire repérer du camp ennemi – sont représentés ici par l'usage caravagesque du clair-obscur dramatique. La lumière de l'unique bougie joue sur leurs traits et leurs silhouettes, jette une lueur sur tout le tableau, reflétant la teinte terne et dorée de la robe de Judith et faisant ressortir le violet complémentaire de celle de sa compagne. L'éclairage sert à unifier la composition et suggère aussi le silence inquiétant de la nuit, la tension, l'ambiance de conspiration de la scène, tout en attirant le public dans l'espace clos et peu profond de la tente du général ennemi.

La manière dont Artemisia Gentileschi a manipulé ce mode de représentation caravagesque suggère que les femmes sont parvenues à utiliser efficacement certains styles historiques particuliers pour y introduire leurs propres nuances et significations. Ses tableaux qui représentent des héroïnes célèbres ne doivent pas être considérés comme le reflet de la conscience proto-féministe de cette femme dans son art, mais plutôt comme son intervention dans un genre de sujets féminins établi et apprécié, au moyen d'un style contemporain et prescripteur. Il faut tenir compte de ce contexte spécifique, du climat de l'époque, pour distinguer le caractère particulier de son travail. Ce n'est qu'en reliant les contradictions inhérentes à la fascination du XVIIe siècle pour les confrontations entre les protagonistes hommes et femmes et la manière dont cette femme particulière a traité ces styles et ces histoires que nous pouvons commencer à faire ressortir des éléments utiles pour produire une théorie de la façon dont les femmes sont parvenues à s'engager pleinement dans les formes dominantes de la pratique artistique, et à les modifier.

Mais il semble qu'Artemisia Gentileschi ait été au moins en partie consciente de certaines contradictions qui existaient entre sa position de peintre professionnelle et les représentations contemporaines des relations que les femmes étaient censées entretenir avec l'art. Dans un autoportrait allégorique [p. 77], elle a représenté une femme artiste occupée à peindre. Outre la représentation d'une peintre au travail, qui correspond à l'allégeance d'Artemisia Gentileschi au réalisme dramatique de Caravage, le concept du tableau joue sur la contradiction entre la femme comme muse du peintre, incarnation symbolique de l'art, et la femme comme professionnelle de l'art. Il existe au moins un précédent à cette image de femme artiste décoiffée, absorbée dans son travail : un médaillon-portrait (1611) de Felice Casoni qui représente la peintre bolonaise Lavinia Fontana. Mais ce médaillon montre une femme assise à son chevalet, prise d'une forme étrange de folie et d'extase, les cheveux dressés sur la tête, les yeux dilatés et le regard fixé vers le haut. Une telle image suggère que le fait d'être une artiste et une femme apporte moins l'inspiration d'une « divine folie » que le désordre total de la raison et des sens. Dans un contraste saisissant, le réalisme discret, sérieux et digne d'Artemisia Gentileschi affirme qu'elle peint, qu'elle est absorbée par cette activité, que la peinture est la profession de cette femme. L'*Autoportrait* d'Artemisia Gentileschi nous éclaire en outre sur les femmes artistes et le sort que la postérité leur a réservé. Tenu pour une simple allégorie de la peinture réalisée par un artiste inconnu, il a croupi dans les réserves pendant des générations. Son auteur·e, et donc sa signification particulière, ont été occulté·e·s par un voile d'anonymat, probablement parce qu'il était courant d'utiliser une figure féminine comme symbole des arts que les vraies femmes étaient censées inspirer, mais non pratiquer. Dans le premier article ayant attribué l'œuvre à Artemisia Gentileschi, Michael Leavy a eu ce commentaire révélateur : « La véritable intention du tableau aurait peut-être été reconnue plus tôt s'il avait été peint par un homme[34]. » Elisabetta Sirani (1638-1665), une autre fille de peintre, présente un contraste intéressant avec Artemisia Gentileschi. Son père, Giovanni Andrea Sirani (1610-1670), un continuateur du peintre le plus influent de Bologne à l'époque, Guido Reni (1575-1642), ne l'a tout d'abord pas encouragée à peindre. C'est de lui, néanmoins, qu'elle a appris les règles du style idéalisé et élégant de Bologne avec lequel elle a eu un tel succès que, même durant sa courte vie, elle a fait l'objet d'un culte en tant que réincarnation féminine de Guido Reni. Elle a éclipsé non seulement son père mais aussi ses deux sœurs, également peintres.

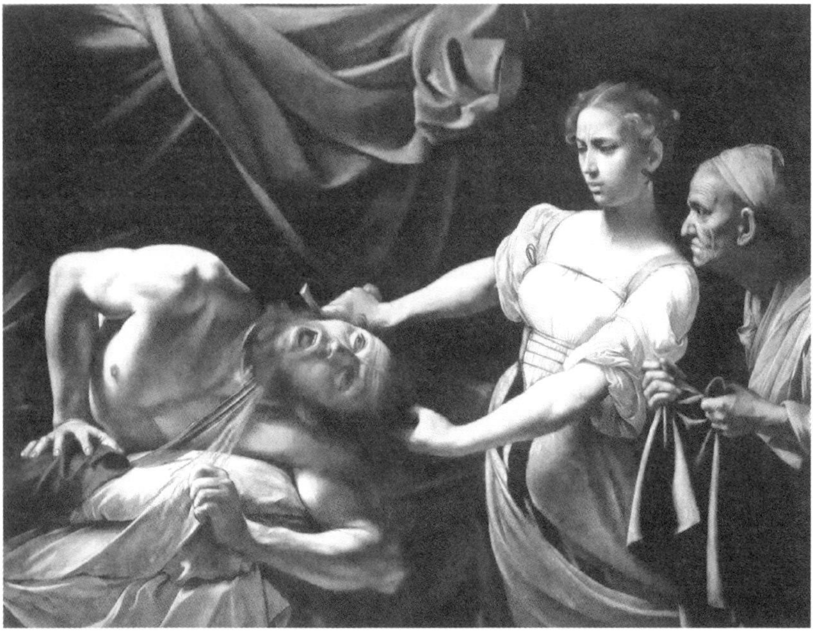

Le Caravage
Judith décapitant Holopherne, c. 1599

Le Caravage (1573-1610) a peint une autre version du même sujet au début de sa carrière mais celle-ci se démarque par le moment choisi : le plus violent de l'histoire – celui que choisit également Artemisia Gentileschi.

Huile sur toile, 144 × 195 cm. Galleria nazionale d'arte antica, Rome

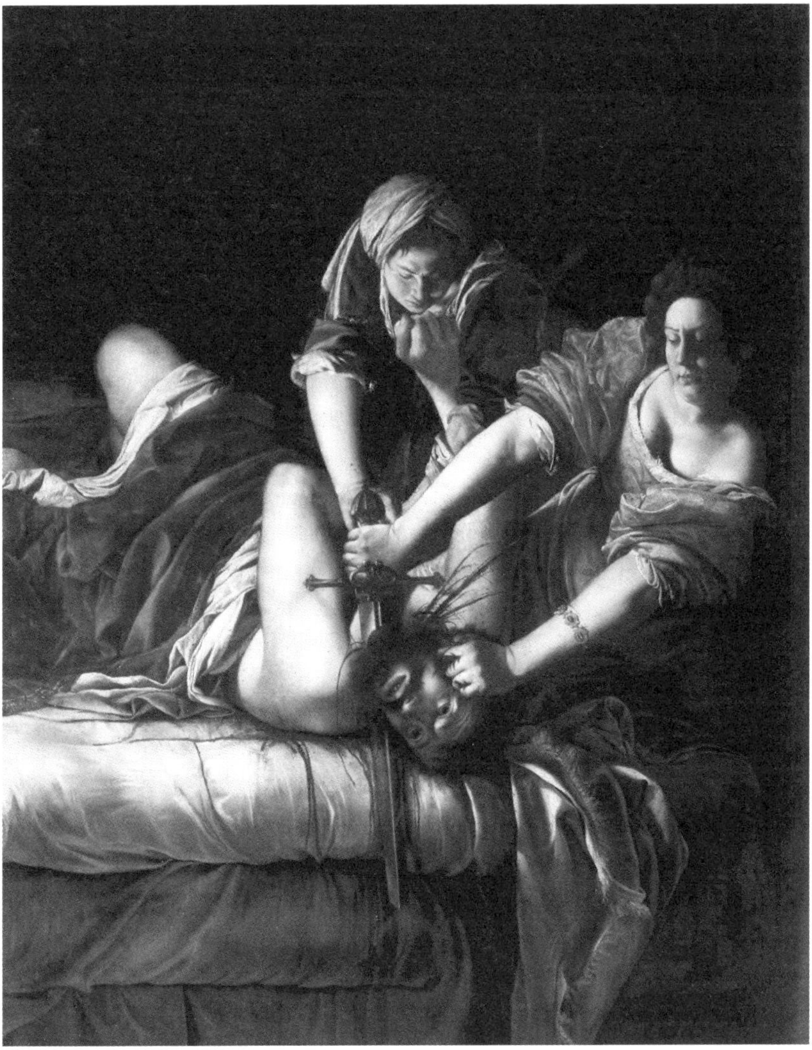

Artemisia Gentileschi
Judith décapitant Holopherne, c. 1620

Huile sur toile, 199 × 162,5 cm. Galleria degli Uffizi, Florence

Elisabetta Sirani était précoce et prolifique. Entre celles qu'elle a elle-même répertoriées et celles qui l'ont été par Carlo Cesare Malvasia, un biographe contemporain, elle a réalisé plus de 170 œuvres au cours d'une carrière achevée par sa mort prématurée à l'âge de 27 ans. Elle est devenue une légende de son vivant. Les histoires qui circulaient au XVIIe siècle sur son immense succès ont été répétées avec une certaine incrédulité par les auteurs postérieurs. Elles ont servi à assurer sa réputation mais, une fois encore, en tant que phénomène étrange, en tant qu'exception. La femme artiste couronnée de succès se transforme souvent en légende, et cela a des implications évidentes. Son intervention dans un domaine réservé aux hommes, comme l'était celui de l'art, a été récupérée au profit du stéréotype, esquissé par Boccace, de la femme exceptionnelle, atypique pour son sexe en raison de son talent artistique. En effet, comme l'indique Laura Ragg, l'oraison prononcée lors de ses funérailles publiques était plus un éloge de la ville qui avait vu naître une peintre si appréciée qu'un requiem pour le « pinceau regretté », selon l'expression d'un poète de l'époque[35].

Elisabetta Sirani a donné une version du sujet de Judith et Holopherne [p. 83] qui tranche avec celle d'Artemisia Gentileschi, d'un point de vue stylistique, par ses couleurs froides, sa composition maniérée et, chose plus importante peut-être, le traitement de la figure féminine. La Judith d'Elisabetta Sirani est aussi froide et détachée que celle d'Artemisia Gentileschi est impliquée et déterminée. La première offre Judith au public comme une belle femme, digne d'être contemplée et appréciée. La seconde évoque le moment de l'action et attire le public dans la scène par la pose tendue de la principale protagoniste. Cette comparaison ne révèle aucune qualité commune aux deux artistes du seul fait qu'elles étaient des femmes, aucune essence de la féminité. Elle souligne l'hétérogénéité des manières dont les femmes artistes ont manipulé les modes de représentation dominants, en fonction de leur situation particulière vis-à-vis des styles de l'époque et de leurs propres expériences.

Elisabetta Sirani a traité de thèmes historiques et religieux : la Sainte Famille, Madeleine pénitente ou les figures très appréciées de Judith et Holopherne. Son tableau *Porcie s'entaillant la cuisse* (1664) [p. 84], qui représente Porcie – la femme de Brutus, l'un des conspirateurs romains responsables de l'assassinat de Jules César –, est pourtant inhabituel, même si l'on peut le replacer dans le genre des représentations des femmes célèbres du passé. Certains ont été tentés de le voir comme une œuvre féministe, parce qu'ils y lisent l'image d'une femme de caractère.

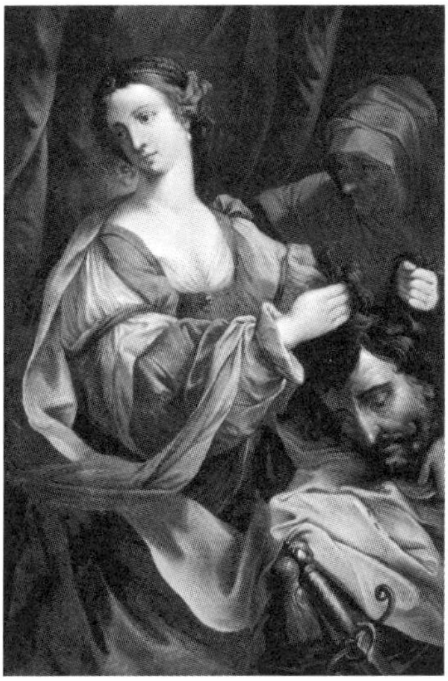

Elisabetta Sirani
Judith avec la tête d'Holopherne, 1658

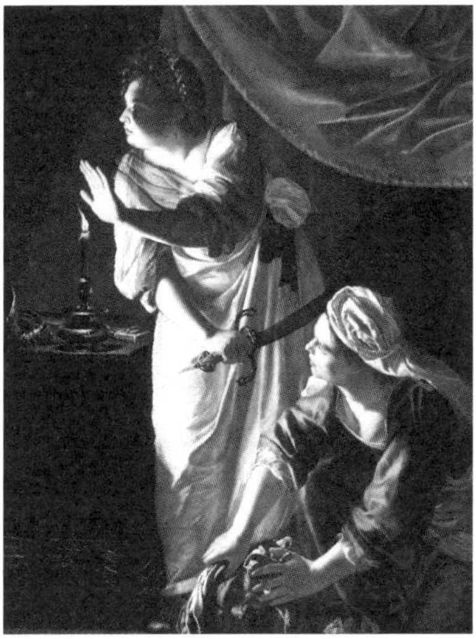

Artemisia Gentileschi
Judith et sa servante avec la tête d'Holopherne, c. 1623-1625

EN HAUT : Huile sur toile, 129,5×91,7 cm. The Walters Art Museum, Baltimore
EN BAS : Huile sur toile, 187,2×142 cm. The Detroit Institute of Arts, Détroit

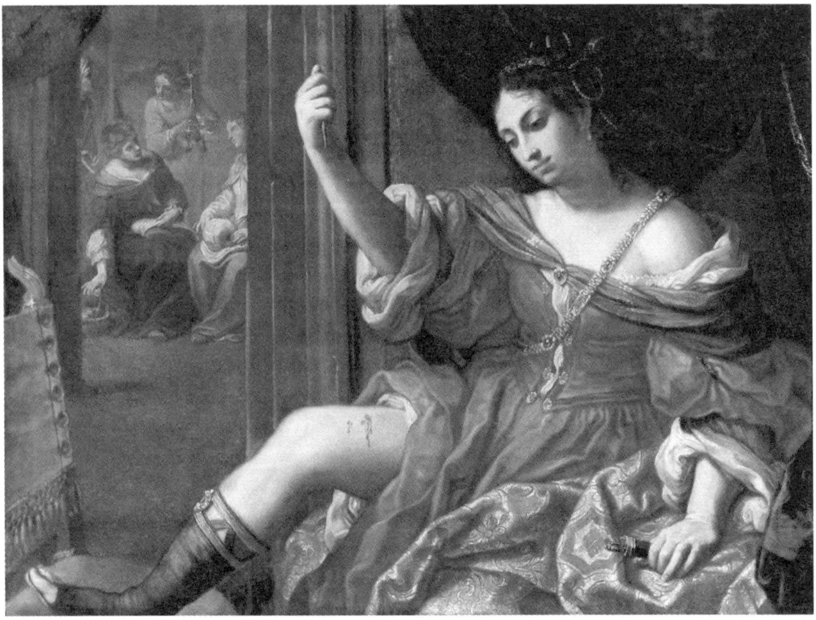

Elisabetta Sirani

Porcie s'entaillant la cuisse, 1664

Huile sur toile, 101 × 138 cm. Collection privée, New York

Selon Plutarque, source apparente du tableau, Porcie s'est infligé une cruelle blessure pour tester la force de sa volonté et convaincre son mari, Brutus, qu'une femme pouvait être suffisamment forte pour partager ses fardeaux et ses secrets.

Différents éléments du tableau mettent pourtant sérieusement en question une telle interprétation. Il est tout d'abord difficile de croire qu'une femme ait besoin de recourir à l'automutilation pour prouver à son mari qu'elle est apte à connaître ses pensées. À un autre niveau, le tableau a des connotations de titillation et de sexualité sadomasochiste : la cuisse découverte, la robe défaite, le couteau brandi de façon ambiguë et la coiffure torsadée, qui rappelle presque celle de Méduse. Elisabetta Sirani, en répertoriant le tableau, en a précisé son sujet, Porcie, l'endroit prévu pour l'accrocher, au-dessus d'une porte, et son commanditaire, le Signore Simone Tassi. Ses figures féminines – des femmes pulpeuses, voluptueuses, peintes pour les appartements privés de ses commanditaires masculins – témoignent du mode de représentation des femmes mis au point par Guido Reni. Saisies dans des moments de réflexion pénitentielle ou de souffrance privée, dans des actes d'héroïsme ou de courage, des femmes sont montrées pour le plaisir visuel du spectateur, et non pour l'impact psychologique ou dramatique des événements. Dans la *Porcie* d'Elisabetta Sirani, avec son atmosphère lourde et confinée, produite par l'éclairage sombre et les riches couleurs, on retrouve la fascination du XVIIe siècle pour les sujets graves, violents et à caractère sexuel dérangeant. Nous, spectateurs et spectatrices, sommes plus proches de Porcie que ses domestiques, retirées dans une pièce éloignée. Nous connaissons cet acte secret. Contrairement à ce qui se passait chez Artemisia Gentileschi, sa participation aux modes stylistiques et iconographiques dominants de sa ville et de son époque a conduit Elisabetta Sirani, dans sa représentation des figures féminines, à conforter, plutôt qu'à perturber, l'idéologie sexuelle que servait le mode de représentation à la Guido Reni.

À la fin du XVIIe et au cours du XVIIIe siècle, la structure de la formation artistique et le statut de l'artiste se sont transformés. La fondation des académies d'art, en tant que lieux d'éducation artistique et d'exposition publique, a constitué un changement important non seulement dans l'organisation des pratiques artistiques – qui s'est éloignée de la formation artisanale offerte dans les ateliers d'artistes –, mais aussi dans la position sociale et intellectuelle de l'artiste. Les femmes n'ont pas été exclues au départ de ces institutions influentes et prestigieuses.

L'Académie royale de peinture et de sculpture de Paris a accueilli une poignée de femmes à la fin du XVIIe siècle, mais les a complètement exclues par la suite, en 1706. La Royal Academy of Arts anglaise, qui comptait deux femmes parmi ses fondateurs en 1768 [p. 166], a systématiquement exclu les femmes de ses écoles et de ses privilèges pendant les cent années suivantes. Cette situation ambiguë a eu deux résultats. Les femmes parvenues à entrer dans ces domaines réservés aux hommes ont – au moins – donné aux autres des exemples visibles de réussite féminine, mais des progrès supplémentaires ont pu être endigués par une politique purement symbolique, avec un système de quotas[36].

Le type de formation reçu par des femmes comme Rosalba Carriera (1675-1757) et Adélaïde Labille-Guiard (1749-1803) permet de souligner une fois encore les aspects positifs et négatifs de la place des femmes dans l'histoire culturelle. Les femmes se sont vues refuser l'accès à la formation dispensée dans les écoles de l'académie, et leur élection en tant que membres de ces académies n'a souvent représenté que la reconnaissance tardive d'une réputation qu'elles avaient acquise en dehors d'elles.

Sa renommée et son talent de portraitiste au pastel [p. 182] – le moyen d'expression qu'elle a révolutionné – ont permis à Rosalba Carriera de devenir membre honoraire de l'Accademia di San Luca de Rome (1705), de l'Accademia Clementina de Bologne (1720) et de l'Académie royale de Paris (1720). Elle n'avait pas suivi la voie habituelle pour obtenir ces honneurs. Issue d'une tradition artisanale, elle avait probablement poursuivi le métier de dentellière de sa mère, puis s'était tournée vers la décoration des couvercles de tabatières en ivoire lorsque le marché de la dentelle s'est effondré. Encouragée par des acheteurs admiratifs, elle avait commencé à étudier le dessin et l'anatomie mais n'avait appliqué ses talents qu'aux genres et aux matériaux couramment associés aux femmes : les portraits en miniature et les craies de pastel. Elle est toutefois parvenue à transformer le pastel – un moyen d'expression qui, depuis le XVIe siècle, n'avait été qu'un matériau préliminaire pour le croquis – en l'utilisant comme vecteur du portrait « sérieux ». Cela a eu une grande influence sur le développement du style rococo au milieu du XVIIIe siècle.

Elle a partagé par ailleurs ses talents de peintre avec d'autres femmes en formant ses deux sœurs, Giovanna (1683-1738) et Angela (1677-1757) – laquelle a épousé un peintre, Giovanni Pellegrini, avec lequel Rosalba Carriera a collaboré en Angleterre. Deux élèves féminines sont aussi attestées, Margherita Terzi et Angioletta Sartori, dont la propre sœur était également artiste. Rosalba Carriera avait des rivales dans le domaine de l'art du portrait au pastel, notamment Giovanna Fratellini (1666-1731).

Il est difficile d'évaluer et son rôle dans l'introduction des craies de pastel dans le portrait du XVIIIe siècle et la renommée dont elle jouissait à l'époque, à partir des études modernes consacrées à l'art du XVIIIe siècle, qui la mentionnent brièvement sous le nom de « Rosalba » et la traitent avec condescendance et désinvolture – comme c'est si souvent le cas pour les femmes artistes –, en n'utilisant que son prénom. Lorsqu'elle est mentionnée, c'est généralement pour la traiter comme une exception : une rareté en tant que femme artiste et une célébrité inexpliquée. Son œuvre elle-même, et les raisons de sa renommée, sont rarement examinées. Malgré l'importance attachée par l'histoire de l'art aux artistes qui ont des élèves et contribuent, par conséquent, à diffuser un style ou un type de peinture, son rôle d'enseignante et de centre d'un cercle artistique est négligé. Un réseau d'ateliers de femmes et de pratiques rivales, comme celui que nous découvrons autour d'elle, disparaît facilement lorsque son membre le plus éminent est relégué aux marges de l'histoire de l'art. Puisque l'excellence en art est généralement le produit d'un vaste système, susceptible d'inclure aussi bien des artistes moyens que des artistes exceptionnels, il est important, dans la quête d'une histoire des femmes artistes, de rechercher ces réseaux. L'influence de Rosalba Carriera sur d'autres artistes a été initialement éclipsée par l'évolution du discours du XVIIIe siècle sur la femme artiste en tant que célébrité, bel objet et ornement. (Nous analyserons plus précisément cette évolution au chapitre III.) À la fin du XVIIIe siècle et au XIXe siècle, les auteurs masculins et féminins ont été déroutés par son succès parce qu'il ne s'accompagnait pas de la beauté physique et du charme féminin qui étaient devenus le passeport douteux de l'acceptation en tant que femme artiste. Selon les critères du XVIIIe siècle, l'artiste Rosalba Carriera était exceptionnelle parce qu'elle n'était pas belle ; au XXe siècle, elle mérite à peine d'être évoquée parce qu'elle est une femme. À cela s'ajoute que l'existence d'une communauté plus large de femmes artistes à laquelle elle appartenait a été effacée par la notion trompeuse du génie individuel. Au sein d'une telle idéologie, les artistes deviennent des êtres exceptionnels, et les femmes artistes, des exceptions.

Loin d'être extraordinaire, en tant que femme ou en tant qu'artiste, Rosalba Carriera s'était spécialisée dans le pastel et les portraits en raison d'un glissement esthétique particulier, intervenu au cours du

XVIIIe siècle, vers le style connu sous le nom de rococo. Sa réputation ultérieure est un exemple éloquent du sort qui est réservé aux femmes artistes parce qu'elles appartiennent si clairement à leur époque, et à l'art de leur époque : lorsque la mode du rococo a été rejetée par la critique, Rosalba Carriera a été dévalorisée et écartée, parce que son travail en portait la marque indélébile. Cependant, dans les réévaluations ultérieures du XVIIIe siècle, le fait qu'elle ait été une femme a conduit à minimiser son apport. Plusieurs textes qui abordent en profondeur le travail d'autres pastellistes, tels Jean-Étienne Liotard (1702-1789), Maurice-Quentin de La Tour (1704-1788) et Jean-Baptiste Perronneau (1716-1783), l'ignorent et se contentent de mentionner son prénom, « Rosalba ». Dans son étude très complète, *Art et architecture en Italie, 1600-1750*, Rudolf Wittkower néglige l'importance de son œuvre et, obligé d'expliquer le succès indéniable qu'elle a rencontré à son époque, laisse entendre qu'elle n'était que le produit naturel d'une société décadente :

> Le portrait s'épanouit, avec une moindre qualité, au cours de cette période, en particulier à Venise et en *terra ferma*. Rosalba Carriera et ses charmants pastels rococo en sont un exemple : en leur temps, ils en firent l'une des plus célèbres artistes d'Europe. Ses voyages à Paris (1720) et à Vienne (1730) rencontrèrent un succès phénoménal ; à Venise, tous les nobles d'Europe affluaient dans son atelier. Ses œuvres, dans leur velouté, leur parfum particulier et leur douceur féminine, sont parfaitement en harmonie avec la civilisation élégante du rococo vénitien et sont (malgré une tendance récente à la hausse) plus intéressantes comme illustrations d'un épisode de l'histoire du goût que par leurs qualités intrinsèques[37].

L'utilisation novatrice du pastel de Rosalba Carriera s'est généralisée au milieu du XVIIIe siècle. Adélaïde Labille-Guiard, qui l'a adoptée en 1769, l'a apprise de son représentant français le plus célèbre, Maurice-Quentin de La Tour. Elle était la plus jeune des filles survivantes d'un mercier. Son premier enseignement professionnel de l'art lui a été fourni par le peintre François-Élie Vincent (1708-1790), qui tenait une boutique à côté de celle de son père. Elle avait l'ambition de peindre à l'huile et de devenir membre de l'Académie royale de peinture et de sculpture. Elle a exposé en public à partir de 1774, d'abord à l'Académie de Saint-Luc, la rivale moins prestigieuse de l'Académie royale. Une fois l'Académie de Saint-Luc fermée, elle a exposé en 1782 au Salon de la Correspondance, fondé en 1779. Lorsqu'elle a demandé à être admise à l'Académie royale, en 1783, elle avait des années de formation et d'expérience derrière elle et s'était bâti une excellente réputation de portraitiste. Malgré la résolution de 1706 contre l'admission des femmes, quelques-unes d'entre elles avaient été acceptées peu avant et constituaient au moins un précédent. Adélaïde Labille-Guiard n'était d'ailleurs pas la seule à avoir du succès et des ambitions. Élisabeth Vigée Le Brun (1755-1842) a demandé le statut d'académicienne au même moment (1783). L'assaut mené par ces deux femmes, qui bénéficiaient à la fois d'une bonne réputation et de la protection royale – celle-ci interdisant de les ignorer –, a marqué une nouvelle phase dans le traitement discriminatoire des femmes par les autorités masculines. Afin d'écarter le danger qu'elles représentaient pour les stéréotypes existants de la créativité masculine, elles ont été systématiquement comparées entre elles, plutôt qu'avec d'autres artistes qui travaillaient dans leur domaine [p. 92]. Le fait qu'elles aient constitué une menace fut confirmé par la résolution adoptée peu après par l'Académie, après un vif débat, de limiter à quatre le nombre de femmes qui pouvaient y entrer à un moment donné.

Adélaïde Labille-Guiard et Élisabeth Vigée Le Brun ont peint des portraits royaux. On sait pourtant qu'à la différence de la seconde, qui était royaliste, la première a soutenu la Révolution. Il est difficile dans ces conditions de comprendre pourquoi elle a peint des portraits de la famille royale et, en l'occurrence, de l'une de ses membres les plus conservatrices, Madame Adélaïde (1732-1800) [p. 90]. Les liens qui pouvaient exister au cours des années ayant immédiatement précédé la Révolution entre la protection des femmes artistes et leur appartenance politique restent obscurs, en raison non seulement de l'incertitude générale qui entoure encore les relations entre l'art et les protecteurs au cours de cette période, mais aussi parce que la situation des femmes en matière de protection – différente de celle des hommes, et souvent difficile – n'a jamais été examinée en détail. Adélaïde Labille-Guiard et Élisabeth Vigée Le Brun étaient dans une position ambiguë en tant qu'artistes professionnelles parce qu'elles étaient souvent considérées comme des membres de l'entourage de la cour. Leur habileté en tant qu'artistes leur avait permis d'accéder à la protection du cercle de la Reine. Une femme artiste comme Adélaïde Labille-Guiard a pu éprouver les contradictions qui poussent habituellement les femmes de toutes les professions vers des positions conservatrices. Dans la lutte pour accéder aux institutions et acquérir une réputation,

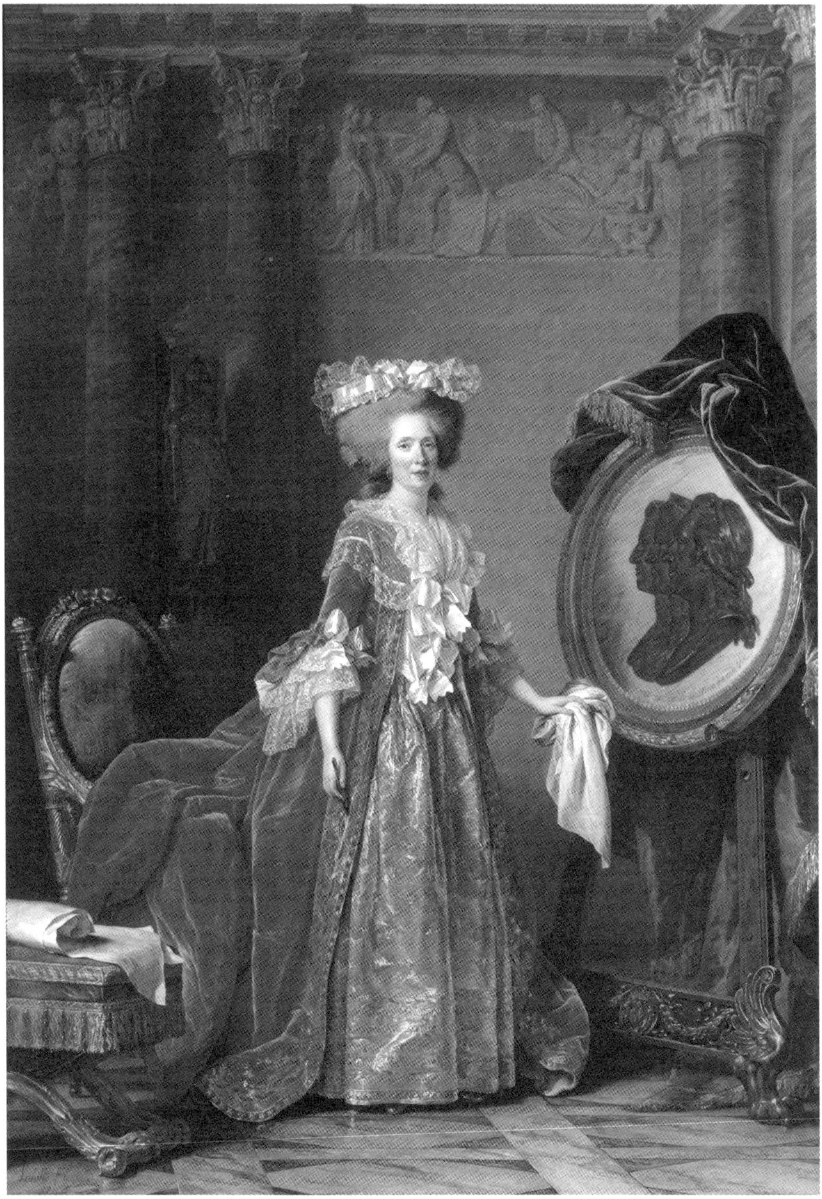

Adélaïde Labille-Guiard

Portrait de Madame Adélaïde, 1786-1787

Huile sur toile, 271 × 194 cm. Château de Versailles, Versailles

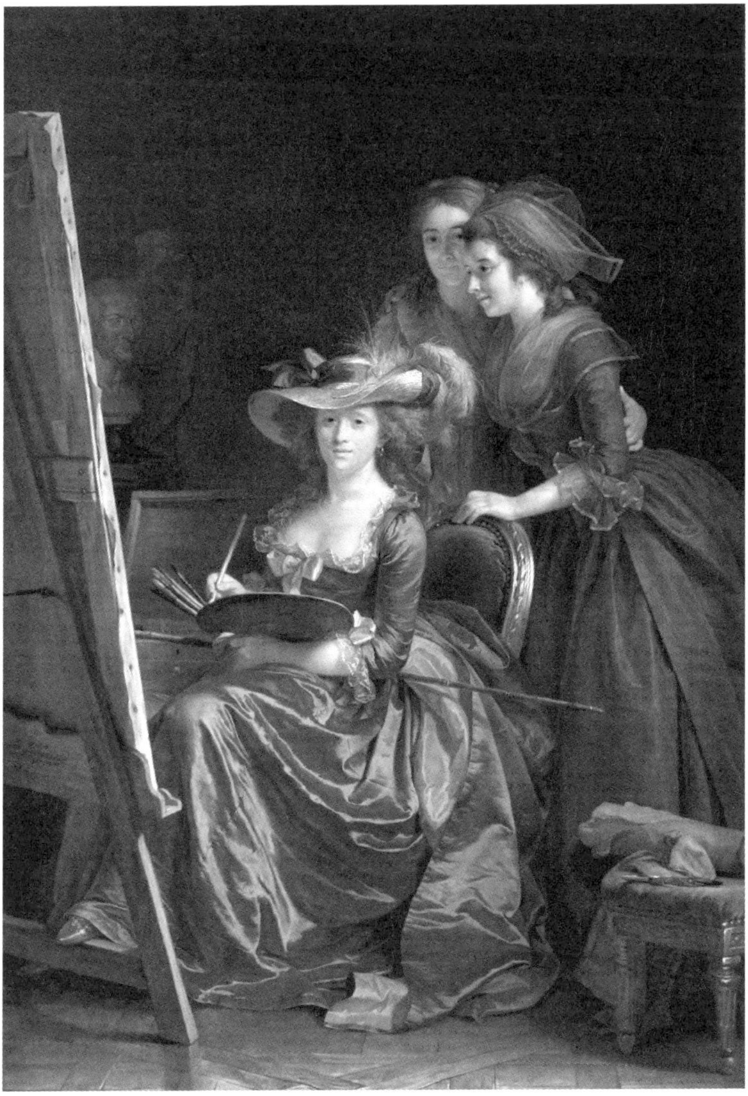

Adélaïde Labille-Guiard

Autoportrait avec deux élèves (Marie-Gabrielle Capet et Marie-Marguerite Carreaux de Rosemond), 1785

Huile sur toile, 210,8 × 151,1 cm. The Metropolitan Museum of Art, New York

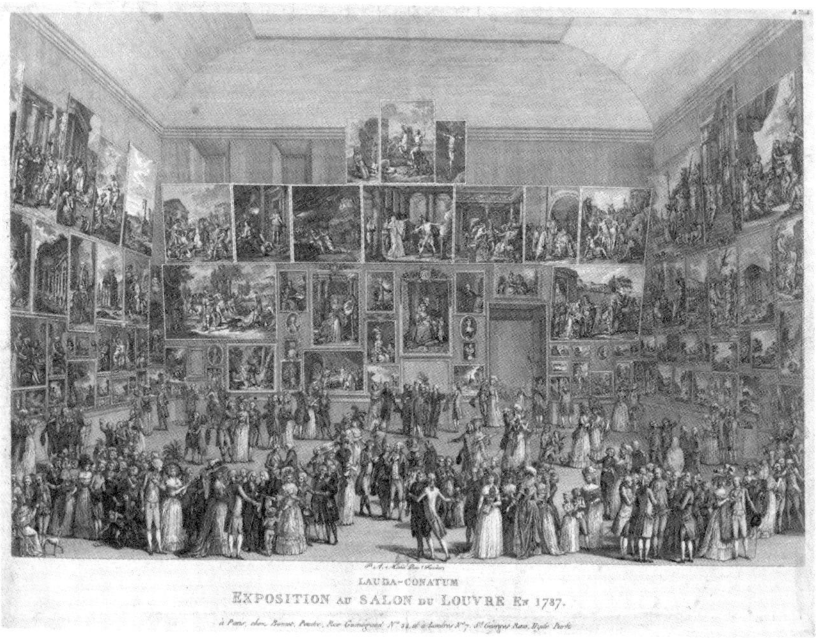

Pietro Antonio Martini
Exposition au Salon du Louvre en 1787, c. 1787

Reproduit page 90, le portrait de Madame Adélaïde, l'une des tantes de Louis XVI, par Adélaïde Labille-Guiard est une œuvre de grand format, comme le montre la gravure de Pietro Antonio Martini (1739-1797). Il est exposé au Salon de 1787 en vis-à-vis de *Marie-Antoinette, reine de France, et ses enfants* (1787) d'Élisabeth Vigée Le Brun, témoignant de la manière dont les tableaux des femmes artistes étaient accrochés, incitant à les comparer entre eux. Les tableaux de ces deux femmes sont placés au deuxième rang – une position respectable mais non la plus prestigieuse. La *Mort de Socrate* (1787) de Jacques-Louis David est quant à lui accroché au centre, « sur la ligne », c'est-à-dire à hauteur d'œil : en dessous des deux portraits, comme il sied à une peinture d'histoire, et en dessous des œuvres de deux femmes peintres les plus importantes de l'époque, comme il sied à la toile de l'artiste du moment. La gravure de Pietro Antonio Martini constitue une preuve visuelle de la position particulière occupée par ces femmes, une position intermédiaire. Leurs œuvres ont joué un rôle de premier plan à ce Salon, et, bien que les deux tableaux aient été soumis à comparaison, ils se sont également trouvés en étroite relation avec le tableau de Jacques-Louis David. Ils n'étaient ni « placés au ciel », c'est-à-dire accrochés trop haut pour être visibles, ni « sur la ligne ». Ils occupaient une position respectable.

Gravure à l'eau forte, 32,7 × 49 cm : éditeur et imprimeur : Claude Bornet
Bibliothèque nationale de France, Paris

les femmes tendent à se concentrer sur le statu quo, à participer à un ordre établi dont elles veulent, et doivent, être reconnues. Un incident particulier de sa carrière en témoigne. Pour réaliser ses ambitions, elle a accepté la commande d'une toile immense, portant sur un sujet historique, à laquelle elle a travaillé pendant deux ans et demi, la *Réception d'un Chevalier de l'Ordre de Saint-Lazare par Monsieur, grand-maître de cet ordre*. Après la Révolution, à laquelle elle s'est ralliée, et dont elle a peint le portrait de nombreux dirigeants, il faut pourtant juger que son grand projet relevait d'un royalisme inacceptable. Ordre lui a été donné en 1793 de détruire la toile sur laquelle elle avait fondé ses espoirs d'obtenir reconnaissance et statut.

Avant la Révolution, les femmes ont réagi de différentes manières à leur exclusion des meilleures institutions de l'enseignement artistique. Elles ont trouvé d'autres moyens d'apprendre leur art ; et celles d'entre elles qui avaient du succès ont créé des cours pour les femmes moins privilégiées. Adélaïde Labille-Guiard n'a pas seulement accepté des élèves féminines – dont nous connaissons le nom pour neuf d'entre elles –, elle a également saisi l'occasion du premier Salon organisé à l'Académie après son admission pour exposer une toile qui la représentait au travail, sous le regard de ses deux disciples les plus célèbres. Dans l'*Autoportrait avec deux élèves* de 1785 [p. 91], l'inclusion de celles-ci rend visibles les circonstances particulières de la formation des femmes au XVIIIe siècle : elle démontre que les femmes artistes avaient des continuatrices et exerçaient une influence. Cet aspect est essentiel, parce que l'un des critères les plus constants de l'histoire de l'art pour évaluer l'importance d'un artiste est l'étendue de son influence sur d'autres artistes. Les femmes sont pourtant très souvent rejetées dans une catégorie critique séparée, et donc écartées de cette notion importante de l'histoire de l'art. L'iconographie de ce tableau d'Adélaïde Labille-Guiard remet directement en cause, sur leur propre terrain, les fondements de la catégorisation méprisante des femmes.

Après la Révolution française, et malgré l'abolition de l'Académie royale dans les années 1790, la situation des femmes artistes françaises s'est considérablement détériorée. Elles ont été totalement exclues de l'Académie lors de sa refondation, puis tenues à l'écart, pendant la plupart du XIXe siècle, de la principale institution artistique, l'Académie des Beaux-Arts. Dans ses mémoires, publiés en 1835, Élisabeth Vigée Le Brun regrettait le déclenchement de la Révolution, qu'elle avait elle-même fui. Elle y exprime évidemment sa propre nostalgie mais ses commentaires sont très perspicaces : « Il est devenu fort difficile aujourd'hui de donner une idée de l'urbanité, de la gracieuse aisance, en un mot des manières aimables qui faisaient, il y a quarante ans, le charme de la société à Paris. [...] Les femmes régnaient alors, la Révolution les a détrônées[38]. »

Les historiennes de l'art féministes se sont trompées sur la nature et les résultats des contraintes imposées aux femmes artistes à la fin du XVIIIe et au XIXe siècle. Elles ont souvent présenté la restriction de l'accès à l'enseignement artistique académique comme une forme efficace de discrimination ayant empêché les femmes de participer à tous les genres artistiques. Il est vrai que l'exclusion des femmes des cours de modèle vivant dans les écoles instituées, laquelle a persisté au XIXe siècle, a eu un effet considérable en ne les autorisant pas officiellement à étudier l'anatomie humaine d'après le modèle nu – qui avait été le type de peinture le plus apprécié pendant près de trois cents ans, de la Renaissance à l'apogée de l'Académie au XIXe siècle. Le simple fait de leur exclusion de l'étude du nu a contraint un grand nombre de femmes à pratiquer exclusivement les genres de la nature morte et du portrait. Ces genres étaient jugés moins importants que la peinture d'histoire. Les artistes qui pratiquaient les genres dits « inférieurs » étaient considérés eux-mêmes comme des artistes de talent « inférieur ». Mais lorsque des hommes comme Joshua Reynolds (1723-1792) ou Jean Siméon Chardin (1699-1779) se sont spécialisés dans ces genres, leurs capacités en tant qu'artistes n'ont cependant jamais été remises en question. Cette ségrégation construite au niveau institutionnel a été présentée ensuite comme le signe de l'inégalité innée des talents.

Tout au long du XIXe siècle, les femmes artistes ont mené une campagne systématique contre cette exclusion du nu, mais on peut faire valoir que cette lutte a contribué à détourner leurs énergies. Avec une certaine ironie, leur victoire finale – leur entrée dans le programme d'études complet – ne s'est produite qu'au moment précis où l'émergence des théories et pratiques de l'avant-garde est parvenue à contester avec succès, et à finir de saper, l'hégémonie de la tradition académique. Lorsque les artistes d'avant-garde ont rejeté les théories et les hiérarchies académiques, ils se sont emparés en outre des domaines jusqu'alors moins prestigieux du portrait, du paysage et de la nature morte. Les femmes ont eu alors la possibilité de prendre part – et ont pris part, de fait – aux mouvements d'avant-garde issus des domaines de l'art qui leur étaient familiers.

Rosa Bonheur (1822-1899) a connu, par exemple, un succès phénoménal dans le paysage et la peinture animalière – deux genres qui ont pris une importance croissante au XIXe siècle sous l'effet, d'une part, de la peinture de paysage romantique et, de l'autre, de la réévaluation et de l'influence de l'art hollandais du XVIIe siècle. Une fois encore, les changements intervenus dans l'idéologie artistique ont touché et transformé des domaines où les pratiques féminines étaient majoritaires.

Rosa Bonheur était issue d'une famille de peintres : son père était peintre, sa mère avait été son élève et son frère et sa sœur poursuivaient la carrière de leurs parents. Elle avait été formée comme couturière avant que son père n'accepte de superviser sa formation de peintre. En 1849, elle a repris son poste de directeur d'une école de dessin. Au-delà de la profession de son père, elle a adopté sa politique. C'était un socialiste utopique adepte du saint-simonisme, lequel ne prônait pas seulement l'égalité des droits pour les femmes mais conférait également une responsabilité sociale particulière à l'artiste, en tant que membre d'une élite susceptible de conduire la société vers un nouveau monde. Cette doctrine a ainsi fourni à Rosa Bonheur un modèle d'activité comme femme et comme artiste. Elle a remporté un succès considérable en tant qu'artiste professionnelle et s'est vu remettre la prestigieuse Légion d'honneur. Elle a été décorée pour ses peintures, dessins et sculptures d'animaux – dont elle avait été autorisée à étudier l'anatomie, contrairement à celle des humains. Elle disséquait des carcasses dans les abattoirs et observait les animaux au travail, dans les champs et dans sa ménagerie privée.

Son œuvre de peintre animalière et de paysagiste s'est inscrit dans une évolution de la peinture française lors de la première moitié du XIXe siècle : l'établissement d'un mouvement de peinture de genre et de paysage romantique et naturaliste connu sous le nom d'École de Barbizon. Le groupe comptait un autre peintre animalier important, Constant Troyon (1810-1865) [p. 96]. Ses tableaux d'abreuvoir et de bois plongés dans des effets atmosphériques subtils de lumière, observés à différents moments de la journée, représentaient une tendance lyrique et idyllique au sein de cette école. Rosa Bonheur traitait les animaux avec plus de vigueur. Elle les représentait au travail, comme dans le tableau qui lui a valu son premier succès important, le *Labourage nivernais* (1849). Le *Marché aux chevaux* [p. 96], réalisé pour le Salon de Paris de 1853, était la plus grande toile jamais produite par un peintre animalier. (La taille, encore une question de prestige à cette époque, était

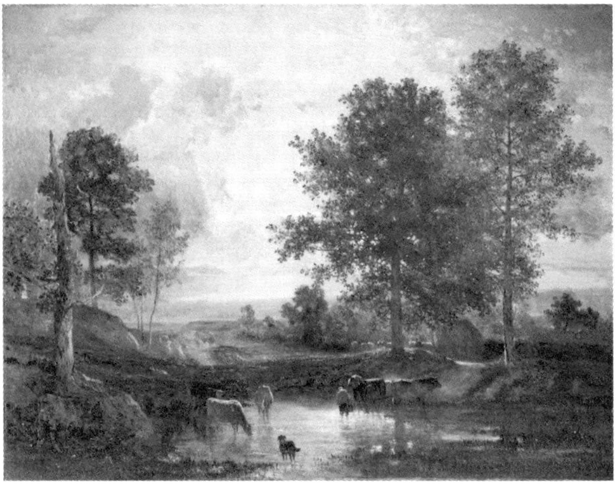

Constant Troyon
L'Abreuvoir, c. 1850

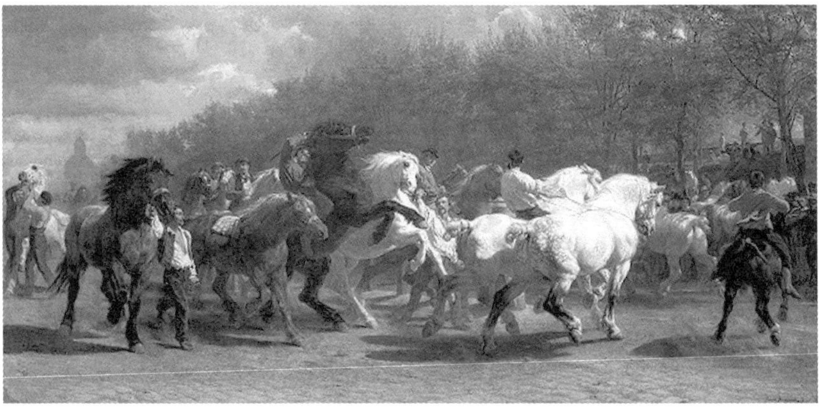

Rosa Bonheur
Le Marché aux chevaux, 1852-1853

EN HAUT : Huile sur toile, 122,3 × 162,5 cm. The Wallace Collection, Londres
EN BAS : Huile sur toile, 244,5 × 506,7 cm. The Metropolitan Museum of Art, New York

habituellement réservée aux peintures d'histoire, mais les tableaux de Gustave Courbet (1819-1877) avaient remis cela en cause aux Salons de 1850 et 1851.) *Le Marché aux chevaux* associe le mode héroïque du traitement romantique antérieur des chevaux – chez un peintre comme Théodore Géricault (1791-1824), par exemple, pour qui le cheval était l'incarnation de l'énergie, du pouvoir et de la virilité – avec les préoccupations naturalistes, plus contemporaines, pour les atmosphères et les effets de lumière.

Malgré l'accroissement du public pour ce type de peinture et un accès relativement plus facile à l'étude des modèles animaux, Rosa Bonheur était contrainte par d'autres facteurs : les notions de bienséance et le confinement des femmes à la sphère domestique et privée. Pour réaliser les études préliminaires du *Marché aux chevaux*, elle avait dû se rendre au marché aux chevaux de Paris. Pour éviter d'être harcelée ou mise en danger parce qu'elle était une femme dans un lieu aussi public, elle s'habillait en homme – mais cela supposait qu'elle obtienne l'autorisation légale de le faire. Elle avait dû par conséquent dissimuler son sexe pour peindre des scènes en dehors de la sphère domestique. En tant que personne de sexe féminin, une artiste était soumise aux contraintes que la société bourgeoise imposait de plus en plus aux activités et aux déplacements des femmes.

Au XIXe siècle, les pratiques des femmes artistes ont été de plus en plus déterminées par la consolidation de la société bourgeoise et ses idéologies de la féminité – l'essence naturelle de la femme, maintenue et reproduite par l'assignation des femmes au foyer et leur identification à la vie de famille. À la fin du XIXe siècle, le mouvement impressionniste s'est détourné du classicisme bourgeois et de la peinture d'histoire au profit de scènes de genre de la vie moderne contemporaine, et notamment de scènes de loisirs bourgeois et de la vie familiale. Il a rejeté en outre les institutions officielles et créé sa propre société d'exposition, laquelle a attiré un certain nombre de femmes artistes. Berthe Morisot (1841-1895) et Mary Cassatt (1844-1926) n'ont pas seulement trouvé au sein du groupe un environnement plus propice à leur politique artistique radicale : l'esprit impressionniste de la « modernité » leur a également permis de s'inspirer de leurs expériences directes de vie de femmes bourgeoises, circonscrite à la famille, et d'en faire le sujet de leur pratique artistique. Pourtant, même si les contradictions qu'elles éprouvaient en tant que femmes et en tant qu'artistes étaient comparables à certains égards à celles qu'avaient éprouvées les générations précédentes de femmes artistes, elles étaient amplifiées par les rôles sociaux et les définitions rigides de la féminité construits au sein de la société bourgeoise.

Le passage de la vie de jeune fille à la vie de femme a fasciné les artistes et écrivains hommes et femmes du XIXe siècle, mais avec des différences significatives. Pour les femmes, le début de la puberté correspondait au début de la servitude ; pour les auteurs masculins, c'était le moment du mystère de la féminité. Berthe Morisot a souvent peint des filles adolescentes, et souvent avec une grande sensibilité, comme dans les nombreux portraits qu'elle a réalisés de sa fille. Dans *Psyché* (1876) [p. 99], une jeune fille qui s'habille devant un miroir – une *psyché* – marque une pause, plongée dans une rêverie privée dont le titre donne quelques indices. Psyché est cette mortelle tombée amoureuse de Cupidon, suscitant alors la jalousie de Vénus. Sa situation malheureuse lui vaut finalement la compassion de Vénus et elle retrouve Cupidon. Le thème de l'éveil de la sexualité et de l'amour naissant avait poussé les artistes romantiques à s'intéresser à cette histoire. Le tableau de Berthe Morisot la dépouille cependant de son style classique et présente une Psyché contemporaine à demi vêtue, en blanc éclatant, dans un boudoir, en train de se regarder, sa sexualité adolescente contenue, repliée sur elle-même, privée et rêveuse.

Mary Cassatt était beaucoup plus radicale dans son examen des étapes de la vie des femmes et des contraintes sociales et idéologiques auxquelles ces dernières étaient soumises[39]. Américaine expatriée, elle avait choisi de s'installer en France pour sa vie professionnelle parce qu'elle estimait que, davantage que son pays natal, l'Europe offrait aux femmes des possibilités de faire un travail sérieux – selon ses propres mots, d'« être quelqu'un et non quelque chose ». Non contente de soutenir les campagnes des femmes pour l'émancipation politique, elle affirmait dans sa correspondance que son implication dans la lutte des artistes indépendants contre le Salon et son système de jury était un engagement politique pour la liberté. En outre, ce radicalisme se manifestait dans le choix de ses sujets et sa manière de les peindre. Mary Cassatt a mené dans ses travaux une analyse critique de la vie des femmes bourgeoises, de la petite enfance à la vieillesse, qui visait à faire apparaître leur entrée dans la « féminité » comme un processus social et non comme l'essence de la condition féminine, idéologiquement imposée aux femmes comme étant leur nature : comme le résultat de leur insertion dans l'ordre social. La façon dont elle a représenté ces

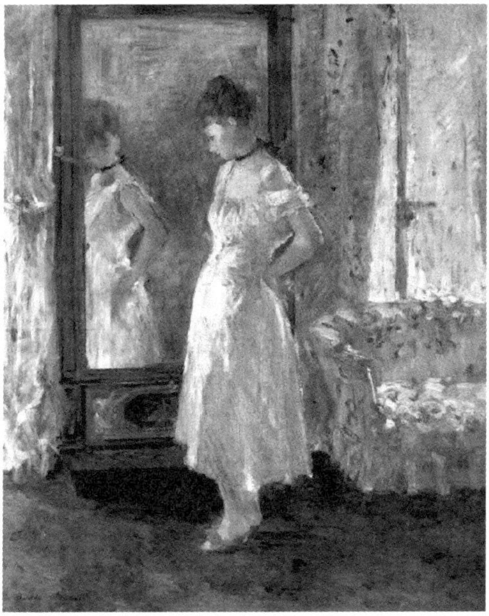

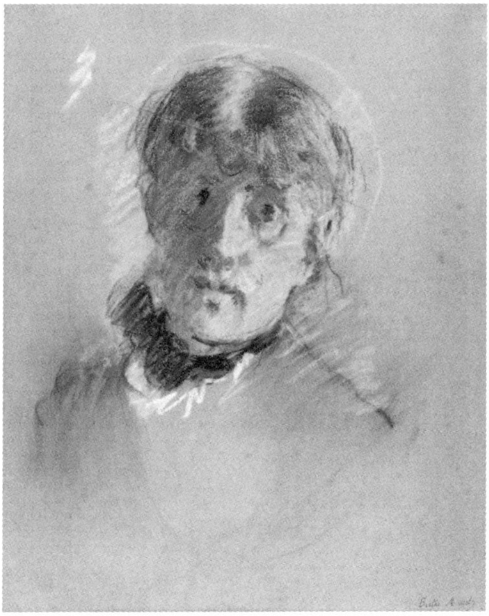

Berthe Morisot
Psyché, 1876
Autoportrait, 1885

EN HAUT : Huile sur toile, 65×54 cm. Collection privée, France
EN BAS : Pastel sur papier, 48×38 cm. The Art Institute of Chicago, Chicago

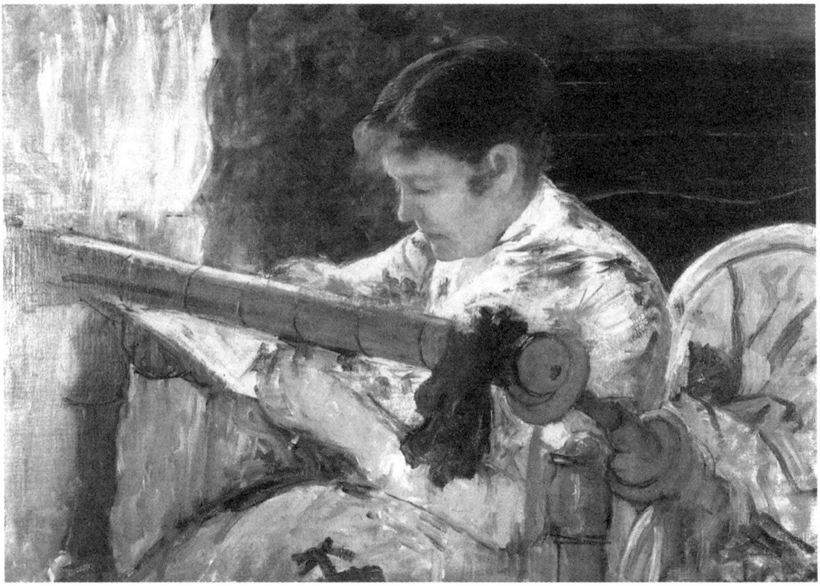

Mary Cassatt
Lydia à la tapisserie, c. 1881

Huile sur toile, 65,5 × 92 cm. The Flint Institute of Arts, Flint

processus est cruciale. Son style déterminé et audacieux a subverti efficacement les images traditionnelles des femmes, en particulier de la mère et de la fille.

Si ses œuvres sont souvent mal comprises, c'est parce que, par nécessité sociale, elle a pris pour sujet le monde des femmes dans lequel elle vivait – en tant que fille célibataire issue d'une famille bourgeoise – et qu'elle a abordé les étapes de la vie des femmes – en tant que jeunes filles, mères et matrones – au sein de la famille et dans la sphère domestique. Au lieu de considérer ses œuvres comme une critique radicale des idéologies dominantes, elles sont utilisées pour les conforter. Pourtant, même dans celles qui représentent une femme engagée dans ce qui constituait au XIXe siècle l'activité domestique féminine *par excellence*, le « travail des femmes » – la broderie –, son traitement sape cette idéologie. Dans *Lydia à la tapisserie* (c. 1881) [p. 100], la composition, peinte avec audace, présente une femme absorbée dans son travail mais celle-ci, et son travail, sont placés dans un espace fermé et confiné. Ce confinement est presque brutalement brisé, jeté agressivement au public, par le cadre en bois de la broderie, qui menace de s'échapper du plan du tableau. Ce n'est qu'un exemple de la façon dont Mary Cassatt manipulait l'espace et la structure de la composition pour accorder respect et sérieux à ce que les femmes faisaient à la maison, tout en parvenant, simultanément, à nous faire reconnaître les limites afférentes à l'enfermement des femmes bourgeoises dans la seule sphère domestique.

En 1874, Berthe Morisot a participé à la première exposition de groupe des artistes collectivement qualifiés d'« Impressionnistes ». Édouard Manet (1832-1883) et son ancien professeur, Joseph Benoît Guichard (1806-1880), lui avaient fortement déconseillé de s'associer à ces « fous » et de risquer les sarcasmes en se retirant d'une institution officielle de l'art, comme le Salon. Berthe Morisot avait tout d'abord subi les critiques déversées sur ces artistes indépendants mais, lorsque le groupe avait créé son propre réseau de marchands, de mécènes et de critiques, elle avait été qualifiée, de manière stéréotypée, de « femme impressionniste », ou, avec les autres femmes du groupe – Mary Cassatt, Eva Gonzalès (1849-1883) et Marie Bracquemond (1840-1916) –, de représentante de l'« Impressionnisme féminin ». Différents spécialistes de l'Impressionnisme lui ont pourtant accordé une position centrale au sein du mouvement. Certains l'ont même acclamée comme la seule vraie peintre impressionniste. Mais leurs éloges de Berthe Morisot reposaient sur l'association constante de l'Impressionnisme avec une certaine conception de la féminité, fondée sur des indices de sensibilité subtile, de nuance et de suggestivité. Ce point est intéressant, car le fait que la féminité ait été utilisée comme une catégorie analytique relativement indépendante du genre de l'artiste – le travail des hommes pouvant posséder les mêmes qualités – nous permet de percevoir plus clairement la catégorie du « féminin ». Malgré tout, les critiques ont toujours essayé de déceler un lien biologique entre le sexe de Berthe Morisot et la présence de certaines qualités dans son travail. Mais il y avait un autre aspect tout aussi important de cette analyse de son travail qui assimilait son sexe – son « éternel féminin » – à sa classe sociale. Roger Marx (1859-1913) a parlé à propos de Berthe Morisot d'un talent développé « en toute quiétude, selon la logique du sexe, du tempérament et de la classe sociale[40] », et s'est appuyé pour ce faire sur un roman des frères Edmond et Jules de Goncourt, *Chérie* (1894), dans lequel la fascination pour l'artifice et l'élégance de la vie de la haute bourgeoisie prenait la forme de l'étude d'une jeune fille issue de ce milieu.

Ces critiques contemporains ont essayé de trouver quelque chose à dire en faveur de l'art des femmes mais, dans leur conception généraliste de la féminité, ils ont le plus souvent perdu de vue l'artiste individuelle. Dans un essai élogieux sur Berthe Morisot, *Sex in Art* (1890), George Moore a exposé toutes les contradictions et manœuvres délicates auxquelles devait se livrer un Victorien profondément bourgeois s'efforçant de s'accommoder de tableaux qui l'émouvaient sincèrement :

> Madame Vigée Le Brun peignait bien, mais elle n'a rien inventé ; elle n'a pas réussi à trouver une manière propre de voir et de rendre les choses ; elle n'a pas réussi à créer un style. Une seule femme y est parvenue, et cette femme est Berthe Morisot. Ses toiles sont les seules toiles peintes par une femme que l'on ne pourrait détruire sans laisser un blanc, un hiatus dans l'histoire de l'art. Il est vrai que ce hiatus serait léger – insignifiant, si vous voulez – mais l'insignifiant nous est parfois cher ; et même si les rossignols, les grives et les alouettes venaient à chanter dans King's Bench Walk, le pépiement particulier du joli moineau me manquerait.
>
> La note que siffle Madame Morisot est peut-être aussi insignifiante que celle du moineau, mais c'est une note unique et particulière. Elle a créé un style, et elle l'a fait en investissant son art de toute sa féminité ; son art n'est pas une morne parodie du nôtre ; c'est la féminité tout entière – une féminité douce et gracieuse, tendre et nostalgique[41].

Une telle confusion sous la plume de George Moore pourrait nous faire sourire mais il ne faut pas minimiser les effets destructeurs de cette condescendance et de l'affirmation d'une différence entre les catégories du masculin et du féminin. La correspondance de Berthe Morisot apporte un contrepoids, triste et nécessaire[42]. Elle souligne la puissance de l'idéologie victorienne, qui empêchait les femmes de croire en elles-mêmes avec plus de force que la simple discrimination institutionnelle ou l'exclusion de l'enseignement académique.

Berthe Morisot était issue d'une famille de la haute bourgeoisie comptant trois filles, qui voulaient toutes étudier l'art. Au début, leurs parents ont respecté leur souhait, parce qu'il était tout à fait acceptable qu'une femme devienne une dessinatrice ou une aquarelliste « accomplie ». Perturbé par les ambitions manifestement sérieuses de ses trois élèves, Joseph Benoît Guichard, leur premier maître de dessin, écrit alors à leur mère :

> Avec des natures comme celles de vos filles, ce ne sont pas des petits talents d'agrément que mon enseignement leur procurera ; elles deviendront des peintres. Vous rendez-vous compte de ce que cela veut dire ? Dans le milieu de grande bourgeoisie qui est le vôtre, ce sera une révolution, je dirais presque une catastrophe[43].

Sans se laisser décourager, les sœurs Morisot ont demandé un enseignement plus important et de meilleure qualité, et, pendant une courte période, elles ont été les élèves de Jean-Baptiste Camille Corot (1796-1875), l'un des principaux paysagistes de l'École de Barbizon. Le milieu haut-bourgeois n'a pas tardé, cependant, à réclamer l'aînée, Yves : son mariage lui a interdit l'accès à la pratique artistique. Bien qu'Edma ait été considérée comme la plus douée par ses professeurs, sa carrière a, elle aussi, été interrompue. Le mariage a réussi là où l'avertissement de Joseph Benoît Guichard avait échoué : à son mariage, en 1869, Edma a été obligée par les conventions sociales d'abandonner tout type de peinture, sinon les pastiches des œuvres de sa jeune sœur. Peu après, elle écrit tristement à Berthe pour lui révéler un sentiment de perte :

> Je suis souvent avec toi, ma chère Berthe, par la pensée ; je suis dans ton atelier et je voudrais pouvoir m'échapper, ne fût-ce qu'un quart d'heure, pour respirer l'atmosphère dont nous avons vécu depuis de longues années[44].

La réponse de Berthe Morisot à sa sœur malheureuse est plus attristante encore. Elle révèle à quel point il était difficile, pour une femme de leur classe, de croire en elle-même en tant qu'artiste, malgré sa pratique professionnelle continue et sa détermination évidente. Sa réponse témoigne de la manière dont les femmes intériorisaient les définitions victoriennes de la nature de la Femme. Un type d'endoctrinement psychologique remplaçait les armes maladroites de la discrimination institutionnelle :

> [C]ette peinture, ce travail que tu regrettes, est cause de bien des soucis [...]. Va, tu n'as pas pris le plus mauvais lot, tu as une affection sérieuse, un cœur dévoué qui est tout à toi, ne sois pas ingrate envers le sort ; songe que la solitude est bien triste. Quoi qu'on dise, quoi qu'on fasse, la femme a un besoin immense d'affection ; vouloir la replier sur elle-même, c'est tenter l'impossible[45].

Le caractère affreusement poignant d'un tel langage s'accompagne, sur le plan pictural, de l'*Autoportrait* de 1885 [p. 99]. Berthe Morisot s'y est représentée à l'âge de 44 ans, après plus de onze ans de travail professionnel et respecté. Cet autoportrait est pourtant une image extrêmement défensive : l'expression est hésitante, à travers le voile de pastel clair, et le visage flotte de façon incertaine sur le papier, partiellement obscurci par l'ombre. La délicatesse physique du dessin et la poussière immatérielle des craies de couleur inscrivent, dans le langage propre à l'art, la confusion d'une femme artiste confirmée du XIXe siècle. Tout en utilisant son propre talent de peintre, elle y a présenté un sentiment d'identité contradictoire en tant que femme et en tant qu'artiste.

— 3 —

À la fin du XIXe siècle, les historiens de l'art victoriens pouvaient constater, à juste titre, la présence persistante des femmes dans l'histoire de l'art et noter leur nombre croissant et leurs progrès face à des problèmes tels que l'exclusion institutionnelle ou le manque de reconnaissance. En 1876, Ellen C. Clayton parlait avec assurance de ces « récents jours agréables » où plus de femmes que jamais travaillaient dans les beaux-arts, accédaient aux écoles de l'Académie, ou avaient fondé leurs propres lieux d'enseignement artistique et parvenaient à participer aux cercles de l'avant-garde. Ces évolutions pratiques étaient pourtant des victoires à la Pyrrhus. La consolidation du système social bourgeois et des idéologies qui allaient de pair empêchait de plus en plus les femmes de participer au courant principal de la production sociale et culturelle et d'être reconnues comme en faisant pleinement partie. Les écrits victoriens sur les « Femmes Artistes » attestaient l'existence des femmes artistes et posaient simultanément les bases de leur effacement. Dans la mesure où, comme toutes les femmes, les femmes artistes étaient traitées collectivement comme un groupe homogène – en raison de leur genre commun – et séparément des artistes d'un autre genre, elles ont effectivement été placées dans une sphère totalement différente de celle des hommes. L'art des femmes n'a donc pas seulement été intégré aux conceptions bourgeoises de la féminité. Du point de vue de l'histoire de l'art, il a été également relégué à une catégorie spéciale, présentée comme distincte de l'activité culturelle dominante et du professionnalisme – le domaine réservé aux hommes. Ainsi, au moment même où le nombre de femmes artistes qui poursuivaient une carrière professionnelle augmentait, ces mêmes femmes artistes étaient représentées comme différentes, distinctes et séparées en seule raison de leur sexe.

Les femmes artistes du XXe siècle doivent lutter contre ces conceptions bourgeoises de la différence des sexes apparues au XIXe siècle. Il y a toutefois un facteur nouveau et important : la discipline de l'histoire de l'art elle-même, et les pratiques critiques et curatoriales qui y sont associées. Car l'histoire de l'art moderne ne s'est pas contentée d'adopter et de perpétuer les idéologies victoriennes de la féminité et les conceptions selon lesquelles l'art des femmes relevait d'une catégorie différente de celui des hommes. Ces positions se sont consolidées et, à la place des conceptions victoriennes – les femmes sont séparées mais (in)égales –, avec toutes leurs contradictions, l'histoire de l'art moderne a produit en plus un tableau de l'histoire de l'art dont les femmes sont absentes et où les femmes artistes sont présentées comme étant inévitablement et *naturellement* des artistes de moindre talent et de moindre importance historique[46].

— 4 —

Avec l'essor du mouvement moderne des femmes, les artistes, critiques et historiennes de l'art féministes ont commencé à remettre en question la négligence vis-à-vis des femmes artistes et le rejet stéréotypé de l'art des femmes. Un travail important a été entrepris ces dernières années. Des centaines de femmes artistes ont été documentées et la vision limitée de l'establishment de l'histoire de l'art sur l'ensemble de l'histoire de l'art a été mise en évidence. Plusieurs tendances majeures de la pensée féministe, aussi peu satisfaisantes l'une que l'autre, peuvent être identifiées. Nous nous sommes trop souvent contentées de réagir contre les conceptions dominantes de l'art des femmes en remplaçant une série de stéréotypes par une autre. En essayant de faire en sorte que l'histoire de l'art s'intéresse aux femmes artistes, nous les avons plongées une fois de plus dans une conception de l'histoire légèrement réformée mais toujours traditionnelle.

Les mythes sur la créativité et la manière limitée et déformée dont les historiens de l'art écrivent sur le passé sont profondément ancrés dans notre structure sociale et nos idéologies. Ces éléments sont si puissants et omniprésents qu'il est difficile de les contester d'un point de vue féministe, précisément parce que nous avons été produites au sein de l'ordre social dominant. Il est possible d'illustrer certains pièges et contradictions bien réels en analysant les principales tendances de la littérature féministe, moins pour les critiquer que pour indiquer certaines impasses dans lesquelles de nombreuses féministes, y compris nous-mêmes, se sont retrouvées lorsqu'elles ont essayé de contester les idéologies et pratiques existantes.

Confrontées à l'ignorance complaisante de l'establishment de l'histoire de l'art, les historiennes de l'art féministes sont obligées de prouver l'existence même des femmes artistes. En réaction à cette provocation, les féministes fouillent dans des sous-sols poussiéreux et retournent aux sources anciennes, à la recherche de « Maîtresses d'autrefois », pour les sauver d'un abandon immérité et rétablir leur réputation, mais en justifiant toutefois leurs recherches en fonction des critères de l'establishment. L'ouvrage d'Eleanor Tufts, *Our Hidden Heritage : Five Centuries of Women Artists*, représente assez bien cette tendance réformiste. Dans son introduction, elle écrit :

> En présentant une sélection de femmes artistes remarquables sur plus de cinq siècles, j'espère que ce livre constituera un début de rééquilibrage. […] À mesure que notre patrimoine caché de femmes artistes devient plus apparent et plus solidement rattaché au courant principal de l'histoire, nous pouvons espérer des monographies sur les artistes citées ici et un examen plus attentif de toutes les artistes à travers les siècles[47].

Le livre d'Eleanor Tufts aspirait à remédier au manque de considération et à l'omission des femmes artistes depuis le XVIe siècle en proposant vingt-deux mini-monographies. Elle s'attendait à ce que ses recherches initiales inspirent des monographies plus approfondies sur ces artistes ou d'autres peintres ou sculptrices. À en juger par le modèle et les indications fournis par son travail, de telles études ne feraient pourtant que reproduire – en remplaçant les hommes par des femmes – la mise en avant de l'artiste isolé et une analyse exclusivement stylistique, typique des pratiques actuelles de l'histoire de l'art, représentées par la forme de la monographie, avec ses priorités et ses limites. Eleanor Tufts suggère en outre de *rattacher* les femmes artistes, ainsi partiellement sauvées de l'oubli, au courant principal de l'histoire de l'art. Les femmes seront donc, d'un côté, intégrées et absorbées dans les domaines existants du savoir historique, par le biais des canaux et formats établis, mais, de l'autre, elles ne le seront que comme des additions. Dans sa hâte d'insérer les femmes dans les modèles et programmes d'études actuels de la discipline, Eleanor Tufts évite ou néglige les facteurs spécifiques affectant le travail des femmes – et ses différences plus ou moins grandes avec celui des hommes –, mais aussi d'autres perspectives qui requièrent d'analyser le processus historique si l'on veut comprendre les activités des femmes dans leurs contextes particuliers.

Cette détermination à replacer les femmes dans l'histoire de l'art en fonction des modalités de la discipline s'est traduite, aux États-Unis en 1976, par une vaste exposition et un catalogue savant de Linda Nochlin et Ann Sutherland Harris, *Women Artists 1550-1950*. Cette dernière conclut son texte d'introduction sur cette affirmation :

> Peu à peu, ces artistes doivent être réintégrées dans leur contexte historique. Pendant trop longtemps, elles ont été soit purement et simplement oubliées, soit isolées, comme dans cette exposition. Elles étaient abordées en tant que femmes artistes et non en tant qu'artistes tout court, comme si, pour quelque raison étrange, elles ne faisaient pas partie de leur propre civilisation. Quant à cette exposition, elle aura atteint son but si elle permet de balayer une fois pour toutes tous les préjugés qui l'ont justifiée. Puisse-t-elle être la dernière organisée sur ce thème[48] !

Les auteures entendent donc mettre fin à la catégorie séparée des femmes artistes. Cependant, il est clair qu'elles souscrivent à une conception légèrement modifiée, mais néanmoins conventionnelle, de l'histoire de l'art, de son système de valeurs et de ses critères d'appréciation. Il est donc peut-être inévitable que leurs intentions, admirables, soient trahies au bout du compte par le conservatisme universitaire et son attitude défensive. Dans la mesure, par exemple, où Linda Nochlin et Ann Sutherland Harris se sentent obligées de justifier l'inclusion des femmes dans les ouvrages et les cours d'histoire de l'art, elles reconnaissent, voire renforcent, les systèmes de valeurs existants, établis à partir du travail des hommes, en fonction desquels les femmes artistes sont évaluées. Mais, chose plus importante encore : parce qu'elles refusent de considérer que l'existence et l'activité des femmes dans l'art à travers l'histoire constituent en soi une justification suffisante pour une enquête historique, les raisons qu'elles donnent pour inclure les femmes dans les formes existantes de l'histoire de l'art sont fallacieuses du point de vue de la discipline elle-même. Ce commentaire sur Sofonisba Anguissola en témoigne bien :

> *Bien que* la contribution de Sofonisba Anguissola à l'art du portrait pendant la Renaissance ne lui vaille pas une citation dans un chapitre sur cette époque, on pourrait du moins y rappeler son rôle historique, puisqu'elle fut la première femme peintre à connaître la célébrité, ouvrant ainsi cette profession aux autres femmes[49].

En traitant Sofonisba Anguissola comme une simple découverte, les questions réellement intéressantes sont ignorées. À quel point notre compréhension de la Renaissance est-elle modifiée par le fait qu'une peintre comme elle ait été jugée digne d'intérêt par ses contemporains ? Quels types de portraits a-t-elle réalisés parce qu'elle était une femme, et parce qu'elle était noble, et en quoi sont-ils différents de ceux qui ont été peints par ses contemporains masculins ? Le droit de l'artiste Sofonisba Anguissola d'élargir notre compréhension de son époque n'est pas reconnu. La femme artiste ne fait que s'ajouter comme une célébrité intéressante, et son importance se résume au fait d'avoir joué un rôle pionnier pour un sous-groupe, celui des femmes.

Dans un tel processus, la particularité de la participation des femmes à l'art, à une époque donnée, est occultée dans l'espoir de les rendre acceptables par l'histoire de l'art actuelle. Certaines féministes reconnaissent qu'il est nécessaire de modifier l'histoire de l'art si l'on veut comprendre la situation spécifique des femmes. Dans un article antérieur, Linda Nochlin a elle-même écrit :

> Il revient aux esprits féministes engagés [...] de forcer les limites idéologico-culturelles de notre époque et son « professionnalisme » spécifique pour en *découvrir les préjugés et les insuffisances, sans s'arrêter à la seule question des femmes mais en s'attachant à formuler les questions cruciales intéressant un champ entier de savoir.* Au lieu d'apparaître comme un sous-problème mineur, marginal, ridiculement provincial, greffé sur une discipline sérieuse et établie, ladite question des femmes pourrait devenir un catalyseur, un outil intellectuel permettant de vérifier les présupposés « naturels », fournissant un modèle à d'autres types de questionnements internes et se rattachant à son tour aux modèles mis en place dans d'autres domaines par d'autres approches radicales[50].

Selon l'affirmation de Linda Nochlin, la critique féministe se justifie *parce qu'*elle déclenche des réformes attendues depuis longtemps. Mais, comme nous tenterons de le soutenir, une réforme radicale, voire une déconstruction totale, de la structure actuelle de la discipline est nécessaire *afin d'*arriver à une réelle compréhension de l'histoire des femmes dans l'art.

Tandis que nombre de féministes sont prises au piège de la simple réaction au rejet monolithique des femmes par l'histoire de l'art – et tentent de justifier leur nouveau regard sans remettre sérieusement en question les fondements de la pratique et des valeurs de l'histoire de l'art –, d'autres réagissent de façon excessive et rejettent toute forme d'analyse historique de l'art. Elles ne s'intéressent pas à la place précise des femmes dans l'histoire et n'entreprennent pas l'analyse picturale des œuvres des femmes en fonction de leur époque historique. Cette tendance est perceptible chez Karen Petersen et J. J. Wilson qui, dans *Women Artists : Recognition and Reappraisal from the Early Middle Ages to the Twentieth Century*, font une juste critique : « Le danger d'une perspective d'histoire de l'art figée ou insuffisamment fondée, c'est qu'elle nous prédispose bien souvent à n'examiner que certains types d'art ou à ne voir que des superstars, choisies selon des critères partiaux[51]. » Mais, dans la mesure où Karen Petersen et J. J. Wilson compilent ensuite un dictionnaire enrichi des femmes artistes, elles laissent de fait l'art réalisé par les femmes dans la catégorie séparée construite par les Victoriens, et le titre qu'elles ont donné à leur dictionnaire, *Women Artists* [Femmes Artistes], ne fait que renforcer cette tendance. Les auteures n'accepteraient pas, bien entendu, l'idée victorienne d'une essence de la « féminité » mais, parce qu'elles regroupent les femmes artistes dans un même livre sans accorder une attention suffisante à la diversité et à la particularité de leurs contextes historiques, elles donnent l'impression qu'il existe, à travers le temps, un lien fondamental entre les femmes artistes, pour la seule raison qu'elles relèvent du même genre.

Pour éviter ce piège, certaines féministes sont tentées d'écarter la possibilité qu'il existe, dans l'art des femmes, le moindre trait distinctif lié à leur genre. Le travail des femmes n'apparaît plus alors qu'à titre d'exemples supplémentaires des styles *mainstream* : « impressionniste », « réaliste », « surréaliste » ou « abstrait ». Mais en laissant entendre que « l'art n'a pas de sexe », les expériences différentes des hommes et des femmes en ce qui concerne les structures sociales de classe et les divisions sexuelles au sein de notre société sont ignorés, tout comme les effets historiques variés de ces expériences sur l'art que produisent les hommes et les femmes.

Les féministes ont adopté des stratégies extrêmement importantes. Ce qui apparaît le plus significatif, c'est que les analyses biologiques conventionnelles ou les explications « naturelles » de l'absence supposée des femmes de l'histoire de l'art se sont révélées fallacieuses. L'histoire de l'art féministe a corrigé, à ce jour, le manque de considération et l'omission. Certaines féministes n'y sont parvenues qu'en refusant de reconnaître les conditions spécifiques des pratiques artistiques des femmes. D'autres, moyennant certes de légers ajustements, sont simplement revenues à la position léguée par les Victoriens. Les femmes artistes restent une catégorie entièrement séparée.

Les tentatives plus radicales pour éviter cette vision victorienne recourent souvent à l'étude sociologique des obstacles et des formes de discrimination institutionnelle auxquels les femmes artistes se sont heurtées. Mais elles sont handicapées, en définitive, par les perspectives inchangées et par les systèmes de valeurs admis au sein desquels leur travail se constitue. Une telle approche sociologique est le produit du mouvement pour l'égalité des droits qui, au sein de la pensée politique féministe du début des années 1970, a attaqué les formes de discrimination économiques et sociales à l'égard des femmes. Ces luttes pour l'égalité des chances ont abouti à certaines réformes mais ont laissé intactes et inexplorées les structures idéologiques et sociales dont la discrimination n'était que le symptôme.

En 1971, Linda Nochlin a publié un article intitulé « Pourquoi n'y a-t-il pas eu de grands artistes femmes ? ». En laissant de côté pour le moment le problème posé par la « vraie grandeur » – qui la définit et selon quels critères ? –, la question elle-même est révélatrice, parce qu'elle implique une réponse négative. Linda Nochlin note d'ailleurs, à juste titre, que l'on ne peut y répondre que par des explications défensives. Mais elle a pourtant indiqué elle-même qu'il n'y avait pas eu de « grands artistes femmes ». Et elle a analysé les raisons de cette absence en se concentrant sur l'exclusion des institutions, les restrictions d'accès à la formation et les attitudes contradictoires à l'égard de l'activité professionnelle des femmes. Mais si ces contraintes sociales ou institutionnelles avaient été efficaces, ou, chose plus importante, si elles étaient la cause principale des « problèmes » rencontrés par les femmes dans la pratique artistique, il n'y aurait qu'une seule conclusion logique à en tirer : il n'aurait jamais dû y avoir de femmes artistes. Or, puisqu'il y a toujours eu des femmes artistes, la question devient de savoir comment elles ont travaillé malgré ces contraintes. Le fait est aussi que, dans de nombreux cas, les femmes ont produit un travail réellement intéressant tant en raison que malgré la relation différente qu'elles ont entretenue avec les structures qui les excluaient officiellement.

Il faut donc reformuler les questions. Les femmes artistes ont toujours existé. Elles ont toujours travaillé, et en nombre croissant, malgré la discrimination. Et l'œuvre de chaque femme est différent, déterminé par les facteurs spécifiques du sexe, de la classe et de la place que chacune occupe dans une période historique particulière. Si les femmes ont mené leurs propres interventions dans les formes et les langages de l'art, c'est parce qu'elles faisaient nécessairement partie de leur société et de leur culture. Mais, dans la culture occidentale et patriarcale, à cause des effets économiques, sociaux et idéologiques de la différence des sexes, les femmes ont parlé et agi à partir d'un autre lieu au sein de cette société et de cette culture.

L'omission la plus remarquable à ce jour de l'histoire de l'art féministe, c'est notre incapacité à analyser *pourquoi* l'histoire de l'art moderne ignore l'existence des femmes artistes, pourquoi elle reste muette à leur égard et pourquoi elle a toujours jugé insignifiantes celles qu'elle reconnaissait. Affronter ces questions nous permet d'identifier l'idéologie non reconnue qui informe la pratique de la discipline et les valeurs qui décident de sa classification et de ses interprétations de tout art.

NOTES — 1
Virginia Woolf, *Une chambre à soi*, 10/18, Paris 1996, p. 40.

2
Ibid., p. 41.

3
Ernst H. Gombrich, *Histoire de l'art* [1950], Gallimard, Paris 1997 ; Horst W. Janson, *Histoire de l'art* [1962], Éditions Cercle d'art, Paris 1993.

4
Elizabeth Broun et Ann Gabhart, *Walters Arts Gallery Bulletin*, 1972, vol. 24, n°7.

5
Voir le conséquent dictionnaire des femmes artistes, *Female Artists Past and Present*, publié par le Women's History Research Center Inc., Berkeley, Californie 1974.

6
Cité in *The Rip Off File*, 1972, une enquête menée par Joyce Kozloff et Nancy Spero (deux artistes actives au sein du Ad Hoc Committee of Women Artists fondé en 1970) auprès de 800 femmes du monde de l'art, auxquelles elles ont demandé de témoigner de leurs expériences de sexisme et discrimination.

7
Reg Butler (1962), repris in *New Society*, 31 août 1978, p. 443.

8
John McEwan, « Beleaguered », *Spectator*, 9 septembre 1978 ; nous soulignons.

9
Reginald H. Wilenski, *Introduction to Dutch Art*, 1929, p. 93.

10
Lucy Lippard, *From the Centre : Feminist Essays on Women's Art*, Dutton, New York 1976, p. 6.

11
James Laver, « Women Painters », *Saturday Book*, 1964, p. 19.

12
Pour un examen approfondi de Judith Leyster et de l'attribution de ses œuvres, voir Juliane Harms, « Judith Leyster, Ihr Leben und Ihr Werk », *Oud Holland*, vol. XLIV, 1927, et Thomas B. Hess, « Great Women Artists », *Art and Sexual Politics*, 1973, p. 44-48, article qui contient beaucoup d'exemples d'œuvres réalisées par des femmes attribuées à des artistes masculins.

13
Cité in Octave Uzanne, *Parisiennes de ce temps*, Mercure de France, Paris 1910 ; nous soulignons.

14
Giorgio Vasari, *Les Vies des meilleurs peintres, sculpteurs et architectes. t.* 6 [1658], Berger-Levrault, Paris 1984, p 96. La traduction française attribue la « grâce féminine » au geste de la femme de Putiphar, la traduction anglaise, à Properzia de' Rossi. La phrase originale italienne de Giorgio Vasari est ambiguë, comme l'a noté Fredrika H. Jacobs, « The Construction of a Life Madonna Properzia De Rossi : *Schultrice* Bolognese », *Word and Image*, n°9, 1993, p. 122-132. Giorgio Vasari : « Ella finì, con grandissima maraviglia di tutta Bologna, un leggiadrissimo quadro (si tratta in realtà di un bassorilievo marmoreo), dove (perciocché in quel tempo la misera donna era innamoratissima d'un bel giovane, il quale pareva che poco di lei si curasse) fece la moglie del maestro di casa del Faraone, che innamoratasi di Iosep, quasi disperata del tanto pregarlo, a l'ultimo gli toglie la veste d'attorno con una donnesca grazia e più che mirabile. »

15
Cité par Frances A. Gerard, *Angelica Kauffmann : A Biography*, Ward and Downey, Londres 1892, p. 120.

16
Voir Leonore Davidoff, *The Best Circles. Society, Etiquette and the Season*, Croom Helm, Londres 1973.

17
John Ruskin, *Sésame et les lys*, Mercure de France, Paris 1906, p. 189.

18
H. W., « Lady Artists in Rome », *Art Journal*, vol. 5, mars 1866, p. 177.

19
John Jackson Jarves, « Progress of American Sculpture in Europe », *Art Journal*, vol. 10, 1871, p. 7 ; nous soulignons.

20
Elizabeth Ellet, *Women Artists in All Ages and Countries*, Harper and Brothers, New York 1859, p. 3.

21
La Society of Lady Artists ne s'est parée de cet intitulé distingué que dans un second temps : elle fut d'abord connue sous le nom de Society of Female Artists. Cela constitue un autre aspect de la notion de sphères séparées, issue de la structure même de la société victorienne. Les femmes étant exclues des principales institutions de l'enseignement des arts, elles ont fondé leurs propres écoles et institutions, perpétuant ainsi l'une des raisons principales de leur exclusion d'une place reconnue dans l'histoire de l'art. L'histoire des institutions féminines est un autre exemple des facteurs structurels quant à l'indifférence à l'égard des femmes artistes.

22
Léon Lagrange, « Du rang des femmes dans l'art », *Gazette des Beaux-Arts*, Paris 1860.

23
Ellen C. Clayton, *English Female Artists*, deux volumes, Tinsley Brothers, Londres 1876 ; Clara E. Clement, *Women in the Fine Arts from the Seventh Century B.C. to the Twentieth Century A.D.* [1904], Hacker Art Books, New York 1974 ; Walter S. Sparrow, *Women Painters of the World, from the time of Caterina Vigri, 1413-1463, to Rosa Bonheur and the present day*, Hodder & Stoughton, Frederick A. Stokes, Londres 1905.

24
Boccace, *Les Femmes illustres*, Les Belles Lettres, Paris 2013, p. 108.

25
L'essai de Boccace montre les deux tendances récurrentes dans les débats sur les femmes dans l'art jusqu'à une date avancée du XIXe siècle, à savoir une reconnaissance qui s'accompagne d'une ségrégation – ce qui produit en fin de compte le stéréotype féminin. En apportant des éclairages féministes sur l'histoire de l'art, nous devons veiller à ne pas reproduire cette séparation injuste. Nous devons résister en outre à la tentation de tracer une histoire des femmes dans l'art qui prendrait la forme de célébrités exceptionnelles ou d'héroïnes parvenues à surmonter un certain nombre de barrières, internes ou sociales. Pour voir les femmes artistes et leur travail dans une perspective réellement historique, nous devons prêter attention aux différents types de participation des femmes aux modes de production artistique les plus répandus. Si nos travaux doivent être éclairés par un grand sens de la rupture et de la discontinuité – dans l'histoire de l'art comme dans l'histoire des sociétés au service desquelles cet art a été pratiqué –, nous devons être également sensibles à la spécificité de la création artistique. Nous devons par conséquent aborder l'art des femmes en comprenant pleinement les effets de facteurs tels que le sexe et la classe, mais en prêtant également attention aux façons dont les artistes négocient les questions de style, d'imagerie, de moyens d'expression et de mécénat.

26
Dorothy Miner, *Anastaise and Her Sisters : Women Artists of the Middle Ages*, Walters Art Gallery, Baltimore, 1974.

27
Cité par Linda Nochlin et Ann Sutherland Harris, *Femmes peintres, 1550-1950*, cat. exp., Éditions des Femmes, Paris 1981, p. 17. Également in Henry Martin, *Les Miniaturistes français*, Librairie Henri Leclerc, Paris 1906, p. 164.

28
Patricia Wardle, *Guide to English Embroidery*, Stationery Office Books, Londres 1970.

29
Annemarie Weyl Carr, « Women Artists in the Middle Ages », *Feminist Art Journal*, vol. 5, n°1, printemps 1976, p. 9.

30
Voir Linda Nochlin et Ann Sutherland Harris, *Femmes peintres*, op. cit., p. 24-25, pour une discussion importante sur le *Livre du courtisan* de Baldassare Castiglione et les attitudes de la Renaissance à l'égard de l'éducation des femmes de la noblesse.

31
Voir Roberto Longhi, « Indicazioni per Sofonisba Anguissola », *Paragone*, n°157, 1963, p. 50-52.

32
Caroline Dees et Amanda Sebestyen, « Artemisia Gentileschi », *Shrew*, vol. 5, n°2, 1973.

33
Margot et Rudolf Wittkower, *Les Enfants de Saturne : psychologie et comportement des artistes de l'Antiquité à la Révolution française*, Macula, Paris 1985, p. 197.

34
Michael Levey, « Notes on the Royal Collection – 11 : Artemisia Gentileschi's *Self-Portrait* at Hampton Court », *Burlington Magazine*, n°104, 1962, p. 80.

35
Voir Laura Ragg, *The Women Artists of Bologna*, Methuen & Co., Londres 1907.

36
Ces nouveaux aspects de la production artistique au XVIIIe siècle contribuent à remettre en question la vision d'une progression linéaire de l'histoire vers le présent. L'histoire est discontinue et le développement est inégal. Les transformations intervenues dans l'histoire de l'art et le paysage social et politique du XVIIIe siècle ont été décisives pour les femmes. La période qui a mené à l'époque révolutionnaire de la fin du XVIIIe siècle a marqué une défaite historique pour les femmes. Mais les événements historiques ne se présentent pas sous une forme simple, positive ou négative : on ne voit se dessiner ni modèle de discrimination évident de la part de l'académie, ni progrès des femmes pour en venir à bout. L'histoire des femmes dans l'art au XVIIIe siècle a plutôt été une histoire de résistance à la contrainte et, de manière plus significative, de négociation des limites imposées à leur activité artistique. Nous devons examiner différents aspects de la manière dont les femmes ont négocié leur situation à ce moment historique en considérant leurs explorations des moyens d'expression et des genres picturaux, leur rapport à la compétition pour le statut professionnel dans les académies et, chose tout aussi importante, le mécénat – ce lien contractuel qui a placé les femmes artistes au centre de la scène historique.

37
Rudolf Wittkower, *Art et architecture en Italie, 1600-1750* [1965], Hazan, Paris 1991, p. 524.

38
Élisabeth Vigée Le Brun, *Lettres à la Princesse Kourakin*, « Lettre X », in *Souvenirs de Madame Vigée Lebrun*, Librarie de H. Fournier, Paris 1835, accessible en ligne sur www.gutenberg.org/cache/epub/23019/pg23019-images.html.

39
Pour une étude détaillée de l'artiste, voir Griselda Pollock, *Mary Cassatt*, Jupiter Books, Londres 1980.

40
Roger Marx, « Les femmes peintres et l'Impressionnisme. Berthe Morisot », *Gazette des Beaux-Arts*, t. 38, 1er décembre 1907, p. 508.

41
George Moore, *Sex in Art*, Walter Scott, Londres 1890, p. 228-229.

42
Berthe Morisot, *Correspondance de Berthe Morisot avec sa famille et ses amis, Manet, Puvis de Chavannes, Degas, Monet, Renoir et Mallarmé*, Quatre Chemins-Éditart, Paris 1950.

43
Cité in Dominique Bona, *Berthe Morisot. Le secret de la femme en noir*, Grasset, Paris 2000, p. 38. Dans l'édition originale anglaise, d'après A. Mongan, *Berthe Morisot*, 1960, p. 12.

44
Berthe Morisot, *Correspondance*, op. cit., p. 24.

45
Ibid.

46
L'insistance des auteures sur l'époque victorienne et son idéologie est évidemment le résultat de leur contexte d'écriture, soit le Royaume-Uni des années 1970-1980. L'époque victorienne correspond au règne de la reine Victoria I du Royaume-Uni (1837-1901).

47
Eleanor Tufts, *Our Hidden Heritage : Five Centuries of Women Artists*, Paddington Press, Londres/New York 1974, p. XV et XVII.

48
Linda Nochlin et Ann Sutherland Harris, *Femmes peintres*, op. cit., p. 44.

49
Ibid., p. 28 ; nous soulignons.

50
Linda Nochlin, « Pourquoi n'y a-t-il pas eu de grands artistes femmes », art. cit., p. 202-203, nous soulignons.

51
Karen Petersen et J. J. Wilson, *Women Artists : Recognition and Reappraisal from the Early Middle Ages to the Twentieth Century*, Harper & Row, New York 1976, p. 6-7.

II — Habiles artisanes Les femmes et la hiérarchie des arts

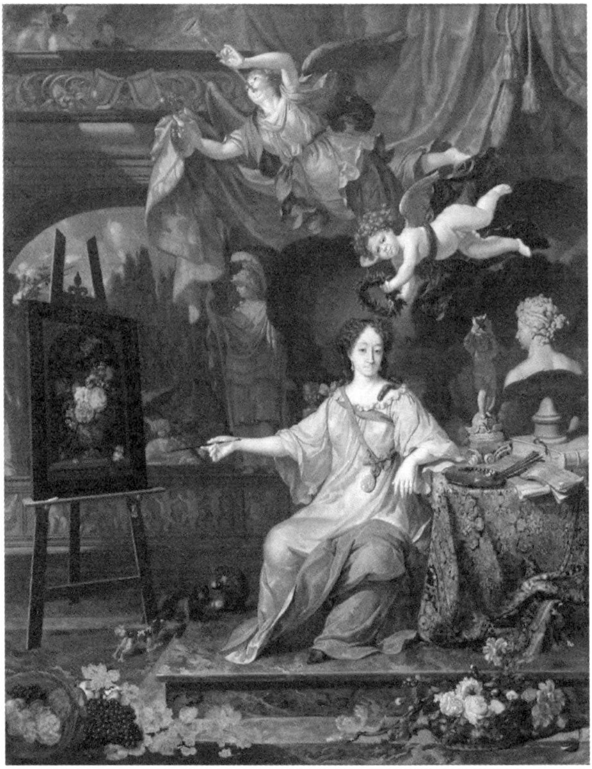

Michiel van Musscher
Portrait allégorique d'une artiste dans son atelier, c. 1675-1685

Ce portrait présumé de Rachel Ruysch dans son atelier a été attribué à plusieurs de ses contemporains dont Michiel van Musscher, Constantijn Netscher et Maria van Oosterwijk. Il illustre sa réussite professionnelle de son vivant. Elle est devenue membre de la guilde des peintres de La Haye en 1701, avec son mari et le père de ses deux enfants, le portraitiste Juriaen Pool (1665-1745). En 1708, l'Électeur palatin lui propose de devenir peintre à la cour de Düsseldorf, et c'est sa médaille qu'elle porte au cou. Elle a l'habitude de signer son travail, et l'on connaît d'elle une centaine d'œuvres originales. Dans ce portrait, cependant, elle ressemble plus à une déesse de la culture – l'équivalent moderne de la statue de Minerve, la déesse des arts, représentée à l'arrière-plan – qu'à une peintre prolifique et professionnelle. Sa palette repose négligemment sur une partition, mais ce sont la sculpture antique, les marches en marbre et le dessus de table qui dominent la scène. Les références à ce qui constitue sa véritable réussite – les natures mortes fourmillantes – sont dispersées sur le bord inférieur de la toile. Elle désigne son chevalet d'un air absent, en tenant son pinceau du mauvais côté. Le portrait se veut néanmoins un hommage ; un chérubin la couronne de lauriers tandis qu'une figure ailée de la renommée brandit une autre palette et quelques pinceaux.

Huile sur toile, 114,3 × 76,2 cm. The North Carolina Museum of Art, Raleigh

Le sexe des artistes compte. Il conditionne notre manière de voir et de parler de l'art. C'est incontestable. Mais de quelle manière compte-t-il exactement ? L'histoire de l'art envisage l'art du passé selon certaines perspectives et organise l'art selon des catégories et classifications fondées sur un système stratifié de valeurs, ce qui conduit à une hiérarchie des formes d'art. Dans cette hiérarchie, les arts de la peinture et de la sculpture jouissent d'un statut élevé, tandis que d'autres arts – ceux qui ornent personnes, maisons ou ustensiles – sont relégués à une sphère culturelle de moindre importance, sous des appellations comme arts « appliqués », « décoratifs » ou « mineurs ». Cette hiérarchie se maintient en attribuant aux arts décoratifs un moindre degré d'effort ou d'attrait intellectuel et un plus grand souci de l'habileté manuelle et de l'utilité.

La division clairement établie des formes d'art entre les beaux-arts et les arts décoratifs ou, plus simplement, entre les arts et les artisanats, est apparue à la Renaissance. Elle se reflète dans les changements de l'enseignement artistique – le passage des ateliers d'artisanat aux académies – et dans les théories de l'art produites par ces mêmes académies. Au milieu du XIXe siècle, le divorce complet entre le « grand art » et l'artisanat a été une grande source d'inquiétude pour le mari de Jane Morris, William Morris, qui se tournait quant à lui vers le Moyen Âge, une époque où cette division préjudiciable n'était pas si nette. Il mettait également en garde contre les dangers immédiats que représentait cette hiérarchie pour toutes les formes d'art :

> Je n'évoquerai pas beaucoup le grand art de l'Architecture et encore moins ces arts majeurs que l'on nomme généralement la peinture et la sculpture. Néanmoins, je ne peux en toute conscience les séparer tout à fait de ces arts mineurs, dits décoratifs, dont je vais parler. Ce n'est que depuis peu, et du fait de circonstances extrêmement complexes, qu'ils se sont dissociés les uns des autres, et j'ai la conviction que cette séparation ne peut que leur causer du tort. Les arts mineurs deviennent futiles, mécaniques, bêtes, incapables de résister aux changements que leur imposent la mode ou la malhonnêteté ; les arts majeurs, même quand s'y livrent des hommes qui possèdent un intellect supérieur et des dons extraordinaires, perdent, s'ils ne s'entraident pas l'un l'autre, s'ils ne reçoivent pas l'appui des arts mineurs, le titre d'arts populaires et ne deviennent que la triste emphase d'un faste insignifiant ou les jouets ingénieux des riches et des oisifs[1].

Il faut sans doute envisager la dichotomie entre l'art et l'artisanat selon une lecture de classe, un système économique et social dictant les nouvelles définitions de l'artiste, par opposition à l'artisan. Il existe pourtant un lien important entre la nouvelle hiérarchie des arts et la catégorisation sexuelle masculin/féminin. Une première indication de la hiérarchie des valeurs et de la division sexuelle au sein de cette hiérarchie apparaît en 1713, dans ce passage de Lord Shaftesbury, un théoricien important de l'esthétique du XVIIIe siècle :

> Si l'on regarde donc la peinture du même œil que les riches étoffes de nos femmes, que nos parures, nos équipages et nos ameublements, il faut de toute nécessité que notre goût devienne *efféminé*, et incapable de porter un jugement sain sur ce genre[2].

Lord Shaftesbury demandait que soit établie une discrimination entre la peinture et les arts décoratifs ; mais en quoi l'absence de discrimination était-elle efféminée ? Le fait que la grande majorité du travail créatif qui couvrait les surfaces des « parures », « équipages » et « ameublements » de son époque ait été de la broderie réalisée par des femmes laisse supposer que, dans le développement de la hiérarchie des arts, le sexe de l'auteur était un facteur aussi important que la division entre l'art et l'artisanat sur le critère de la fonction, du matériau, du contenu intellectuel et de la classe.

Un exemple issu du développement de la hiérarchie au sein des beaux-arts eux-mêmes – l'histoire de la peinture florale – permet d'établir le lien nécessaire entre le sexe et le statut. Il montre que la présence de femmes en grand nombre dans un type d'art particulier a modifié son statut et la manière dont il était considéré. La peinture florale est née comme une branche de la nature morte dans toute l'Europe, entre le XVIe et le début du XVIIe siècle. Elle est devenue un genre majeur en Hollande au cours du XVIIe siècle, puis a continué d'attirer un grand nombre de praticien·ne·s jusqu'au XXe siècle. Quelques femmes y ont participé dès ses débuts, notamment Fede Galizia (1578-1630) [p. 122], Clara Peeters (c. 1585-c. 1655) [p. 123] et Louise Moillon (1610-1696). Les fleurs servaient de métaphores, riches de signification, et symbolisaient la moralité et la mortalité ; elles apparaissaient comme des allégories de la vanité et des cycles de la vie humaine – la naissance, l'épanouissement, la mort et la décomposition.

La nature morte de Maria van Oosterwijk (1630-1693) [p. 125] est un exemple éloquent du genre de la « vanité ». Elle contient des symboles exprimant, dans le langage de la nature morte, une morale sur la fugacité des choses terrestres, la vanité des plaisirs terrestres et la brièveté de la vie. La *Vanitas* de Maria van Oosterwijk indique l'ambivalence d'un genre qui, tout en mettant en garde, en apparence, contre les préoccupations relatives aux choses terrestres, utilise l'illusionnisme de la peinture à l'huile pour reproduire et célébrer les possessions matérielles. Chaque objet y est reproduit avec précision et sensibilité pour rappeler, peut-être, que la force même des plaisirs mondains, des possessions et de la consommation dépend de son évanescence. Maria van Oosterwijk y a fait figurer un large éventail d'exemples provenant des trois groupes d'objets couramment utilisés pour transmettre cette morale. La plume et l'encre représentent la vie professionnelle. Le livre de comptes et les pièces de monnaie symbolisent la richesse terrestre. La flûte posée sur la partition et le verre d'aquavit évoquent les passe-temps frivoles. Tous les animaux, insectes et fleurs qui les accompagnent contribuent au thème ; l'anémone, par exemple, est associée à la mort et à la tristesse, tandis que la besace représente le voyage de la vie.

Malgré les programmes iconographiques compliqués sous-tendant un grand nombre de peintures florales, Maurice H. Grant, un commentateur du XXe siècle, a pu écrire : « La peinture florale n'exige aucun génie mental ou spirituel ; seulement le génie de se donner beaucoup de mal et un savoir-faire suprême[3]. » L'explication de sa cécité se trouve dans son propre texte :

> Dans les trois cents années connues de leur production, le nombre total de praticiens de la peinture florale jusqu'en 1880 a été inférieur à 700 et, parmi eux, tous n'étaient pas exclusivement, loin s'en faut, des peintres de fleurs. Seulement une très petite proportion d'entre eux était des artistes du plus grand ou même de grand mérite. En effet, plus de deux cents ont vécu à la fin du XVIIIe et au début du XIXe siècle, et au moins la moitié étaient des femmes.

À la fin du XVIIIe siècle, la peinture florale était devenue un genre courant chez les femmes artistes [p. 118, 124, 126, 127, 128]. Si la peinture florale a été définie comme insignifiante, minutieuse, jolie et n'exigeant que du dévouement et de la dextérité, cela tient au sexe d'un grand nombre de ses praticien·ne·s. Comme le montre en effet le commentaire qui suit de Léon Lagrange, cet auteur de la fin du XIXe siècle, la définition sociale de la féminité affectait l'évaluation de ce que faisaient les femmes, au point que les artistes et leurs sujets devenaient quasi synonymes :

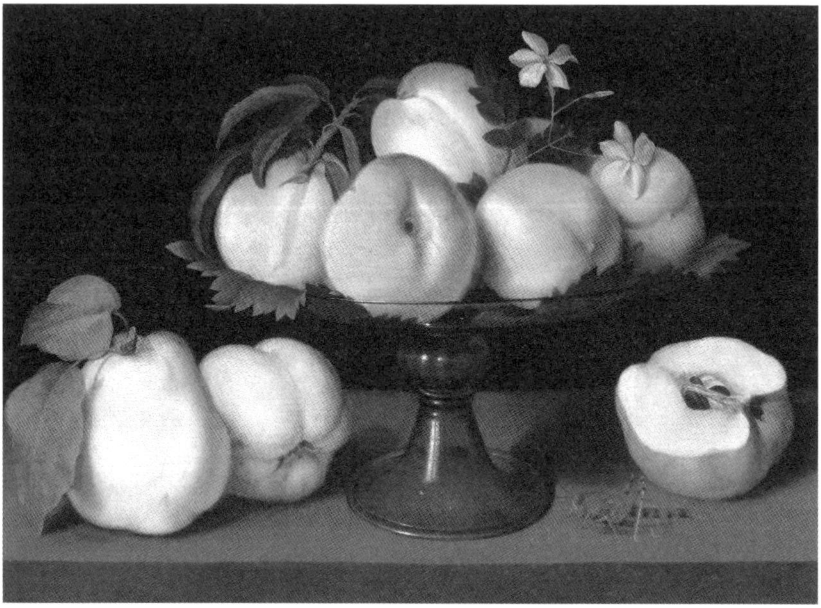

Fede Galizia
Plat en verre avec des pêches, des fleurs de jasmin, des coings et une sauterelle, c. 1610

Fille de Nunzio Galizia, miniaturiste, Fede Galizia s'est acquise une renommée de portraitiste et de peintre de sujets religieux, notamment *Judith avec la tête d'Holopherne* (1596). Ce sont pourtant ses natures mortes qui sont le plus remarquable. Les travaux qu'elle réalise dans ce genre comptent parmi les premiers exemples de pure nature morte en Italie. Bien qu'elle n'en ait daté et signé qu'un très petit nombre, on reconnaît aisément son traitement distinctif et ses compositions audacieusement simples. Ses combinaisons de formes de fruits arrondies aux textures sensuelles et de plantes et fleurs aromatiques aux teintes claires répondent aux nécessités de la composition tout en véhiculant les significations allégoriques sous-tendant le genre de la nature morte, comme les cinq sens et la brièveté de la vie.

Huile sur panneau, 31 × 43 cm

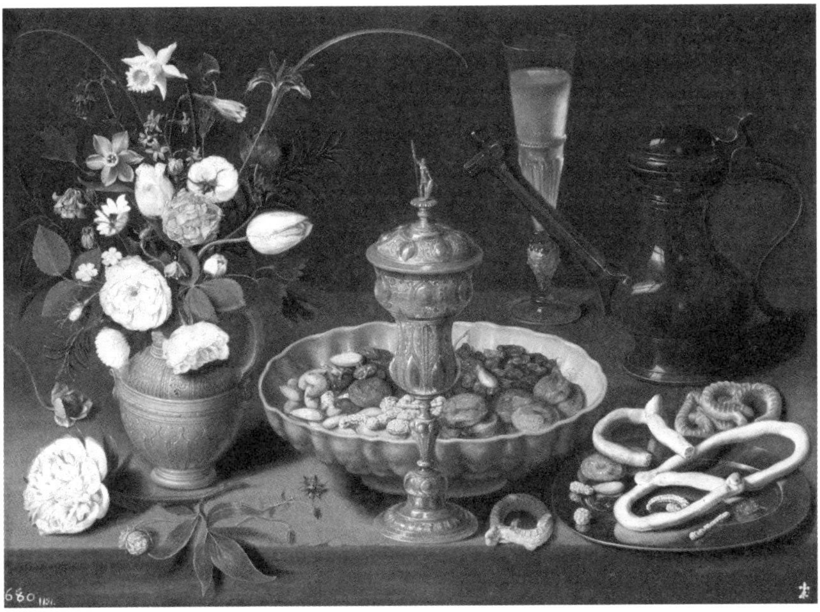

Clara Peeters
Nature morte aux noix, friandises et fleurs, 1611

Une analyse attentive des premières œuvres datées de Clara Peeters et une comparaison avec la pratique contemporaine de la nature morte en Flandres ont amené Ann Sutherland Harris à conclure qu'elle « appara[issait] comme l'un·e des initiateur·rice·s du genre » (*Femmes peintres*, p. 131). La peinture de nature morte exige une réelle virtuosité dans la représentation des textures, des objets et des reflets sur les surfaces en métal et en verre. Dans cette toile, les friandises, les fleurs, les noix, les plats, les carafes, le vase offrent un éventail d'intérêts et une démonstration virtuose de peinture à l'huile. Le choix des objets n'est pas arbitraire ; il relève d'un vocabulaire symbolique complexe qui, dans le domaine de la nature morte, en est venu à signifier, ici, les possessions terrestres (les récipients d'apparat), les activités terrestres (le vin et la nourriture) ou la fugacité de la vie (les roses épanouies).

Huile sur toile, 52×73 cm. Museo nacional del Prado, Madrid

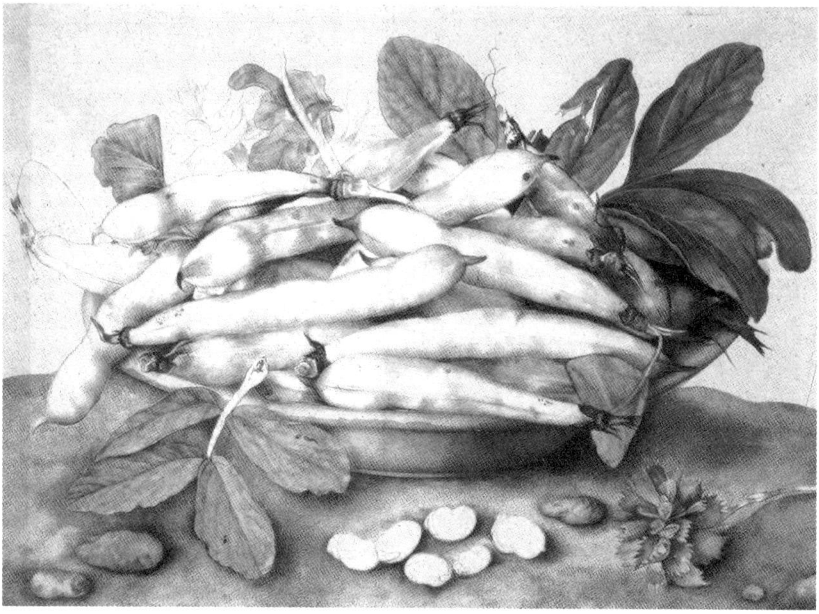

Giovanna Garzoni
Nature morte avec des gousses de fèves, n. d.

Giovanna Garzoni (1600-1670) a travaillé dans plusieurs villes italiennes et joui d'une réputation importante et des avantages matériels qui allaient de pair, d'abord à Florence, puis à Rome, où elle s'installe et devient membre de l'Accademia di San Luca. À sa mort, elle laisse toutes ses possessions à cette académie et, selon ses instructions, un monument est érigé à sa mémoire dans l'église Santi Luca e Martina. Ses tableaux de fruits et d'animaux, qui constituent certaines des plus belles études botaniques et de la nature du XVIIe siècle, relèvent d'une autre tradition de la nature morte que celle des œuvres emblématiques de Clara Peeters. Giovanna Garzoni a entrepris un examen plus scientifique des formes naturelles, qu'elle présente dans des compositions claires, dessinées avec soin. À la peinture à l'huile sur toile, elle privilégie d'autres moyens d'expression : l'aquarelle sur vélin ou la tempera sur parchemin, qui permettaient d'éviter les effets illusionnistes d'une peinture des objets et des textures qui faisait appel aux sens au profit d'une préoccupation plus analytique pour les formes et structures du monde naturel. Comme l'a souligné Ann Sutherland Harris, le mélange de nature morte et de dessin analytique renvoie « à Vinci et à Dürer » (*Femmes peintres*, p. 136), tout en anticipant les études botaniques plus scientifiques de Maria Sibylla Merian.

Tempera sur parchemin, 24,8 × 34,3 cm. Palazzo Pitti, Florence

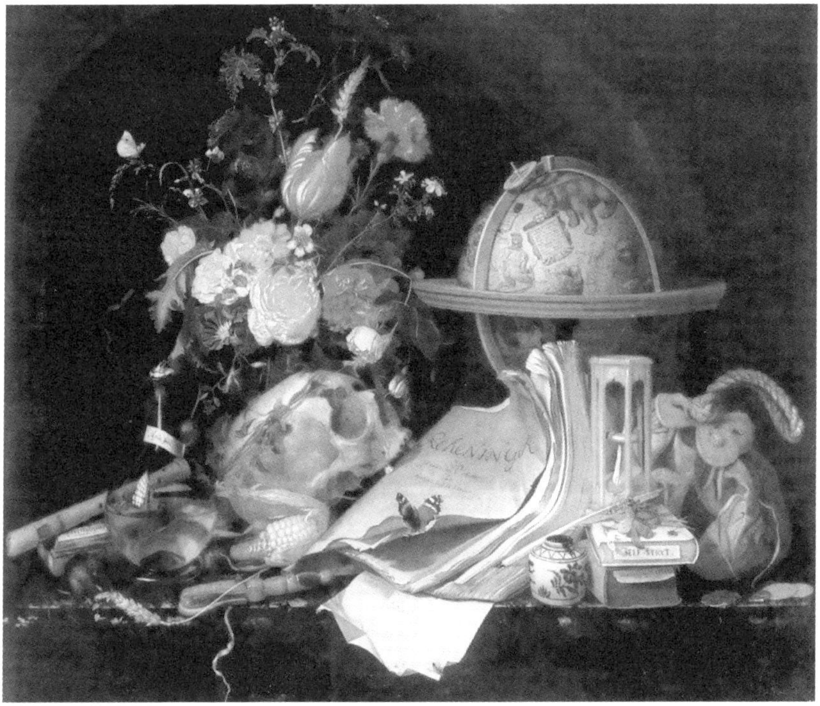

Maria van Oosterwijk
Vanitas, 1668

Huile sur toile, 73 × 88,5 cm. Kunsthistorisches Museum, Vienne

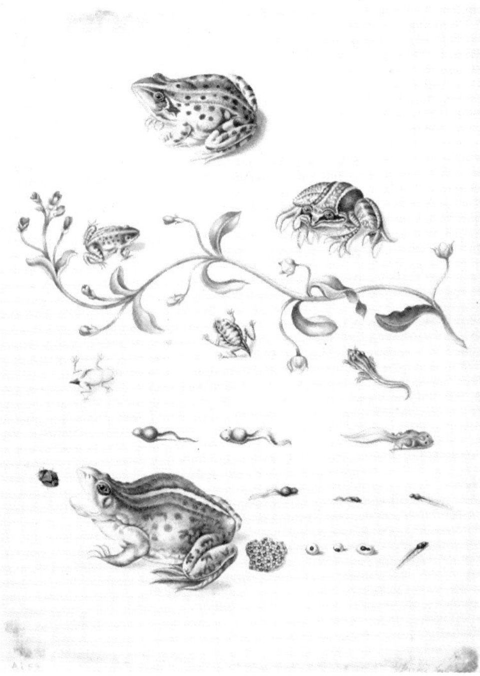

Maria Sibylla Merian
Métamorphose d'une grenouille et d'une fleur bleue, c. 1701-1705

Née à Francfort-sur-le-Main, Maria Sibylla Merian (1647-1717) est la fille d'un géographe et graveur qui possède une maison d'édition et la belle-fille d'un peintre de fleurs. Elle s'est formée, elle aussi, à la peinture de fleurs. Dès son plus jeune âge, elle connaît probablement le rôle joué par les artistes dans l'étude scientifique de la nature. En 1641, son père publie la nouvelle édition de l'une des toute premières séries de gravures représentant différentes espèces de fleurs. Tandis que d'autres artistes se contentent d'illustrer des spécimens, Maria Sibylla Merian collectionne et élève elle-même des insectes, qu'elle peint sur parchemin avec grand soin. C'est elle qui a découvert la métamorphose du papillon – la transformation de l'œuf en insecte –, et enregistré ses observations dans un énorme catalogue, qui recense 186 papillons de nuit, papillons de jour et autres insectes européens : *Der Raupen wunderbare Verwandlung und sonderbare Blumennahrung* (connu en français sous le nom du *Livre des chenilles*), publié en trois volumes en 1679, 1683 et 1717. L'étude du cycle de vie de la grenouille était peut-être destinée à un livre similaire sur les reptiles et amphibiens européens. Linda Nochlin et Ann Sutherland Harris signalent que sa méthode d'étude et de présentation a « révolutionné les sciences de la zoologie et de la botanique, et posé les bases de la classification des espèces de plantes et d'animaux établie par Carl von Linné au XVIIIe siècle » (*Femmes peintres*, p. 153).

Aquarelle et tempera sur vélin, 30,4 × 26,6 cm
The Minneapolis Institute of Art, Minneapolis

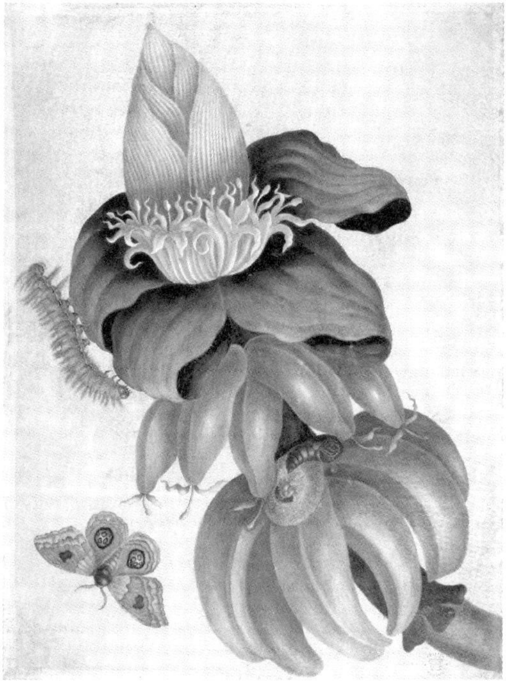

Maria Sibylla Merian
La Métamorphose des insectes du Suriname, Banane, 1701-1705

En 1685, Maria Sibylla Merian quitte son mari pour aller vivre, avec sa mère et deux de ses filles, dans une colonie labadiste en Frise occidentale, Provinces-Unies. Les labadistes sont une secte récemment créée dont le fondateur Jean de Labadie (1610-1673) rejette les liens officiels du mariage et d'autres aspects du catholicisme. Les sectes qui contestent la hiérarchie des autorités clairement définies de l'Église et de l'État ont attiré un grand nombre de femmes au XVIIe siècle, dont l'artiste et écrivaine féministe Anna Maria van Schurman. En 1690, Maria Sibylla Merian s'installe ensuite à Amsterdam et y fait la connaissance du directeur des jardins botaniques et de plusieurs propriétaires de collections d'histoire naturelle, dont le père de Rachel Ruysch. Au cours de son séjour chez les labadistes, elle s'intéresse aux spécimens d'insectes et de plantes de la colonie néerlandaise du Suriname. La secte avait une mission dans la colonie, et sa fille aînée y vivait déjà. En 1699, Maria Sibylla Merian se rend en bateau avec sa fille cadette et, pendant deux ans, aidée de ses filles, elle recense les insectes, la flore et la faune dans un album d'aquarelles, les *Carnets du Suriname*. Elle retourne à Amsterdam en 1701, et *Metamorphosis insectorum Surinamensium* paraît quatre ans plus tard. La *Banane* montre qu'elle arrivait à associer à ses propres réactions au spécimen une observation scientifique rigoureuse et une préoccupation pour le motif et la composition. Les commentaires figurant sur les gravures reflètent son approche pluridisciplinaire. Outre les données scientifiques, ils fournissent des informations, obtenues auprès des habitants, sur l'utilisation des plantes et des animaux, par exemple dans la cuisine, ou pour provoquer des avortements.

Aquarelle et tempera sur vélin, 38,3 × 29,7 cm
Département d'histoire naturelle, The British Museum, Londres

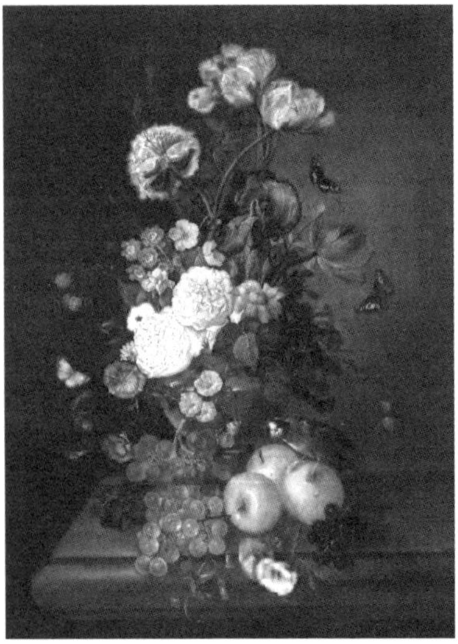 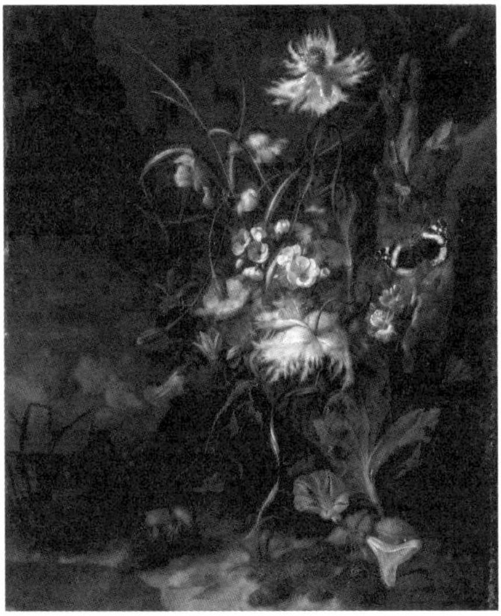

À GAUCHE

Mary Moser
Vase de fleurs, 1764

À DROITE

Rachel Ruysch
Nature morte aux fleurs, 1687

Clara E. Clement (*Women in the Fine Arts*, 1904) prétend que Rachel Ruysch (1664-1750) a été influencée par Maria Sibylla Merian, qui connaissait son père, professeur de botanique et d'anatomie et peintre amateur vivant à Amsterdam. Rachel Ruysch partage certainement l'intense curiosité de Maria Sibylla Merian pour la nature. Si elle catalogue, elle aussi, les espèces de fleurs, de fruits, d'insectes et de reptiles, elle est plus connue, à juste titre, pour ses natures mortes, dans lesquelles elle allie une connaissance du monde naturel, des cycles et des chaînes alimentaires – observés et enregistrés par Maria Sibylla Merian – au symbolisme et à l'allégorie de la tradition de la nature morte. Apprentie du peintre de fleurs Willem van Aelst (1627-1683) à l'âge de quinze ans, elle a inventé un style qui lui était propre dès 1685. Rachel Ruysch place ses compositions de nature morte dans des cadres naturels, ombragés, où l'arrangement crée l'atmosphère. « Nature morte » paraît vraiment une appellation impropre pour ces peintures qui procurent une sensation d'énergie, de profusion et de mouvement, par la composition comme par la masse des insectes.

À GAUCHE : Huile sur toile, 72,1 × 53,6 cm. The Fitzwilliam Museum, Cambridge
À DROITE : Huile sur toile, 47 × 40 cm. The Ashmolean Museum, Oxford

« [Q]ue les femmes se donnent à ce genre d'art que, depuis toujours, elles préfèrent, [...] les peintures de fleurs, ces prodiges de grâce et de fraîcheur, lesquels seulement peuvent rivaliser avec la grâce et la fraîcheur des femmes elles-mêmes[4] ». On imagine difficilement un historien de l'art sérieux expliquer le *David* (1501-1504) de Michel-Ange en assimilant sa vigueur souple et athlétique au physique et au tempérament de l'artiste lui-même. Le processus historique de spécialisation des femmes dans certains types d'art et le symbolisme de la nature morte et de la peinture florale ont été occultés par la tendance à identifier les femmes à la nature. Les peintures florales et les femmes qui les peignaient sont devenues de simples reflets les unes des autres. Fondu dans la conception dominante de la féminité, le tableau n'est plus qu'une extension de celle-ci, et l'artiste n'est plus qu'une femme qui se contente d'accomplir sa nature. Cela a pour effet de retirer les artistes et les tableaux du domaine des beaux-arts. Dans leurs descriptions des peintures florales, les critiques du XIXe siècle et les historiens de l'art moderne utilisent exactement les mêmes mots que ceux utilisés pour justifier le statut secondaire accordé à l'artisanat, lequel est également décrit comme étant d'une grande habileté manuelle, décoratif et peu exigeant sur le plan intellectuel.

Les historiennes féministes ont réagi à la classification hiérarchique de l'art en affirmant la valeur du travail accompli par les femmes dans l'artisanat. Certaines ont salué la broderie et d'autres types de travaux d'aiguille comme le « vrai patrimoine culturel » des femmes :

> Les femmes ont toujours fait de l'art. Mais les arts les plus appréciés par la société masculine leur ont été barrés précisément pour cette raison. Elles ont plutôt mis leur créativité dans les arts de l'aiguille dont il existe une merveilleuse variété partout où il y a des femmes, et qui sont en effet une forme d'art féminine universelle qui transcende la race, la classe et les frontières nationales. Les travaux d'aiguille sont le seul art dans lequel les femmes contrôlaient l'éducation de leurs filles et la production d'art, et dont elles étaient aussi les critiques et le public. [...] C'est notre patrimoine culturel[5].

Les femmes peuvent à juste titre être fières de ces domaines, mais affirmer leur valeur face aux préjugés masculins ne supprime pas la hiérarchie des valeurs dans l'histoire de l'art. En se contentant de célébrer un patrimoine séparé, nous risquons de perdre de vue l'un des aspects les plus importants de l'histoire des femmes dans l'art : le croisement produit aux XVIIIe et XIXe siècles entre le développement d'une idéologie de la féminité – c'est-à-dire d'une définition sociale des femmes et de leur rôle – et l'émergence d'une séparation nette entre l'art et l'artisanat.

L'histoire de la broderie anglaise montre comment un art médiéval est devenu un artisanat « féminin ». On peut considérer la broderie comme l'un des apports les plus riches des femmes à la culture mais se contenter de glorifier son histoire et de défendre sa valeur en tant que produit culturel risque de nous entraîner dans le piège affectif dans lequel se sont enfermées les historiennes victoriennes des travaux d'aiguille. Pour des raisons très différentes, elles se sont toutes consacrées à revendiquer les travaux d'aiguille comme un *art*. Beaucoup de femmes du XIXe siècle ont écrit sur la broderie, à commencer par Elizabeth Stone qui a publié *The Art of Needle-work* en 1840. Elle a insisté sur l'existence d'un lien indissoluble et divin entre son sexe et l'artisanat, et donné une histoire longue et pieuse des travaux d'aiguille qui permettait de sanctionner les heures que les femmes des classes moyennes et supérieures consacraient à leur « travail ». Même dans le désert, les filles d'Israël ne se passaient jamais de leurs aiguilles, écrivait-elle :

> Avec une humilité fière et heureuse, les captives de ces tentes, les plus accomplies des filles d'Israël, exposaient à leurs illustres visiteurs les « beaux travaux d'aiguille » auxquels elles avaient consacré leur temps et leurs talents au cours d'une longue saison[6].

Les historiennes de la broderie ne sont pas toutes allées jusqu'à transporter le salon victorien dans le désert, mais elles ont toutes opéré une identification complète entre les femmes et l'artisanat. « Nous pouvons être sûrs d'une chose – il est dans la nature des Anglaises d'utiliser leurs doigts[7]. » Nous avons hérité de cette certitude. Certaines écoles d'art enseignent la broderie mais la grande majorité, sinon la totalité, de leurs étudiant·e·s sont des femmes, et la couture est généralement décriée comme le « travail des femmes ».

Les premières mentions des brodeurs britanniques dissipent pourtant l'idée que la broderie a toujours été un métier exclusivement féminin. Dans la Grande-Bretagne d'avant le XIIe siècle, les travaux d'aiguille étaient pratiqués par des moines et des religieuses, au sein d'institutions religieuses, et des professionnels indépendants. Il était également courant que les familles nobles et royales possèdent leurs propres ateliers. Certains des ouvrages de broderie anglo-saxons et normands les plus célèbres, parvenus jusqu'à nous, ont été réalisés par les ateliers des reines et de leur famille. Cette association avec la noblesse a conféré à la pratique de la broderie un statut particulier dans les périodes postérieures. La broderie était l'un des nombreux arts et métiers qui assuraient la même fonction : glorifier les institutions dirigeantes – l'Église, la monarchie et la noblesse. Des individus des deux sexes pratiquaient tous les arts. Moines et religieuses brodaient et enluminaient les manuscrits, par exemple, afin que les deux moyens d'expression présentent les mêmes styles et les mêmes motifs.

Certains changements cruciaux intervenus dans la production des travaux d'aiguille britanniques au cours des XIIIe et XIVe siècles ont pourtant affecté les relations que les hommes et les femmes entretenaient avec le métier. La broderie médiévale a culminé dans un style connu sous le nom d'*opus anglicanum*, qui se caractérisait par des fils de soie, d'or et d'argent, des perles de culture, des pierres semi-précieuses et une broderie fine en point fendu qui permettait de définir la nuance la plus subtile du trait et du geste [p. 133]. Très recherchée, elle s'est exportée dans toute l'Europe, et son mode de production s'est transformé pour répondre aux besoins d'un marché en expansion. Alors que la production commerciale de broderie avait été auparavant aux mains d'individus, souvent des femmes, dispersé·e·s dans tout le pays, elle a commencé à se déplacer vers les ateliers des guildes situés à Londres, solidement organisés et contrôlés par des hommes.

Bien que les premiers registres de la Broderers Guild furent détruits pendant le Grand Incendie de Londres de 1666, quelques noms de praticiens sont parvenus jusqu'à nous et il y a tout lieu de supposer que des femmes étaient actives en son sein, comme au sein d'autres guildes d'artisans – ce que décrit Eileen Power dans *Medieval Women*[8]. Cette dernière indique que, si les femmes étaient présentes dans presque tous les métiers, elles étaient rarement admises dans les guildes comme membres à part entière. La famille constituait l'unité économique de base et les femmes y participaient activement en tant que filles, épouses et veuves des maîtres des guildes, mais certaines travaillaient de manière indépendante en tant que *femmes soles*. Par conséquent, aux XIIIe et XIVe siècles, la majorité des paiements enregistrés pour la broderie étaient versés à des hommes, pour des commandes qui pouvaient avoir été exécutées par le personnel de leurs ateliers. Il existe cependant des indices de la présence des femmes à tous les niveaux de la production. Si le nom de l'apprentie en broderie Alice Catour a survécu, c'est parce qu'en 1369, son père a déposé une plainte contre l'homme dont elle était l'apprentie, affirmant que celui-ci la battait et ne subvenait pas à ses besoins. Dans la liste des personnes payées pour des travaux de broderie au XIIIe siècle, on trouve aussi Mabel de Bury St Edmunds, qui a répondu à un grand nombre de commandes pour Henri III.

Les hommes et les femmes ont collaboré dans la production de broderie tant que l'industrie familiale a survécu. Le rapport des femmes à la broderie ne s'est modifié qu'avec les changements sociaux et économiques intervenus à l'époque élisabéthaine (fin XVIe-début XVIIe siècle). La Réforme a mis fin à la production à grande échelle de broderie ecclésiastique, tandis que l'accroissement de la prospérité a entraîné une énorme augmentation de la demande intérieure de broderie nationale. La production de broderie s'est vu imposer une réglementation et un contrôle de qualité plus stricts, et la Broderers Guild a été reconstituée en compagnie en 1568. Tous ses responsables étaient des hommes. Simultanément, la division s'est accentuée entre le travail amateur et le travail professionnel, et le nombre d'amateurs a rapidement augmenté. Tous étaient des femmes.

La séparation croissante entre les sphères publique et privée comme entre le lieu de travail et le foyer a été un facteur essentiel de cette évolution. Sheila Rowbotham décrit l'effet de ce changement sur la vie des femmes :

> Dans les villes, où l'artisanat prenait rapidement une allure capitaliste, les épouses des entrepreneurs de quelque importance ne s'occupaient plus des affaires. [...] Le travail hors de la maison était presque exclusivement réservé à l'homme, la famille et les activités du ménage incombaient à la femme[9].

Les mondes se sont, bien entendu, séparés progressivement. Et la production de broderie avait une caractéristique constante, qui devait façonner son avenir : elle continuait d'être pratiquée par des reines. Élisabeth Ire (1548-1603) et Marie Stuart (1542-1567) maniaient l'aiguille. Dans une lettre à William Cecil, le ministre de la première, Nicholas White décrit la manière dont Marie Stuart s'occupait pendant son emprisonnement, ordonné par Élisabeth Ire :

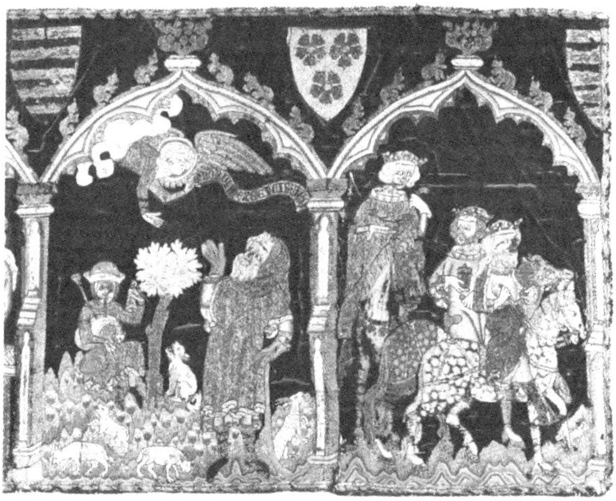

Anonyme
Scènes de la vie de la Vierge, détail de parures d'aube, 1335-1345

Velours, broderie de fils de soie colorée, filés d'or et d'argent, 17 × 83 cm

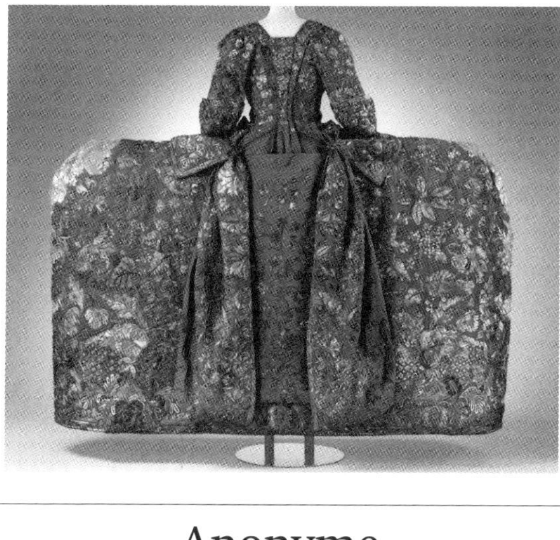

Anonyme
Manteau de robe, c. 1740-1745

Brocart rouge lamé d'argent, frange, velours et bordure brodée et plissée, partie centrale du dos : 129 cm, largeur de la jupe, 167,6 cm ; vue de dos

EN HAUT ET EN BAS : The Victoria and Albert Museum, Londres

> J'ai demandé à sa Grâce comment elle passait le temps [en prison]. Elle m'a dit qu'elle travaillait toute la journée avec son aiguille, et que la diversité des couleurs faisait paraître l'ouvrage moins fastidieux ; et elle a continué si longtemps que la douleur l'a fait céder. [...] À cette occasion, elle a fait une comparaison très contestable entre la sculpture, la peinture et le travail de l'aiguille, affirmant qu'à son avis, c'était la peinture qui était la plus digne d'éloges.

En associant la broderie à la sculpture et à la peinture, l'échange entre Marie Stuart et Nicholas White laisse supposer que, du vivant de la reine, les travaux d'aiguille n'avaient pas encore été complètement séparés des autres arts.

Ils n'avaient pas non plus été encore divisés entre métier de la classe ouvrière et talent de la classe moyenne. Mais le fait même que la broderie ait été pratiquée comme un passe-temps par une reine captive a contribué à son usage ultérieur. En 1738, Daniel Defoe observait que les femmes agissaient « comme si elles avaient honte d'être des épouses de commerçants et refus[ai]ent d'être vues dans le bureau, *a fortiori* derrière le comptoir. [...] Le commerçant est sottement vaniteux de faire de sa femme une dame[10]. » Du fait de ses liens avec l'aristocratie, la broderie était en revanche une preuve parfaite de distinction, apportant la démonstration que l'homme était capable de subvenir aux besoins de sa femme oisive, de sorte qu'au XVIIIe siècle, ce que l'on appelait le « travail des femmes » a joué un rôle essentiel dans le maintien de la position de classe du ménage. Il véhiculait des connotations de classe à plusieurs niveaux. Les femmes étaient encouragées à orner toutes les surfaces imaginables, parce que la décoration elle-même suggérait un style de vie élégant et raffiné. En même temps, l'acte de broder – les heures qu'une femme passait assise à coudre, par amour de la famille et du foyer – symbolisait les vertus domestiques de l'application infatigable, du service désintéressé et de l'économie digne d'éloges. « Je pense qu'il est aussi ridicule pour une femme de ne pas savoir manier une aiguille, que pour un homme de ne pas savoir se servir d'une épée », écrivait Lady Mary Wortley Montagu en 1753. Ainsi, les fleurs délicates qui ornaient le gilet d'un gentleman du XVIIIe siècle affichaient à la fois la valeur de sa femme et sa bonne situation économique.

Les travaux d'aiguille ont commencé à incarner et entretenir un stéréotype féminin. Le statut du métier s'est effondré puis est devenu la proie d'attaques satiriques de la part d'hommes tels que Joseph Addison, lequel a lancé un débat sur le dévouement des femmes aux travaux d'aiguille :

> Quelle agréable occupation cela doit-il être pour le beau sexe, que leur modestie naturelle et la tendresse des hommes à leur égard exemptent du soin des affaires publiques, d'imiter les fruits et les fleurs [...]. Une autre raison qui doit porter les dames à s'occuper à des ouvrages de cette nature est que, par ce moyen, elles évitent la méfiance, qui règne d'ordinaire autour des tables à thé ou à café, et dans toutes les autres scènes d'une vie oisive[11].

Et dans un article paru dans *Idler* en 1758, le Dr. Samuel Johnson écrivait, en tant que mari d'une femme qui faisait travailler constamment leurs filles :

> Kitty ne connaît pas à seize ans la différence entre un protestant et un papiste parce qu'elle a passé trois ans à broder sur un bout de chiffon une décoration qui devait représenter [l'hérétique Thomas] Cranmer dans les flammes. Et Dolly, ma fille aînée, est désormais incapable de lire un chapitre de la Bible, ayant passé tout son temps à travailler à un entretien entre Salomon et la reine de Saba[12].

Les femmes ont remis en question, elles aussi, la préoccupation de leur sexe pour la broderie, mais non pour la tourner en dérision. Elles ont essayé d'expliquer pourquoi les femmes consacraient tant d'heures à leur travail. L'une des raisons en était qu'il apportait une contribution considérable à l'économie domestique. Les femmes meublaient et habillaient en effet leur ménage. Leurs travaux d'aiguille avaient des fonctions utilitaires et décoratives. En 1622, le testament d'Anne Sherley dressait ainsi la liste des articles qu'elle avait brodés : dix tapis, quatre longs coussins et six chaises. Les adversaires de la broderie attaquaient cette activité comme une économie mal placée. En mars 1810, un article publié par le *Ladies Magazine*, « On Female Education » [« De l'éducation des femmes »], mettait l'ignorance générale des femmes sur le compte du temps qu'elles consacraient à leur couture et suggérait qu'elles achètent leur broderie plutôt que de la faire elles-mêmes :

> Vingt livres payées pour les travaux d'aiguille donneraient à une famille entière le loisir d'acquérir un fonds de connaissances réelles. Elles [les femmes] sont maintenues avec des doigts agiles et un esprit vide, jusqu'à ce que la saison du progrès soit définitivement passée.

Dans le même numéro du magazine, figuraient pourtant les habituels patrons de broderie et des descriptions enthousiastes, point par point, de la broderie que portaient les dames de la cour. De toute évidence, le souci d'économie n'était que l'un des nombreux facteurs qui permettaient d'expliquer les compulsifs travaux d'aiguille des femmes.

Mary Lamb (1764-1847), la sœur du poète Charles Lamb (1755-1834), a souligné certaines de ces motivations confuses dans un article caustique et féministe, « On Needle-Work » [« Sur les travaux d'aiguilles »], paru en 1815. Elle soutenait que les femmes devaient totalement abandonner la broderie amateure :

> Est-il trop audacieux de tenter de persuader vos lecteurs que, si les travaux d'aiguille n'étaient pratiqués que pour une rémunération en argent, ils contribueraient de manière incalculable au bonheur général et au confort domestique des deux sexes ? Ainsi, plus cette chose désirable pourra être réalisée, plus les femmes seront à égalité avec les hommes[13].

Parce que la broderie n'est pas considérée comme un travail « véritable », continuait-elle, elle ne permet pas aux femmes d'avoir de « véritables » loisirs. Elle sert en outre à les occuper, en donnant un sens à leurs existences vides, tout en les empêchant de trouver des activités plus utiles ou gratifiantes. La broderie absorbe le temps et l'énergie des femmes mais, même en termes monétaires, sa contribution à l'économie domestique reste négligeable :

> Moi, qui sais ce que c'est que de travailler pour de l'*argent gagné*, j'ai eu depuis la grande expérience de travailler pour de l'*argent économisé* ; et je considère, depuis le calcul le plus précis que je puisse faire, qu'un penny économisé de cette manière est à peu près proportionnel à un farthing [pièce de monnaie qui valait le quart d'un penny] gagné. [...] En tout cas, ne confondons pas les motivations de l'économie avec celles d'un simple passe-temps.

Mary Lamb a travaillé elle-même pour de l'« argent gagné » en tant que brodeuse. C'était l'une des très rares professions auxquelles avaient accès les femmes de la classe moyenne qui se trouvaient « contraintes de gagner leur vie en raison des malheurs pécuniaires de leurs parents[14] ». Mary Lamb accusait les amateurs de prendre le travail des professionnelles en difficulté, sous-payées et en surnombre. Des hommes et des femmes dirigeaient les ateliers de misère et contrôlaient les travailleuses à domicile.

Mary Lamb évoquait la broderie comme un « simple passe-temps » mais elle savait qu'elle représentait beaucoup plus que cela. Les hommes qui se moquaient de la broderie reconnaissaient eux-mêmes que, pour les femmes, elle était une forme d'art. Joseph Addison a écrit un article satirique dans lequel il se faisait passer pour un homme poussé à la dépense par une femme trop travailleuse. Elle peignait des éventails et des miniatures qui devaient être montés par des spécialistes ; elle achetait des matériaux pour sa broderie et employait des assistants huguenots : « Parce que, comme je vous l'ai dit, c'est une *Grande Artiste* avec son Aiguille, c'est incroyable ce qui est affecté à son usage personnel comme Manteaux, Jupons, Pièces d'estomac, Bourses, Pelotes à épingles et Tabliers[15]. » La réalité et le ridicule sont juxtaposés pour susciter le rire. L'idée qu'une brodeuse amatrice aspire à être une artiste était considérée comme absurde. Mais, en même temps, le public auquel s'adressait Joseph Addison connaissait bien les activités des femmes de la classe moyenne au sein du foyer ; interdites de peinture à l'huile et de sculpture, elles se consacraient à la miniature, à la composition de coquillages, au modelage de la cire, à la broderie [p. 133] et aux mosaïques de papier.

Mary Granville Delany (1700-1788) [p. 139] était la fille d'un propriétaire terrien, et son art était caractéristique du travail amateur des femmes de sa classe. Elle pratiquait la peinture en copiant des images de vieux maîtres et en réalisant des portraits de sa famille et de ses amies, à l'huile et à la craie grasse. Elle brodait des vêtements, des tentures et des tissus d'ameublement. Elle décorait des cartes à jouer, réalisait des compositions de coquillages ornementales, créait des meubles et filait de la laine. Elle a écrit et illustré un roman et inventé le *papier collé**[16]. L'étendue de son activité artistique était extraordinaire – et s'expliquait peut-être par le fait qu'elle était deux fois veuve et sans enfant –, mais n'était pas exceptionnelle. Horace Walpole a consacré un chapitre du cinquième volume de ses *Anecdotes of Painting* [non traduites en français mais connues sous le nom des *Anecdotes de peinture en Angleterre*] aux « Ladies and Gentlemen Distinguished by Their Artistic Talents ». Bien que les « dames » aient constitué la cible de son humour – « La poésie, les peintures et le jeu de plusieurs de ces jeunes femmes [...] pourraient à juste titre être qualifiés de Méfaits[17] », il n'avait que des éloges pour Mary Granville Delany et lui a écrit galamment qu'il « ne pouvait résister à l'agréable occasion de rendre justice à celle qui a[vait] su créer une nouvelle branche [de l'art] », en référence à son *papier collé**, qu'elle avait commencé à l'âge de dix-huit ans, et qu'il qualifiait de « mosaïque de papier ». À l'aide de ciseaux, de papier de couleur et de colle, elle a créé environ un millier d'illustrations botaniques précises de fleurs et d'arbustes, réunies dans dix volumes connus sous le nom de *Flora Delanica*. Dans ce superbe travail, il y a manifestement une connaissance de la couleur et de la texture qui est le propre d'une brodeuse. Chaque étamine, chaque ombre et chaque surface est découpée, chaque petite variation de couleur enregistrée par une lamelle de papier distincte.

À la fin du XVIIIe siècle, les femmes avaient pourtant un rapport un peu ambivalent à la broderie, parce qu'elle était devenue synonyme de féminité. Sa pratique était marquée par les contraintes qu'elle imposait aux vies des femmes, et elle agissait comme un frein. Les modèles [*samplers*] en sont un bon exemple [p. 140]. Avec la multiplication des brodeurs amateurs à la Renaissance, les femmes ont commencé à réaliser et s'échanger des broderies qui fournissaient des exemples de points et de motifs. Ces « exemplers », d'après le vieux français *examplaire* ou *essamplaire*, soigneusement préservés et légués dans les testaments, ont été remplacés par les catalogues de motifs apparus en 1523. Le modèle est alors devenu un exercice pédagogique pour les jeunes filles. À l'époque de Mary Ann Body (1780-?) [p. 140], en cette fin du XVIIIe siècle, l'idée du modèle en tant que collection de motifs avait disparu, et « le *sampler* et le tableau brodé, qui avaient été des étapes successives dans la formation des jeunes couturières au XVIIe siècle, étaient désormais combinés dans un seul exercice[18] ». Par rapport à la virtuosité des premiers modèles, ceux de la fin du XVIIIe siècle étaient naïfs et limités d'un point de vue technique. Travailler d'après un modèle n'était plus un exercice d'habileté mais une démonstration de « féminité ». L'acte de broder incarnait et entretenait le stéréotype féminin. Il gardait ses connotations aristocratiques, mais on inculquait aux jeunes filles les qualités domestiques requises d'une bonne épouse en leur faisant coudre des versets sur leurs modèles.

À partir du XVIIe siècle, l'enfance de la jeune fille était jalonnée d'une série de projets de broderie. Martha Edlin a eu une enfance typique. Elle a terminé son premier modèle à l'âge de huit ans et l'a fièrement signé « Martha Edlin 1668 ». Elle a consacré une autre année à achever

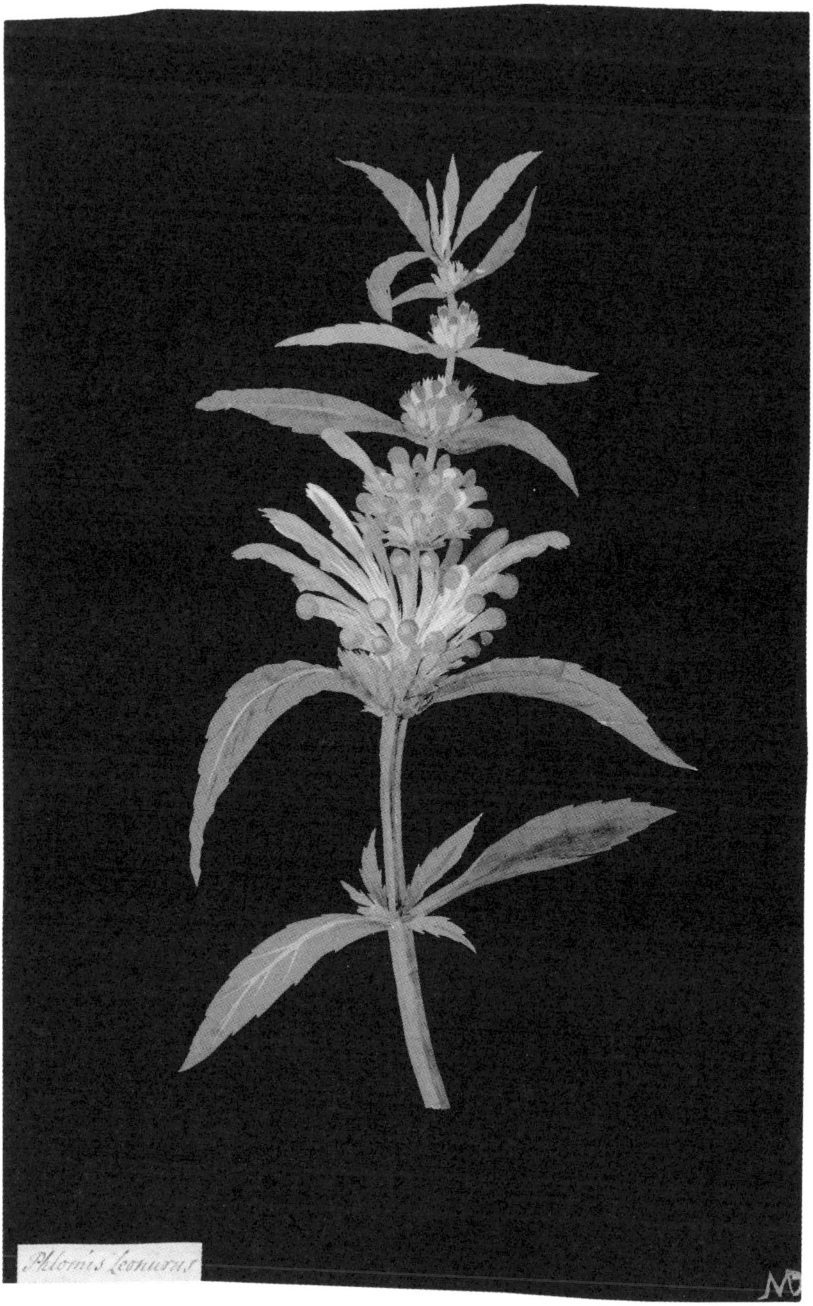

Mary Granville Delany

Flora Delanica : Phlomis Leonorus, 1777

Papier de couleur sur papier, 22,9×34,3 cm
Département des estampes et dessins, The British Museum, Londres

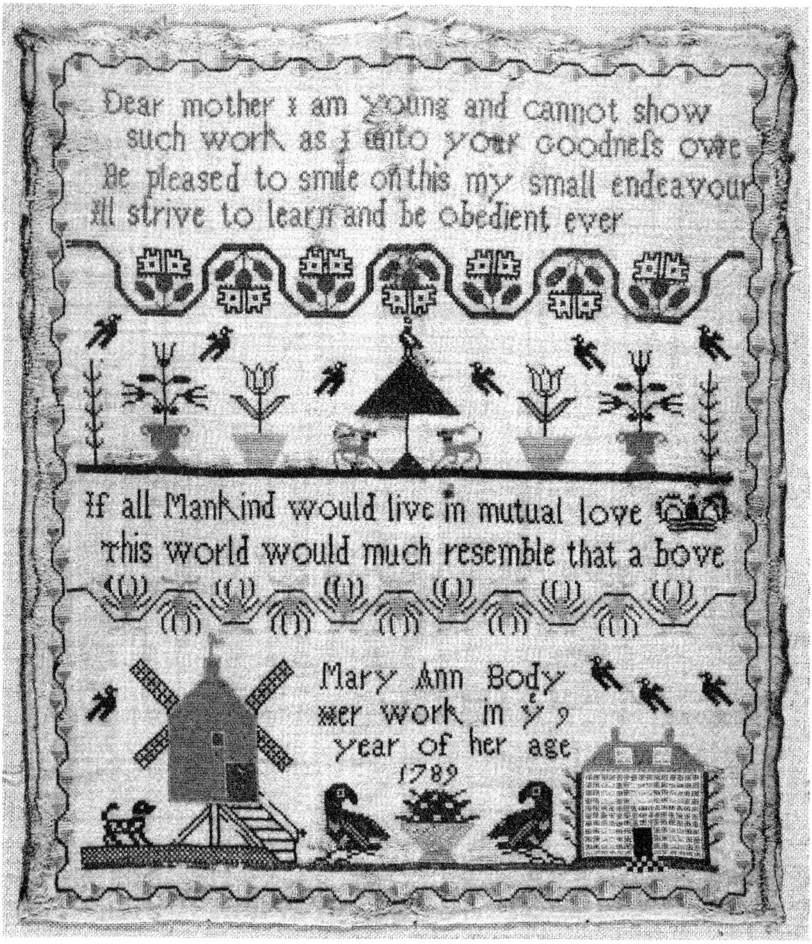

Mary Ann Body
Modèle, 1789

Soie sur laine, point de croix italien à double face, 35,6 × 31,75 cm
The Victoria and Albert Museum, Londres

son modèle de broderie blanche, puis elle a commencé un coffret brodé, qu'elle a signé en 1671. Sa dernière tâche a consisté à broder une boîte à bijoux, qu'elle a terminée en 1673, à l'âge de treize ans. Sa formation fut alors considérée comme accomplie et elle fut autorisée à choisir ses propres projets de broderie – la preuve de sa féminité.

Se rebeller contre les travaux d'aiguille, c'était donc se rebeller contre la féminité. Pour affirmer son identité de poète, Anne Finch, comtesse de Winchelsea (1661-1720), a dû rejeter la broderie comme incarnation à la fois de la féminité et de la pratique artistique féminine. Comme l'indique Cora Kaplan dans son article « Language and Gender », ces vers interrogent aussi la métaphore de la fleur/femme :

> Ma main se plaît à dessiner des choses inhabituelles,
> Et s'écarte de la manière commune et connue ;
> Et ne composera pas non plus en soies fanées
> Délicatement la rose inimitable.

Les modèles sont souvent de beaux objets, dont nous admirons à juste titre l'emploi de la couleur, la texture, les motifs de points et la distinction des dessins. Mais ils représentent aussi une enfance structurée autour de l'acquisition de caractéristiques féminines prescrites. On enseignait aux jeunes filles la patience, la soumission et la pudeur par des exercices techniques intenses ainsi que par les versets et prières, pieux et désintéressés, qui ornaient les modèles.

La plus ancienne inscription religieuse ou morale figurant sur un modèle daté que nous connaissons apparaît sur celui d'Ann Turner en 1686. Tout au long des XVIIIe et XIXe siècles, on a continué à coudre des versets semblables, prônant l'obéissance, l'amour de Dieu et de la famille, l'abnégation, le dur labeur, la chasteté et la charité. Les versets exprimaient souvent une tristesse, presque un soulagement, à l'égard de la brièveté de la vie et du déclin de la beauté : « Jane King sera heureuse quand le Christ la libérera. » Mais l'application et le sentiment qui s'exprimaient dans ces démonstrations d'obéissance et de conformité se transformaient parfois en rébellion – « Réalisé par Polly, qui en a détesté tous les points » – ou en engagement politique, comme dans un modèle adressé à un homme qui militait pour la réduction du temps de travail des enfants dans les usines. Dans les limites qui leur étaient imposées, les femmes ont pourtant transformé les modèles en forme expressive. Il y avait des modèles d'amitié – des messages brodés échangés entre amies – et des modèles commémoratifs, qui enregistraient des événements nationaux, comme la Paix d'Amiens de 1802, ou répertoriaient les morts et les naissances de la famille. Paradoxalement, un modèle proteste même contre le confinement au foyer et la privation de la compagnie des hommes :

> Je ne demande pas un ton plus aimable, parce que tu as toujours
> été aimable.
> Je ne demande pas une nourriture plus frugale, ma nourriture ne me
> dérange pas.
> Je ne demande pas une tenue aux couleurs plus gaies, si celle que j'ai
> Suffit à me faire belle pour toi, je n'en demande pas plus.
> Mais je demanderais une partie des heures que tu accordes aux clubs
> Soustrais aux réunions entre hommes, de chacune, ne serait-ce qu'une
> heure pour moi.
> Fais de moi la compagne de ton âme, parce que tu peux compter sur moi.
> Si tu lis, je m'assiérai et je travaillerai, puis penserai quand tu seras loin
> Moins pénible me paraîtra le temps, cher Robert, de ton séjour.

Ces modèles ne sont pourtant pas généralement considérés aujourd'hui comme des formes d'art expressives. Si nous les apprécions, c'est pour des raisons nostalgiques ou leur dextérité. Malgré les affirmations contraires des historiennes victoriennes des travaux d'aiguille et des féministes contemporaines, il est très significatif que la broderie n'ait été reconnue comme une forme artistique que lorsqu'elle a commencé à copier des estampes et des peintures à l'huile. Mary Linwood (1755-1845) était la plus célèbre des « peintres à l'aiguille » du XVIIIe siècle. Une exposition regroupant plus d'une centaine de ses tableaux brodés – des copies de tableaux de maîtres anciens sous verre et encadrées –, inaugurée en 1798 aux Hanover Square Rooms de Londres, a fait le tour du pays. Un critique a eu ce commentaire approbateur :

> Les dames de Grande-Bretagne peuvent se vanter d'avoir en la personne de Mademoiselle Linwood un exemple de force et d'énergie de l'esprit féminin, exempt de toutes ces manières disgracieuses qui ont accompagné dans certains cas la force du génie chez une femme. Mademoiselle Linwood a réveillé de son long sommeil l'art qui a donné naissance à la peinture[19].

Les tableaux à l'aiguille de Mary Linwood traduisaient des peintures à l'huile dans le médium de la broderie – les doigts habiles d'une femme soumis au service des beaux-arts. Ses réalisations lui ont valu des éloges mais de façon peu judicieuse. Ce critique ignore que la broderie a une histoire ; pour lui, elle ne s'est « réveillée » et n'a été reconnue que lorsqu'elle a commencé à singer la peinture, lorsqu'elle est sortie de la sphère domestique pour être exposée en public sous la forme d'images encadrées. Il suggère aussi que la broderie est une forme d'art plus ancienne, qu'elle a « donné naissance à la peinture », une formulation qui l'associe subtilement au rôle reproductif des femmes, tout en les plaçant l'un et l'autre à une étape de développement moins avancée.

Cette suggestion implicite devient explicite dans un texte consacré par Moritz Hoernes et Oswald Menghin à l'art préhistorique, qui identifie certaines formes d'artisanat préhistoriques à l'« esprit féminin en art » :

> Le style géométrique est un style essentiellement féminin. L'ornement géométrique paraît plus adapté à l'esprit *domestique* de la femme qu'à celui de l'homme. Il est ordonné de manière tatillonne mais aussi superstitieusement prudent. Considéré de manière purement esthétique, c'est un art insignifiant, sans énergie et, malgré tout son luxe de couleurs, strictement limité. Mais, *dans ses limites*, c'est aussi un art sain et efficace, plaisant en raison de *l'application* affichée et de son *caractère décoratif* externe – l'expression de l'esprit féminin en art[20].

Ce passage couvre toute la gamme désormais familière des définitions péjoratives : le caractère limité, l'aspect décoratif, l'ardeur au travail et l'insignifiance. Pourtant, dans le sillage de l'évolution de l'art abstrait contemporain, certains « artisanats géométriques » ont invité à une comparaison avec les beaux-arts en raison de leurs formes non figuratives et colorées et de leurs grandes surfaces bidimensionnelles. Pour justifier un changement de statut de ces métiers, et pour les faire passer du commerce d'antiquités ou du musée d'art populaire [*folk museum*] au circuit des beaux-arts, il faut leur faire subir une transformation particulièrement révélatrice. Des couvertures tissées par des femmes navajos [p. 144] ont été exposées, par exemple, dans d'importants musées des beaux-arts à Los Angeles (1972), Londres (1974) et Amsterdam (1975). Tandis que certains auteurs qui ont rendu compte de ces expositions ont fourni des récits anthropologiques sur les couvertures et les peuples qui les ont réalisées, d'autres, qui souhaitaient les voir comme des

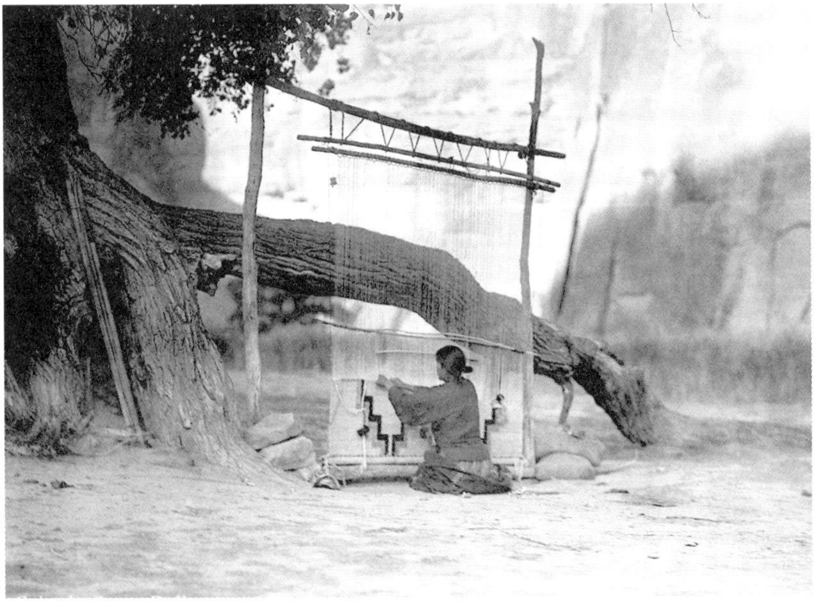

Edward S. Curtis
Tisserande navajo, c. 1904

Ce sont les femmes qui pratiquent le tissage chez les Navajos. Dans leur mythologie, elles l'ont appris d'une divinité féminine, la Femme Araignée.

Photographie, 35 × 43 cm. The Northwestern University Library, Evanston

œuvres d'art, ont dû effacer tout lien avec l'artisanat. Ralph Pomeroy a commencé sa critique élogieuse et formaliste de l'exposition londonienne par cette déclaration très révélatrice :

> Je vais oublier, *pour le voir vraiment*, qu'un ensemble de couvertures navajos n'est pas que cela. Pour l'examiner comme j'estime qu'il doit l'être – comme de l'Art avec un « A » majuscule –, je vais le regarder comme un tableau – créé avec de la teinture plutôt qu'avec des pigments, sur du tissu non tendu plutôt que sur de la toile – réalisé par *plusieurs maîtres anonymes de l'art abstrait*[21].

Plusieurs manœuvres sont nécessaires pour voir ces travaux comme de l'art. Le géométrique devient « abstrait », les couvertures tissées deviennent des « tableaux » et les tisserandes deviennent des « maîtres anonymes ». Cette dernière expression est essentielle. Dans l'histoire de l'art, le statut d'une œuvre est inextricablement lié au statut de son auteur. La forme d'écriture la plus courante de l'histoire de l'art est la monographie consacrée à un artiste identifié, souvent étayée par un *catalogue raisonné** de tous ses tableaux et dessins, qui permet à un ensemble d'œuvres de trouver une cohérence parce qu'il est considéré comme issu de la main d'un seul individu. Autrement dit, la perception d'une œuvre d'art dépend de celui qui l'a réalisée. Les ouvrages consacrés à l'histoire de l'artisanat, en revanche, s'intéressent davantage aux objets eux-mêmes, en relation avec la manière dont ils ont été réalisés, leur destination et leur fonction ; l'auteur passe au second plan. Pour donner son approbation ultime aux produits de l'artisanat navajo en tant qu'art, Ralph Pomeroy évoque ainsi des « maîtres anonymes », une expression qui rappelle celle utilisée par les historiens modernes pour conférer une identité artistique aux artistes dont le nom s'est perdu. Il ne les appelle ni des « maîtresses anonymes » ni même, d'une expression plus neutre, des « artistes géométriques » ; il les appelle des « maîtres ». Cela indique une fois encore que, dans l'histoire de l'art moderne, le grand artiste est synonyme de l'artiste masculin. Les critiques comme Ralph Pomeroy ne parviennent à apprécier esthétiquement et formellement ces couvertures qu'à condition de créer un nouveau statut pour leur auteur, qui implique non seulement un changement de terminologie mais aussi de sexe et, implicitement, de race.

La manière dont les critiques traitent les femmes navajos montre l'importance du statut de l'auteur dans l'évaluation de l'art ; et si ce statut dépend du sexe, ce n'est pas parce qu'il prédétermine biologiquement le type de travail qui est produit, mais en raison d'un aspect plus significatif de la division sexuelle au sein de notre société. Moritz Hoernes et Oswald Menghin, les deux historiens de l'art néolithique mentionnés plus haut, nous en ont fourni un indice, car l'esprit féminin en art est également lié à la sphère domestique.

Mais pourquoi les activités des femmes au sein du foyer auraient-elles un statut inférieur à celles des hommes à l'extérieur du foyer ? En utilisant les théories et analyses de l'anthropologie structurale développées dans l'œuvre de Claude Lévi-Strauss (1908-2009), les anthropologues féministes ont essayé de s'attaquer au problème du statut secondaire des femmes. Les analyses de Claude Lévi-Strauss des mythes et des systèmes de croyances de nombreuses cultures ont montré à quel point les différences de statut des objets, des pratiques, des mœurs et même des groupes de personnes dépendaient de la place qui leur était attribuée sur une échelle symbolique allant de la Nature à la Culture. Cette échelle fournit l'une des principales structures de différenciation par lesquelles la société humaine représente, définit et évalue ses activités. En effet, l'un des aspects les plus caractéristiques de la société humaine est que, contrairement aux animaux, les personnes produisent leurs moyens de subsistance. Elles transforment les matières premières en outils, maisons, vêtements et ustensiles. La société humaine se distingue par le fait qu'elle travaille les matières premières pour produire des artefacts culturels. Dans son article « Le féminin est-il au masculin ce que la nature est à la culture ? », Sherry Ortner soutient qu'une manière possible de rendre compte du statut secondaire des femmes est que leurs rôles sont perçus comme occupant une position intermédiaire sur l'échelle symbolique et structurante qui va de la Nature à la Culture. En raison, d'une part, de leur rôle dans la procréation et l'allaitement, les femmes ont pu être considérées comme plus proches de la Nature. Mais de l'autre, les rôles complémentaires – cuisiner pour les enfants et initier leur éducation et leur socialisation – sont évidemment culturels et sociaux. Or, ces rôles sont exercés dans un lieu particulier, le foyer. Sherry Ortner donne l'exemple de la cuisine, l'une des transformations les plus courantes de la nature en culture :

> Dans la très grande majorité des sociétés, il revient aux femmes de faire la cuisine. Cela tient sans doute à des considérations pratiques – la femme devant rester à la maison avec le bébé, il est plus pratique

> pour elle de se charger des tâches qui se situent au foyer. Mais s'il est vrai, comme l'a dit Claude Lévi-Strauss, que la transformation du cru en cuit représente, dans tous les systèmes de pensée, le passage de la nature à la culture, alors les femmes sont intégrées dans ce processus culturalisant et on pourrait facilement les placer dans la catégorie de la culture, triomphant de la nature. Il est toutefois intéressant de noter que lorsqu'une culture (par exemple la France ou la Chine) développe une tradition de haute cuisine – de « vraie » cuisine, par opposition à la cuisine banale faite à la maison –, les chefs sont presque toujours des hommes. Le modèle reprend ainsi celui de la socialisation – les femmes se chargent des niveaux inférieurs de la conversion de la nature en culture, mais lorsque la culture distingue des niveaux supérieurs de conversion, ceux-ci sont réservés aux hommes[22].

Le travail des femmes se situe inévitablement dans la sphère de la culture, par opposition à la nature, et les femmes remplissent souvent des tâches similaires à celles des hommes, mais leur travail se voit reconnaître un statut secondaire en raison de la différence de lieu d'exécution des tâches. Les différences se structurent entre les activités privées et les activités publiques, entre le travail domestique et le travail professionnel.

Cela donne un bon aperçu de la structure de la division par le sexe dans les hiérarchies de l'art. Car ce qui distingue l'art de l'artisanat, dans la hiérarchie, ce ne sont pas tant en effet des méthodes, des pratiques et des objets que le lieu où ces choses sont réalisées – souvent le foyer –, et le public pour qui elles sont faites – souvent la famille. Les beaux-arts sont une activité publique, professionnelle. Ce que font les femmes, et que l'on définit souvent comme de l'« artisanat », pourrait être défini en réalité comme de l'« art domestique ». Les conditions de production et le public de ce type d'art diffèrent de ceux de l'art réalisé en atelier ou en école d'art pour le marché et la galerie. C'est en fonction de ces différentes conditions que s'est construite la division hiérarchique entre l'art et l'artisanat ; elle n'a rien à voir ni avec les qualités intrinsèques de l'objet ni avec le genre de l'auteur.

L'exemple des couvertures navajos montre tout ce qu'il a fallu modifier pour faire entrer le tissage indien dans les définitions reconnues des beaux-arts. Le succès critique récent des *quilts* (ou courtepointes) en patchwork, qui a également donné lieu à des expositions dans des musées, montre, de façon plus intéressante, tout ce qu'il a fallu exclure.

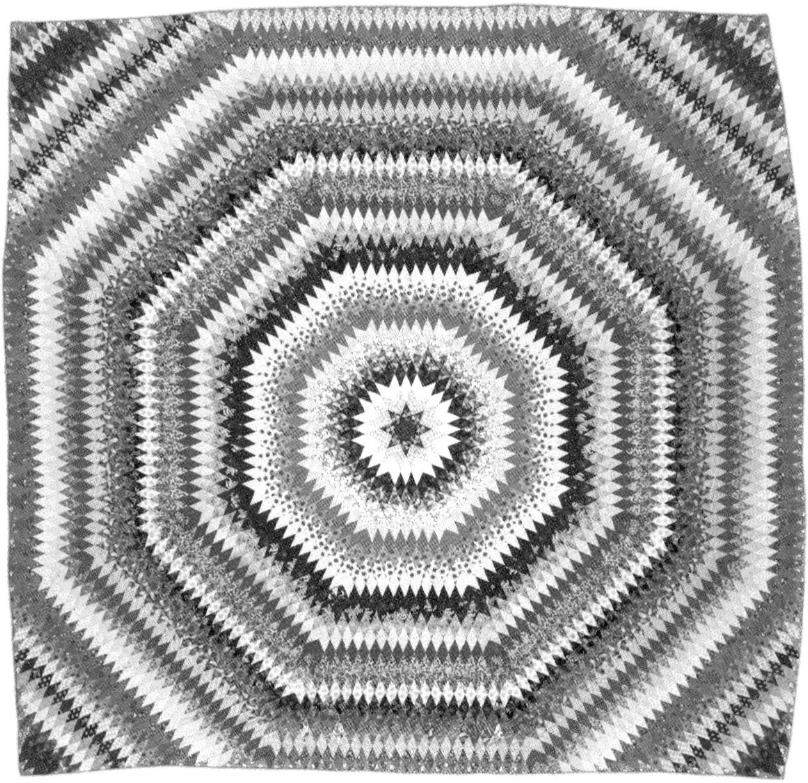

Rebecca Scattergood Savery
Sunburst (Soleil), 1839

L'expression « quilt en patchwork » [*patchwork quilt*] désigne la forme d'art consistant à assembler de petits morceaux de tissu, sur une doublure, pour former une surface unique au moyen de points de couture appelés matelassage [*quilting*]. Certains exemples complexes de matelassage américain virtuose des XVIIIe et XIXe siècles qui nous sont parvenus n'étaient pas pratiqués sur un patchwork mais sur de grands morceaux de tissu uni – comme la laine mélangée de lin appelé « linsey woolsey » –, ou étaient cousus en fil blanc sur coton – connus sous le nom de « broderie blanche ».

Quilt en patchwork, 292,1 × 302,3 cm. The Philadelphia Museum of Art, Philadelphie

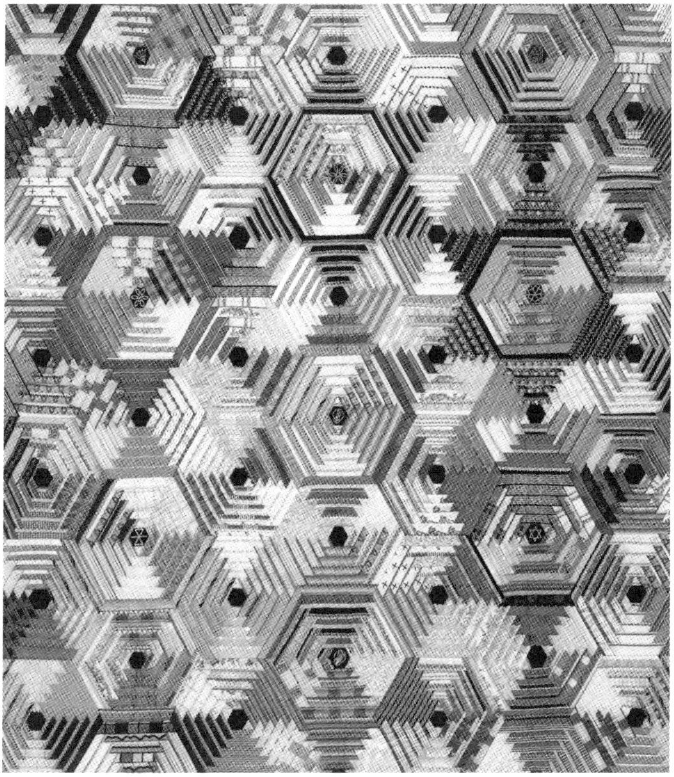

Jane Tucker et Rebecca Angelia Tucker
Hexagonal Log Cabin (*Cabane de rondins hexagonal*), c. 1890

Quilt en patchwork, soie, 165 × 170 cm. The Philadelphia Museum of Art, Philadelphie

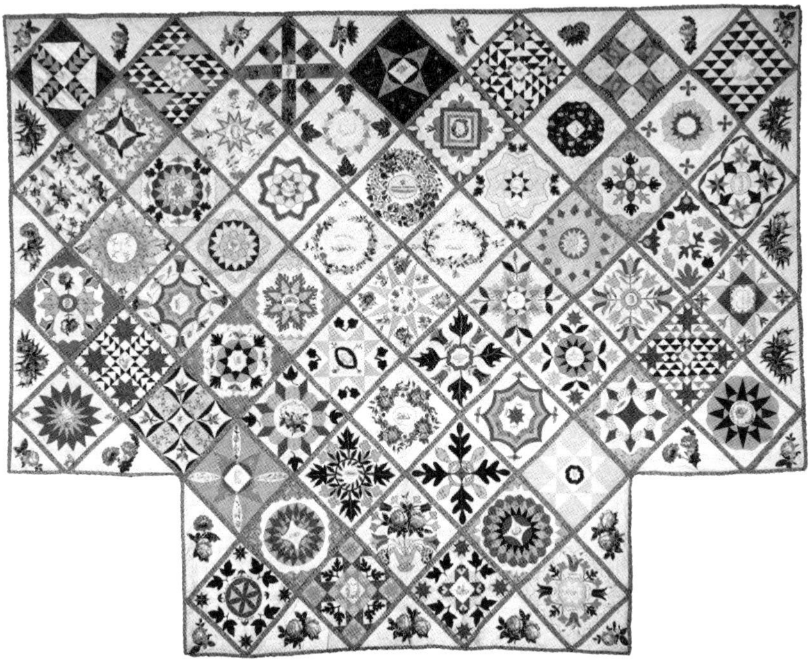

Charlotte Gillingham
Album Quilt (Quilt mélangé), 1842-1843

Quilt en patchwork, 246,4×320 cm. The Philadelphia Museum of Art, Philadelphie

Il est a priori difficile d'ignorer que les quilts sont réalisés par des femmes. Dans les ouvrages coûteux et richement illustrés ou les articles élogieux ayant accompagné leur apparition dans les musées d'art et sur les murs des salles d'exposition des marchands, il est cependant caractéristique que le rôle de l'auteur·e perde de son importance. Une exposition, organisée en 1972 au Whitney Museum of American Art de New York, s'est intitulée *Abstract Design* in *American Quilts* [« L'abstraction *dans* les quilts américains ; nous soulignons], en mettant l'accent sur les éléments formels des quilts pour expliquer leur nouvelle reconnaissance en tant qu'art. Les créatrices de ces formes abstraites sont saluées d'une manière étrange dans l'introduction du catalogue de l'exposition, une exposition qui était par ailleurs dédiée aux « femmes anonymes dont les mains et les yeux habiles [avaient] créé le quilt américain ». Cela revient à séparer les créatrices de leurs objets : le fait de leur dédier l'exposition suggère qu'elles n'y sont pas présentes, qu'elles ne sont pas représentées par les objets qu'elles ont réalisés. Il est pratiquement inconcevable qu'une exposition consacrée, mettons, aux œuvres de Vincent van Gogh, lui soit aussi dédiée. Les femmes y sont réduites, en outre, à des « mains » et des « yeux habiles », comme si la confection des quilts court-circuitait l'esprit, la sensibilité, la pensée ou l'intention. Les quilts n'étaient d'ailleurs même pas confectionnés de façon anonyme. Ils étaient souvent signés et datés, exposés fièrement dans les fêtes et inscrits dans les testaments. Nous devons leur survie même au cours de ce siècle à la valeur que leur ont accordée les familles qui les ont gardés et se les sont transmis de génération en génération, ou aux admirateurs qui en ont collectionnés et soigneusement conservés de beaux exemples.

Les quilts sont célébrés à juste titre comme des objets de grande beauté. Composés de milliers de pièces de tissu façonnées et colorées, cousues en motifs complexes, ils produisaient de riches effets de couleur et portaient des significations symboliques. Ils avaient des titres évocateurs et variés : la « Boussole du marin », l'« Échelle de Jacob », l'« Étoile de Bethléem » ou le « Soleil », ce dernier traduisant superbement l'effet des rayons du soleil et les bienfaits de sa lumière dorée. En revanche, d'autres noms, plutôt que de désigner des quilts en particulier, renvoyaient à des catégories de méthodes élémentaires d'assemblage des tissus. C'est ce qui a souvent conduit, à tort, à rejeter la confection des quilts comme un simple usage répétitif du motif. Mais les personnes qui les fabriquaient obtenaient des effets radicalement différents à partir des mêmes motifs de base, par le choix des couleurs, la taille des morceaux, les illusions d'optique et le sens qu'elles voulaient leur donner [p. 148-150].

L'un de ces motifs, la « Cabane de rondins » (*Log Cabin*), est fait de minces rectangles de tissu cousus en carrés, qui rappellent et documentent les habitations des colons américains dont provient son nom. Les centaines de quilts réalisés d'après cette méthode sont pourtant extrêmement différents les uns des autres, du fait, en grande partie, du rôle prépondérant accordé à la couleur dans la composition et du jeu entre la figure et le fond. Le rôle décisif du·de la créateur·rice individuel·le du quilt disparaît complètement dans les histoires typiques de l'artisanat, comme en témoigne le passage suivant :

> Dans ces créations géométriques, chaque couture est une ligne droite. Toute personne qui savait enfiler une aiguille et coudre pouvait apprendre à faire un point régulier en ligne droite. Ce faisant, elle [*she*] assemblait ses [*her*] dizaines de pièces prédécoupées. […] Les tissus qui étaient disponibles dans les petites villes *tendaient à créer leurs propres motifs*[23].

La réévaluation des quilts, qui a donné lieu à des expositions muséales et des illustrations somptueuses, permet d'écarter rapidement l'idée qu'une forme artistique dite utilitaire, comme le quilt, ait en soi une moindre importance esthétique que la peinture. Le fait même pourtant que cette reconnaissance des quilts en tant qu'art ait été obtenue en mettant en lumière l'objet fini isolé comme une marchandise précieuse, et en le dissociant de ses moyens de production, montre à quel point le lieu et les modes de fabrication particuliers sont importants pour la définition de l'art. Il a fallu réduire le rôle de l'auteur et sentimentaliser ou refouler entièrement le processus de production, parce que leurs liens avec les conceptions traditionnelles de l'artisanat pouvaient faire obstacle à une interprétation des quilts en tant qu'œuvres d'art.

Les contradictions et omissions importantes des commentateurs à propos des quilts sont très révélatrices parce que leur histoire particulière et leurs conditions de production constituent précisément les fondements d'une critique radicale de l'histoire de l'art. Les conséquences de cette situation n'ont pas été pleinement examinées : ni par les féministes, dans leur tentative de valoriser le patrimoine culturel séparé des femmes, ni par les collectionneurs et marchands, à la recherche de prix plus élevés pour leurs marchandises, désormais plus précieuses.

Le patchwork et le matelassage [*quilting*] ont une très longue histoire, mais ils sont devenus un trait distinctif de la société états-unienne aux XVIIIe et XIXe siècles, jouant un rôle important dans les communautés ayant colonisé le continent. De nombreux types de quilts commémorent, par leur nom, la vie des pionniers et les grands déplacements de population : par exemple la « Cabane de rondins » (*Log Cabin*), la « Construction de la grange » (*Barn Raising*), le « Lys des prairies » (*Prairie Lily*) ou la « Route de la Californie » (*Road to California*). Les pionnières ont importé d'Europe les travaux d'aiguille et leur rôle dans l'éducation et la préparation des femmes au mariage. En répondant aux besoins spécifiques – socio-économiques et culturels – des nouvelles communautés, les travaux d'aiguille des femmes ont apporté une contribution importante à leur société, à plusieurs niveaux. Le matelassage et d'autres formes de travaux d'aiguille ont permis de fournir le linge de lit chaud qui se révélait nécessaire. Au cours d'un hiver froid, dans le Massachusetts, il fallait parfois plus de cinq couvertures pour chaque membre de la famille. Comme il n'était pas facile d'acheter du linge de lit et des couvertures fabriqués en usine avant les années 1890, on répondait à ces besoins à la maison, et les femmes s'en chargeaient :

> Créer avec le cerveau et les doigts, avec une aiguille et du fil, des biens ayant une valeur économique reconnue faisait nécessairement partie du travail d'une femme. Une épouse était un atout, et les garçons n'avaient pas peur de se marier jeunes. On pouvait vivre à deux aussi chichement que tout seul, à l'époque, et c'était le travail de l'épouse qui le rendait possible. Formée depuis la petite enfance pour réussir son union maritale, la jeune fille apprenait la couture, et la première chose qu'elle cousait, c'était le patchwork[24].

Au-delà de la simple nécessité économique, la fabrication des quilts servait à jalonner et célébrer les vies des pionnières. Pour se préparer à la profession du mariage et à l'installation d'un nouveau ménage, la femme passait son adolescence à apprendre à coudre et à préparer son trousseau, qui pouvait comprendre jusqu'à douze quilts. La devise qui suit a été brodée sur un quilt parvenu jusqu'à nous :

> À vos quilts, jeunes filles, ne tergiversez pas
> La jeune fille sans quilt à vingt et un ans
> N'accueillera jamais son soleil nuptial[25].

Le treizième quilt du trousseau, le quilt nuptial, était fait des tissus les plus chers qu'une femme pouvait s'offrir – il représentait la preuve de son talent à l'aiguille. Elle commençait à y travailler au moment des fiançailles, et son achèvement fixait la date du mariage. Avec les douze autres dessus de quilt du trousseau, elle le rembourrait, le doublait et le matelassait au cours d'un atelier de couture spécifique qui, comme l'indique Ruth Finlay, constituait la reconnaissance la plus solennelle et la plus importante des fiançailles.

D'autres quilts célébraient les principaux événements et préoccupations de la vie de la communauté ou du ménage. Des quilts étaient fabriqués pour marquer le passage à l'âge adulte du fils aîné. Les quilts de couleur morne commémoraient les morts. D'autres exprimaient des allégeances politiques : le « Secession Quilt » de Mrs Cook de 1866, par exemple, ou celui qui commémorait la mort de George Washington. De nombreux Républicains ont pu dormir profondément sous un quilt conçu pour signifier l'allégeance de la famille au parti démocrate. Certains des quilts confectionnés à ces fins n'ont jamais été utilisés : ils ont été exposés, offerts en cadeau ou soigneusement conservés comme des objets de famille. Un autre ensemble, nommé les « medley quilts » [quilts mélangés] ou quilts de l'amitié, enregistrait l'amitié des femmes et des familles au sein d'une communauté. Dans le cas des medley quilts, chaque carré est l'œuvre d'une femme différente. Certains sont datés et signés. La fabrication de ce type de quilt peut prendre un certain temps, parfois deux décennies. Certaines de leurs auteures étaient proches parentes. On fabriquait ce type de quilt composite pour des raisons diverses : pour célébrer l'amitié dans une petite communauté ou pour des raisons plus précises – pleurer un mort ou enregistrer un événement d'actualité. Chaque contribution donne un exemple des motifs et des méthodes utilisés dans la fabrication des quilts en patchwork. Certains sont très simples, et leur intérêt réside dans le motif des points lui-même. D'autres sont des versions miniatures de dessins utilisés par exemple dans le « Soleil » [*Sunburst*] [p. 148], ou des motifs d'étoile, très fréquents dans les quilts. Les croix, et en particulier la Croix de Saint André, étaient évidemment courantes dans le travail de ces femmes issues de communautés immigrées, mais on trouve également des motifs en pointes de flèche, parfois même combinées à la Croix de Saint André, ce qui témoigne du mélange créatif des traditions culturelles et religieuses. D'autres parties de quilt ne relèvent d'aucune catégorie générique de motifs, mais sont de beaux exemples de compositions libres et audacieuses, connus sous le nom de « crazy quilts » [littéralement les quilts fous]. Les crazy quilts étaient très appréciés au XIXe siècle. Souvent composés de tissus plus somptueux, comme le velours ou la soie, ils étaient utilisés pour l'effet ou comme « jetés de canapé », dans le salon, plutôt que comme dessus de lit. On ne recourait pas si souvent au matelassage pour ces ouvrages ; ils étaient tuftés, c'est-à-dire rembourrés, puis cousus, de manière à créer une surface inégale et un léger relief. Beaucoup étaient également des exemples de broderie complexe qui ne se contentaient pas d'élaborer les motifs mais figuraient aussi des noms et des devises. Les crazy quilts étaient souvent des compositions virtuoses de formes abstraites libres, mais ils pouvaient aussi être figuratifs, comme celui réalisé par Mrs A. E. Reasoner en 1885 (conservé au Newark Museum, Newark, New Jersey)[26]. Cette dernière était la femme d'un surintendant du chemin de fer, et son quilt montre l'itinéraire du chemin de fer à travers la campagne. Il est fait de telle manière que la broderie, la couleur et les formes agissent à deux niveaux. À première vue, c'est une composition purement abstraite, qui recourt de manière audacieuse à des formes étranges et variées mais, à y regarder de plus près, ces formes suggèrent une image lisible, et le quilt constitue un document historique intéressant sur l'atmosphère de la campagne à travers laquelle le chemin de fer serpentait jusqu'au fleuve. Dans leur étude des quilts américains, Carlton Safford et Robert Bishop décrivaient pourtant ce quilt, de manière caractéristique, comme « un bel exemple de la fantaisie imaginative d'une femme de cheminot[27] ».

Dans ces quilts, les significations personnelles, politiques, religieuses et sociales prenaient des formes abstraites, au moyen de couleurs et de compositions symboliques. Libérées de la pression des conventions en vigueur dans la peinture de l'époque – la perspective, l'illusionnisme et le sujet narratif –, les femmes qui confectionnaient les quilts ont élaboré un langage abstrait pour exprimer et communiquer leurs joies et leurs peines, leurs histoires sociales et personnelles. C'est cette exploration des couleurs et des formes abstraites qui a favorisé ces dernières années la reconsidération des quilts, parce qu'ils se rapprochaient ainsi des formes contemporaines de l'art moderne. Mais lorsqu'ils sont appréciés comme des tentures murales décoratives ou des exemples de *design* abstrait, plutôt que comme des structures de symboles abstraits, c'est cette langue spécifique qui est refoulée et qui est niée.

L'habileté à l'aiguille était en outre nécessaire pour être membre à part entière de la communauté. Ruth Finlay indique : « pour des raisons économiques élémentaires, le quilt est devenu un facteur social. Aucune fonction n'avait bientôt plus d'importance que l'atelier de couture, à la ville comme à la campagne[28] ». L'atelier de couture [p. 157] donnait aux femmes de la communauté l'occasion de se réunir pour assembler le dessus – que chacune d'elles avait créé et fabriqué – sur le renfort et le rembourrage des quilts. C'est le procédé qui correspond, à proprement parler, au matelassage : au moyen de motifs de petits points, on fixait ensemble le dessus du quilt et les autres couches, qui prenaient alors leur aspect final. Cette dimension collective du processus a servi de prétexte pour soutenir, à tort, que les quilts ne présentaient pas d'intérêt artistique, parce qu'ils étaient faits par des mains inconnues. Mais, en réalité, le dessus du quilt était toujours l'œuvre d'une seule personne. Malgré tout, le fait est que, comme le matelassage supposait de reprendre le travail d'une autre femme, il incombait à toutes les femmes d'être expertes dans le maniement de leurs aiguilles, sous peine d'être exclues de cette activité. L'exclusion d'un atelier de couture équivalait à l'exclusion sociale, puisque celui-ci n'était pas seulement un rassemblement de femmes, mais aussi un lieu de rendez-vous, de rencontre et de communication pour la communauté tout entière. C'est à l'une de ces occasions, par exemple, que les femmes de Cleveland ont entendu le premier discours sur le droit de vote des femmes prononcé dans l'Ohio par Susan B. Anthony (1820-1906), une militante et écrivaine féministe devenue célèbre par la suite.

Le patchwork était un art domestique, donc différent de la peinture ou de la sculpture. En raison du lieu où les quilts étaient réalisés – au foyer, par des femmes, dans le cadre de l'accomplissement des tâches ménagères –, ils constituaient une forme d'art particulière, qui supposait d'autres types de relations entre l'auteur et l'objet, et entre l'objet et le public ou l'usager – des types de relations qui, comme l'avait pressenti William Morris, étaient plus riches à certains égards que les relations de fabrication, d'utilisation et de réception habituelles dans le « grand art ». L'utilité et la sensibilité esthétique coïncidaient, le travail et l'art se rejoignaient, l'individu et le groupe collaboraient. Lorsque le discours de l'histoire de l'art qualifie ce type de pratique artistique de décorative, d'habile, d'appliquée, de géométrique ou d'« expression de l'esprit féminin en art », c'est précisément l'histoire spécifique des femmes et de leurs œuvres qu'il efface.

Mais le recours à ces termes – qui maintient la hiérarchie et établit des distinctions entre l'art et l'artisanat – constitue également un système de valeurs sous-jacent. Pour un artiste, et particulièrement lorsque cet

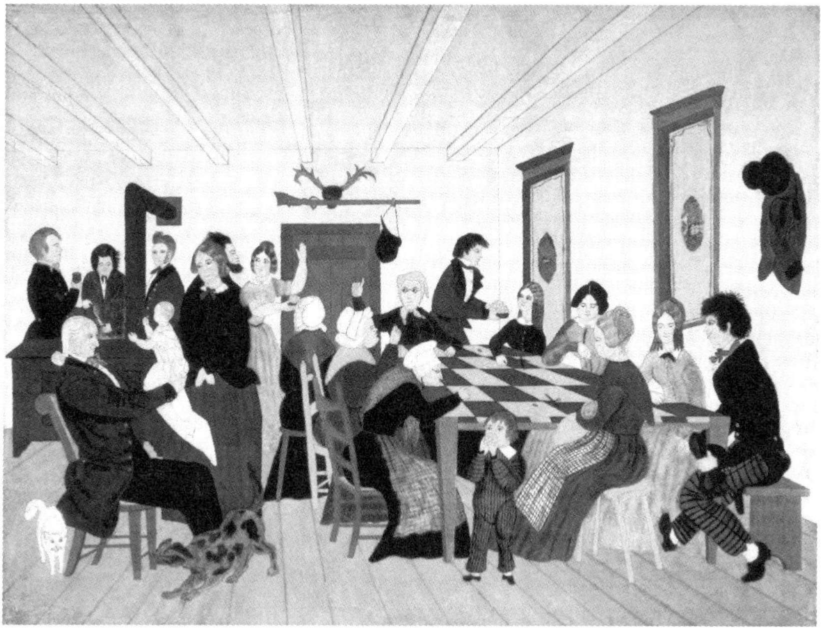

Anonyme
The Quilting Party (*L'Atelier de couture*), c. 1854-1875

Huile et crayon sur bois, 48,9 × 66,4 cm
The Colonial Williamsburg Foundation, Williamsburg

artiste est une femme, tout lien avec les traditions et pratiques des travaux d'aiguille et de l'art ménager constitue un danger.

C'est pour cela qu'il a fallu défendre du soupçon d'artisanat féminin Stephenie Bergman (*1946) [p. 159], une artiste abstraite contemporaine qui utilise des tissus tachés et teints dans de grandes compositions cousues :

> Ces images sont maintenues ensemble par des points. Travaillant avec un stock de toiles qu'elle a teintes en couleur ou saturées de pigments, Stephenie Bergman découpe l'étoffe en formes qu'elle assemble ensuite à la machine. Pour le dire simplement, le processus paraît désastreux, une manière peu prometteuse de réaliser des images, et plus particulièrement parce que c'est une femme qui le fait. En effet, le résultat n'a rien à voir avec les quilts en patchwork et les entreprises artisanales, et la peinture est le seul terme générique qui convienne[29].

On assiste à d'étranges torsions de la langue, à une lutte pour écarter des dangers non spécifiés, des menaces pour l'identité de praticienne des beaux-arts qu'est Stephenie Bergman et pour le statut artistique de ses œuvres. Mais pourquoi le spectre de l'art domestique est-il si menaçant, en particulier pour une femme ? Parce que les beaux-arts et le grand artiste en sont venus à désigner le contraire exact de tout ce que définit le « stéréotype féminin ».

Notre discussion sur l'art des femmes ne porte donc pas sur une sensibilité, une préférence ou un penchant naturel féminins pour un sujet donné. Pour autant, il ne porte pas non plus sur des sphères séparées ou des patrimoines cachés. Il y a toujours eu des femmes artistes. Les questions importantes concernent les rapports que les femmes artistes entretiennent avec une idéologie de la différence des sexes dans laquelle les notions de masculin et de féminin ne prennent de sens qu'en relation l'une avec l'autre. Comment expliquer l'affirmation permanente d'un stéréotype féminin, d'une sensibilité féminine et d'un art féminin dans la critique et l'histoire de l'art ? Précisément par la nécessité de fournir le contrepoint qui permet à l'art masculin et à l'artiste masculin de trouver un sens et de maintenir leur domination. S'il y a des Maîtres anciens et pas de Maîtresses anciennes, et si tout l'art des femmes est perçu de manière homogène comme nécessairement féminin – dans la peinture

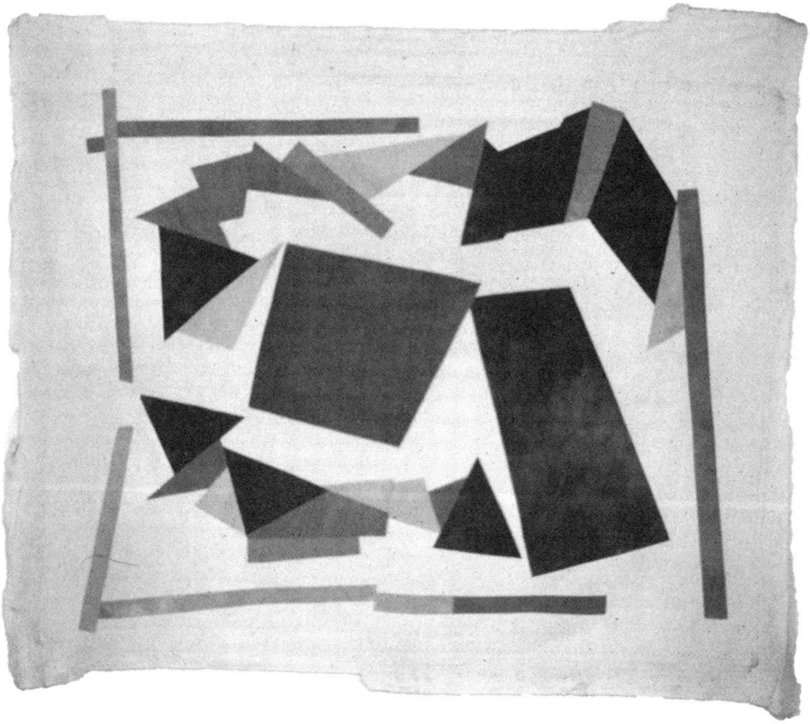

Stephenie Bergman
Arkwright, 1972

La méthode de Stephenie Bergman, consistant à utiliser la couleur, des pièces façonnées et la couture, ressemblent à certains égards à celle des femmes qui confectionnaient les quilts. Mais son travail n'est pas un quilt : il est fabriqué comme une peinture moderne. Dire qu'il convient de le distinguer du patchwork, c'est tomber dans le piège qui consiste à considérer toutes les œuvres réalisées par les femmes dans le contexte stéréotypé d'une tradition « féminine » elle-même stéréotypée. Or, c'est précisément en mélangeant la peinture et la toile avec la couture et les tissus teints que Stephenie Bergman transforme les distinctions fondées sur le sexe entre les beaux-arts et l'artisanat.

Toile de coton lavée, teinte et peinte, 150 × 168 cm

et la sculpture, autant que dans l'artisanat –, c'est l'effet de cette idéologie. Nous ne parlons jamais d'« art masculin » ou d'« homme artiste », nous disons simplement « art » et « artiste ». Mais l'art des hommes ne peut maintenir sa domination et son privilège dans les pages de l'histoire de l'art qu'en ayant un négatif par rapport à son positif, un féminin par rapport à son masculin non avoué.

L'idéologie n'est pas un processus conscient : elle a des effets manifestes mais elle fonctionne inconsciemment, en reproduisant les valeurs et les systèmes de croyances du groupe dominant, c'est-à-dire du groupe qu'elle sert. Comme nous l'avons montré, l'idéologie actuelle de la domination masculine a une histoire. Esquissée à la Renaissance, elle s'est développée au XVIIIe siècle, puis a trouvé sa pleine formulation au XIXe siècle et a fini par être totalement naturalisée, au point que, dans l'histoire de l'art du XXe siècle, elle est si bien intégrée à l'ordre naturel qu'il n'est plus nécessaire de la mentionner. Cette idéologie ne se reproduit pas seulement dans la manière de parler de l'art – la discipline de l'histoire de l'art –, mais aussi dans les œuvres elles-mêmes. Elle opère par le biais des divers styles et images de l'art, les manières de voir le monde et de représenter notre position dans le monde que l'art nous présente. Elle s'inscrit dans le langage même de l'art.

Les femmes artistes ne sont pas en dehors de l'histoire ou de la culture mais elles y occupent et y parlent d'un lieu et d'une position différents. Il nous apparaît à présent que ce lieu et cette position sont indispensables aux significations de la culture occidentale, parce que l'opposition – féminine – garantit les significations masculines et la domination masculine. Mais cette position est contradictoire et problématique pour les femmes elles-mêmes : si le féminin est le négatif du masculin et si le masculin est dominant, comment les femmes artistes peuvent-elles se voir ? Et comment peuvent-elles produire leurs propres significations dans un langage fabriqué par un groupe dominant qui affirme la domination et le pouvoir des hommes et reproduit leur suprématie ?

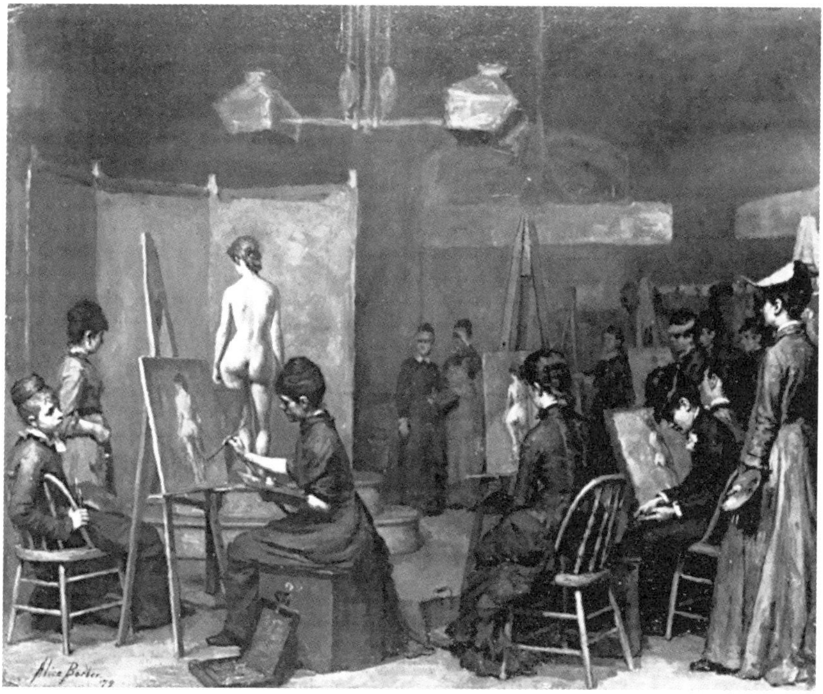

Alice Barber Stephens
The Women's Life Class (La Leçon d'anatomie féminine), 1879

Cette œuvre a été commandée à Alice Barber Stephens (1858-1932) par la Pennsylvania Academy of the Fine Arts pour être reproduit dans l'article d'un magazine grand public décrivant ses cours avancés et de perfectionnement. Au centre de l'atelier, nous reconnaissons Susan MacDowell (1851-1938) au travail sur sa toile. Elle épouse en 1884 Thomas Eakins, lequel a largement contribué à l'ouverture des leçons de modèle vivant aux étudiantes.

Huile sur toile, 30,9×35,6 cm. The Pennsylvania Academy of the Fine Arts, Philadelphie

NOTES — 1

William Morris, « Les arts mineurs » [1877], in *Contre l'art d'élite*, Hermann, coll. « Savoir », Paris 1985, p. 63.

2

Anthony Ashley Cooper Shaftesbury, *Œuvres de Mylord comte de Shaftesbury, contenant différents ouvrages de philosophie et de morale*, Honoré Champion, Paris 2002, p. 795 ; nous soulignons.

3

Ici et suivante : Maurice H. Grant, *Flower Paintings through Four Centuries*, F. Lewis, Leigh-on-Sea 1952, p. 21.

4

Léon Lagrange, « Du rang des femmes dans l'art », *Gazette des Beaux-Arts*, Paris 1860.

5

Patricia Mainardi, « Quilts : The Great American Art », *Feminist Art Journal*, hiver 1973, p. 1.

6

Elizabeth Stone, *The Art of Needle-work*, Henry Colburn Publisher, Londres 1840, p. 29.

7

Lady Marian Alford, *Needlework as Art*, Sampson Low, Marston, Searle, and Rivington, Londres 1886.

8

Eileen Power, *Medieval Women* [1975], Cambridge University Press, Cambridge 1997.

9

Sheila Rowbotham, *Féminisme et révolution*, Payot, Paris 1973, p. 24.

10

Daniel Defoe, *The Complete English Tradesman* [non traduit en français mais connu sous le nom du *Parfait Commerçant anglais*], cité *in* Ivy Pinchbeck, *Women Workers and the Industrial Revolution, 1750–1850*, Augustus M. Kelley, New York 1969.

11

Joseph Addison, *Le Spectateur, ou le Socrate moderne* [1712], t. 6, Arkstée & Merkus, Amsterdam/Leipzig 1754, p. 249-250.

12

Cité in Edith Appleton Standen, « Working for Love and Working for Money : Some Notes on Embroideries and Embroiderers of the Past », *East Side House, Winter Antiques Show*, 1966, p. 19.

13

Ici et suivante : Mary Lamb, *Miscellaneous Prose 1798-1834*, Methuen & Co., Londres 1903, p. 17.

14

J. R. Pickmere, *Pamphleteer*, vol. XXVIII, 1827, p. 115-116.

15

Cité in Edith Appleton Standen, art. cit. ; nous soulignons.

16

En français dans le texte, comme tous les mots et expressions suivis d'un astérisque dans cet ouvrage.

17

Miss Doings, jeu de mots entre méfaits (*misdoings*) et mademoiselle (*miss*) (NdT).

18

Donald King, *Samplers*. Victoria and Albert Museum & Her Majesty's Stationery Office, Londres 1960.

19

Library of Anecdote, cité in Margaret Jourdain, *The History of English Secular Embroidery*, Kegan Paul, Londres 1910, p. 171-172.

20

Moritz Hoernes et Oswald Menghin, *Urgeschichte der bildenden Kunst*, Vienne 1925, p. 574 ; nous soulignons.

21

Ralph Pomeroy, « Navajo Abstraction », *Art and Artists Magazine*, vol. 9, n°7, 1974, p. 30 ; nous soulignons.

22
Sherry B. Ortner, « Le féminin est-il au masculin ce que la nature est à la culture ? », 1974, in Christine Verschuur (dir.), *Genre, mouvements populaires urbains et environnement*, Graduate Institute Publications, Genève 2007, p. 49-68.

23
Carlton Safford et Robert Bishop, *America's Quilts and Coverlets*, Dutton, New York 1972, p. 86 ; nous soulignons.

24
Ruth Finlay, *Old Patchwork Quilts and the Women Who Made Them*, J. B. Lippincot Co., Philadelphie/Londres 1929, p. 33.

25
Cité in Carlton Safford et Robert Bishop, *America's Quilts and Coverlets*, op. cit., p. 86.

26
Visible en ligne à cette adresse : https://archive.org/details/GoldsteinArtExhibits_0005, consulté en mai 2024.

27
Cité in Carlton Safford et Robert Bishop, *America's Quilts and Coverlets*, op. cit.

28
Ruth Finlay, *Old Patchwork Quilts*, op. cit., p. 33.

29
Judith Marle, *Studio International*, vol. 187, n°965, 1974.

III — « La petite artiste de Dieu »

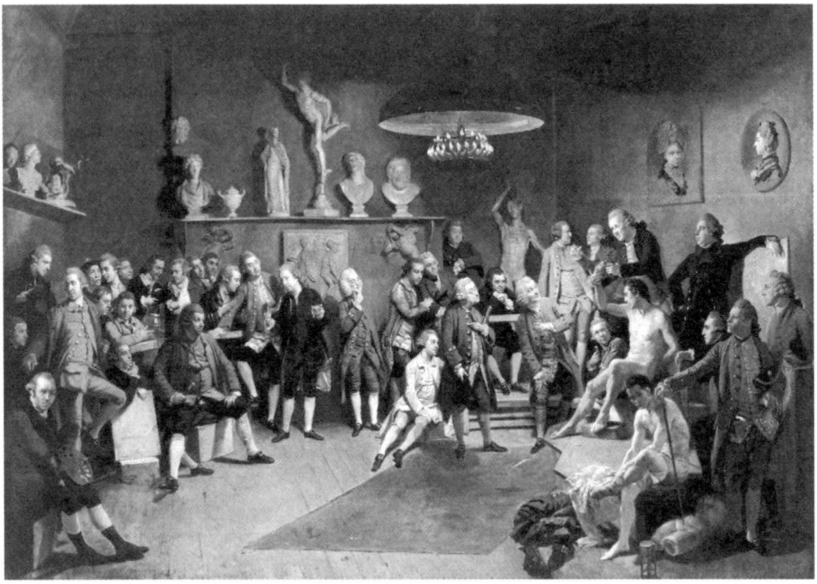

Johan Joseph Zoffany
Les Académiciens de la Royal Academy, 1771-1772

Portraitiste suisse actif en Angleterre, Johan Joseph Zoffany s'est spécialisé dans les scènes de théâtre et les compositions de groupe, nommées *Conversation Pieces*. Il compte lui-même parmi les membres fondateurs de la Royal Academy of Arts. Ses *Conversation Pieces* fournissent des renseignements précieux sur les goûts, les attitudes envers l'art et le statut des artistes du XVIIIe siècle. Ce tableau des académiciens constitue le pendant d'un portrait de groupe de connaisseurs admirant les collections antiques et de la Renaissance de la Galerie des Offices à Florence (*La Tribune des Offices*, 1772-1778). La pièce maîtresse de ce tableau n'est pas un modèle masculin figurant dans une pose héroïque, comme ici, mais une figure féminine : le nu classique très admiré, l'incarnation de la beauté féminine, la Vénus de Médicis. L'assemblée de connaisseurs y regarde avec admiration la statue de Vénus – la femme comme déesse de marbre, objet sexuel. En revanche, ici, les deux femmes académiciennes sont exclues du tableau représentant les académiciens dans l'atelier de modèle vivant, en train de discuter des principes du nu dans l'art classique. Avec ces deux tableaux, il y a un contraste manifeste entre la femme acceptable en tant qu'objet d'art et la femme en tant qu'artiste, à qui l'on interdit de réaliser les objets les plus admirés et prestigieux de l'art.

Huile sur toile, 101 × 147,5 cm. The Royal Collection, Windsor

L'artiste comme individu créatif est un concept moderne. Avant le XVIIIe siècle, le mot « artiste » s'appliquait d'une part à l'artisan, de l'autre à celui qui faisait preuve de goût. La première occurrence du mot « artiste » que donne l'*Oxford English Dictionary* date de 1853. Frederick Denison Maurice l'a utilisé, dans *The Prophets and Kings of the Old Testament*, pour désigner « celui qui cultive l'un des beaux-arts dont l'objet est principalement de répondre aux émotions esthétiques par la perfection ou l'exécution, que ce soit dans la création ou dans la représentation[1] ». Cette définition moderne est le résultat d'un long processus de transformation économique, social et idéologique par lequel le mot « artiste » a cessé de désigner un type d'artisan ou d'ouvrier pour signifier un type particulier de personne présentant un ensemble de caractéristiques : les artistes en sont venus à être considérés comme étranges, différents, exotiques, imaginatifs, excentriques, créatifs, non conformistes et solitaires. Un mélange de facteurs génétiques supposés et de rôles sociaux distingue l'artiste de la masse des mortels, créant ainsi de nouveaux mythes – ceux du prophète et, surtout, du génie – et de nouveaux personnages sociaux – le bohème et le pionnier.

Cette transformation a commencé par les efforts des artisans pour devenir des membres respectés de la communauté intellectuelle et de l'élite culturelle. Ces notions émergentes ont atteint de nouveaux sommets avec la genèse du mythe romantique aux XVIIIe et XIXe siècles, lorsque l'artiste, non content d'hériter de la responsabilité des prêtres et de devenir le révélateur de vérités divines, a acquis un statut semi-divin d'héritier du « Créateur » original lui-même. Être un artiste aujourd'hui, finalement, c'est être venu au monde comme une personne spéciale. La créativité réside dans la personne et non dans ce qu'elle fait. Dans certaines pratiques artistiques, il suffit d'ailleurs que l'artiste désigne un objet comme de l'art pour qu'il le devienne.

Pendant la même période, ce personnage spécial s'est vu conférer de plus en plus d'attributs exclusivement masculins. Dans son étude des conceptions de l'artiste au XIXe siècle, *Icarus : The Image of the Artist in French Romanticism*[2], Maurice Z. Schroder examine le développement d'une analogie entre la créativité artistique et la sexualité masculine, citant notamment ce commentaire de Gustave Flaubert dans une lettre à Hippolyte Taine : l'artiste est « un ‹ fouteur › sentant le sperme qui monte et la décharge qui s'apprête ». Ces notions remontent à la Renaissance, où l'on conseillait aux artistes d'être continents et chastes afin de conserver leur « virilité » pour leur art. On les retrouve dans l'art moderne. Vincent van Gogh a pu dire à un collègue artiste : « Mange bien, fais bien l'exercice militaire, baise pas trop fort, ta peinture en ne baisant pas trop fort n'en sera que plus couillarde[3]. » Ces citations montrent l'analogie à son niveau le plus explicite, mais elle se repère facilement dans le langage de la critique d'art moderne, qui fait l'éloge de la vigueur, de l'élan, de la force et, par-dessus tout, de la maîtrise.

L'expression « femme artiste » a pris simultanément de nouvelles significations. Dans la seconde moitié du XIXe siècle, tandis qu'un roman comme *L'Œuvre* (1886) d'Émile Zola représentait la vie d'un artiste bohème parisien qui se débattait héroïquement avec son art – symbolisé par une figure féminine –, d'autres romans, d'un style très différent, décrivaient les luttes de femmes artistes essayant de réconcilier leurs vies de femmes avec une identité d'artiste qui tendait à se confondre avec les notions de masculinité et, en particulier, de sexualité masculine. Citons notamment *The Story of Avis* (1877) d'Elizabeth Stuart Phelps et *The Master-Christian* (1900) et la nouvelle « Nehemiah P. Hoskins, Artist » (1896) de Marie Corelli. Dans *Olivia* (1850) de Dinah M. Craik, l'artiste Vanburgh explique à son élève en herbe, Olivia, pourquoi elle n'atteindra jamais les sommets de la créativité. Loin d'être une parodie, le ton qu'il adopte est destiné à impressionner et à transmettre la sensibilité extraordinaire, la dévotion presque religieuse de sa nature passionnée et artistique :

> « Quand je dis qu'il est impossible qu'une femme devienne artiste, j'entends un franc artiste. N'avez-vous jamais réfléchi, ma chère enfant, à la valeur de ce mot ? Un artiste ne veut pas dire simplement un peintre, mais un poète, un savant, un profond observateur, un gentleman aussi. Nous autres, nous avons été les amis des rois. Un artiste, c'est un homme sans tache ; autrement, comment pourrait-il atteindre le pur idéal ? C'est un homme ayant une volonté de fer, une audace indomptable, de grandes passions qu'il sait toujours contenir, un homme, en un mot, qui, sentant en lui-même une étincelle de l'esprit divin, adore Dieu de toute son âme. »
>
> En prononçant ces derniers mots, Vanburgh ôta son béret de velours et resta la tête découverte pendant quelques instants avec respect ; puis il continua : « Voilà ce qu'un artiste devrait être de naissance[4]. »

Les développements qui ont conduit à la conviction, propre au XIXe siècle, que la grandeur en art était le privilège naturel de l'homme se sont cependant accompagnés d'une évolution des définitions de la femme artiste. Pour retracer, sous une forme nécessairement schématique, les changements considérables qui sont intervenus dans l'idéologie et la définition de l'artiste et dans la construction idéologique parallèle de la femme artiste, nous examinerons trois phases distinctes : l'artiste et la classe sociale au XVIe siècle ; l'artiste et les académies au XVIIIe siècle ; l'image de l'artiste dans les romans et journaux intimes au XIXe siècle. Cette étude conduit à des conclusions inattendues. Elle ne donne pas l'image d'une intégration progressive des femmes artistes, qui commencerait par quelques découvertes célèbres à la Renaissance et se terminerait par les ateliers de femmes très fréquentés du XIXe siècle. Une analyse structurelle des représentations de l'artiste dans la peinture, la critique, la fiction et l'autobiographie montre que, dans le cadre de l'évolution des définitions de l'artiste au cours de cette période, les images de l'« artiste » et de la « femme artiste » sont devenues des catégories de plus en plus distinctes et nettement différenciées.

Il ne faut pourtant pas confondre ce phénomène avec le résultat des tentatives féministes modernes de reconstituer pour les femmes une histoire particulière et distincte – une lignée exclusive de femmes artistes, un « héritage caché ». Ann Sutherland Harris présente par exemple Sofonisba Anguissola comme une pionnière héroïque, « la première femme peintre à connaître la célébrité », et ajoute qu'en tant que telle, « elle doit avoir une grande importance dans l'histoire des femmes peintres[5] ». Pour elle, l'importance de Sofonisba Anguissola tient à son rôle de fondatrice d'une tradition de femmes artistes. Cette imposition rétrospective d'un modèle historique linéaire et progressif sur les activités des femmes artistes du passé tend, d'un côté, à les couper d'un cadre historique plus large et, de l'autre, à cacher la relation dialectique qui s'établit entre les femmes artistes et les définitions dominantes de l'artiste. Ces définitions ont changé. Si elles ont parfois tourné à l'avantage des femmes, elles ont créé, à d'autres moments, des contradictions insolubles. C'est de cette histoire complexe et non unitaire que nous devons nous occuper.

Nous pouvons commencer par analyser les implications de la position de classe de Sofonisba Anguissola, et la manière dont elle s'est représentée en tant qu'artiste dans ses autoportraits, en relation avec les aspirations des artistes de la Renaissance à un statut social plus élevé. Comme d'autres femmes artistes de la Renaissance [p. 170], elle s'est représentée en train de jouer d'un instrument de musique [p. 171].

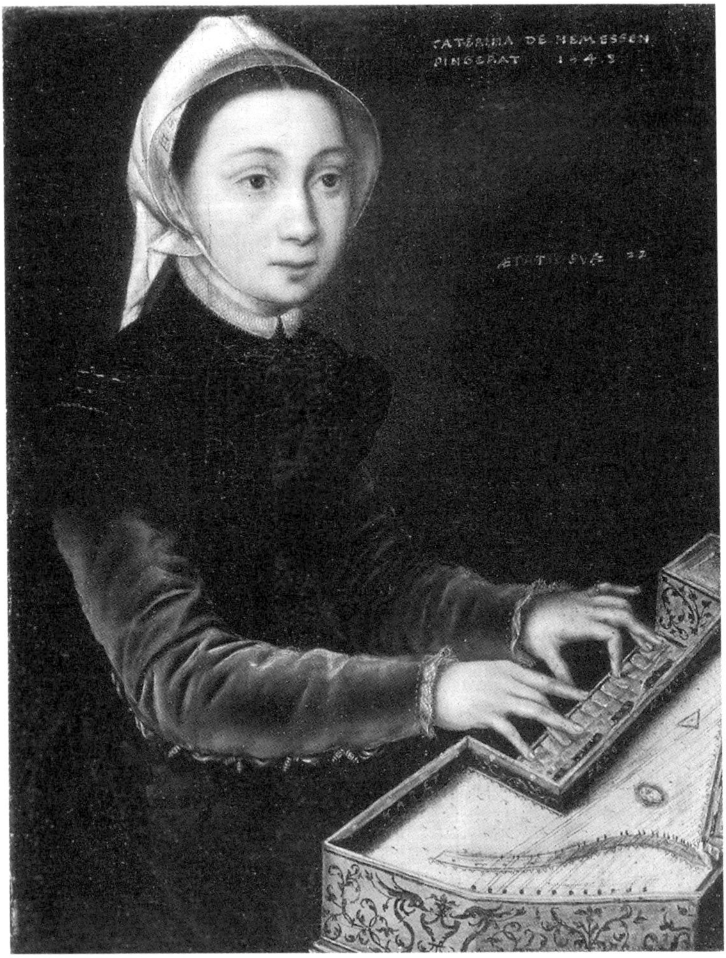

Catharina van Hemessen
Jeune fille jouant du virginal, 1548

Des recherches récentes indiquent que ce tableau, autrefois considéré comme un autoportrait, représente la sœur de l'artiste et constitue le pendant d'un autoportrait aujourd'hui conservé au Kunstmuseum de Bâle. De taille similaire, les œuvres sont orientées en vis-à-vis. Si nous juxtaposons ce tableau du Nord, montrant une femme en train de jouer d'un instrument de musique, et un autre qui traite d'un sujet similaire à la même époque en Italie, c'est pour faire ressortir leurs différences. Les artistes avaient davantage en commun avec leur école locale respective qu'entre elles, bien que toutes les deux aient été des femmes. Cela apparaît très clairement dans l'accent placé sur le volume et les indications de profondeur du tableau de Sofonisba Anguissola, par opposition au traitement des figures, plus plat et linéaire, de Catharina van Hemessen.

Huile sur toile de chêne, 32,2 × 25,7 cm. Wallraf-Richartz Museum, Cologne

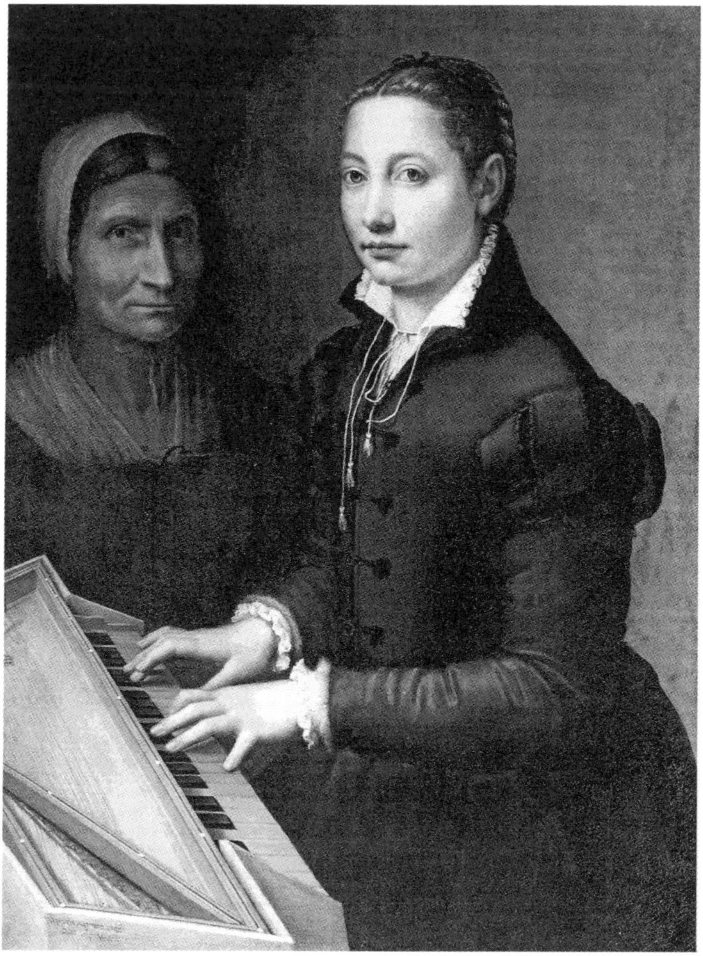

Sofonisba Anguissola
Autoportrait à l'épinette, 1561

La disposition d'un personnage – le chaperon – derrière l'épinette attire l'œil du spectateur dans l'espace illusionniste du tableau ci-dessus, tandis que, dans le portrait en page précédente, l'inscription sert à réduire la profondeur évoquée par les zones sombres apparaissant derrière la figure. Par ailleurs, si Catharina van Hemessen envisageait un diptyque présentant une femme en train de peindre un tableau et une femme en train de jouer d'un instrument de musique, elle affirmait de la sorte les talents des femmes dans les arts et leur appartenance à un groupe cultivé, accompli et instruit, soit l'image même de la femme que Sofonisba Anguissola représente dans son autoportrait : l'artiste en musicienne accomplie.

Huile sur toile, 88,9×81,3 cm. Collection Spencer, Althorp

Mais que signifie le fait de montrer l'artiste à l'épinette plutôt qu'à son travail, en train de brandir les insignes de sa profession, la palette et le pinceau ?

Comme nous l'avons vu à propos de la broderie, la production artistique a connu des réorganisations majeures au XVIe siècle. Alors qu'elles avaient été étroitement impliquées dans l'unité économique de production – la famille –, voire, plus tard, dans les guildes, les femmes en ont été progressivement exclues. Leur absence de participation au commerce a tendu à signifier une élévation du statut de leur propre famille ; et leur nouvelle activité de brodeuses amatrices – plutôt que professionnelles – a confirmé ce statut, car la broderie était traditionnellement pratiquée par les « dames » dans les foyers aristocratiques, et elle l'avait été par les reines pendant des siècles. En étant moins impliquées dans la production, les femmes ont contribué à la mobilité ascendante des classes artisanales et marchandes. Dans le même temps, l'artiste a essayé de se distinguer de l'artisan – l'exécutant manuel des idées et des projets d'autrui (le mécène). Il aspirait au statut d'intellectuel, du mécène, de l'écrivain, du poète, du philosophe ou du théologien. Dans l'étude qu'ils ont consacrée à l'évolution du statut et de l'identité de l'artiste, *Les Enfants de Saturne*, Margot et Rudolf Wittkower ont documenté la transformation de l'artisan en artiste à la Renaissance. Le nouvel idéal différait de l'artisan « dans la mesure où [l'artiste était] conscient de ses pouvoirs intellectuels et créateurs[6] ». Ils citent le traité sur l'art de Lorenzo Ghiberti (1378-1455), l'un des premiers artistes à avoir rédigé une autobiographie et affirmé cette nouvelle identité : « Peu de choses importantes ont été faites sur notre territoire qui n'aient été *dessinées*[7] et mises au point de ma main. » Margot et Rudolf Wittkower citent aussi Leon Battista Alberti (1404-1472), qui encourageait les aspirations supérieures des artistes en s'appuyant sur ce qui était en réalité une mauvaise interprétation de leur situation sociale dans l'Antiquité. Il leur conférait presque le statut social de la noblesse afin d'« attribuer une dignité à leurs successeurs modernes ».

L'accent était désormais mis sur les prétentions intellectuelles de l'artiste, par opposition à l'habileté manuelle. Les autoportraits de Sofonisba Anguissola peuvent être perçus comme autant de « signes des temps ». La façon dont elle s'est représentée souligne sa noblesse et son appartenance à l'élite cultivée. Elle a peint plus d'images d'elle-même qu'aucun autre artiste entre Albrecht Dürer et Rembrandt ; au moins douze autoportraits d'elle sont connus. Cet *Autoportrait à l'épinette* (1561), le dernier qui soit daté, est aussi le seul dont on sache qu'il a été peint en Espagne. Ses autoportraits la montrent avec des attributs très différents. Certains soulignent sa profession et la représentent avec son professeur – tandis que ce dernier réalise son portrait –, au travail sur un tableau, ou tenant une palette. D'autres mettent l'accent sur la noblesse de sa famille, son éducation et ses talents. La présence du chaperon, qui apparaissait déjà dans *La Partie d'échecs* [p. 74], sert, elle aussi, à signaler sa position d'aristocrate.

Les artistes de la Renaissance étaient rarement issus de la noblesse, mais les attributs et activités de la noblesse correspondaient à leurs nouvelles aspirations. La classe de Sofonisba Anguissola a donc rendu son activité d'artiste acceptable, et c'est peut-être ce qui sous-tend l'éloge excessif que Giorgio Vasari fit d'elle et de ses sœurs. Fait significatif, les autres femmes de la Renaissance qu'il mentionne, Properzia de' Rossi par exemple, étaient elles aussi des aristocrates, et la manière dont il met en valeur les talents féminins de ces artistes nobles a servi à faire ressortir précisément les caractéristiques de leur statut social qui s'accordaient aux nouvelles conceptions de l'artiste.

Il y avait alors une différence entre les statuts des hommes artistes et des femmes artistes mais elle ne désavantageait pas nécessairement ces dernières. Alors que les artistes masculins luttaient pour sortir de la classe des artisans, le prolongement professionnel des acquis de leur éducation assurait aux femmes nobles une certaine reconnaissance. Cependant, dans le discours rhétorique qui soutenait la Renaissance, l'artiste aspirait à dépasser l'aristocratie ; il visait la divinité elle-même. Michel-Ange, qui représentait une figure héroïque dans cette entreprise destinée à redéfinir la nature et le statut de l'artiste, était surnommé « Il Divino ». Et Albrecht Dürer (1471-1528), l'un des rares auteurs d'autoportraits célèbres de la période, avait même osé se peindre en Christ dans son autoportrait de 1500. Leon Battista Alberti considérait la peinture comme le plus élevé des arts parce qu'elle contenait une « force divine ». Cette notion de la Renaissance dérivait en partie des idées classiques d'une divine folie dans les arts, en partie de la notion médiévale de Dieu le Père comme architecte de l'univers[8]. La mythologie patriarcale soutenait les prétentions des artistes mais, pour des raisons évidentes, elle limitait sérieusement l'identification du sexe féminin à la notion d'artiste.

Aux XVIIe et XVIIIe siècles, la fondation d'académies d'art officielles a procuré aux artistes des moyens plus sûrs d'obtenir une reconnaissance intellectuelle. Les académies ont changé le statut de l'artiste à plusieurs titres, en particulier en créant un nouveau système de formation ayant pour effet de professionnaliser la pratique de l'art et de rationaliser son étude. Les artistes ont été « instruits » plutôt que « formés », en suivant un programme d'études rigoureux, fondé sur des théories de l'art les encourageant à s'inspirer des « grands maîtres » de l'Antiquité et de la Renaissance.

Un tableau réalisé par Johan Joseph Zoffany (1733-1810) en 1771-1772, *Les Académiciens de la Royal Academy* [p. 166], présente les portraits d'une telle assemblée de savants. Nous y reconnaissons, au centre, Joshua Reynolds, l'auteur des *Discours sur la peinture*[9] et le premier Président de la Royal Academy of Arts, à son cornet acoustique bien visible. Mais le tableau vise également à transmettre l'« idéal » de l'artiste académique. Les académiciens sont présentés dans des poses confiantes et décontractées, habillés comme des gentlemen de haut rang, participant à une discussion sur le nu. Ils se trouvent dans l'atelier de modèle vivant de la Royal Academy, entourés de modèles et de moulages classiques. Dans le programme académique, l'étude du corps humain nu était le cours privilégié entre tous, et le nu était considéré comme le fondement des réalisations suprêmes des grands artistes. Les académiciens sont présentés comme des savants, à l'aise avec leur érudition. Ce sont des hommes de raison. Le tableau de Johan Joseph Zoffany peut donc être perçu à la fois comme un portrait et comme une représentation idéalisée. Il évoque les idées du XVIIIe siècle sur la nature de l'artiste et sur la manière d'exercer et de pratiquer l'art.

Il y avait bien deux femmes parmi les membres de la Royal Academy : Mary Moser (1744-1819 , p. 128) et Angelica Kauffmann (1741-1807), mais elles ne pouvaient pas figurer dans cette image. Par souci de vérité historique, il n'était pas possible de les exclure entièrement d'un portrait de groupe officiel des académiciens, mais il n'était pas possible non plus de les inclure dans une assemblée qui discutait du nu. L'Académie n'autorisait pas les femmes à étudier le dessin d'après modèle, et cet interdit était peut-être si fort que, même dans un tableau, Johan Joseph Zoffany ne pouvait pas montrer des académiciennes dans la même pièce que des modèles masculins nus. Il est étrange cependant qu'il ait indiqué leur appartenance à l'Académie par des portraits obscurs, peu informatifs et presque méconnaissables, sur le mur de droite. Il n'a même pas représenté leurs visages avec le soin scrupuleux qui nous permet d'identifier tous leurs collègues masculins.

Cette différence signifie qu'Angelica Kauffmann et Mary Moser n'apparaissent pas comme des artistes en activité mais comme des images de femmes accrochées au mur – comme des œuvres d'art. Bien que leur appartenance à l'Académie ait ainsi été enregistrée, il est très significatif que ces femmes artistes n'aient pu y être présentes que sous la forme de tableaux dans le tableau, et que leurs traits aient été représentés de manière si différente de celle des hommes que l'on pouvait presque les confondre avec une partie du mobilier de l'atelier, au même titre que les modèles et moulages parmi lesquels se tenaient et se prélassaient les messieurs cultivés de l'Académie.

Il peut être utile de comparer cette représentation des artistes de l'Académie du XVIIIe siècle à un autoportrait d'Angelica Kauffmann, l'une des femmes que Johan Joseph Zoffany n'a pas pu inclure dans le groupe. Le tableau d'Angelica Kauffmann, *Autoportrait de l'artiste hésitant entre la musique et la peinture* [p. 177], est lui aussi à la fois un portrait et un témoignage sur l'artiste. À première vue, son autoportrait invite à la comparaison avec celui de Sofonisba Anguissola [p. 171] et, comme ce dernier, met en valeur les nombreuses capacités de l'artiste. Mais Angelica Kauffmann s'est représentée au moment où elle a effectué son choix : celui de continuer à peindre et de faire ses adieux à la musique, suggérant peut-être qu'elle n'avait plus besoin de se référer à ses nombreux talents pour justifier sa position d'artiste. En outre, elle nous fait bien comprendre son attachement à la peinture, au moyen d'une figure qui représente la peinture et la conduit vers les ruines d'un temple classique, en référence à la fois aux idéaux de la théorie académique et au mouvement néoclassique contemporain. Le tableau est donc un manifeste de sa pratique professionnelle de la peinture et un engagement dans le nouveau mouvement de l'art apparu à la fin du XVIIIe siècle.

Il y a pourtant des différences cruciales entre ce portrait réalisé par une femme artiste du XVIIIe siècle et celui de Sofonisba Anguissola, des différences qui traduisent une tension tout à fait nouvelle entre la conception de la femme et la conception de l'artiste à cette date. Cette tension ne trouve pas de résolution dans le tableau d'Angelica Kauffmann et permet d'expliquer pourquoi Johan Joseph Zoffany n'a pas pu la représenter dans son tableau des académiciens de la Royal Academy, sinon comme une image accrochée au mur. L'autoportrait en artiste de Sofonisba Anguissola mettait moins l'accent sur son sexe et sur son habileté que sur sa classe, dont les attributs correspondaient à ceux des idéaux émergents de l'artiste de la Renaissance. Son sexe et sa pratique d'artiste n'étaient pas en conflit dans son tableau. Dans celui d'Angelica Kauffmann, néoclassique et allégorique, en revanche, le témoignage sur le type d'artiste qu'elle était se heurte à la représentation de cette même artiste en tant que femme.

Le tableau marque une transition entre le portrait de l'artiste accompagné des attributs de cette profession et une représentation allégorique de la femme et de l'art. Il peut être « lu » à deux niveaux. Le premier niveau est celui d'Angelica Kauffmann comme une peintre qui choisit de faire état de ses dons et de ses allégeances. Le deuxième concerne les effets problématiques de cette tentative de récit symbolique ou d'allégorie. C'est cet aspect qui détermine la perception de son portrait. Le public n'est pas confronté à une personnalité active, à un agent décisif qui fait un choix, mais à une image, à un spectacle de jolies femmes. Le tableau hésite entre l'autobiographie et la mythologie, et cette ambiguïté révèle une nouvelle phase dans l'histoire de l'identité de la femme artiste.

L'artiste est représentée en train de faire son choix entre la peinture et la musique, mais les deux arts sont illustrés allégoriquement par des figures féminines. Angelica Kauffmann apparaît sur le même plan et à la même échelle que ces deux figures idéales, brouillant immédiatement la distinction nécessaire entre le statut des figures allégoriques – qui représentent les arts de la musique et de la peinture – et celui de l'artiste. Ce n'est pas un simple échec artistique mais un problème de représentation des femmes. Cela peut être clairement établi en examinant une formule picturale alternative qui aurait permis de représenter l'idée du choix de manière allégorique. Avec leur connaissance des classiques, les artistes du XVIIIe siècle connaissaient certainement la légende d'Hercule à la croisée des chemins. Même au sein d'une convention mythologique, la confusion de sens aurait été moindre, et la distinction entre les figures allégoriques et les figures « réelles » aurait été plus nette, si l'on avait vu un protagoniste *masculin* en train de faire son choix entre deux arts représentés de manière allégorique par des figures féminines idéalisées, accompagnées d'attributs symboliques. Par ailleurs, parce qu'Angelica Kauffmann était une femme, une telle composition – avec trois femmes – évoque le modèle classique des Trois Grâces. Étant donné cette référence implicite, les figures allégoriques revendiquent l'artiste Angelica Kauffmann comme l'une des leurs. Les significations de ce portrait de femme s'en trouvent ainsi minées. La figure d'Angelica Kauffmann devient une image, presque un type allégorique, par sa juxtaposition avec les deux autres images de l'art et de la musique. Mais, en même temps, les figures allégoriques elles-mêmes menacent de sortir

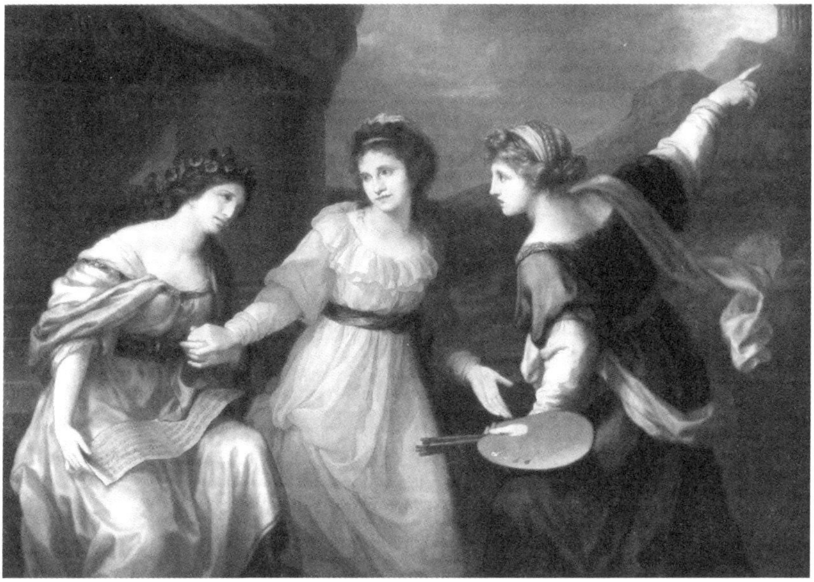

Angelica Kauffmann
Autoportrait de l'artiste hésitant entre la musique et la peinture, 1794

Angelica Kauffmann a vécu une jeunesse peu orthodoxe. Avec son père, muraliste et portraitiste, peintre itinérant qui lui enseigne le métier, elle voyage à travers la Suisse, l'Autriche et le nord de l'Italie. Elle suit également une formation de musicienne – elle a appris à chanter et à jouer de divers instruments de musique. C'est peut-être son contact avec les peintres et théoriciens néoclassiques, à Florence et Rome, qui renforce sa détermination à devenir peintre d'histoire et lui permet d'échapper au cantonnement habituel des femmes à la nature morte et le portrait. Élue à l'Accademia di San Luca de Rome en 1764, elle voyage à Londres deux ans plus tard, et y devient membre fondatrice de la Royal Academy en 1768.

Huile sur toile, 215,9×147,3 cm. The Nostell Priory, Wakefield, Yorkshire

de leur statut d'idéal pour devenir les compagnes de l'artiste, plutôt que ses muses. Cette tension se trouve encore renforcée par la manière dont l'artiste est peinte : sa robe, son apparence et ses tristes adieux à la musique s'offrent au public comme l'image d'une femme belle et touchante. Cette dernière, ainsi que les deux autres figures féminines, apparaissent devant nous comme des objets de beauté. Le peintre James Barry a dit à propos de ce tableau : « Comme j'envie la poignée de main que reçoit la musique plaintive. » L'effet ultime du tableau est de nous montrer la femme artiste comme une belle femme, comme une source d'inspiration, pour le public autant que pour elle-même, dans la création de la beauté dans l'art.

Les femmes artistes de la période n'étaient pas admirées pour leur Raison ; on attendait d'elles qu'elles soient belles et désirables. Ellen C. Clayton a commenté la manière dont Angelica Kauffmann a été reçue à son arrivée à Londres en 1766 :

> Heureuse et aimable, Angelica fut chaudement accueillie par ses frères artistes, Fuseli [Johann Heinrich Füssli] et Dance [sans doute Nathaniel Dance-Holland], qu'elle avait déjà rencontrés à Rome : ils auraient été tous les deux amoureux d'elle. [...] Mais M. Reynolds lui-même était, disait-on, prêt à déposer sa main, son cœur et sa position enviable à ses jolis pieds. [...] Les gens présumaient cela parce qu'elle était ce que les dames appellent « très jolie » et, séduisante à tout point de vue, elle devait être une sacrée coquette[10].

Sa carrière a été entourée de rumeurs sur ses amours, et ses mérites d'artiste ont été confondus avec son charme alors, qu'en même temps, on prétendait qu'avec un physique comme le sien, personne ne pouvait être aussi bon artiste qu'elle ne paraissait l'être. Dans le cinquième volume de ses *Anecdotes de peinture en Angleterre*, Horace Walpole écrit d'Angelica Kauffmann : « Elle était jolie, chantait bien et avait bon caractère. Elle peignait à l'huile ; avec goût, mais légèrement. »

En France, Élisabeth Vigée Le Brun a subi un traitement comparable. Ses contemporains la décrivaient comme « l'orgueil de la France, l'immortel crayon Élisabeth [*sic*], la moderne Rosalba, mais plus brillante qu'elle, joignant la voix de Favart [un chanteur d'opéra] au sourire de Vénus[11]. » Dans ses propres mémoires, elle se rappelait fièrement la sensation qu'elle avait créée par la beauté de son visage :

> Puisque j'ai pris le parti, chère amie, de vous avouer que j'étais toujours remarquée aux promenades, aux spectacles, jusqu'au point où l'on faisait foule autour de moi, vous devinez sans peine que plusieurs amateurs de ma figure me faisaient peindre la leur, dans l'espoir de parvenir à me plaire ; mais j'étais si occupée de mon art, qu'il n'y avait pas moyen de m'en distraire[12].

Et plus loin, elle ajoutait : « À cette époque, réellement, la beauté était une illustration. » C'était pourtant un avantage douteux, parce qu'Élisabeth Vigée Le Brun a fait l'objet, elle aussi, de soupçons et de rumeurs malveillantes selon lesquels un autre artiste, un homme, François-Guillaume Ménageot (1744-1816), avait peint ses tableaux, y compris les portraits de commande.

S'il y a une artiste qui n'a été ni acclamée ni soupçonnée de fraude, c'est bien Anna Dorothea Therbusch (1721-1782). Denis Diderot expliquait pourquoi elle n'avait pas réussi à établir sa réputation de peintre lorsqu'elle était venue en France en 1765 :

> Ce n'est pas le talent qui lui a manqué pour faire la sensation la plus forte dans ce pays-ci. Elle en avait du reste. C'est la jeunesse, c'est la beauté, c'est la modestie, c'est la coquetterie. Il fallait s'extasier sur le mérite de nos grands artistes : prendre de leurs leçons, avoir des tétons et des fesses, et les leur abandonner[13].

L'autoportrait d'Anna Dorothea Therbusch [p. 180], peint quelques années avant sa mort, est direct, sérieux, et, nous l'imaginons, fidèle. Son monocle bien visible rappelle l'*Autoportrait aux besicles* (1771), peint au pastel, de Jean Siméon Chardin, qui avait introduit un élément nouveau dans l'imagerie de l'artiste en se présentant sous une apparence professionnelle, avec un abat-jour et des lunettes. La pose et les attributs d'Anna Dorothea Therbusch ne mettent pas, quant à eux, l'accent sur sa profession ; ils soulignent, typiquement, son éducation et son raffinement. On peut rapprocher ce type de présentation de soi du développement, à la fin du XVIIIe siècle, de cercles de femmes intellectuelles, comme celui des « bas bleus », critiqués pour leur désir de cultiver la raison au détriment de l'amour.

Sa contemporaine Rosalba Carriera a eu du succès même sans être belle, mais cette réussite méritait un commentaire spécial. Dans un article de l'*Art Journal* en 1886, Carew Martin rendait compte des réactions du XVIIIe siècle à son travail :

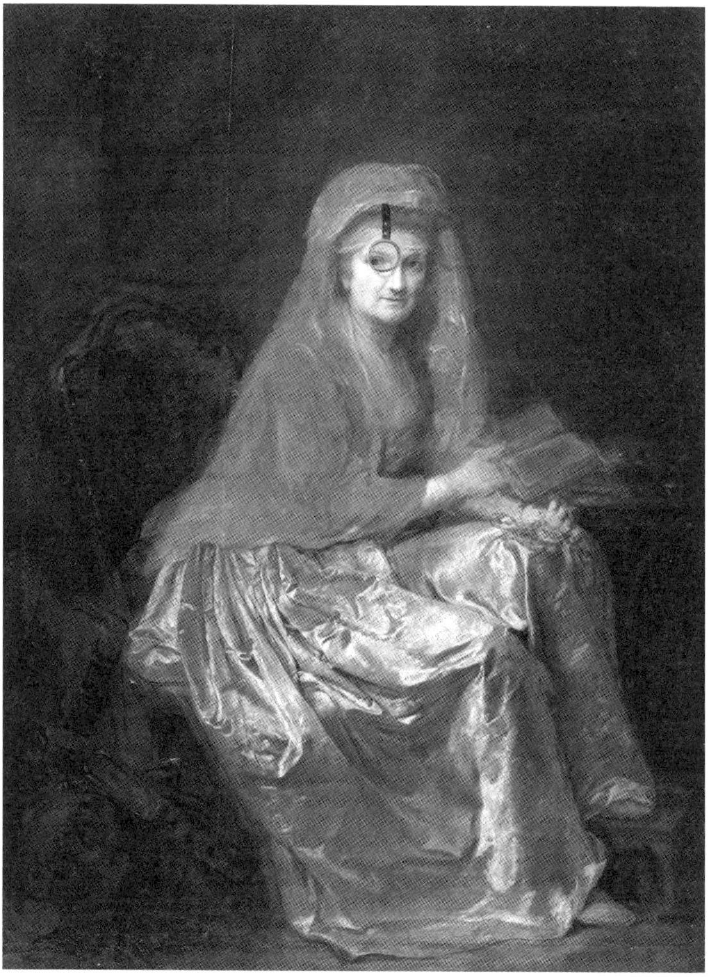

Anna Dorothea Therbusch
Autoportrait, c. 1782

Anna Dorothea Liszewska est née à Berlin de parents polonais. Avec sa sœur Anna Rosina (1716-1783), elles sont formées par leur père. Anna Dorothea Liszewska travaille à la cour de Wurtemberg, à Stuttgart, puis pour Frédéric II, roi de Prusse. Elle séjourne à Paris entre 1765 et 1768 et y est reçue membre de l'Académie. Avec Rosalba Carriera, elle est l'une des rares femmes parvenues à briser la résolution de 1706 contre leur admission. Elle épouse le peintre Ernst Friedrich Therbusch et vit à Berlin de 1771 à sa mort. Son œuvre compte peu de grands sujets : elle s'est concentrée sur le portrait, parce qu'elle n'a pas pu suffisamment étudier l'anatomie pour réaliser ses ambitions de peintre d'histoire.

Huile sur toile, 153,5 × 118 cm. Gemäldegalerie, Berlin

> ne devant son pouvoir à aucun attrait naturel – elle était loin d'être belle et avait largement dépassé les trente ans lorsqu'elle a commencé sa carrière –, Rosalba Carriera a réussi au sein d'une société dans laquelle la fragilité féminine offrait un moyen plus sûr d'obtenir la reconnaissance que le talent ou la vertu[14].

Son dernier autoportrait au pastel [p. 182] est une étude approfondie et sincère dans laquelle l'humeur et l'expression comptent plus que le détail de la forme ou des traits. Avec leurs couleurs claires et leurs représentations subtiles de modèles sûrs de leur élégance, les portraits de commande de Rosalba Carriera offrent une image harmonieuse d'hommes et de femmes du XVIIIe siècle. Le journal qu'elle a tenu sur le tard, pendant de brèves périodes, reflète pourtant un tempérament mélancolique. À l'âge mûr, elle a été hantée par la tristesse et la peur de la mort. Elle est en effet devenue aveugle, et certains témoignages suggèrent qu'elle a souffert d'une grave dépression. Avec son arrière-plan morne et son visage ombragé, cet autoportrait est très différent de ses portraits de commande. Nous n'avons pas besoin de nous appuyer sur des lectures psychologiques modernes de son image de soi, car la *Storia della pittura veneziana* (1771) d'Anton Maria Zanetti, que cite Clara E. Clement, nous dit qu'elle a peint un autoportrait allégorique « avec le front ceint de feuilles qui symbolisaient la mort » : « Elle y voyait une image de la tristesse dans laquelle sa vie s'achèverait[15]».

Des autoportraits comme ceux d'Anna Dorothea Therbusch et de Rosalba Carriera contrastent de manière saisissante avec un portrait de l'artiste du XVIIIe siècle Élisabeth Vigée Le Brun. Son autoportrait de la National Gallery de Londres [p. 184] représente avec soin les étoffes somptueuses de sa robe, les plis impeccables de sa parure et la texture de ses plumes et de ses doux cheveux. Elle tient ses pinceaux d'un geste élégant et peu professionnel, et les couleurs de la palette, soigneusement disposées, rappellent la composition florale décorative de son chapeau. Elle s'offre comme un bel objet à regarder, à apprécier et admirer, mais ne dit rien de l'activité, du travail et de la sensibilité de l'art qu'elle prétend exercer. En tant qu'image d'une artiste du XVIIIe siècle, elle n'est pas du tout convaincante. Sa source connue, et la référence qu'elle vise, est un tableau de Pierre Paul Rubens (1577-1640), *Le Chapeau de paille* (1622-1625) [p. 184], qu'elle avait admiré à Anvers un peu auparavant. La coquetterie et la sensation voluptueuse du tableau n'en font guère un modèle pour une artiste cherchant à

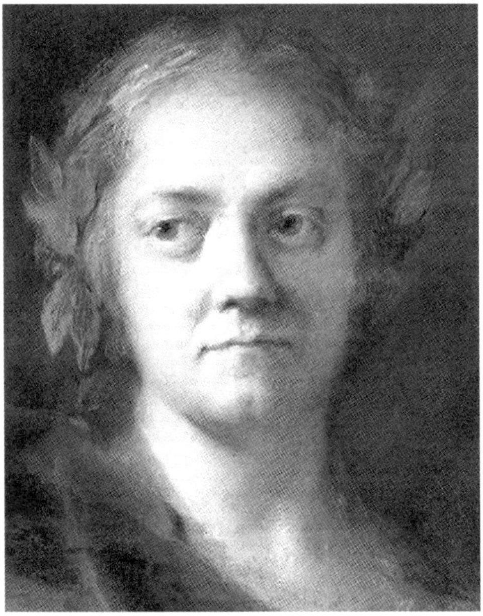

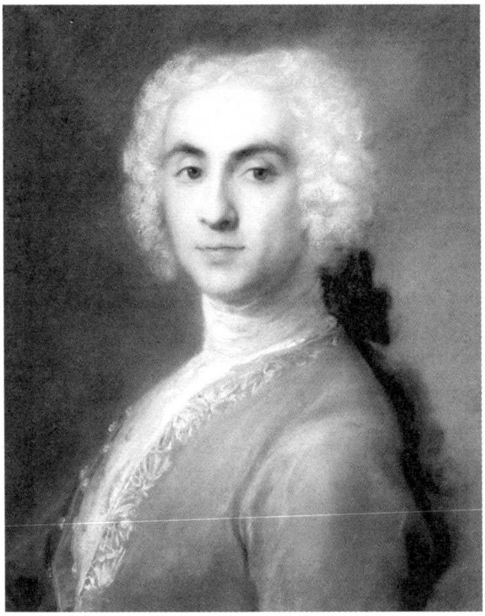

Rosalba Carriera

Autoportrait, c. 1745

Portrait d'homme, c. 1720

EN HAUT : Pastel sur carton, 31 × 25 cm. Galleria dell'Accademia, Venise
EN BAS : Pastel sur papier, 58 × 47 cm. The National Gallery, Londres

peindre un autoportrait, mais c'est une représentation typique de la femme – non seulement d'une femme, mais de la Femme : sexuelle, physique, le spectacle de la beauté. L'autoportrait d'Élisabeth Vigée Le Brun est donc construit sur les significations de la « Femme » en tant que signe dans le langage de l'art – des significations tout à fait opposées à la notion d'artiste instituée par le discours critique de la fin du XVIIIe siècle. La femme artiste pouvait être acceptée au XVIIIe siècle mais selon des critères très différents de ceux s'appliquant aux hommes. Elle ne pouvait l'être que dans la mesure où sa personne, son personnage public, se conformait aux notions en vigueur de la Femme, et non à celles de l'artiste.

Cette contradiction entre la Femme – comme beauté ou objet sexuel – et l'artiste apparaît de manière encore plus nette dans un tableau d'Élisabeth Vigée Le Brun représentant un artiste masculin, une image prophétique qui annonce une nouvelle phase, romantique, de l'identité artistique. Son portrait d'Hubert Robert [p. 185] le montre en tenue de travail décontractée, la cravate négligemment nouée, la veste froissée et usée. Appuyé sur un parapet, il exhibe sa main de peintre tandis que, de la main gauche, il tient, avec assurance et facilité, sa palette et ses pinceaux sales. À ces signes de sa pratique artistique, placés au premier plan, s'ajoute la force de son torse, tourné vers la droite. Son visage est fortement éclairé, son regard dirigé loin du public, vers un point invisible, exprimant sa source d'inspiration, éloignée et invisible, ainsi que ses préoccupations mentales. Il voit au-delà, contrairement à Élisabeth Vigée Le Brun elle-même, qui interpelle directement le regard du public dans son autoportrait. On associe sans difficulté ce nouveau personnage artistique – asocial, indépendant, qui voit avec les yeux de l'imagination – à la palette et aux pinceaux, aux moyens de donner une forme visuelle à ses idées. Contrainte par les codes de représentation de la Femme, l'image de soi d'Élisabeth Vigée Le Brun est radicalement différente.

Du fait de son abondante production de tableaux, de la publication de ses mémoires et de la place qu'elle a occupée dans les cercles artistiques et royaux de la France prérévolutionnaire, Élisabeth Vigée Le Brun est probablement la plus connue de toutes les femmes artistes dont nous avons traité jusqu'ici. Elle n'est pourtant présentée habituellement dans les ouvrages d'histoire de l'art que pour y être dénigrée comme douce, chétive et sentimentale, comme un élément charmant et décoratif :

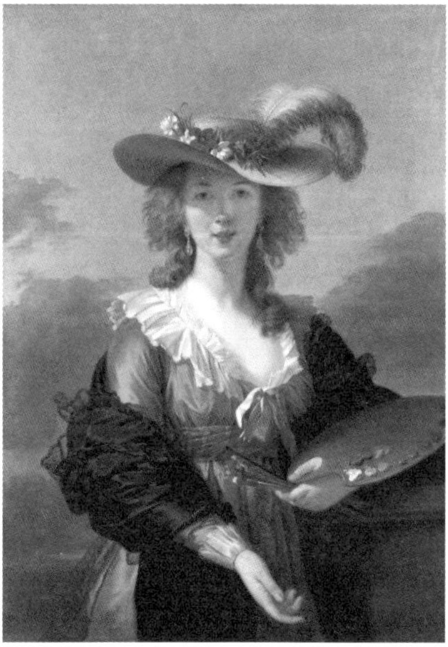 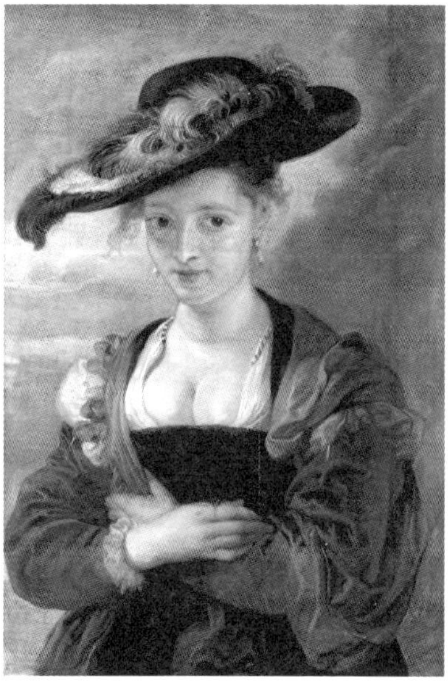

À GAUCHE

Élisabeth Vigée Le Brun
Autoportrait au chapeau de paille, 1782

À DROITE

Pierre Paul Rubens
Le Chapeau de paille, 1622-1625

À GAUCHE : Huile sur toile, 98 × 70,5 cm. The National Gallery, Londres
À DROITE : Huile sur bois, 79 × 54,6 cm. The National Gallery, Londres

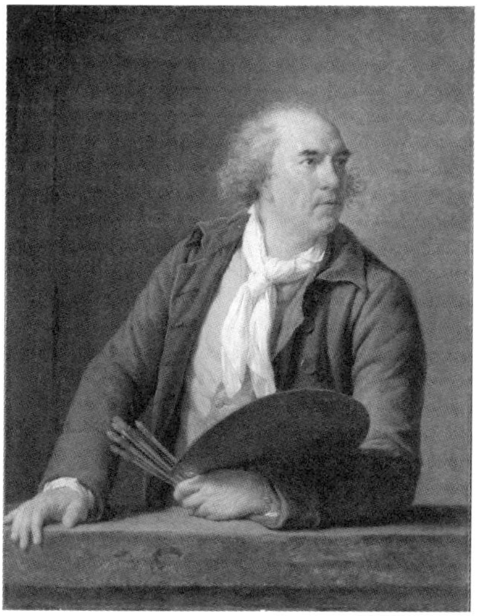
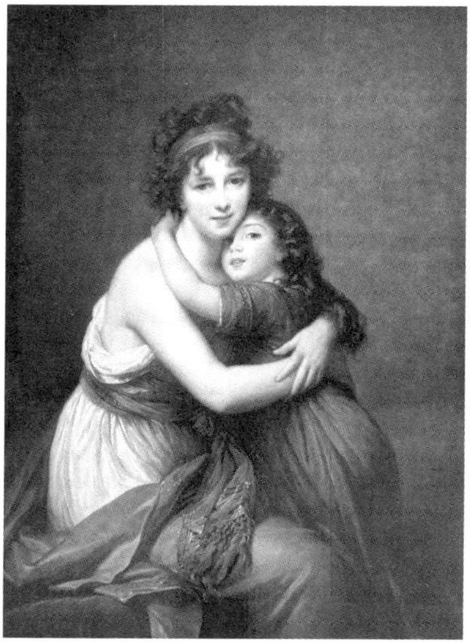

Élisabeth Vigée Le Brun
Hubert Robert, 1788
Madame Vigée-Le Brun et sa fille, Jeanne-Lucie-Louise, dite Julie, 1789

Ce portrait saisissant d'Hubert Robert (1733-1808) contredit immédiatement l'idée qu'Élisabeth Vigée Le Brun ne savait pas peindre les modèles masculins. Il anticipe aussi le concept romantique masculin de l'artiste apparu dans l'Europe post-révolutionnaire.

À GAUCHE : Huile sur bois, 105 × 84 cm. Musée du Louvre, Paris
À DROITE : Huile sur toile, 130 × 94 cm. Musée du Louvre, Paris

> L'« état de nature » (que Rousseau n'avait pas découvert, mais qu'il avait érigé au rang de doctrine) fut la dernière explosion d'optimisme du siècle. Cette théorie, poussée à son extrême degré d'émotion, fut représentée par Mme Vigée Le Brun, qui lui donna une certaine élégance tout en confondant la simplicité vestimentaire et les bons sentiments. Très consciente de son propre charme et incapable de peindre un modèle masculin [!], Mme Vigée Le Brun perpétua le culte du siècle pour la femme. En effaçant chez ses modèles toute trace d'intelligence [naturellement], comme on se débarrasse d'un fard, elle créa ce style de portrait limpide, de bon goût mais sans génie. [...] Mme Vigée Le Brun nous laissa ainsi la dernière image de la femme du XVIIIe siècle (déesse, puis courtisane et, pour finir, un être suprêmement sentimental) avant que Napoléon et la guerre ne la chassent du cœur de l'action[16].

Dans ce paragraphe typique mais d'une longueur inhabituelle, consacré à Élisabeth Vigée Le Brun, faits et fantasmes se mêlent aux éloges et préjugés. La conception de la nature, la culture du sentiment et le spectacle des « jolies femmes » – autant d'éléments de la société française du XVIIIe siècle – se confondent avec la personne et la personnalité de la femme artiste. S'il y a des contradictions manifestes dans son travail, c'est parce qu'elle a dû vivre comme une femme artiste, célébrée comme une beauté « de la nature ». Il ne devrait donc pas nous surprendre qu'elle ait reproduit l'idéologie d'une certaine classe et d'un certain secteur de la société française. Ann Sutherland Harris corrige cette vision et propose une autre lecture du travail d'Élisabeth Vigée Le Brun :

> Finalement, aucune biographie ne lui rendra justice si elle ne prend en considération le contexte historique de sa carrière, une société aristocratique qui se désintègre peu à peu, dont elle fut une ardente partisane et sur laquelle ses peintures et ses écrits fournissent un incomparable témoignage[17].

Élisabeth Vigée Le Brun était la fille d'un peintre, portraitiste et pastelliste. Élevée dans un couvent, elle a bénéficié des encouragements de son père et étudié l'art d'abord avec Gabriel-François Doyen (1726-1806), puis avec Gabriel Briard (1725-1777). Au cours de sa formation, elle a reçu les enseignements et conseils de Joseph Vernet (1714-1789) et de Jean-Baptiste Greuze (1725-1805). Elle a exercé une activité professionnelle à l'âge de quinze ans et subvenu aux besoins de sa famille après la mort de son père. À vingt-et-un ans, elle a épousé le principal marchand de tableaux de l'époque, Le Brun, qui lui a donné accès à une importante collection de maîtres anciens. Avec sa désinvolture étudiée et son recours fréquent aux paysages, son style de portraitiste devait beaucoup à la synthèse de certaines tendances stylistiques du XVIIe siècle et contemporaines. Elle a commencé à participer aux cercles de la cour au milieu des années 1770 mais, parce qu'elle était l'une des artistes préférées de Marie-Antoinette, elle a dû quitter précipitamment Paris à la veille de la Révolution. Elle a vécu en exil jusqu'à sa mort, cinquante-cinq ans plus tard.

La carrière d'Élisabeth Vigée le Brun a coïncidé avec le grand bouleversement de la culture et de la société françaises. La classe pour laquelle elle peignait a été ébranlée, et les goûts dominants que cette même classe cherchait à reproduire en employant des peintres ont été détruits dans la lutte politique violente qui a accompagné la Révolution. Sa fuite hors de France a dévoilé ses allégeances politiques mais, après la Révolution, un grand nombre d'artistes ont présenté une pétition demandant que son nom soit retiré de la liste des émigrés proscrits. La carrière d'Élisabeth Vigée Le Brun soulève des questions intéressantes sur la relation de l'artiste avec les évolutions sociales. Si, d'un côté, elle était trop étroitement associée à la classe aristocratique et royale en voie de désintégration de la France de la fin du XVIIIe siècle, de l'autre, une partie de son travail contenait des éléments des nouvelles idéologies sociales et politiques ayant contribué au renversement révolutionnaire de l'Ancien Régime. En effet, les artistes ne se contentent pas de refléter passivement une idéologie dominante ; ils font partie de son processus de construction. Ils agissent et sont agis. Son activité artistique a été marquée par la rencontre entre des idéologies contradictoires, dans une période de bouleversement social radical, une période au cours de laquelle non seulement la structure entière de la société s'est transformée – et particulièrement les rôles des femmes en son sein –, mais aussi les rôles des artistes et le contenu de leur art, ces derniers ayant fait l'objet d'un débat public. Une fois que l'on parvient à voir au-delà de son joli visage, il est également possible de mesurer le degré d'implication d'Élisabeth Vigée Le Brun dans ces évolutions.

Dans son article « Happy Mothers and Other New Ideas in French Art[18] », Carol Duncan analyse l'émergence d'une nouvelle représentation de la famille, moraliste et émotionnelle, dans laquelle la vie domestique apparaît non seulement agréable mais heureuse. Outre Élisabeth Vigée Le Brun, elle cite deux peintres importants : Jean-Baptiste Greuze, l'ancien conseiller d'Élisabeth Vigée Le Brun, et Jean-Honoré Fragonard (1732-1806). Les institutions du mariage et de la famille ont pris progressivement leur forme moderne à cette époque, et un nouveau concept de l'enfance est apparu. La famille ne désignait plus seulement la lignée ou la dynastie, mais aussi les relations affectives entre les parents et leurs enfants. Le mariage, qui avait été jusqu'alors un contrat économique et social, devait devenir, idéalement, un partenariat émotionnel. L'enfance commençait à se distinguer comme une étape particulière de la croissance humaine, caractérisée par des notions comme l'innocence et le naturel. La promotion de ces idées nouvelles associées à la bourgeoisie est devenue un véritable enjeu pour certains des principaux philosophes et théoriciens du social de la fin du XVIIIe siècle. Ces idées ont profondément affecté les rôles et positions des femmes. Le culte de la mère, les rôles nettement différenciés attribués aux parents des deux sexes et l'insistance sur le contenu émotionnel des relations familiales sont autant d'éléments de ce qui constituait à l'époque l'idéologie bourgeoise progressiste, en lutte contre ce qui apparaissait comme un ordre social féodal et antirationaliste, représenté par la monarchie et le système des ordres privilégiés. Il est possible de rattacher l'autoportrait d'Élisabeth Vigée Le Brun avec sa fille [p. 185] à ces nouvelles idéologies. Peints à la veille de la Révolution, sa robe classique et sa composition élégante relèvent de l'ordre ancien. La nouveauté réside dans l'accent mis sur la famille et la laïcité, la Vierge à l'Enfant de l'iconographie traditionnelle étant remplacée par une mère et une *fille* enlacées dans une étreinte affectueuse. L'*Autoportrait au chapeau de paille* [p. 184] mettait l'accent sur la notion de *femme* dans l'expression « femme artiste ». Ce portrait de l'artiste et de sa fille développe cette notion de femme en insistant sur le fait qu'elle est une mère.

Cette image préfigure l'idéologie bourgeoise moderne qui veut que les femmes aient leur place au foyer et qu'elles trouvent leur seul véritable épanouissement dans la maternité – « vous ne serez jamais une artiste, vous aurez des bébés, et c'est tout » [voir p. 59]. En outre, le tableau associe les deux figures féminines dans le cercle de leur étreinte. L'enfant apparaît comme une image-miroir de sa mère, en plus petit. La femme adulte doit s'épanouir à travers son enfant ; sa fille s'attend à ce que son rôle futur soit identique à celui de sa mère. Le dispositif de composition inscrit dans le tableau ce circuit fermé du rôle des femmes dans la société bourgeoise.

Avec la consolidation au XIXe siècle de la bourgeoisie comme classe sociale dominante, les femmes ont été de plus en plus assignées à une place au sein de la famille ; la féminité ne devait se réaliser que dans la grossesse et l'éducation des enfants. Les artistes qui étaient des femmes ont été soumises aux contraintes institutionnelles du développement de la famille nucléaire, mais aussi à l'hypothèse que leur art prendrait ainsi, naturellement, la forme du reflet de leur féminité domestique. En même temps, selon un mouvement contraire, l'« artiste » a été de plus en plus étroitement associé à tout ce qui relevait de l'anti-domestique : le statut de marginal [*outsider*], le comportement anti-social, l'isolement par rapport aux autres hommes, le désordre et les forces sublimes d'une nature indomptée. Comme la féminité devait être vécue dans l'accomplissement des rôles domestiques et reproductifs prescrits par la société, une profonde contradiction est apparue entre les identités de femme et d'artiste.

En outre, les femmes bourgeoises du XIXe siècle devaient perpétuer les traditions aristocratiques, être des embellisseuses, des civilisatrices et des gardiennes de l'ordre face à la mobilité sociale et à l'instabilité économique d'un monde chaotique et menaçant. Dans un poème intitulé *La Princesse* (1847), situé avec nostalgie dans un passé féodal, le poète lauréat victorien Alfred Tennyson (1809-1892) concluait :

> L'homme au champ et la femme au foyer,
> L'épée pour l'homme et l'aiguille pour elle,
> À l'homme la tête et le cœur à la femme,
> À l'homme de commander, à la femme d'obéir,
> Tout le reste est confusion[19].

Les phrases courtes et averbales établissent, par leur répétition, les polarités extrêmes de l'homme et de la femme, mais la soudaineté du dernier vers trahit l'incertitude. Seules les divisions bien structurées pouvaient écarter les menaces de confusion. Louisa, marquise de Waterford (1818-1891), a contribué de manière intéressante à ces idées. Elle peignait avec suffisamment de sérieux pour décorer de fresques édifiantes l'école de son domaine, dans le Northumberland, et solliciter l'avis de John Ruskin, le critique d'art le plus éminent de son siècle. Elle a toutefois rejeté l'idée de devenir artiste à plein temps pour deux raisons. Elle soutenait que l'art était amoral, tandis que la femme devait être vertueuse et morale, et que la femme avait un rôle dans la vie, un rôle domestique.

Comme elle l'a écrit à une amie, elle n'a jamais pu se consacrer entièrement à la pratique artistique :

> Je n'ai jamais pu atteindre ne serait-ce qu'une seule œuvre que je vois en esprit, et si je le pouvais, ce serait moins que ces grands maîtres d'autrefois, dont les plus belles œuvres n'ont pas étouffé le mal ou enseigné le bien. Je ne pourrais pas vivre pour l'art – ce ne serait pas ce pour quoi j'ai été mise au monde. [...] Deux foyers m'ont été donnés et c'est pour y faire mon possible qu'ils me sont donnés dans le court laps de temps dont je dispose[20].

Un groupe de femmes du XIXe siècle a tourné le dos à ce que Lady Waterford considérait comme sa vocation. Renonçant à leur foyer, un mari et une future famille, un groupe de sculptrices américaines expatriées – la « belle sororité » [*fair sisterhood*] qu'Henry James avait surnommée le « troupeau blanc marmoréen » – a élu domicile à Rome, où elles ont pu vivre et travailler à l'écart des conventions qui régissaient la vie de la plupart des femmes de la classe moyenne. En raison du manque de formation et de ressources matérielles pour la sculpture en marbre, des sculptrices américaines ambitieuses se sont donc installées en Europe à partir du premier quart du XIXe siècle. Certains facteurs plus spécifiques avaient pourtant affecté leur choix de vivre et de travailler à Rome. Harriet Hosmer (1830-1908) envisageait les attitudes à l'égard des femmes qui prévalaient en Europe comme un changement bienvenu par rapport à celles qui avaient cours en Amérique. Elle écrit depuis Rome : « Quel pays que le mien pour les femmes ! Ici, chaque femme a une chance si elle a l'audace de la saisir ; et je suis fière de chaque femme qui en a l'audace. » Échappant aux contraintes du mariage et de la famille, Harriet Hosmer et certaines de ces sculptrices menaient une vie remarquablement libre pour des femmes du XIXe siècle : elles marchaient seules dans les rues de Rome, même la nuit, prenaient leurs repas au restaurant et faisaient du cheval à la campagne sans être escortées par un homme. Aussi limitée qu'ait été cette progression vers le type d'indépendance dont les artistes masculins jouissaient librement dans la ville, elle leur a valu les critiques de respectables matrones de la société romaine et a conduit le préfet de police à émettre un avertissement officiel. Cependant, leur indépendance a été partiellement acceptée dans la mesure où elles menaient une vie chaste et exemplaire et n'enfreignaient pas les codes bien établis de la vertu féminine. La poétesse anglaise Elizabeth Barrett Browning (1806-1861), amie d'Harriet Hosmer, a écrit à son propos, pour rassurer une matrone méfiante : « Elle émancipe la vie excentrique de la ‹ femme parfaitement émancipée › de toute ombre de reproche par la pureté de la sienne. »

Le romancier américain Nathaniel Hawthorne (1804-1864), défenseur du vieil esprit puritain de la Nouvelle-Angleterre, a examiné de près la vie de l'une de ces sculptrices. Soulagé de la trouver si pure et si peu atteinte par son existence non conventionnelle, il écrit à Louise Lander (1826-1923) :

> Une jeune femme menant une vie indépendante presque parfaite, à des milliers de kilomètres de sa Nouvelle-Angleterre natale, parcourant sans crainte ces rues mystérieuses de nuit comme de jour ; sans liens familiaux, sans autre règle ou loi que celle qu'elle porte en elle, agissant pourtant avec simplicité et calme et se tenant après tout au sein de simples règles[21].

Ces observations ont servi d'inspiration à Nathaniel Hawthorne pour le personnage de Hilda – un ange entièrement idéalisé, presque une sainte – dans son roman sur la communauté artistique de Rome, *Le Faune de marbre* (1860)[22]. Dans son livre, cependant, la femme artiste n'est pas une sculptrice indépendante ; elle copie les grands chefs-d'œuvre italiens. Hilda réalise sa meilleure copie à partir du portrait de Beatrice Cenci de Guido Reni. Beatrice Cenci, une femme soupçonnée du meurtre de son père tyrannique, avait en effet été le sujet d'une sculpture récente et célèbre d'Harriet Hosmer en 1857. La sculpture [p. 193] est pleine de tragédie et de pathos. Il y a dans ses formes un poids – une immobilité, un calme et un silence – qui contraste avec la manière dont les artistes masculins contemporains utilisaient le marbre pour exprimer le mouvement et l'énergie. Le sujet de Beatrice Cenci, emprisonnée et enchaînée, offrait le thème d'une femme accablée, prisonnière du péché, reflet des conceptions judéo-chrétiennes de la culpabilité de la femme, héritée d'Ève. La sculpture d'Harriet Hosmer évoque cela dans le rythme pesant du corps couché, les membres immobiles, l'expression passive et la manière dont le lourd drapé recouvre une partie du corps, telle une enveloppe funéraire. Certes, il y a une ambiguïté troublante parce que son corps est aussi partiellement nu, mais le chapelet qu'elle serre dans sa main réaffirme sa pureté. Les significations complexes du thème sont parfaitement rendues. Harriet Hosmer a utilisé le moyen du marbre pour transmettre un sentiment aigu d'emprisonnement moral, physique et psychologique.

Si les critiques contemporains toléraient le travail d'Harriet Hosmer et des sculptrices américaines expatriées, c'était en partie parce que la production de sculptures anoblissantes apparaissait compatible avec le rôle de civilisatrice et de protectrice des valeurs humaines attribuées aux femmes bourgeoises au XIXe siècle. Cependant, à première vue, le fait que des femmes aient réalisé des sculptures sur pierre monumentales semble contredire tout ce que nous avons dit par ailleurs du confinement des femmes dans des genres moins prestigieux et des sujets qui convenaient à la production domestique. Le processus de fabrication de la sculpture au XIXe siècle permet d'expliquer cette apparente contradiction. La plupart des sculptures, y compris les grands marbres, étaient réalisées à partir de modèles préliminaires en argile. Le modèle en argile, incarnation de l'idée de l'artiste, était confié à des artisans, qui réalisaient un moule en plâtre de plus grande taille. La statue était alors sculptée, à l'aide d'un pantographe – un instrument mécanique permettant de transférer le modèle sur un grand morceau de pierre – par des artisans hautement qualifiés. À la dernière étape, le sculpteur travaillait sur la statue en marbre pour lui donner la touche finale. Le modelage de l'argile relevait, selon des auteurs du XIXe siècle tels que John Jackson Jarves[23], du domaine des activités qui convenaient aux « doigts délicats » et à « l'imagination souvent assez vive » des femmes. Dans l'Amérique du XIXe siècle, la statuaire publique pour les bâtiments officiels – comme les capitoles des États – constituait le principal marché, et la principale source de mécénat, pour la sculpture. Le travail des femmes dans ce domaine faisait l'objet de restrictions. En tant qu'Américaines et en tant que sculptrices de formation, on leur commandait parfois des sculptures d'hommes célèbres pour ces sites [p. 65]. Mais les interventions dans ce domaine prestigieux suscitaient une forte opposition, sous des prétextes fallacieux, comme le fait que des femmes modèlent des jambes d'hommes. Harriet Hosmer a obtenu ses plus grands succès dans le domaine plus accepté de la *fantasy*, comme sa petite statue *Puck on a Toadstool* [*Puck sur un champignon*] de 1856. Harriet Hosmer et les sculptrices de son cercle ont également réalisé des portraits monumentaux de femmes célèbres, historiques et contemporaines. Sa sculpture de la figure classique *Zénobie enchaînée* de 1859 [p. 194] montre une femme impressionnante et audacieuse, soumise à la contrainte – enchaînée, attachée et conquise. Son sujet s'apparente à la tradition du XVIIe siècle qui

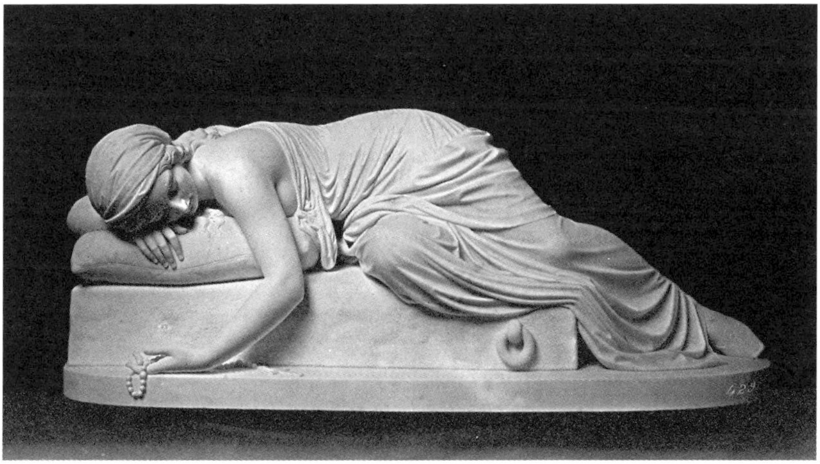

Harriet Hosmer
Beatrice Cenci, 1857

Marbre, 43,8 × 104,7 × 43,1 cm. The Art Gallery of New South Wales, Sydney

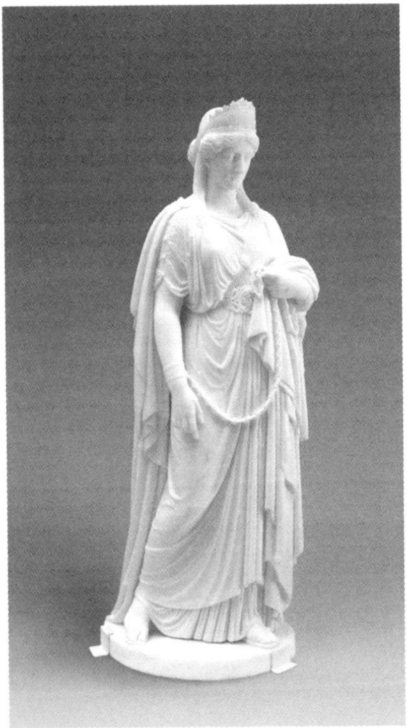

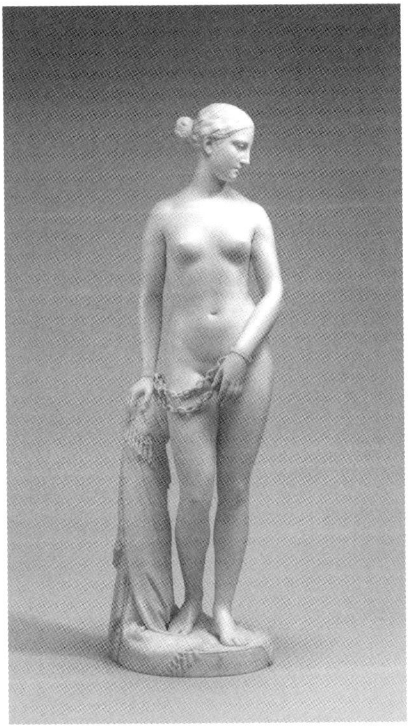

À GAUCHE

Harriet Hosmer

Zénobie enchaînée, 1859

À DROITE

Hiram Powers

L'Esclave grecque, 1849

À GAUCHE: Marbre, hauteur : 124,5 cm. The Wadsworth Atheneum, Hartford
À DROITE : Marbre, hauteur : 165,1 cm. Raby Castle, Durham

consistait à représenter des femmes héroïques, comme Judith et Porcie, et partage d'ailleurs certaines des contradictions qui apparaissaient dans la représentation de cette dernière par Elisabetta Sirani [p. 84]. La noble prestance de Zénobie, sa majesté, s'exprime par la dignité avec laquelle elle porte ses chaînes – le signe de sa captivité et de sa défaite. Il est éclairant de comparer la *Zénobie* de Harriet Hosmer à *L'Esclave grecque*, une œuvre du sculpteur américain Hiram Powers (1805-1873) qui a connu un grand succès en 1849 [p. 194]. Cette dernière montre une jeune fille chrétienne, nue, mise en vente sur un marché aux esclaves, qui protège sa pudeur autant qu'elle le peut de ses mains enchaînées. L'œuvre était interprétée à l'époque comme une dénonciation de l'esclavage et une expression de solidarité avec le peuple grec, en guerre contre les Turcs. Cherchant à exprimer la vertu de la jeune femme face à ces humiliations, Hiram Powers a utilisé sa nudité pour souligner son impuissance et sa vulnérabilité. Cette nudité tranche avec la silhouette massive et drapée de la *Zénobie* d'Harriet Hosmer, exempte de toute suggestivité. Le nu d'Hiram Powers n'a pas échappé à la censure. Lorsqu'il a circulé à travers les États-Unis, à l'occasion d'une exposition itinérante, il a fallu le défendre des accusations d'impudicité et d'obscénité. Dewey, un pasteur obligeant, en a cependant offert une apologie, assurant que la jeune fille était vêtue de la couverture protectrice de la vertu chrétienne. Hiram Powers jouait de la jeunesse, de la beauté et de la disponibilité vulnérable pour exprimer sa conception de la vertu chrétienne. La possibilité d'être vendue et la possessivité sexuelle font partie intégrante de sa sculpture d'une femme nue, et la glose de Dewey ou les significations politiques qu'on lui a prêtées ne sauraient occulter ou effacer ces connotations. La *Zénobie* d'Harriet Hosmer réussit à nous convaincre de la résistance stoïque dont une femme est capable – un trait rarement attribué aux femmes dans les représentations masculines de ces sujets. Mais cette résistance est sapée par le fait qu'un tel courage et qu'une telle force d'âme ne trouvent à se manifester que face au désastre et à la captivité – une métaphore suggestive de la servitude sociale dans laquelle vivaient les femmes.

Harriet Hosmer était une amie proche d'Elizabeth Barrett Browning, laquelle habitait à Florence. C'est elle qui a choisi le prénom – Aurora – de la poète-héroïne du poème narratif de cette dernière, *Aurora Leigh* (1856), une affirmation féministe majeure du XIXe siècle sur les femmes et sur l'art[24]. Dans son introduction à la réédition du livre en 1978, Cora Kaplan a examiné les contradictions et faux-fuyants de la position d'Elizabeth Barrett Browning sur les droits des femmes, qui éclairent celle d'une femme comme Harriet Hosmer. Il convient selon elle d'établir une distinction cruciale. D'un côté, les femmes bourgeoises du XIXe siècle ont commencé à s'exprimer en leur nom propre, pour défendre leurs propres causes politiques. Dans la sphère culturelle, il s'est notamment agi de contester la domination masculine dans les domaines privilégiés de la grande culture, comme la poésie épique ou la sculpture néoclassique. De l'autre côté, les positions idéologiques de ces femmes sont souvent apparues moins radicales que les effets de leurs activités dans ces domaines. Une telle distinction s'applique également au cas d'Harriet Hosmer et de ses « sœurs » sculptrices, dont la détermination à participer à l'art professionnel public et monumental a constitué un refus manifeste de se conformer à une conception restreinte des talents des femmes en matière de décoration. Les images qu'elles ont produites, les sujets qu'elles ont choisis et la manière dont elles les ont traités n'ont pas posé, cependant, de grand défi aux idéologies dominantes sur les femmes. Malgré leurs vies prétendument « émancipées » des liens domestiques et leur choix de prendre pour sujet des femmes héroïques, leurs sculptures représentent, voire affirment, la servitude et la place circonscrite de la femme : soit fière et vertueuse dans l'humiliation, soit totalement abaissée et immobilisée dans le péché d'Ève.

Cette communauté de sculptrices a également fait l'objet d'un certain nombre de nouvelles, qui l'ont abordée d'un autre point de vue. Dans « Nehemiah P. Hoskins, Artist » (1896), Marie Corelli (1855-1924) raconte l'histoire d'une peintre italienne dont les tableaux étaient vendus par des artistes masculins comme leurs propres œuvres[25]. Giulietta Marchini, une jeune artiste, nécessairement « belle » et « spirituelle », raconte comment son amant l'a ruinée en volant ses dessins. Le marchand de tableaux, auquel elle avait essayé de vendre sa propre toile, avait écarté catégoriquement l'idée incroyable qu'elle en soit l'auteure :

> Le dessin de *I Barberi* [*Les Barbares*] n'est pas d'une main féminine. Il est purement masculin. [...] Aucune fille de votre âge n'a jamais été capable de dessiner une telle œuvre – regardez l'anatomie et les couleurs. C'est la touche masculine de part en part – il n'y a rien de féminin là-dedans.

Plus tard, l'artiste refuse la suggestion qui lui est faite de se battre pour rétablir sa réputation et récupérer un tableau représentant Daphné, que l'on croyait être l'œuvre d'un artiste américain, Nehemiah P. Hoskins.

Elle livre ces réflexions pertinentes sur la position relative des hommes et des femmes dans le monde de l'art :

> « À quoi cela sert-il – à une femme ? La célébrité pour notre sexe, comme je l'ai dit auparavant, veut dire calomnie ! Un homme peut obtenir la gloire par les moyens les plus vils et les plus illégitimes, il peut voler le cerveau d'un autre pour faire sa carrière, il peut acheter les critiques, il peut faire tout ce qui est en son pouvoir, de manière indigne ou autrement – du moment qu'il réussit, il n'est jamais tenu pour responsable. Mais qu'une femme devienne célèbre par les efforts de sa propre main et de son propre cerveau sans aucune aide, elle est toujours soupçonnée d'être ‹ aidée › par quelqu'un. Non, je ne peux pas dire que je me soucie de la gloire. J'ai peint mon tableau ou, plutôt, le tableau de M. Hoskins », dit-elle en souriant, « par une forte sympathie pour la légende [de Daphné]. Le dieu s'approche, et la femme, créature de joies et d'espoirs et de passions palpitants, se transforme en laurier – un arbre au goût amer et aux fleurs inodores. »

La nouvelle est elle-même aussi amère que le laurier, même si, à sa manière, elle mythologise la lutte de la femme artiste vertueuse injustement traitée dans un monde impitoyable et plein de préjugés. C'est une variation subtile sur le mythe dominant de l'artiste : elle adore son travail, fuit la notoriété, vit à l'écart du monde et reconnaît que les lauriers – qui sont également le symbole de la victoire – ne se gagnent que par la douleur et l'amertume. Elle mène une vie d'artiste mais ne sera jamais reconnue comme telle. La nouvelle souligne un point important : les femmes font de grandes choses mais le monde ne les reconnaît pas. Le vol des idées et des dessins de Giulietta Marchini par Nehemiah P. Hoskins symbolise la manière dont les femmes sont privées de l'identité privilégiée de l'artiste : son travail n'est acclamé en public que lorsqu'on suppose qu'il a été réalisé par un homme. L'histoire illustre le fait que le sexe de l'artiste détermine la manière de voir l'art, et que la façon de voir l'art repose sur l'intersection de deux notions opposées : le concept de l'artiste comme génie masculin et le stéréotype d'une féminité intrinsèquement incapable de génie.

Un exemple moderne de « réattribution » renforce ce constat. *Marie-Joséphine Charlotte du Val d'Ognes* [p 198] a été acheté 200 000 $ en 1917 et légué au Metropolitan Museum of Art comme une œuvre du maître néoclassique Jacques-Louis David (1748-1825). En tant que tel, il a reçu

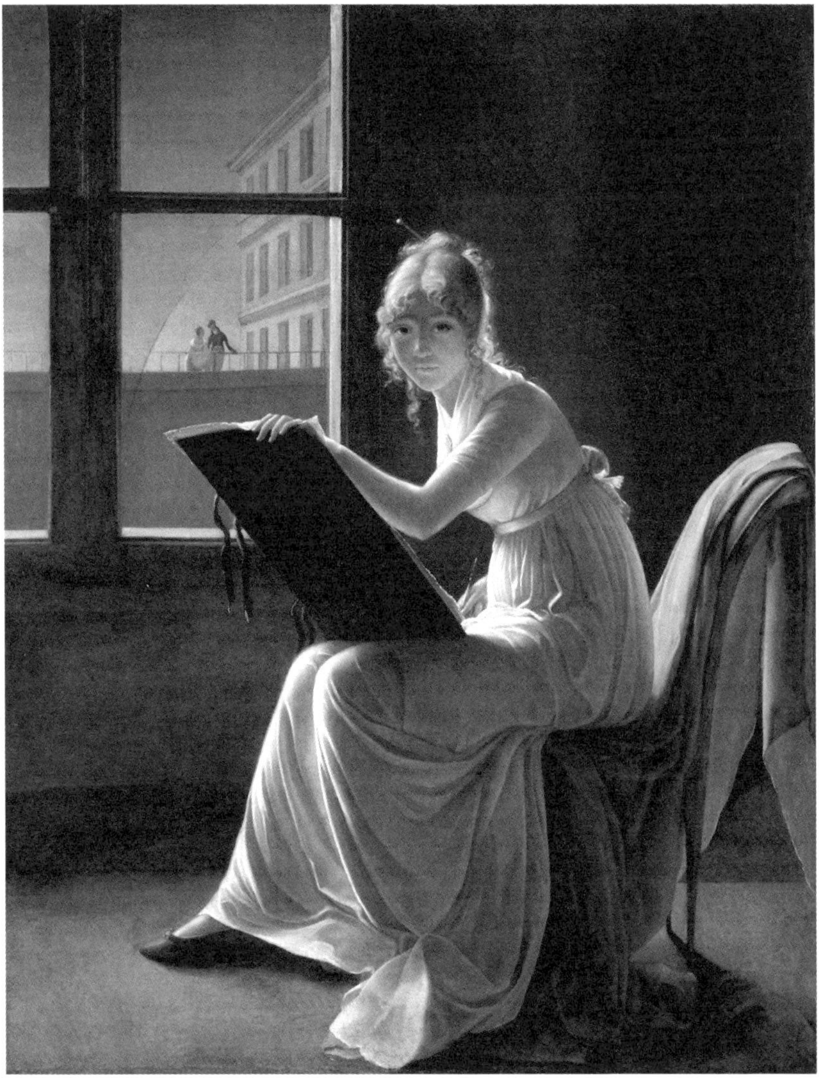

Marie-Denise Villers
Marie-Joséphine Charlotte du Val d'Ognes, 1801

Œuvre autrefois attribuée à Constance-Marie Charpentier (1767-1849)

Huile sur toile, 161,3 × 128,6 cm. The Metropolitan Museum of Art, New York

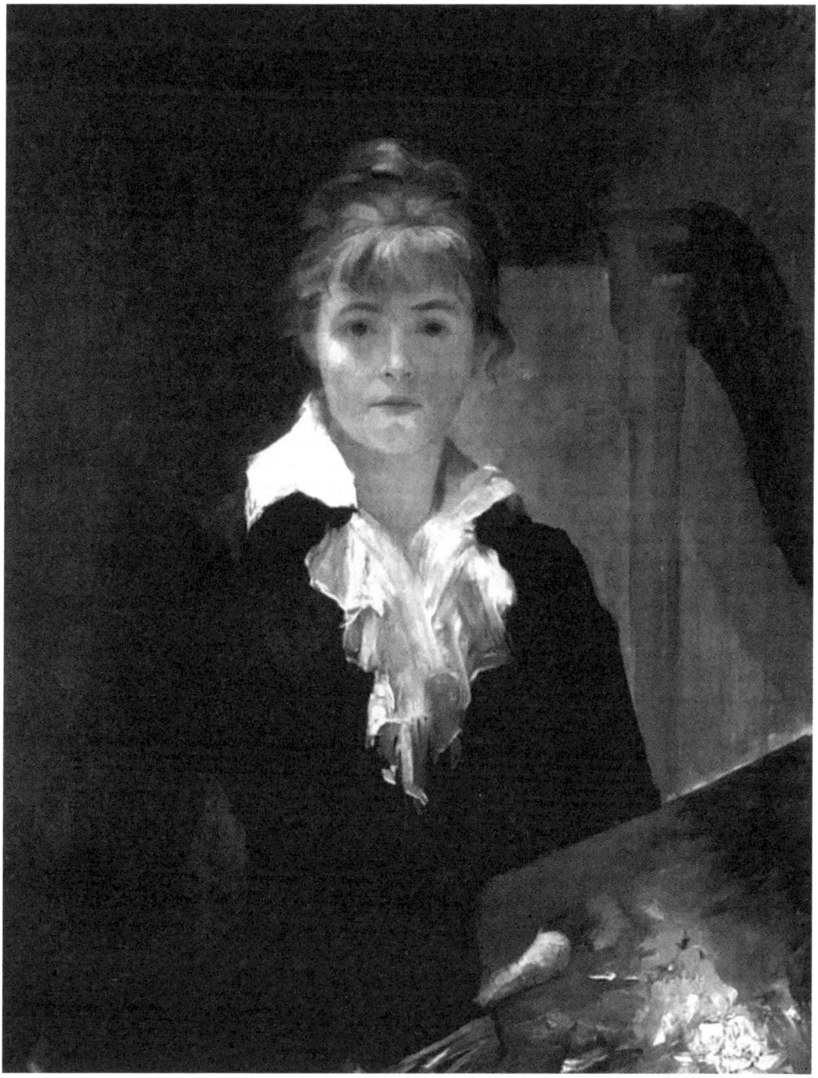

Marie Bashkirtseff
Autoportrait à la palette, 1883

Marie Bashkirtseff est née à Poltava, Ukraine. Ses parents, membres de la petite noblesse russe, se séparent quand elle est enfant. Elle part alors vivre en France avec sa mère. Dès l'âge de cinq ans, elle commence à tenir un journal dont 94 volumes manuscrits sont aujourd'hui conservés à la Bibliothèque nationale de France, Paris. Longtemps publié de manière expurgée, il est maintenant disponible dans sa version intégrale. À Paris, Marie Bashkirtseff étudie à l'Académie Julian et expose au Salon de 1882 à 1884.

Huile sur toile, 114×95,2 cm. Musée des Beaux-Arts de Nice, Nice

des éloges dithyrambiques d'érudits et de connaisseurs du monde entier. En 1948, André Maurois l'a qualifié de « tableau parfait, inoubliable ». Pourtant, en 1951, dans un article du *Metropolitan Museum of Art Bulletin*, Charles Sterling l'a réattribué, non sans hésitation, à Constance-Marie Charpentier (1767-1849) [œuvre aujourd'hui attribuée à Marie-Denise Villers (1774-1821)][26]. Depuis, la perception du tableau a radicalement changé. En 1964, James Laver écrit par exemple : « Bien que le tableau soit extrêmement séduisant comme document d'époque, il présente certaines faiblesses qu'un peintre du calibre de David n'aurait pas commises[27]. » Les justifications avancées par Charles Sterling pour sa réattribution sont entièrement fallacieuses, leur sentimentalité dissimulant mal la croyance qu'il existe un esprit féminin en art, inévitablement inférieur :

> en attendant, l'idée que notre portrait puisse avoir été peint par une femme est, avouons-le, une idée séduisante. Sa poésie est littéraire plutôt que plastique, ses charmes très évidents, et ses faiblesses intelligemment dissimulées, son ensemble constitué de mille artifices subtils – tous paraissent révéler l'esprit féminin[28].

Olivia, le roman de Dinah M. Craik (1826-1887), présente une autre mythologie de la femme en tant qu'artiste. Olivia devient, même brièvement, une artiste à succès. En tant que femme, elle atteint le statut mythique nécessaire de marginal [*outsider*], non parce qu'elle a un esprit résolument indépendant et rebelle, mais parce qu'elle est difforme. Son apparence l'empêche de réussir en tant que femme et, se rendant compte qu'elle ne peut pas être « belle et aimée », elle entreprend de créer de la beauté : c'était « l'espoir qu'elle puisait dans son art, à l'ombre duquel la femme solitaire pouvait ne pas descendre sans déshonneur au tombeau[29] ». Contre toute attente, Olivia se marie. Une fois désirée, domestiquée et censément épanouie, elle abandonne son art au profit d'activités de bienfaisance plus féminines.

Les enjeux de l'histoire d'Olivia, les contradictions entre la grande artiste et la femme, font l'objet d'une documentation spectaculaire dans le journal qu'a tenu la peintre Marie Bashkirtseff (1858-1884) de l'âge de cinq ans jusqu'à sa mort prématurée à vingt-cinq ans. Le journal explique son besoin d'être une artiste, exprime sa frustration aiguë lorsque son ambition se trouve bloquée et révèle toutes les exigences, les inconvénients et le statut que l'identité d'« artiste » avait acquis alors.

Car elle ne cherchait pas seulement la « grandeur », elle la cherchait en tant que femme :

> Quand je serai prix de Rome, tous les Torlonia, tous les Larderel, tous les Marcuard [des hommes de ses relations] se coucheront en tapis et je marcherai dessus, non pas pour les écraser… mais… ce sont eux qui l'auront voulu du moment [que] je serai ce que nulle femme artiste n'a jamais été[30].

Ses origines, qu'elle décrit avec fierté dans son journal comme une « vieille noblesse [russe] de province intellectuelle, courageuse, cultivée et puissante[31] », la rattachent à ces aristocrates d'une époque antérieure dont l'activité artistique avait été facilitée par l'appartenance à une élite cultivée. Son autoportrait [p. 199] rappelle ceux de Catharina van Hemessen et de Sofonisba Anguissola parce qu'elle y apparaît avec des attributs aussi bien musicaux que picturaux (la palette, la harpe), mais le ressentiment vindicatif qu'elle a confié à son journal traduit les difficultés auxquelles elle s'est heurtée du fait qu'elle était une aristocrate. À la fin du XIXe siècle, on s'attendait à ce qu'une femme de sa classe *montre* ses talents, et non à ce qu'elle poursuive une carrière professionnelle. À l'âge de treize ans, elle a été écœurée de découvrir que les femmes étaient considérées comme incapables de raisonnement et de compréhension. Ainsi aiguillonnée, elle a entrepris de se former elle-même et d'étudier Homère, Tite-Live, Dante, Honoré de Balzac, George Sand et Émile Zola. Elle a toutefois ce commentaire dans son journal : « Pour une vaniteuse comme moi, il faut s'attacher à la peinture, car c'est une œuvre impérissable. Je ne serai ni poète, ni philosophe, ni savante. Je ne puis être que chanteuse et peintre[32]. » Ses ambitions résultaient d'un désir d'échapper à la passivité attendue de la vie d'une femme, mais la manière dont elle exprimait sa détermination – avec vanité, alors qu'un homme aurait considéré qu'il s'agissait d'une ambition légitime – montre à quel point elle était minée de l'intérieur. Elle était constamment entravée par les barrières externes et intériorisées de la définition sociale de la féminité : « Oui, et moi avec toutes mes tendances, avec tous mes immenses désirs et ma fièvre de la vie, je suis toujours et partout arrêtée comme un cheval est arrêté par le mors. Il écume, il rage et se cabre, mais il est arrêté. »

Parmi les contraintes qui la retenaient, il y avait de profonds conflits entre le besoin de gloire pour répondre à son ambition, le besoin de gloire pour être confirmée en tant qu'artiste et la croyance que la gloire lui apporterait l'amour en tant que femme. Mais pour une femme, comme l'indiquait Marie Corelli, la gloire était susceptible de garantir la suspicion, la jalousie et l'infamie, bien plus que l'amour. Alors que, pour l'homme, l'amour pouvait venir en prime, une fois que le succès lui avait assuré la reconnaissance et la confirmation de son talent et de son statut social, pour Marie Bashkirtseff, cela restait une question centrale, même si ses motivations étaient confuses et contradictoires : « Être célèbre et être aimée, comme écrivait Balzac, voilà le bonheur… Et encore être aimée n'est qu'un accessoire ou plutôt le résultat naturel d'être célèbre[33]. » Elle voulait être grande par elle-même afin d'éviter un autre piège « féminin », la reconnaissance purement indirecte qui consistait à être aimée d'un homme célèbre :

> Si je devenais un grand peintre, ce serait une compensation divine, j'aurais le droit d'avoir des sentiments, des opinions (devant moi-même), je ne me mépriserais pas en écrivant toutes ces misères ! Je serais quelque chose… Je pouvais n'être rien et heureuse de n'être rien, si ce n'est aimée d'un homme qui serait ma gloire… Mais, à présent, il faut être quelqu'un par soi-même[34].

Les choix étaient difficiles : indépendance d'esprit ou soumission complète à un autre, succès solitaire ou rôle de soutien purement subordonné. Ces oppositions n'avaient rien de nécessaire ou d'inévitable mais, pour les femmes du XIXe siècle, elles étaient terriblement réelles. Ces dernières intériorisaient les conflits, et la censure qui s'abattait sur toutes celles qui tentaient de s'échapper assurait la conformité aux normes sociales.

Pour satisfaire sa fierté, son ambition et son besoin d'amour, Marie Bashkirtseff devait être grande mais il n'y avait plus de modèle pour un génie féminin : « La légende de la femme artiste, écrivait-elle, de cet être vagabond et perverti, incompatible avec le travail ou le talent, laide, mourant de faim, belle[35] » n'existait plus. Marie Bashkirtseff considérait simplement les femmes artistes – désormais si nombreuses – comme ennuyeuses. Réagissant à la médiocrité de n'être qu'une femme artiste de plus, elle proclamait : « Je n'ai de la femme que l'enveloppe[36]. » Elle rêvait de confondre les « idiots » qui pensaient que sa peinture n'était que « l'amusement d'une femme du monde » et qui, parce qu'elle était « jolie et bien habillée[37] », refusaient de croire qu'elle peignait elle-même ses tableaux.

Elle luttait pour trouver les moyens de briser le stéréotype féminin de la femme artiste et le stéréotype social d'une femme de sa classe. Mais elle était confrontée à une autre bataille, plus intense, qui consistait à réconcilier sa perception de soi en tant qu'objet – une belle femme – et en tant que sujet plein d'une ambition que l'on ne pouvait, à cette date, qualifier que de masculine. Alors que le journal de Marie Bashkirtseff constitue, comme les lettres du plus célèbre Vincent van Gogh, un discours sur l'artiste moderne, son introspection et son auto-analyse sont marquées par la construction sociale d'une identité féminine double. Elle se regardait parfois comme un objet, avec une fascination narcissique pour sa propre beauté, et parfois comme à distance : « Je suis mon héroïne à moi » ; « Je suis faite si étrangement, que je regarde ma vie comme une chose qui m'est étrangère et j'ai mis dans cette vie tout mon bonheur et tout mon orgueil[38]. »

Au cours des derniers mois de sa vie, atteinte de tuberculose, elle s'est liée d'amitié avec Jules Bastien-Lepage (1848-1884), jeune artiste et mourant lui aussi. Son narcissisme et son détachement ont pourtant persisté. Quatre jours avant la fin du journal (16 octobre 1884), Jules Bastien-Lepage se fait conduire chez elle :

> Je suis habillée d'un fouillis de dentelle, de peluche, tout ça est blanc mais de blancs divers, l'œil de Bastien-Lepage s'en dilate de plaisir.
> – Oh ! si je pouvais peindre ! dit-il.
> Et moi !
> Fini, le tableau de cette année[39] !

Son journal n'est pas seulement un témoignage de ses luttes et aspirations personnelles. Il révèle, comme aucun autoportrait peint n'aurait pu le suggérer à cette époque, à quel point, pour les femmes artistes, la féminité du XIXe siècle, divisée en elle-même – objet de regard et inspectrice constante du soi, tel qu'il est vu à travers les yeux des autres –, s'opposait aux conceptions contemporaines de l'artiste. Dans *Le Deuxième Sexe* (1949), Simone de Beauvoir (1908-1986) a abondamment utilisé le journal de Marie Bashkirtseff pour étudier la construction sociale de la féminité à l'époque moderne, concluant :

> Pour faire de grandes choses, ce qui manque essentiellement à la femme d'aujourd'hui, c'est l'oubli de soi : mais, pour s'oublier, il faut d'abord être solidement assuré qu'on s'est d'ores et déjà trouvé[40].

Une artiste américaine moderne, Eva Hesse (1936-1970), a noté cette réflexion dans son journal en 1964. Très ambitieuse elle aussi, elle disposait cependant d'un accès plus facile à la formation, à l'exposition et à la reconnaissance professionnelle. Malgré la suppression des contraintes extérieures qu'une femme russe pouvait rencontrer à Paris à la fin du XIXe siècle, les pensées qu'elle a confiées à son journal font état d'une persistance des conflits internes entre les identités de femme et d'artiste. Son analyse est plus sophistiquée, ses perceptions plus fines, mais l'héritage des conceptions bourgeoises de la femme demeure une force puissamment contraignante, vécue à la fois sur le plan des rôles sociaux et des effets psychologiques.

Certaines femmes sont néanmoins parvenues à négocier ces contraintes sociales et ces conflits intérieurs. La possibilité existait, bien entendu, de se retirer de la vie sociale et de la compétition, que ce soit dans l'espace d'exposition public ou sur le marché de l'art. Les positions respectives de Gwen John (1876-1939) et de son frère Augustus (1878-1961) éclairent les changements intervenus au début du XXe siècle dans les circonstances et la pratique artistique ayant permis à cette possibilité de se concrétiser. Gwen John a rejoint son frère Augustus à la Slade School of Fine Art de Londres en 1895. Ils ont partagé une exposition à la Carfax Gallery en 1903, et Augustus John écrit à Sir John Rothenstein pour la lui décrire :

> Gwen est à l'honneur, ou en tout cas elle devrait l'être – car hélas nos critiques, satisfaits d'eux-mêmes, ne paraissent pas avoir remarqué la présence dans la galerie de deux fleurs rares de l'arbre le plus délicat. […] Et dire que Gwen se résout si rarement à peindre ! Nous autres risquons toujours de devenir professionnels, et se surprendre en flagrant délit dans l'acte même de l'industrie professionnelle est une expérience humiliante[41].

Cette affirmation indique un changement. Augustus John éprouvait une certaine ambivalence à l'égard de ce qui s'apparentait à une contamination de ses idéaux artistiques les plus « purs » par la nécessité de travailler au service d'un marché commercial et professionnel. Le statut de « professionnel », qui avait été l'ambition des hommes et des femmes dans la pratique artistique au XIXe siècle – même si la lutte pour y accéder avait été plus aiguë pour les femmes –, était devenu plus douteux en 1903. Il convenait de l'éviter ou de le négocier avec une attention extrême.

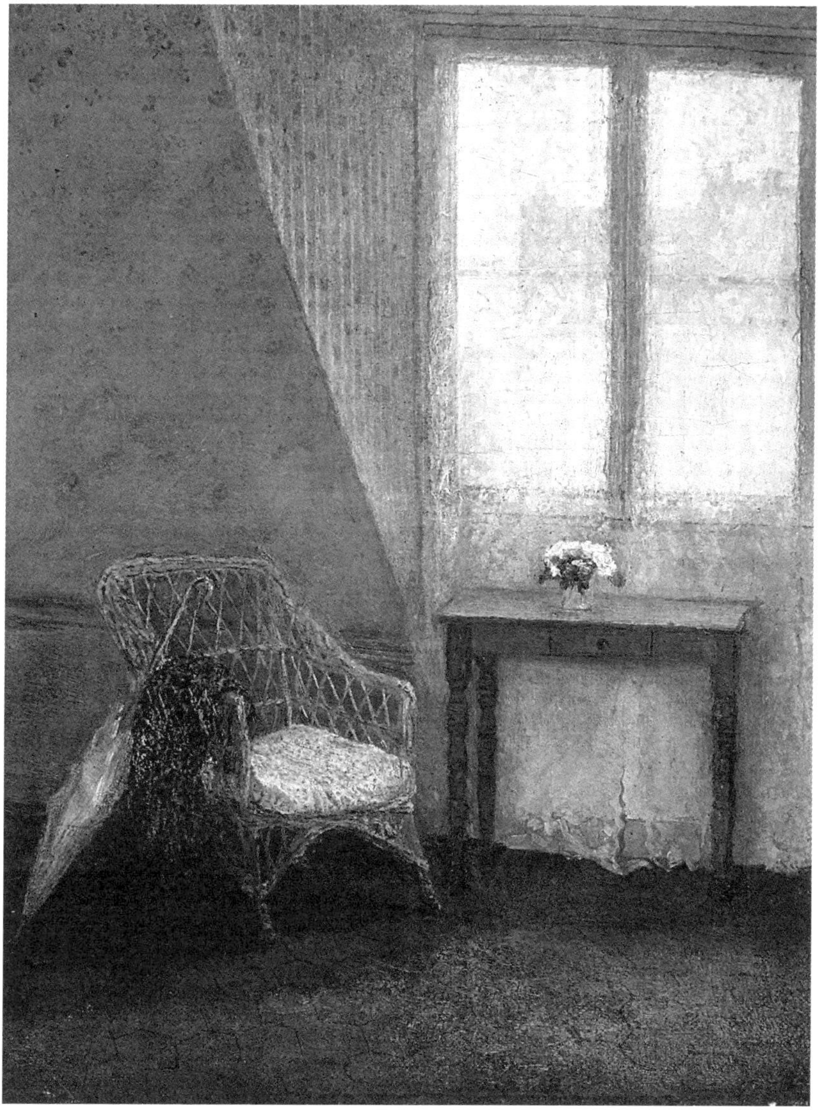

Gwen John
Un coin de la chambre de l'artiste,
1907-1909

Huile sur toile, 28,7 × 25,6 cm. The Weston Park Museum, Sheffield

Gwen John et son frère ont réagi de manière très différente aux conflits apparus chez l'artiste au XXe siècle. Augustus John évoque avec ironie la contradiction qui existait entre l'idée de l'artiste inspiré, l'esprit libre, et la carrière dictée par le marché de l'art. Gwen John n'avait pas le sentiment d'être tiraillée entre le professionnalisme et le génie ; elle trouvait le système étranger et en totale contradiction avec les objectifs qu'elle s'était fixés à elle-même en tant que « petite artiste de Dieu ». En 1911, elle écrivait : « Je peins beaucoup, mais il m'arrive rarement de terminer un tableau – cela demande une très longue période de tranquillité d'esprit, et de ne jamais penser à l'ambition. » Le style de vie flamboyant d'Augustus John était dicté par l'adhésion à une conception du « génie bohème ». Gwen John évitait ces prétentions pour elle-même et poursuivait son travail avec le sens aigu de servir une idée morale de l'art qui rappelait la vie d'une sainte. Elle aspirait à la patience et à la perfection : « Je n'arrive pas à m'imaginer que ma vision ait une quelconque valeur dans le monde – et pourtant je sais que ce sera le cas parce que je suis patiente et recueillie, dans une certaine mesure. » La patience et le travail acharné qu'elle s'imposait étaient en partie choisis et en partie une nécessité, si elle voulait peindre. Comme elle l'écrivait, elle avait en effet désespérément besoin de calme : « J'aimerais aller vivre quelque part où je ne rencontrerais personne que je connais avant d'être assez forte pour que les gens et les choses ne m'affectent pas plus que de raison. » Gwen John s'est installée à Paris à partir de 1903. Le tableau *Un coin de la chambre de l'artiste* (1907-1909) [p. 205] représente sa chambre dépouillée au 87, rue du Cherche-Midi. Auguste Rodin (1840-1917), qu'elle a rencontré en 1906, et son frère s'opposaient à cette vie d'abnégation : elle choisissait son domicile en fonction du bien-être de ses chats, ou de la vue depuis les fenêtres, et rejetait comme « bourgeois » le souci du confort de son frère. Elle a peint plusieurs versions de sa chambre, parce qu'elle était perfectionniste et qu'elle suivait une formule mûrement réfléchie : « Je pense qu'un tableau doit être fait en une seule fois, deux tout au plus. Mais cela suppose de peindre beaucoup de toiles. » Dans cette représentation de l'espace de travail qu'elle s'était choisi, tout s'intègre dans une image qui saisit l'ambivalence de l'isolement, de la solitude et du froid qui coexistent avec la paix et le repli sur soi. C'est la chambre de l'artiste, mais l'artiste n'y est pas représentée.

Relativement isolée à Paris, peignant pour quelques mécènes réguliers qui achetaient son travail, Gwen John pratiquait résolument son art. Toutefois, l'existence d'une telle possibilité de se retirer pour travailler ne contredit pas la force continue des attentes sociales à l'égard des femmes et des définitions de la femme artiste. Le concept de la « Femme », dont nous avons retracé l'histoire, n'est fondé ni sur la biologie ni sur la psychologie : c'est une catégorie sociale structurée – un ensemble de rôles assignés aux femmes, qui se sont maintenus et perpétués idéologiquement, en étant présentés comme des descriptions des femmes. Un retrait comme celui de Gwen John indique qu'il était possible, pour une artiste, de résister aux rôles et aux activités qui lui étaient assignés en tant que femme. Mais, comme l'a montré le cas du « troupeau blanc marmoréen », l'anticonformisme ne suffit pas à remettre en cause la structure sociale. La résistance de Gwen John aux exigences de la féminité bourgeoise et son dévouement à son travail d'artiste attestent paradoxalement la force de la dichotomie femme/artiste.

NOTES — 1

Frederick Denison Maurice, *The Prophets and Kings of the Old Testament*, Macmillan, Cambridge 1853, n. d.

2

Maurice Z. Schroder, *Icarus : The Image of the Artist in French Romanticism*, Harvard University Press, Cambridge, Massachusetts 1961.

3

Vincent van Gogh, *Peinture et virilité. Lettre à Émile Bernard*, L'Échoppe, Paris 2013, p. 42.

4

Dinah M. Craik, *Olivia, t. 1*, Michel Lévy frères, Paris 1870, p. 325-526.

5

Linda Nochlin et Ann Sutherland Harris, *Femmes peintres, 1550-1950*, cat. exp., Éditions des Femmes, Paris 1981, p. 28.

6

Ici et suivantes : Margot et Rudolf Wittkower, *Les Enfants de Saturne*, op. cit., p. 31–32.

7

« Dessinées » [disegnare] ne doit pas être compris au sens moderne de « donner des directives », comme dans l'architecture d'intérieur ou le graphisme (en anglais, *interior design* ou *graphic design*). Le mot renvoie ici à la composition, et donc à la création. Cf. la discussion sur la pratique médiévale, où le « dessin » – l'agencement formel et le contenu théologique – était prescrit à l'avance, et où le brodeur/la brodeuse ou l'enlumineur/l'enlumineuse adaptait la formule à son moyen d'expression particulier.

8

Voir Margot et Rudolf Wittkower, *Les Enfants de Saturne*, op. cit., p. 123.

9

Joshua Reynolds, *Discours sur la peinture*, École nationale supérieure des beaux-arts de Paris, Paris 1991.

10

Ellen C. Clayton, *English Female Artists*, op. cit., p. 247-249.

11

Respectivement Ponce-Denis Écouchard-Lebrun et Jean-François de La Harpe, cités in Henri Roujon (dir.), *Vigée Le Brun*, Pierre Lafitte & Cie éditeurs, coll. « Les Peintres illustres », Paris n. d., p. 33.

12

Ici et suivante : Élisabeth Vigée Le Brun, *Mémoires d'une portraitiste* [1755-1842], préface de Jean-Pierre Cuzin, Scala, Paris 1989, p. 63.

13

Denis Diderot, *Salons III : Ruines et paysages. Le Salon de 1767*, Hermann, Paris 1995, p. 371.

14

Carew Martin, « Rosalba Carriera », *Art Journal, 1839-1912* [1886], p. 273-275.

15

Clara E. Clement, *Women in the Fine Arts*, op. cit.

16

Michael Levey, *Du Rococo à la Révolution. Les principaux courants de la peinture au XVIII*[e] *siècle* [1966], Thames & Hudson, Paris 1989, p. 152-153.

17

Linda Nochlin et Ann Sutherland Harris, *Femmes peintres*, op. cit., p. 192.

18

Carol Duncan, « Happy Mothers and Other New Ideas in French Art », *The Art Bulletin*, vol. 55, n°4, décembre 1973, p. 570-583.

19

Alfred Tennyson, *The Princess : A Medley*, Edward Moxon, Dover Street, Londres 1847.

20

Citée in Walter S. Sparrow, *Women Painters of the World*, op. cit., p. 13.

21

Cité in Margaret Farrand Thorp, *The Literary Sculptors*, Duke University Press, Durham 1965, p. 91.

22
Nathaniel Hawthorne, *Le Faune de marbre* [1860], José Corti, Paris 1994.

23
John Jackson Jarves, « Progress of American Sculpture in Europe », art. cit., p. 10.

24
Elizabeth Barrett Browning, *Aurora Leigh, and Other Poems* [1856], introduction de Cora Kaplan, The Women's Press, Londres 1978 ; tr. fr. *Aurora Leigh*, A. Savine, Paris 1890.

25
Marie Corelli, « Nehemiah P. Hoskins », in *Cameos : Short Stories*, Hutchinson & Co, Londres 1896. Citations suivantes : p. 51 et 54. Nous remercions Susan Hiller d'avoir attiré notre attention sur Marie Corelli.

26
Constance-Marie Charpentier a exposé très régulièrement aux Salons entre 1795 et 1819. Leurs catalogues d'exposition fournissent une liste utile de ses œuvres et des indications quant à leurs sujets. Très peu de ses tableaux sont pourtant identifiables aujourd'hui. Parmi ceux qui lui sont attribués avec certitude figure une grande œuvre, *La Mélancolie* (1801). Clara E. Clement mentionne deux de ses peintures d'histoire bien connues en 1904, *Ulysse trouvant le jeune Astyanax devant la tombe d'Hector* et *Alexandre pleurant la mort de la femme de Darius*, mais elles ont disparu.

27
James Laver, « Women Painters », *Saturday Book*, vol. 24, 1964, p. 19.

28
Charles Sterling, « A Fine ‹ David › Reattributed », *Bulletin of the Metropolitan Museum of Art*, vol. 9, 1951.

29
Dinah M. Craik, *Olivia*, op. cit., p. 346.

30
Cité in Linda Nochlin et Ann Sutherland Harris, *Women Artists 1550–1950*, op. cit., p. 256.

31
Marie Bashkirtseff, *Journal*, Fasquelle, Paris 1955, t. 1, p. 8.

32
Ibid., t. 1, p. 104 ; suivante : p. 105.

33
Ibid., t. 2, p. 278 ; suivante : p. 69.

34
Lettre à M. Julian, 1882, in *Lettres de Marie Bashkirtseff*, Charpentier, Paris 1891.

35
Marie Bashkirtseff, *Journal*, op. cit., t. 2, p. 26.

36
Marie Bashkirtseff, Paris, le 3 mai 1884. Traduction du traducteur.

37
Les trois citations : *Ibid.*, t. 1, p. 48.

38
Lettre à Mademoiselle Colignon, juin ou juillet 1876.

39
Marie Bashkirtseff, *Journal*, op. cit., t. 2, p. 461-462.

40
Simone de Beauvoir, *Le Deuxième Sexe, II* [1949], Gallimard, coll. « Folio essais », Paris 1986, p. 615.

41
Cité in Michael Holroyd, *Augustus John, vol. 1. The Years of Innocence*, Heinemann, Londres 1974, p. 75.

IV — Des femmes peintes

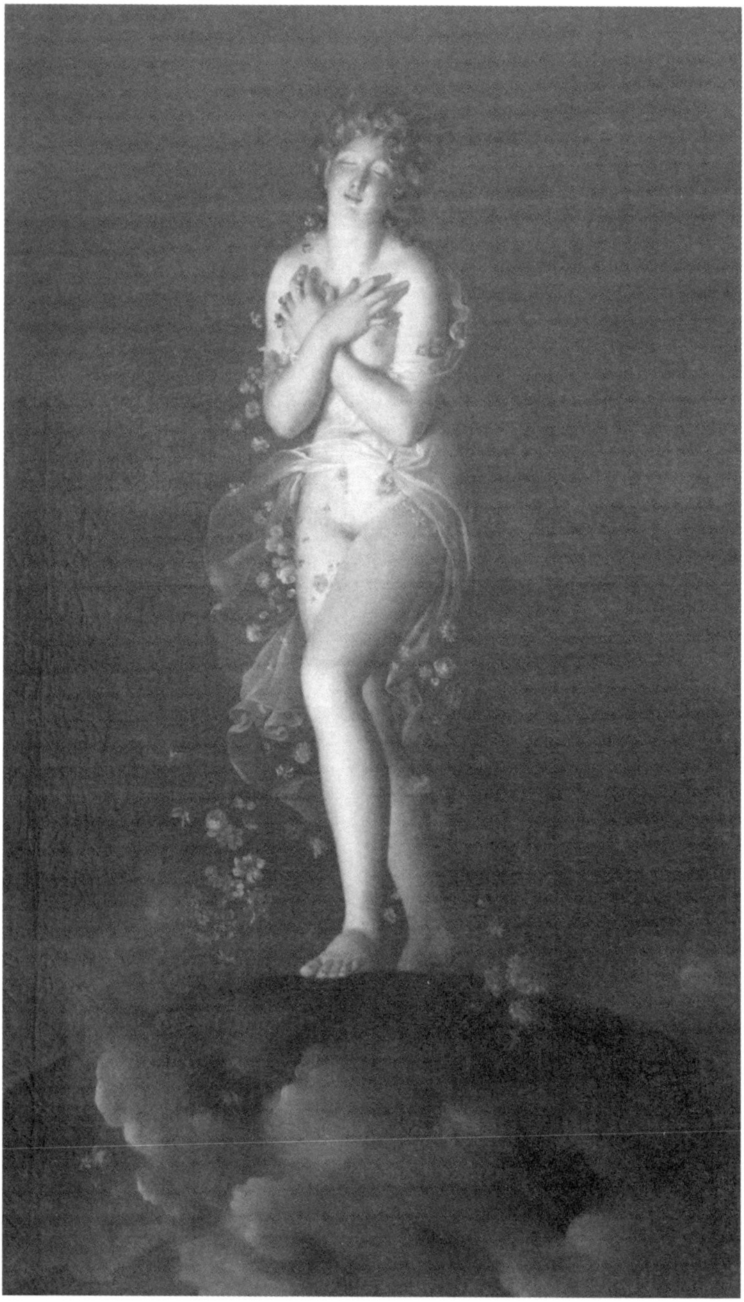

François Gérard
Flore caressée par Zéphyr, 1802

Huile sur toile, 169 × 105 cm. Musée de Grenoble, Grenoble

Nous commençons donc à comprendre pourquoi l'expression respectueuse « maître ancien » n'a pas d'équivalent féminin. Tandis que le mot artiste a été assimilé à la masculinité et aux rôles sociaux masculins – la figure du bohème, par exemple –, la notion de grandeur – le « génie » – est devenue l'attribut du sexe masculin. Simultanément, le mot femme a été chargé de significations particulières. L'expression « femme artiste » ne désigne pas un artiste du sexe féminin, mais un type d'artiste bien distinct du grand artiste. Le mot « femme », qui s'applique en apparence à l'un des deux sexes, devient synonyme des structures sociales et psychologiques de la « féminité ». La construction de la féminité est un processus historique. Les femmes la vivent économiquement, socialement et idéologiquement. Les femmes occupent une position particulière au sein d'une société patriarcale et bourgeoise ; elles se trouvent dans une relation inégale avec ses structures de pouvoir. Le pouvoir n'est pas seulement une question de forces coercitives. Il opère par des refus d'accès aux pratiques et institutions à travers lesquelles s'exerce la domination. L'une d'entre elles est le langage, par lequel nous entendons non seulement la parole ou la grammaire, mais aussi les systèmes discursifs à travers lesquels le monde dans lequel nous vivons se représente par et pour nous.

La pleine entrée dans la société est marquée par l'accès au langage, par la capacité à utiliser la parole adulte et donc à entrer en relation avec les autres. Nous apprenons à nous connaître en étant capables d'utiliser le langage. Mais le langage d'une culture particulière assigne par avance les positions à partir desquelles nous parlons : le langage n'est pas un véhicule neutre pour l'expression de significations préexistantes mais un système de signes, une pratique signifiante par laquelle la signification se produit par la mise en place d'un locuteur et d'un récepteur. Le langage incarne en outre, symboliquement, les lois, les relations et les divisions d'une culture particulière. Ainsi, alors que le langage est le moyen par lequel nous parlons pour nous-mêmes et communiquons avec les autres, à un niveau plus profond, il contrôle aussi ce qui peut se dire, voire ce qui peut se penser, et qui peut le faire. La lutte des femmes doit donc également se dérouler dans le domaine du langage : dans la manière dont les femmes essaient de parler pour elles-mêmes et dont on parle d'elles, dans la manière dont les femmes se représentent – et dont elles sont représentées – par la culture.

La représentation – la manière dont nos visions du monde sont structurées et limitées – intervient également dans les pratiques non linguistiques. L'art compte parmi les pratiques idéologiques et culturelles qui constituent le discours d'un système social et ses mécanismes de pouvoir. Le pouvoir d'un groupe sur un autre se perpétue à plusieurs niveaux – économique, politique, juridique ou éducatif – mais ces relations de pouvoir se reproduisent dans un langage et des images qui présentent le monde d'un certain point de vue et représentent les différentes positions de pouvoir, et les différents rapports au pouvoir des deux sexes et des classes.

De la Renaissance au milieu du XIXe siècle, la forme artistique la plus importante, et donc la plus influente, a été la peinture d'histoire, c'est-à-dire la peinture de sujets historiques, mythologiques et religieux fondée sur des figures humaines. C'est la raison pour laquelle l'étude du corps humain nu a constitué une formation indispensable pour l'artiste, la qualité de l'artiste étant jugée en fonction de sa réussite dans la peinture d'histoire. Les femmes artistes n'étaient pas autorisées à étudier le nu. Cela voulait dire qu'elles ne pouvaient pas acquérir les outils nécessaires à la production du type de peinture que la théorie académique considérait comme la seule preuve incontestable de la grandeur. Certaines féministes ont invoqué cette discrimination pour expliquer ce qu'elles considéraient comme le succès mitigé des femmes artistes. Il est dangereux cependant de cautionner l'idée que la peinture d'histoire constitue le critère de la grandeur artistique ; cela n'a été le cas que pendant la période dominée par la théorie académique. Il est également trompeur de croire que, si les femmes avaient eu accès au nu, et donc à la possibilité de pratiquer la peinture d'histoire, certaines d'entre elles auraient nécessairement été reconnues comme de grandes artistes. Car l'ordre établi masculin ne déterminait pas seulement le critère de la grandeur, il contrôlait aussi l'accès aux moyens de l'atteindre. Enfin, à un niveau plus important, un groupe d'hommes privilégiés déterminait et contrôlait les significations que revêtaient les formes artistiques les plus influentes. La peinture de nu représentait beaucoup plus qu'une simple question de forme ou de talent : elle était l'élément crucial d'une idéologie. Le contrôle de l'accès au nu n'était qu'une extension de l'exercice du pouvoir sur les significations que construisait un art fondé sur le corps humain. Les femmes n'étaient donc pas seulement entravées par l'exclusion du nu ; elles étaient aussi contraintes parce qu'elles n'avaient pas le pouvoir de déterminer le langage du grand art. Elles étaient donc exclues à la fois des outils et du pouvoir de se donner leurs propres significations, à elles-mêmes et à leur culture. Comme nous l'avons indiqué en étudiant des œuvres d'Angelica Kauffmann et d'Élisabeth Vigée Le Brun, les problèmes qu'elles ont rencontrés ne relevaient pas du style ou du talent mais de la signification, de ce que les images signifiaient et de qui pouvait, ou non, être représenté.

Jusqu'à la fin du XVIIIe siècle, la peinture de nu avait principalement reposé sur la figure masculine. Après cette date, elle est devenue de plus en plus la peinture du nu féminin. Les femmes sont restées absentes des académies et des écoles où étaient formés les artistes qui pratiquaient la peinture d'histoire, mais la femme a été de plus en plus présente en tant qu'objet de cette peinture, en tant qu'image dotée de connotations et de significations spécifiques. Au niveau idéologique de l'art, les images reproduisent les rapports de pouvoir entre les hommes et les femmes. La femme est présente en tant qu'image mais avec les connotations spécifiques du corps et de la nature : elle est passive, disponible, possédable et impuissante. L'homme est absent de l'image, mais ce sont son discours, sa vision et sa position de domination que les images signifient. L'artiste individuel ne fait pas que s'exprimer ; il est l'usager privilégié du langage de sa culture, qui lui préexiste comme une série de codes, de signes et de significations renforcés par l'histoire, qu'il manipule, voire transforme, mais en dehors desquels il ne peut jamais exister.

Malgré ou à cause de la perte de conviction dans la théorie académique et le déclin de l'idéal classique au cours du XIXe siècle, la fascination persistante pour le nu féminin présente cette question de manière plus crue. Dans l'art de Salon du XIXe siècle, le nu féminin apparaît sous de nombreuses formes : la nymphe endormie dans une clairière ; Vénus sortie des flots ; la reine naufragée et inconsciente, sauvée des eaux, vêtue du strict minimum ; Marie Madeleine négligeant de s'habiller dans sa retraite au désert ; Flore marchant dans le vent ; la courtisane ou prostituée habillée pour le travail ; le modèle dans l'atelier de l'artiste [p. 212, 216-217, 218-219].

À première vue, ces images de femmes sexuellement disponibles peuvent sembler surprenantes, à une époque qui imposait aux femmes un code de morale sexuelle très strict, qui les plaçait dans la sphère domestique comme des gardiennes de la pureté morale et des valeurs de civilisation de la société – une image incarnée dans le célèbre poème de Coventry Patmore (1823-1896), « L'Ange de la maison » (1854-1862)[1]. Il importe pourtant d'établir une distinction nette entre les personnes réelles et la manière dont elles sont perçues (quel que soit le moyen d'expression : littéraire ou visuel, roman ou film), ainsi qu'entre les relations

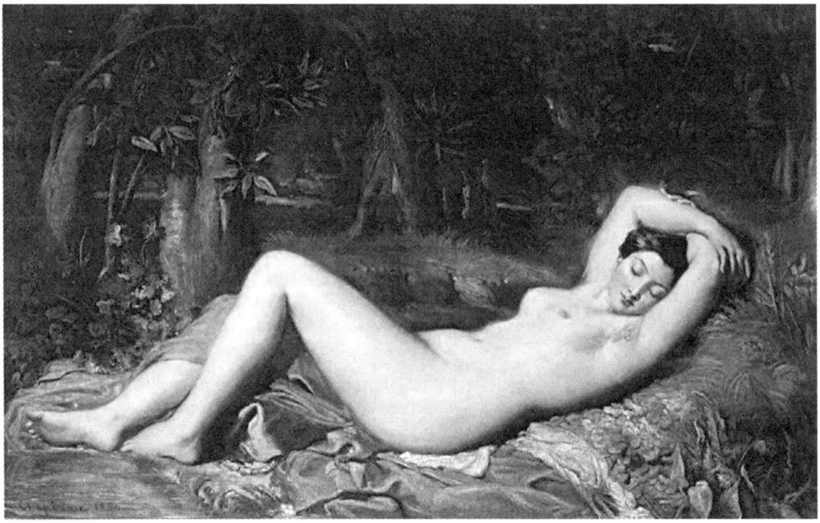

Théodore Chassériau
Baigneuse endormie près d'une source, 1850

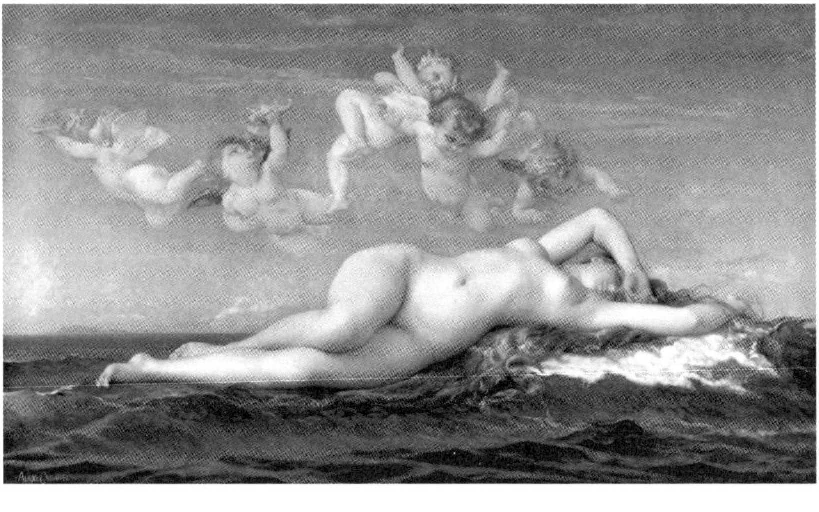

Alexandre Cabanel
La Naissance de Vénus, 1863

EN HAUT : Huile sur toile, 137 × 210 cm. Musée Calvet, Avignon
EN BAS : Huile sur toile, 130 × 225 cm. Musée d'Orsay, Paris

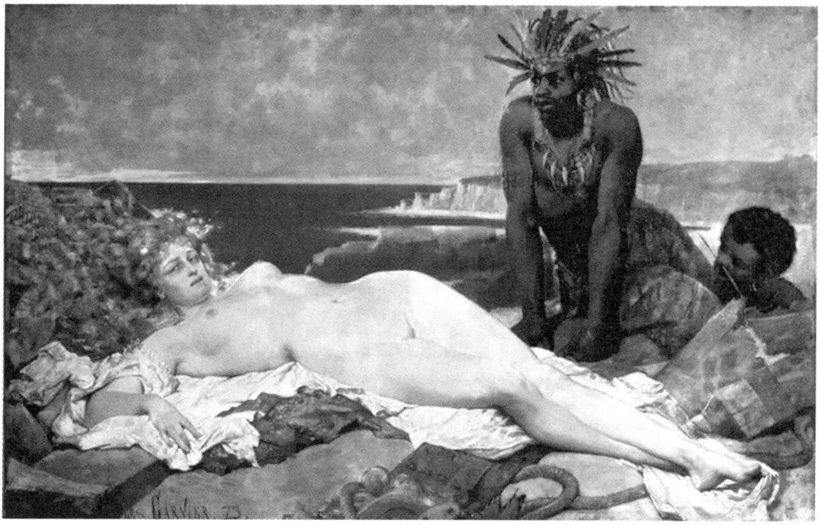

Jules-Arsène Garnier
L'Épave, 1873

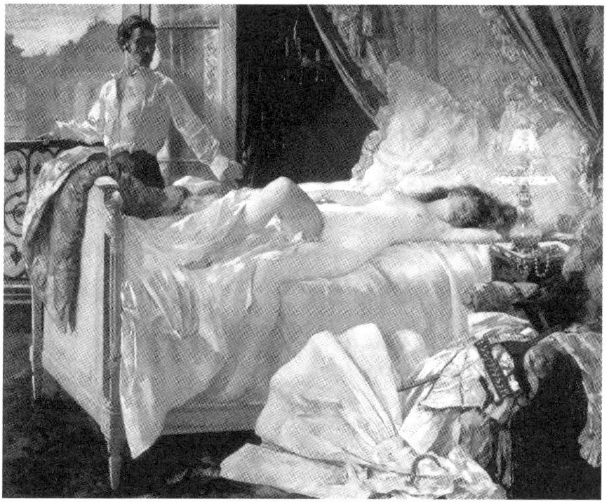

Henri Gervex
Rolla, 1878

EN HAUT : Huile sur toile, 150 × 237 cm. Musée des Beaux-Arts de Dijon, Dijon
EN BAS : Huile sur toile, 176,2 × 221,3 cm. Musée d'Orsay, Paris

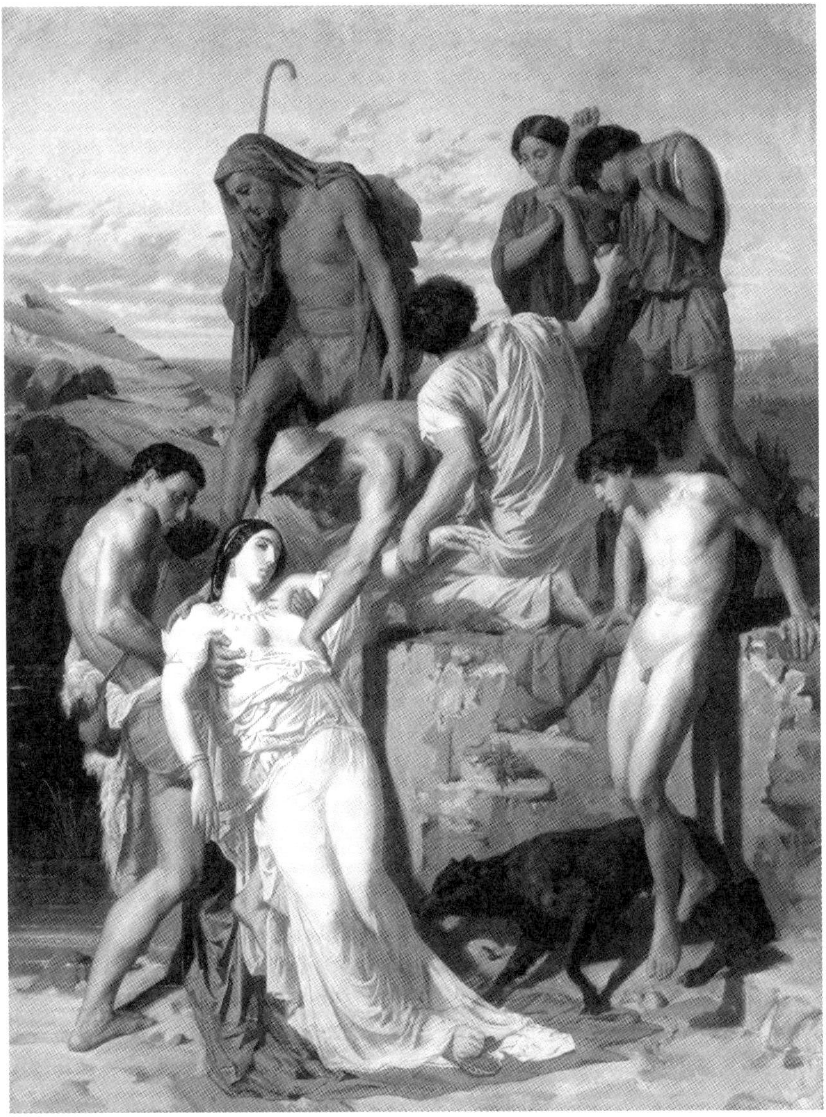

William Bougureau
Zénobie trouvée par les bergers sur le bord de l'Araxe, 1850

Huile sur toile, 32,2 × 46,5 cm. Musée d'Orsay, Paris

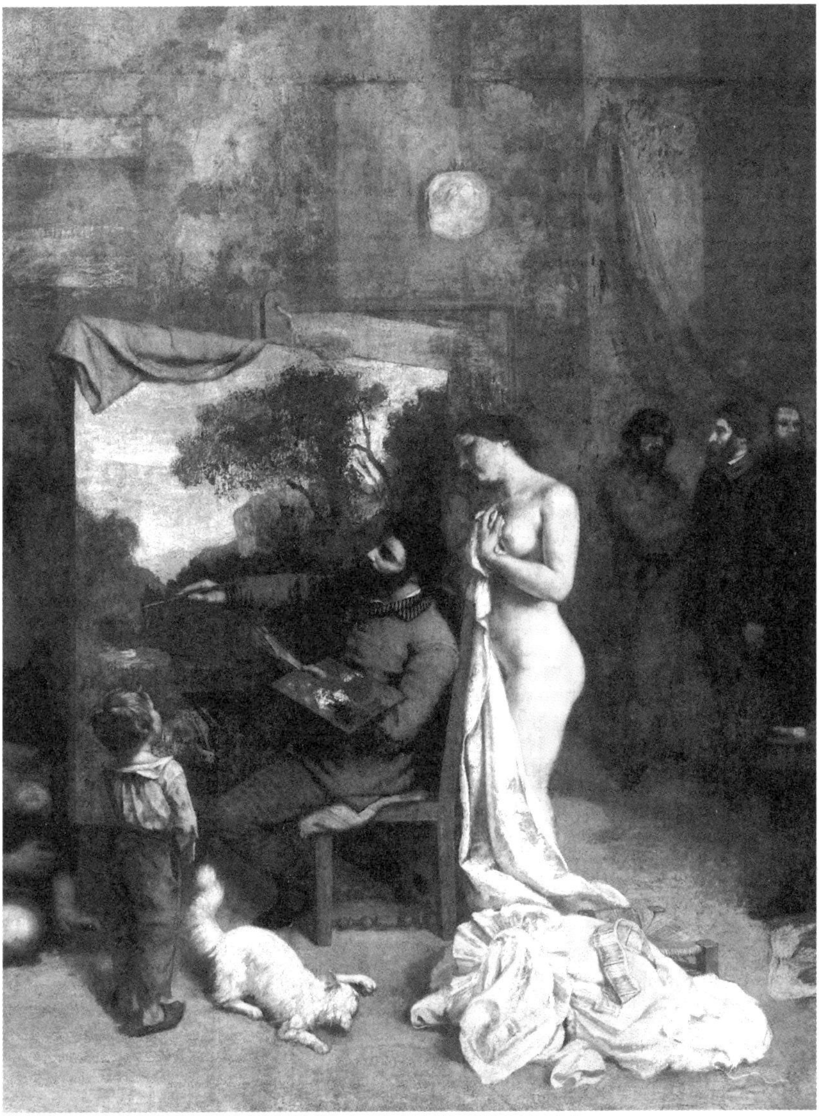

Gustave Courbet
L'Atelier du peintre, 1855 (détail)

Huile sur toile, 361 × 598 cm. Musée d'Orsay, Paris

sociales et la façon dont elles sont représentées par la médiation de l'art. Il est facile de tomber dans le piège qui consiste à voir l'art, ou les images de la femme dans l'art, comme le simple reflet, bon ou mauvais, d'un groupe social particulier, celui des femmes. Nous devons plutôt reconnaître dans les tableaux une organisation de signes qui produit des significations lorsqu'elle est interprétée par un spectateur ou une spectatrice qui apporte à la fois la connaissance des signes spécifiques du tableau – qui est capable, autrement dit, d'interpréter les lignes et les couleurs en tant qu'elles dénotent certains objets – et la connaissance des signes de la culture ou de la société – qui est capable, autrement dit, d'interpréter ce que ces objets connotent sur le plan symbolique. L'art n'est pas un miroir. Il médiatise et re-présente les relations sociales dans un schéma de signes qui exige un·e lecteur·rice pour avoir un sens. Et c'est au niveau de ce que ces signes connotent, souvent inconsciemment, que l'idéologie patriarcale se reproduit.

Dans l'art, le nu féminin correspond aux effets du stéréotype féminin dans le discours de l'histoire de l'art. Ils confirment tous les deux la domination masculine. En tant que nu féminin, la femme est corps. Elle est la nature opposée à la culture masculine, représentée, quant à elle, par l'acte même de transformer la nature – autrement dit le modèle ou le motif féminin – dans les formes et couleurs ordonnées d'un artefact culturel : une œuvre d'art, le produit d'un *travail* de l'art.

Un *Autoportrait* [p. 223] de l'artiste allemande de la fin du XIXe siècle Paula Modersohn-Becker (1876-1907) relie les deux fils que nous avons suivis jusqu'ici : l'identité de l'artiste, représentée par l'autoportrait, et la signification de la femme, représentée par le nu féminin. Elle révèle les contradictions auxquelles sont confrontées les femmes lorsqu'elles essaient de se représenter dans l'art et lorsqu'elles essaient de se représenter en tant qu'artistes. Car les femmes n'ont pas seulement besoin d'être reconnues en tant qu'artistes. Dans notre culture, elles doivent également briser et transformer les signes et les significations mêmes de l'art, parce que l'iconographie traditionnelle va à l'encontre de leurs tentatives de se représenter. Leurs intentions sont sapées par les significations ou connotations véhiculées par certaines iconographies.

La toile de Paula Modersohn-Becker présente un nu féminin sur un fond de plantes, un cadre suggestif et *naturel*. Dans ses mains et autour de sa tête, il y a des fleurs – dont nous avons évoqué le lien avec le féminin. Le tableau semble avoir été influencé par les œuvres de Paul Gauguin que Paula Modersohn-Becker avait vues à Paris peu avant de commencer à y travailler. Une certaine grandeur monumentale et une forme primitive rappellent les œuvres tahitiennes des années 1880 de Paul Gauguin (1848-1903), telles que *Les Seins aux fleurs rouges* (ou *Deux Tahitiennes* ou *Femmes aux mangues*) [p. 222]. Ce tableau montre deux femmes océaniennes dans un paradis idéalisé et non industrialisé, dont l'une tient un plateau de mangues sous ses seins nus. Linda Nochlin l'a rapproché d'une certaine imagerie érotique de la peinture du XIXe siècle mais aussi de la pornographie populaire[2]. Ce rapprochement établit que le lien entre les femmes et la nature – par la juxtaposition de la femme et des fruits – prend parfois un caractère ouvertement sexuel. Dans le tableau de Paul Gauguin, les seins nichés dans les fruits suggèrent un érotisme oral. La femme et les fruits sont placés, de la même manière, comme étant naturellement disponibles pour la gratification des besoins et désirs des hommes. Certains rapprochements stylistiques sont indéniables entre les tableaux de Paula Modersohn-Becker et de Paul Gauguin mais leurs résultats sont très différents.

Dans un grand nombre de ses tableaux et dessins, Paula Modersohn-Becker a produit des représentations de la femme paysanne qui prenaient en réalité pour modèle des personnes pauvres et âgées habitant en milieu rural, dans des hospices des environs de Worpswede (Basse-Saxe). Affectées par sa position de classe et son allégeance à des idéologies réactionnaires allemandes à propos de la Terre, de la Nature et de la Femme Naturelle, ses représentations sont comparables à la vision qu'avait Paul Gauguin de ses Èves polynésiennes. Pour l'un comme pour l'autre, la femme est immuable, élémentaire et naturelle. Mais alors que, pour le premier, la femme est la Madone et Vénus – primitive, nourricière et sexuelle –, pour la seconde, la femme est la mère – fataliste et accablée de soucis, mais pragmatique [p. 224].

Une série de conflits apparaît dans l'autoportrait de Paula Modersohn-Becker. À un premier niveau, le tableau est une image de la fécondité ; il établit un parallèle entre la femme et la nature. Mais il est évident qu'il vise également à représenter un individu maître de soi. L'assurance de la tête de femme rivalise avec l'imagerie du corps féminin nu, entouré de végétation. Les connotations du portrait sont pourtant sérieusement remises en cause par ce cadre et les significations qui lui sont associées. Son titre, *Autoportrait*, suggère que le tableau était également conçu comme une image de l'artiste, mais il est significatif que tous les signes habituellement associés aux autoportraits d'artistes en soient absents. Le tableau peut être « lu » comme une tentative de produire de nouvelles

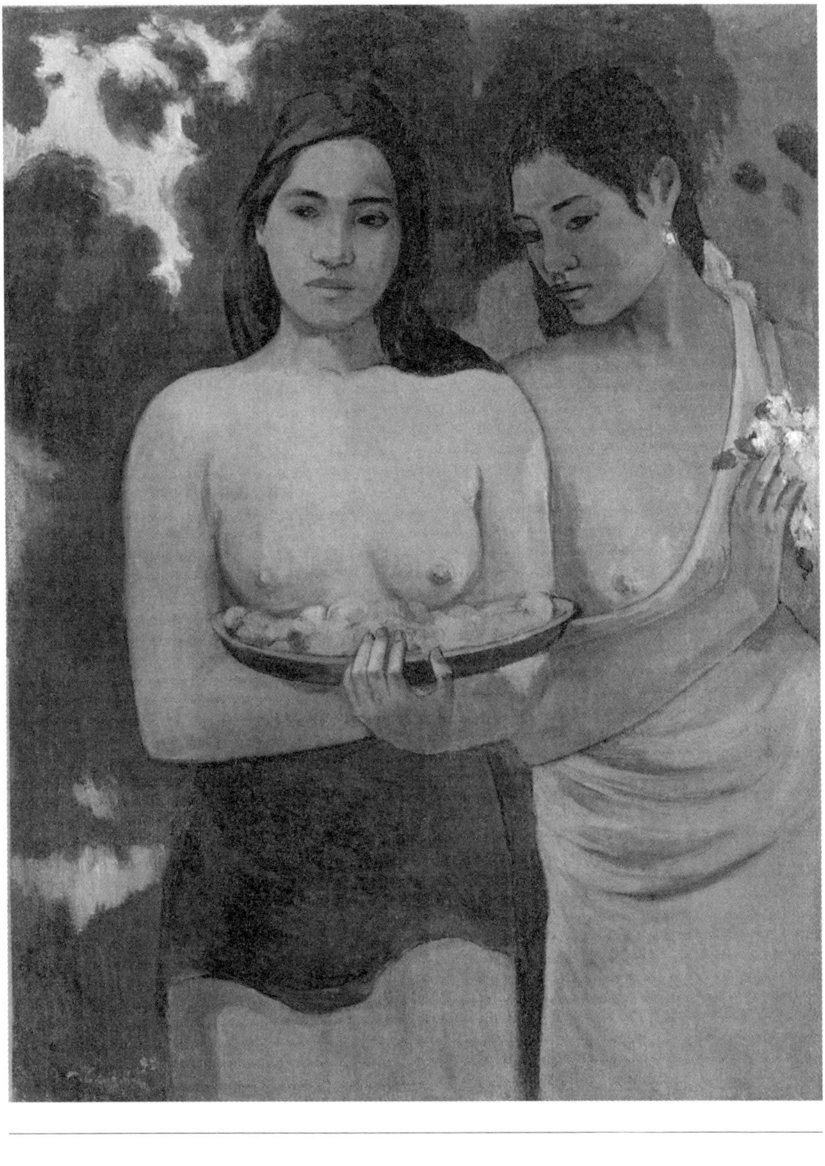

Paul Gauguin
Deux Tahitiennes, 1899

Huile sur toile, 94×72,4 cm. The Metropolitan Museum of Art, New York

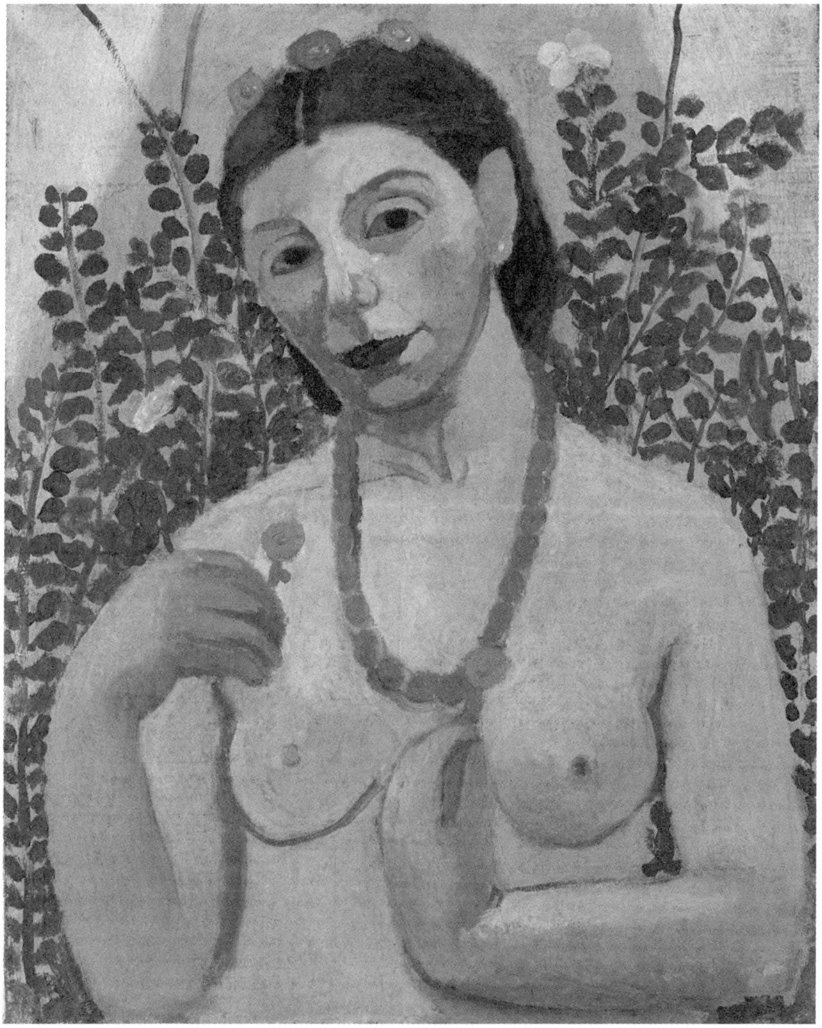

Paula Modersohn-Becker
Autoportrait, 1906

Huile sur toile, 61 × 50 cm. Kunstmuseum, Bâle

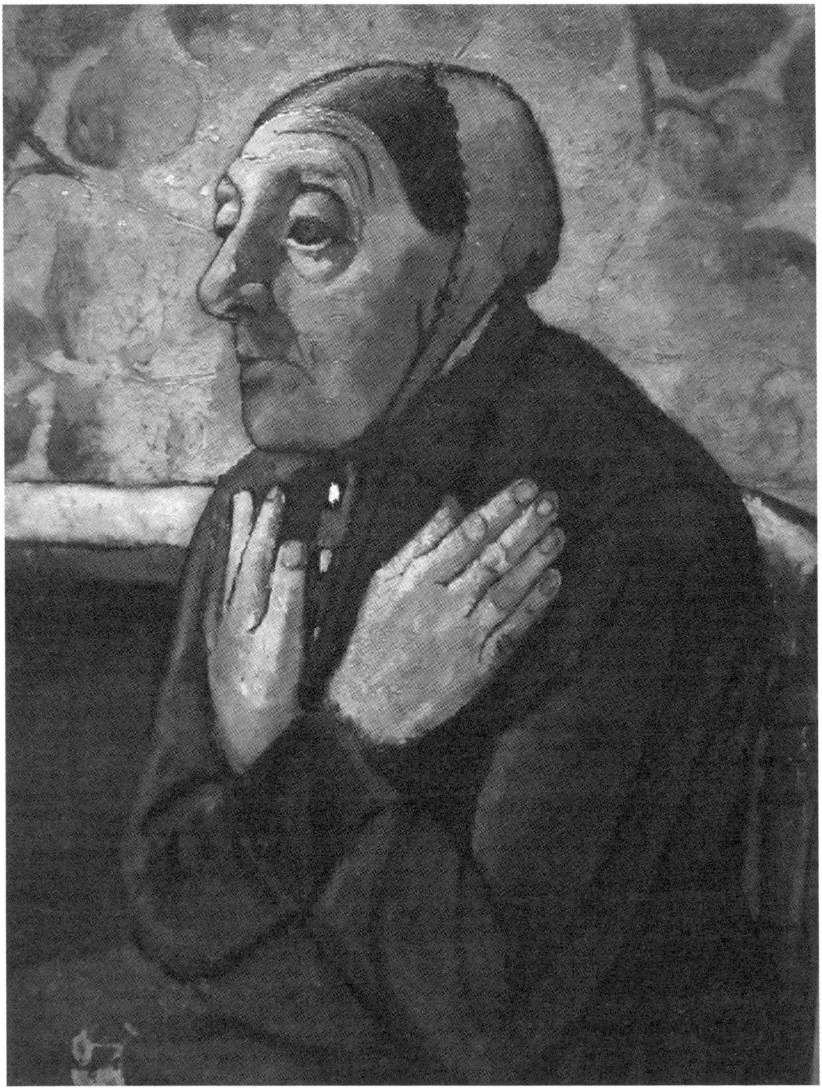

Paula Modersohn-Becker

Vieille Paysanne, 1907

Huile sur toile, 75,6 × 57,8 cm. The Detroit Institute of Arts, Détroit

relations, positives, entre la créativité et la fécondité, entre les conceptions de la femme et les conceptions de l'art. Mais si nous savons que la femme représentée dans le tableau est une artiste, c'est par les informations fournies par le titre et, par conséquent, extérieures au tableau lui-même. Les éléments avec lesquels travaillait Paula Modersohn-Becker n'ont pas réussi à s'unir.

Les contradictions évidentes dans la tentative de la femme bourgeoise Paula Modersohn-Becker de se situer en tant qu'artiste – l'agent actif de la culture dans les codes de représentation du nu féminin (la femme comme faisant partie de la nature) – contrastent de manière frappante avec les œuvres de Suzanne Valadon (1865-1938) [p. 227]. Celle-ci est issue de la classe ouvrière, fille d'une blanchisseuse, et ancienne trapéziste. Elle est entrée en contact avec la peinture en travaillant comme modèle. Elle gagnait sa vie en « vendant » son corps et son visage aux artistes pour que ceux-ci les transforment en leurs propres images de femmes. Dans les *Grandes Baigneuses* [p. 227] d'Auguste Renoir (1841-1919), elle sert de modèle à la figure de gauche. Dans cette vision idyllique de nymphes modernes au bain, la conception du nu féminin – un corps sans os et bien nourri, une étendue lisse de chair palpable, exposée pour le plaisir du spectateur – se combine à une vision fantaisiste de la Parisienne moderne, toute de bouche boudeuse et de nez retroussé. Un *Autoportrait* [p. 227] de Suzanne Valadon, peint quelque temps seulement avant la composition d'Auguste Renoir, expose une conception d'elle-même radicalement différente. Il est vrai qu'il s'agit d'un portrait, et non d'une peinture de genre. L'artiste s'y représente habillée ; ce n'est pas un nu. Concentrée sur le visage, elle souligne le lourd menton, les sourcils foncés et le regard indifférent, mais non moins assuré, tourné vers elle-même, et donc vers le public. Cette comparaison ne vise pas à suggérer que l'*Autoportrait* nous présente d'elle une image plus fidèle. Il s'agit d'une image, d'une représentation construite, tout autant que celle d'Auguste Renoir. Mais ce qu'elle choisit de mettre en valeur, et l'effet qu'elle produit en tant qu'image d'une femme, contestent les choix ayant présidé au tableau d'Auguste Renoir.

Les distinctions que nous pouvons établir entre le travail de celui-ci et la manière dont Suzanne Valadon a traité son propre corps et celui des autres femmes, dans ses représentations fréquentes du nu féminin, dépendent à la fois de son milieu et de ses allégeances stylistiques. Elle a fait siennes les tentatives d'Edgar Degas (1834-1917) de produire un traitement rigoureux et réaliste du nu, engagé dans des activités typiques et quotidiennes. Elle s'intéressait également aux tendances stylistiques et coloristes de l'École de Pont-Aven, avec ses contours plus schématisés. Son expérience de modèle et d'artiste a pourtant été tout aussi importante. Dans un *Autoportrait* nu, peint en 1932, elle a détaillé stoïquement le processus de vieillissement, en mettant en tension son visage maquillé à la mode, ses cheveux courts au carré et ses bijoux avec son torse nu. Contrairement à celui de Paula Modersohn-Becker, le tableau ne cherche pas à synthétiser le nu, le portrait et une certaine conception idéologique de la place de la femme dans la nature, mais à jouer sur le caractère inattendu de la juxtaposition des représentations de la tête et du nu.

En 1927, Suzanne Valadon a réalisé quelques dessins pour une affiche qui annonçait le bal de charité de l'Aide amicale aux artistes à Paris. Elle a choisi le motif d'une femme nue tenant une palette, travaillant sur une toile [p. 292]. La femme tourne le dos au spectateur. Présentée au travail, absorbée dans l'activité de peinture, elle contredit presque tout ce qui figure dans la série de nus académiques et réalistes que nous avons évoquée ci-dessus : la passivité, l'absence de conscience et les corps exposés de manière flagrante. Son dessin remet aussi en question le modèle nu comme simple spectateur de l'artiste masculin, objet du travail de ce dernier plutôt qu'agent de son propre travail. Il résiste à certains codes de la représentation. Les effets qu'il produit résultent pourtant de son incongruité par rapport aux conventions, du caractère inattendu du « nu à la palette » – une perturbation pleine d'esprit mais momentanée. Alors que Paula Modersohn-Becker s'efforçait de combiner des codes et des significations incompatibles, Suzanne Valadon opte pour une stratégie de visibilité. Mais ne figure ni chez l'une ni chez l'autre la possibilité d'une résolution satisfaisante.

Un tableau plus ou moins contemporain d'Henri Matisse (1869-1954), *Le Peintre dans son atelier* (*Le Peintre et son modèle, l'Atelier, quai Saint-Michel*) de 1916-1917 [p. 230], permet de préciser ce que cela cache. C'est aussi une combinaison surprenante d'éléments inattendus. Le tableau d'Henri Matisse nous présente un atelier, un artiste – masculin, et pourtant nu –, un modèle féminin – habillé – et une toile inachevée. La disposition générale de ces éléments, la composition elle-même, produit pourtant une structure de domination. Assis au premier plan, l'artiste masculin se tient droit, entouré de rectangles – la chaise, le chevalet et la toile à laquelle il travaille. Une silhouette apparaît sur cette toile ; les formes et les couleurs rappellent celles de l'arrière-plan du tableau, vers lequel

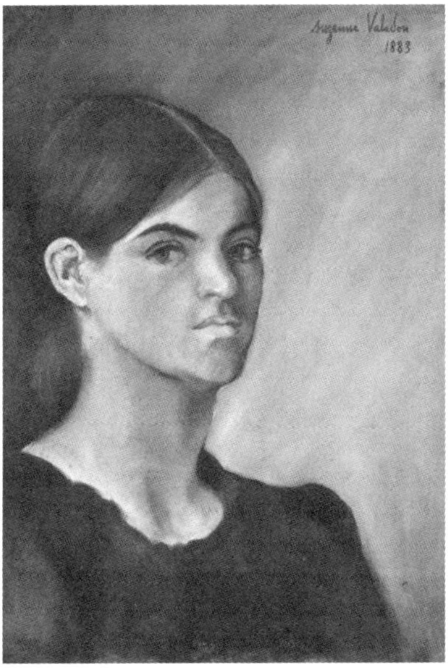

Suzanne Valadon
Autoportrait, 1883

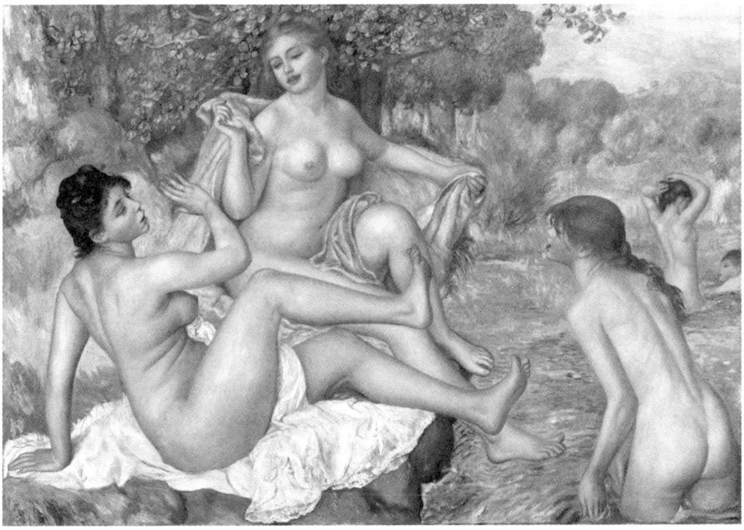

Auguste Renoir
Les Grandes Baigneuses, 1884-1887

EN HAUT : Mine graphite, fusain et pastel sur papier, 43,5×30,5 cm. Centre Pompidou, Paris
EN BAS : Huile sur toile, 117,5×171 cm. The Philadelphia Museum of Art, Philadelphie

notre regard est ainsi attiré. Là, sur une chaise, les taches de couleur sont suffisamment définies pour que l'on puisse les « lire » comme un modèle féminin. Inerte et éloigné du spectateur, celui-ci est une figure indistincte et informe, comparée à la verticale, marquée au premier plan, d'un homme actif, au travail, qui transforme à *son* image la matière première que le modèle offre à *son* regard – qui transforme la matière en forme et la nature en culture. Il contrôle les couleurs et les pinceaux, produisant l'image picturale. Ce n'est pas un miroir ; la toile n'est pas un reflet mais un espace sur lequel, par la médiation de l'artiste, une transformation s'opère dans les signes du tableau. Doué dans son art et sexuellement dominant, l'artiste se montre au travail, en toute confiance, en train de peindre un tableau qui traite de la peinture d'un tableau. Il est l'auteur et la figure féminine est à la fois l'objet de son regard et le résultat de sa contemplation.

Pour tenter de remettre en cause ces relations de pouvoir, les femmes ont notamment eu recours au procédé de l'inversion. Dans *Philip Golub Reclining* [p. 231], la peintre américaine Sylvia Sleigh (1916-2010) nous montre une femme au travail, en train de peindre un homme nu. Cette image paraît très différente, mais l'est-elle vraiment ? La figure féminine se tient droite – une forte verticale par rapport à l'horizontale allongée de son modèle masculin –, mais les positions respectives de l'homme et de la femme ne sont pas inversées dans l'espace du tableau. Elle se trouve loin de nous, alors qu'il domine l'ensemble du premier plan. Il n'est pas un simple corps, un modèle à travailler pour l'artiste ; il est Philip Golub, au visage caractéristique et très personnalisé, et il nous renvoie notre regard au moyen de l'immense miroir dans lequel tout est reflet, y compris l'artiste, mais pas Philip Golub lui-même.

Philip Golub Reclining fait également référence à la tradition : celle du nu et, par exemple, à la *Vénus à son miroir* (c. 1650) [p. 231] de Diego Vélasquez (1599-1660). En individualisant et en humanisant le nu, ce dernier essayait de mettre en évidence, et de contrer, l'utilisation générale et l'objectivation du corps de la femme dans le nu. Dans sa *Vénus à son miroir*, cependant, une femme se regarde de façon narcissique dans le miroir, son égocentrisme autorisant le public à jouir de son corps étalé et harmonieux. Mais le miroir est trouble, et le visage de la femme – vague, méconnaissable et inconscient du voyeurisme du spectateur – n'impose aucune demande de reconnaissance de l'identité individuelle. Bien éclairé et très détaillé, le visage de Philip Golub nous renvoie, au contraire, notre regard avec une assurance tranquille. Il est une présence active. Malgré les mètres de chair sensuelle, il s'agit d'un portrait, reconnaissable et singulier. Ce n'est pas une odalisque masculine. Un homme peut être placé dans une position féminine, il ne deviendra pas féminin. En raison du pouvoir social des hommes dans notre société, aucun homme ne se réduira jamais à un tas de chair masculine recroquevillé dans le coin obscur de l'atelier d'une femme. Le public est confronté au portrait d'une personne – non un corps masculin en général, mais celui de Philip Golub en particulier.

« Lorsque je peins un portrait – et, pour moi, le nu est un portrait –, je suis peut-être plus particulièrement consciente que ne le serait un homme de l'intégrité de la chair. Je tiens à découvrir la psyché du modèle[3]. » Sylvia Sleigh décrit ainsi l'intention qui sous-tend son tableau de Philip Golub couché. Elle est l'une des nombreuses femmes contemporaines qui peignent des hommes nus pour essayer de commenter l'utilisation du corps féminin dans l'art. À un certain niveau, elles essaient d'inverser les relations de pouvoir traditionnelles et de montrer que la femme est puissante, artistiquement et sexuellement, et que l'homme est passif et réceptif. La plupart de ces artistes reconnaîtraient cependant que l'inversion des rôles n'est pas la solution. Elles s'efforcent de souligner qu'à défaut d'exiger une inversion des rôles masculins et féminins, elles formulent une critique des rapports de force sexuels traditionnels représentés dans le nu féminin. Mais au XXe siècle, si un nu est masculin, il ne s'agit en définitive que d'un portrait. La forme traditionnelle du nu tourne autour de l'ordonnancement symbolique de la différence des sexes : ces hommes nus contemporains évoquent la relaxation, la constitution athlétique et le caractère familier, mais pas la sexualité. Ils relèvent d'une tradition dionysienne ou apollinienne. Il y a une différence radicale entre la représentation artistique publique du nu – qui reproduit simultanément le pouvoir masculin et la peur masculine de la différence des sexes – et la confrontation personnelle de l'artiste avec un modèle qui a accepté de poser sans vêtements pour un portrait[4].

Le caractère incomplet de l'« inversion » de Sylvia Sleigh – et, en réalité, l'impossibilité des différentes formes d'inversion que nous avons examinées – révèle à la fois l'asymétrie de pouvoir fondamentale qui existe dans les oppositions structurées de notre culture et les contraintes efficaces inscrites dans les codes de l'art lui-même, au sein desquels et contre lesquels les femmes artistes travaillent. La domination masculine ne sera pas éradiquée en se contentant d'inverser les motifs traditionnels et en pensant que cela produira automatiquement une imagerie alternative.

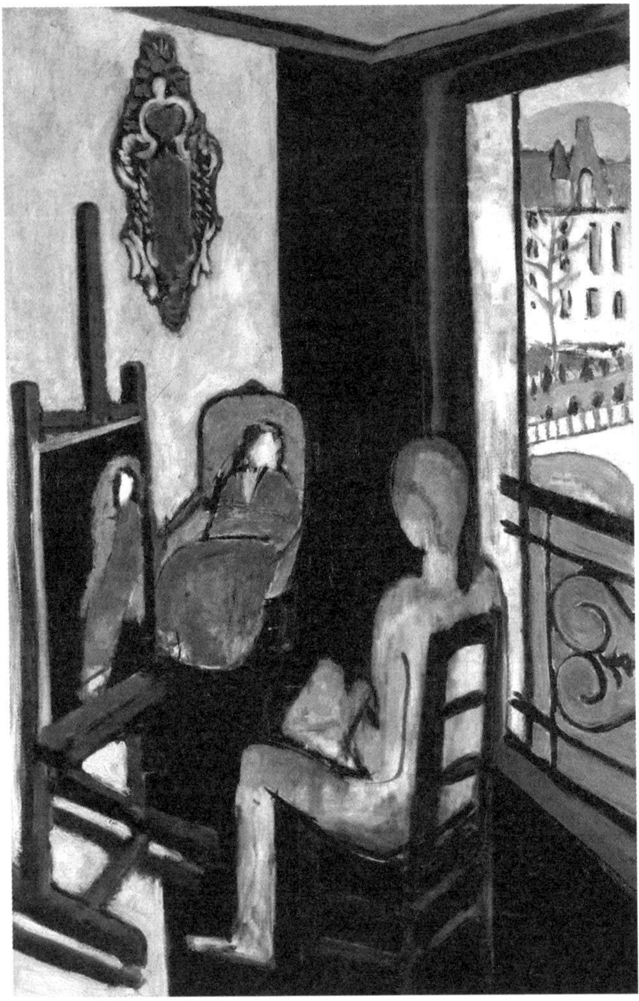

Henri Matisse
Le Peintre dans son atelier
(*Le Peintre et son modèle, l'Atelier, quai Saint-Michel*), 1916-1917

Huile sur toile, 146,5×97 cm. Musée national d'art moderne, Centre Pompidou, Paris

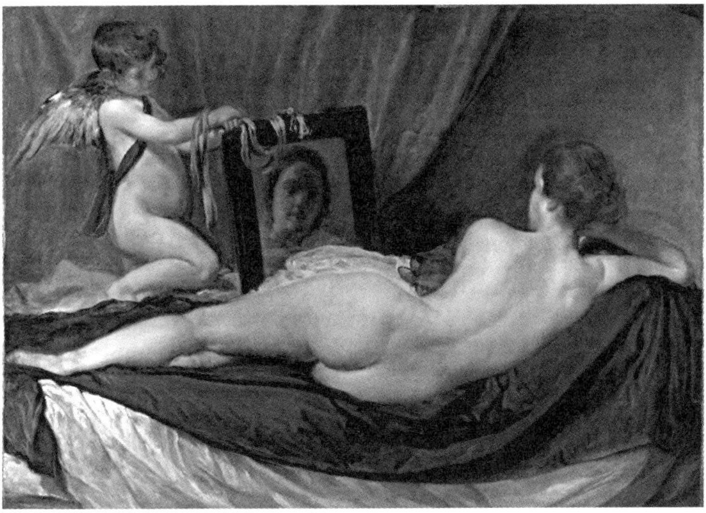

Diego Vélasquez
Vénus à son miroir, c. 1650

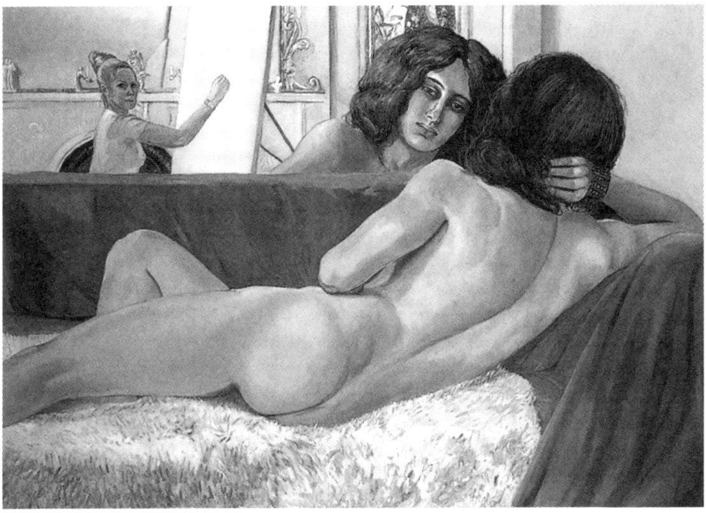

Sylvia Sleigh
Philip Golub Reclining (Philip Golub allongé), 1971

EN HAUT : Huile sur toile, 122 × 177 cm. The National Gallery, Londres
EN BAS : Huile sur toile, 42 × 60 cm

Cela n'apparaît nulle part aussi clairement que chez les artistes féministes qui utilisent le corps féminin pour réagir contre la domination du point de vue masculin dans l'art. Le Body Art utilise le corps féminin, souvent celui de l'artiste elle-même, pour essayer de le libérer de ses significations exclusivement fabriquées par et pour les hommes, et pour que les femmes se réapproprient les corps féminins. Cette entreprise se heurte à de nombreuses difficultés, comme l'a noté Lucy Lippard dans son article « American and European Women's Body Art » : « Il y a un abîme subtil entre l'utilisation des femmes par les hommes pour l'excitation sexuelle et l'utilisation des femmes par les femmes pour dénoncer cette insulte[5]. » Mais le corps de la femme ne représente pas seulement une excitation sexuelle pour les hommes. À un niveau plus profond et plus inconscient, l'image du nu féminin signifie la peur masculine de la différence des sexes. Dans l'art européen, l'omission insigne de la représentation du nu féminin est précisément le signe de sa féminité, de sa différence. Les organes génitaux féminins ne sont presque jamais visibles. La valorisation des organes génitaux féminins, dans l'iconographie dite vaginale, représente par conséquent, pour de nombreuses féministes, un rejet des visions masculines du corps des femmes et une affirmation de la sexualité féminine. Cette iconographie attaque l'idée que les organes génitaux de la femme sont mystérieux, cachés et menaçants.

Suzanne Santoro (*1946) est une artiste américaine qui vit à Rome. Elle a travaillé comme sculptrice dans les années 1960, principalement avec de la tôle et de la corde. Sa pratique s'est transformée sous l'impact du Mouvement de libération des femmes. Son livre *Towards New Expression [Vers une nouvelle expression]* (1974) [p. 233-234] a été sa réponse en tant qu'artiste aux problèmes soulevés par les féministes italiennes. Il traite de la prise de contrôle des femmes sur leurs corps. Mince et produit avec soin, il a été publié par le groupe italien de libération des femmes Rivolta Femminile[6]. Il s'ouvre sur des photographies de nus féminins issus de l'histoire de l'art qui montrent de manière décisive à quel point les organes génitaux des femmes ont été « annulés, lissés et finalement idéalisés » dans l'art. Des photographies présentant une fleur et un clitoris figurent dans la partie suivante du livre, qui examine la structure des organes génitaux féminins. Dans le texte d'accompagnement, Suzanne Santoro indique que, si elle a placé les photographies des figures grecques antiques, des fleurs et de la conque à côté du clitoris, c'est pour permettre de « comprendre les organes génitaux féminins » et « [c]'est aussi une invitation à l'expression sexuelle qui a été refusée aux

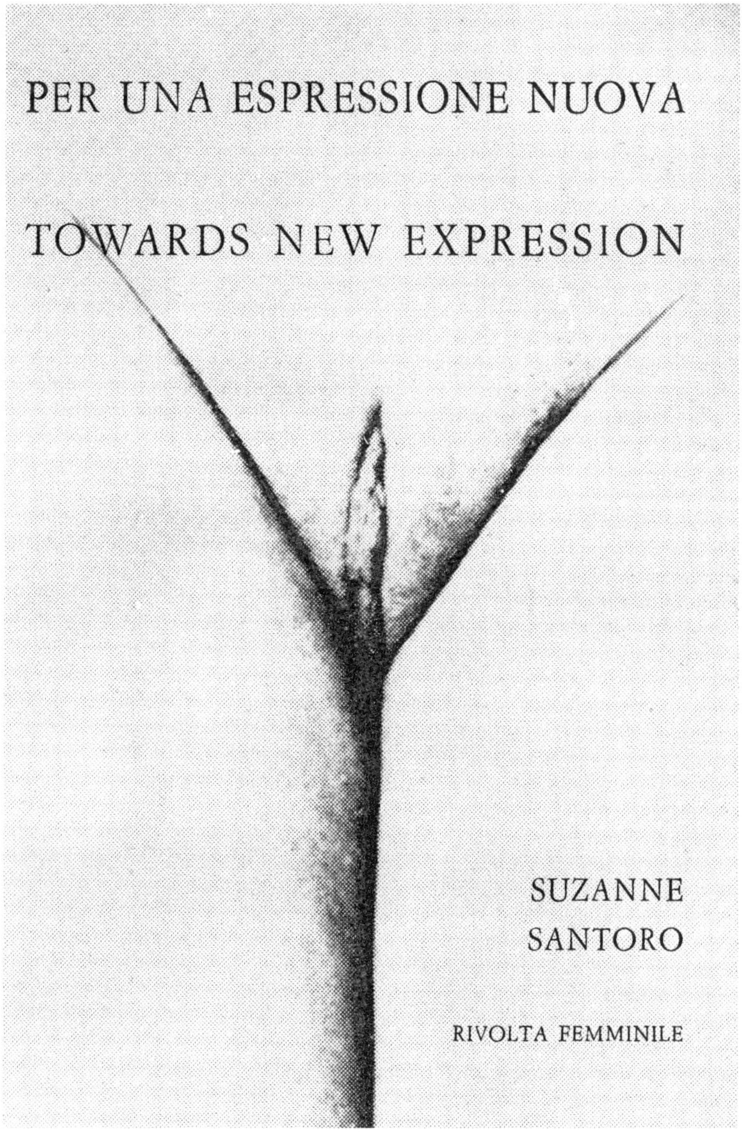

Suzanne Santoro
Couverture de *Towards New Expression* (*Vers une nouvelle expression*) publié par Rivolta Femminile, Rome, 1974

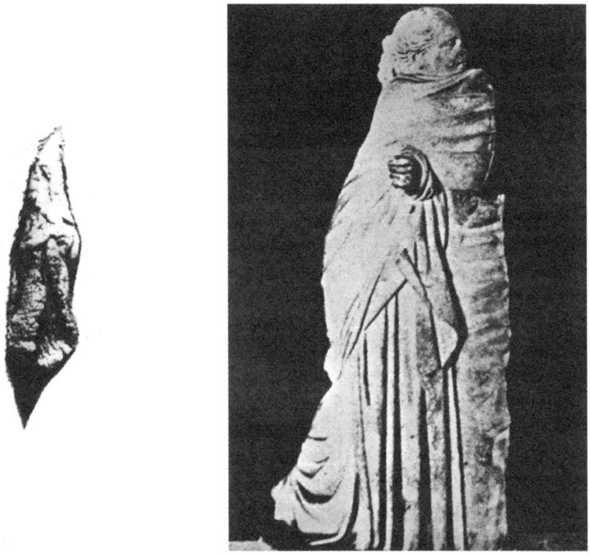

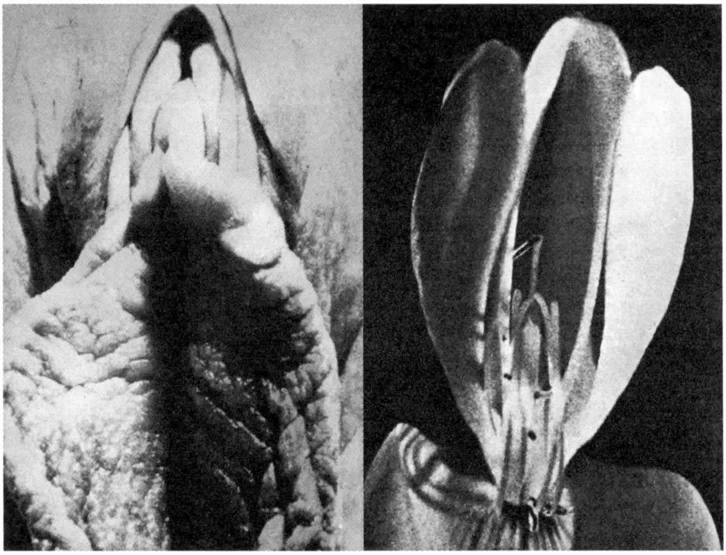

Suzanne Santoro
Doubles pages de *Towards New Expression* (*Vers une nouvelle expression*) publié par Rivolta Femminile, Rome, 1974

Doubles pages, 15,7 × 21,7 cm chaque

femmes jusqu'à présent, et qui ne cherche pas à attribuer des qualités particulières à un sexe ou un autre ». La démystification qui conduit à la connaissance de soi et à l'expression sexuelle constitue, selon elle, une condition préalable à l'activité artistique. Le livre exige que les femmes s'affirment, qu'elles se définissent : « Nous ne pouvons plus nous voir comme si nous vivions dans un rêve ou dans une imitation de quelque chose qui ne reflète tout simplement pas la réalité de nos vies. » Comme le suggère son titre, l'ouvrage constitue un outil de recherche pour analyser et exprimer l'expérience féminine.

Ces images prêtent pourtant dangereusement au malentendu. Elles ne modifient pas radicalement l'identification traditionnelle des femmes à leur biologie et ne remettent pas non plus en question l'association des femmes avec la nature. À certains égards, elles ne font que perpétuer l'identité exclusivement sexuelle des femmes, non seulement comme des corps mais, plus crûment, comme des chattes.

La pratique de la féministe américaine Judy Chicago (*1939) constitue une exploration plus métaphorique du corps de la femme dans l'art. Elle examine la sexualité féminine à travers des images explicites des fonctions sexuelles et physiologiques des femmes, notamment la menstruation dans une installation intitulée *Menstruation Bathroom* – laquelle s'inscrit elle-même dans un projet destiné au programme d'enseignement collectif Womanhouse (1972) organisé à Los Angeles – et dans une lithographie représentant une femme retirant un tampon usagé, *Red Flag* (1971). Ce travail remet en cause différents tabous qui entourent de longue date ces domaines de l'expérience féminine. Elle utilise parfois une iconographie moins explicite, comme dans *Female Rejection Drawing* (1974) [p. 236], dans lequel des formes charnues rayonnent autour d'un noyau central. Le dessin de 1974 marque l'aboutissement de ses efforts pour combler le fossé qui existait, selon elle, entre ses « véritables préoccupations en tant que femme et les modèles esthétiques ‹ homologués › par la communauté artistique professionnelle à l'usage d'un·e artiste ‹ sérieux ›[7] ». Au milieu des années 1960, elle avait exposé de grandes sculptures minimalistes en cachant le contenu émotionnel de son art et en travaillant sur des problèmes plus formels que symboliques. En 1973, elle avait développé « une représentation claire et abstraite de [s]es émotions en tant que femme ». *Female Rejection Drawing* est moins abstrait que d'autres travaux de cette époque qui partagent le même mélange optique de couleurs et la même esthétique ondulée, rappelant le style pratiqué à Los Angeles dans les années 1960. Judy Chicago a

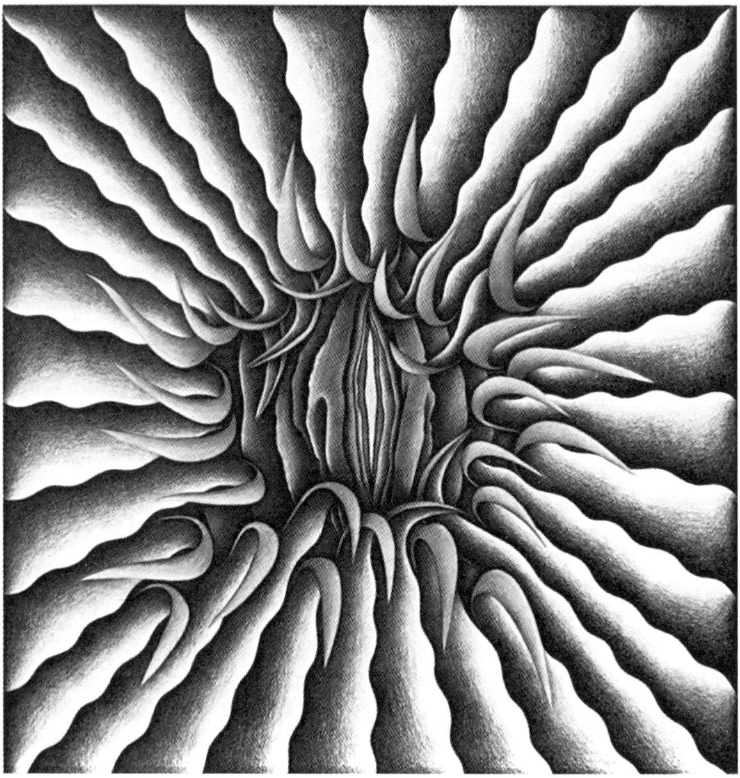

Judy Chicago
The Rejection Quintet : Female Rejection Drawing #3 (Peeling Back), 1974

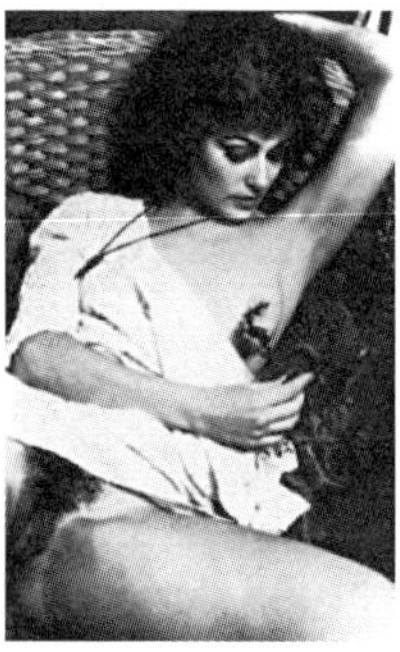

Penthouse, vol. 12, n°3, juillet 1977

EN HAUT : Prismacolor sur papier de chiffon, 106,1×76,2 cm

expliqué l'image à Lucy Lippard : « Je ne pouvais pas exprimer ma sexualité en l'objectivant dans l'image projetée d'un homme, il fallait que j'invente une image qui l'incarnait. Il s'agit fondamentalement d'une posture féministe, et je pense que ce n'était pas possible avant le développement de l'abstraction[8]. » *Female Rejection Drawing* évoque clairement la forme des organes génitaux féminins mais l'artiste insiste sur le fait qu'elle utilise les formes florales et génitales métaphoriquement, pour symboliser les dualités de la force et de la vulnérabilité, ou de la puissance et de la réceptivité. Le dessin fait partie d'une série qui traite du rejet [*rejection*]. En dessous de l'image, Judy Chicago décrit son rejet en tant que femme artiste. Si elle accompagne presque toujours ses images d'un texte qui explicite les sentiments qui les ont suscitées, c'est d'abord parce qu'elle veut rendre son travail accessible à celles et ceux qui ne savent pas « lire » l'abstraction, mais c'est aussi pour répondre à l'accent mis alors par le Mouvement de libération des femmes sur l'expression directe de l'expérience individuelle des femmes.

Mais quel peut être l'effet de ces tentatives de reconnaissance de l'expérience féminine ou de réappropriation et de valorisation de la sexualité des femmes ? Féministes ou non, les femmes peuvent se sentir soutenues par un tel travail, reconnaître la manière dont il affronte leur oppression en dévoilant des aspects jusqu'ici cachés, réprimés ou censurés de leurs vies. Ces images n'ont malgré tout qu'une efficacité très limitée parce que, dans l'art, les significations dépendent de la manière dont elles sont perçues et de la position idéologique à partir de laquelle elles sont reçues. Ces images sont facilement récupérables [p. 236] par la culture masculine, parce qu'elles ne brisent pas radicalement les significations et les connotations que revêt la femme dans l'art : comme corps, comme sexe, comme nature et comme objet de possession masculine.

Mais qu'est-ce qui détermine les connotations de la femme comme corps, comme sexe et comme nature ? Qu'est-ce qui fait de la femme l'antithèse de l'esprit, de la culture mais aussi de la plénitude et du pouvoir masculins ? À quel niveau devons-nous situer notre analyse ? Quel type de travail faut-il pour briser ces idéologies ?

Dans un article consacré à l'artiste Pop contemporain Allen Jones (*1937), « You Don't Know What's Happening, Do You Mr Jones[9] ? », Laura Mulvey soutient que l'éclairage des théories psychanalytiques nous permet de commencer à comprendre pourquoi les femmes apparaissent comme elles le font dans les œuvres d'Allen Jones et, par extension, dans l'art en général. Elle n'utilise pas la théorie psychanalytique pour analyser l'artiste lui-même, ou pour proposer des lectures psycho-biographiques de ses images, mais plutôt pour comprendre les structures et fantasmes inconscients de l'ordre patriarcal qui apparaissent dans ce type de représentation[10].

Le langage pictural d'Allen Jones est celui du fétichiste : il réquisitionne le corps féminin pour le recréer à l'image de l'homme. Le pouvoir de l'homme est signifié par son accès privilégié au phallus, qui n'est pas le vrai pénis, mais le signifiant primordial dans l'ordre symbolique patriarcal. La menace de la perte, signifiée par le phallus, la menace de castration, comme l'a soutenu Sigmund Freud, se produit au moment où l'enfant découvre la différence, l'absence de phallus de la mère qui, dans le fantasme, présente non seulement la possibilité de la castration mais en vient à représenter aussi la castration et les peurs qui l'accompagnent, ainsi que les craintes imaginaires d'une perte et d'une absence généralisées. Déguiser sa perte potentielle et cacher l'acceptation de la connaissance ou, en termes psychanalytiques, nier la différence des sexes, c'est le travail du fétichisme. Comme l'explique Laura Mulvey :

> Pour comprendre les paradoxes du fétichisme, il est essentiel de revenir à Freud. Le fétichisme, Freud l'a montré le premier, consiste à déplacer la vue de la castration imaginaire de la femme sur une variété d'objets rassurants mais souvent surprenants – chaussures, corsets, articles en caoutchouc, ceintures, culottes, etc. – qui sont autant de signes du pénis perdu mais n'ont aucun lien direct avec lui. Pour le fétichiste, c'est le signe lui-même qui fait l'objet du fantasme – qu'il s'agisse d'objets fétiches réels ou d'images ou de descriptions de ces mêmes objets – et, dans tous les cas, c'est le signe du phallus. C'est la peur narcissique de l'homme de perdre son phallus, sa possession la plus précieuse, qui provoque un choc à la vue des organes génitaux féminins et la tentative fétichiste de les dissimuler ou d'en détourner l'attention.
>
> Un monde qui tourne sur un axe phallique construit ses peurs et ses fantasmes à son image, phallique. Dans le drame du complexe de castration masculin, comme l'a découvert Freud, les femmes ne sont que des marionnettes ; leur importance réside purement dans leur manque de pénis et leur fonction première est de symboliser la castration que craignent les hommes. Les femmes peuvent sembler faire l'objet d'un défilé ininterrompu de fantasmes pornographiques,

> de blagues, de rêveries, etc., mais, fondamentalement, la plupart des fantasmes masculins sont des dialogues en circuit fermé avec eux-mêmes, comme Freud l'exprime si bien dans la citation sur la tête de Méduse. Loin d'être une femme, la Méduse est le signe d'une angoisse de la castration. L'analyse freudienne de l'inconscient masculin est essentielle pour comprendre la myriade de façons dont le corps féminin a été utilisé comme un moule dans lequel les significations ont été versées par une culture dominée par les hommes[11].

Dans la culture dominée par les hommes – à savoir son langage et ses codes de représentation –, il n'y a donc pas de manière simple de produire une gestion alternative, positive de l'image de la femme. L'image de la femme est le spectacle sur lequel les hommes projettent leurs propres fantasmes narcissiques :

> La plupart des gens pensent que le fétichisme relève du goût personnel d'une étrange minorité, cultivé en secret. En révélant la manière dont les images fétichistes envahissent non seulement les publications spécialisées, mais l'ensemble des médias de masse, Allen Jones jette un nouvel éclairage sur la femme en tant que spectacle. Le message du fétichisme ne concerne pas la femme, mais la blessure narcissique qu'elle représente pour l'homme. Les femmes sont constamment confrontées à leur propre image sous une forme ou une autre, mais ce qu'elles voient n'a que peu de rapport ou de pertinence avec leurs propres fantasmes inconscients, avec leurs propres peurs et désirs cachés. Elles sont en permanence transformées en objets de spectacle, à regarder et à contempler et à fixer par les hommes. En réalité, pourtant, les femmes ne sont pas là du tout. Le défilé n'a rien à voir avec la femme, et tout à voir avec l'homme. La vraie chose qui est exposée, c'est toujours le phallus. Les femmes ne sont que le décor sur lequel les hommes projettent leurs fantasmes narcissiques[12].

L'analyse d'Allen Jones proposée par Laura Mulvey est pertinente ici pour deux raisons. Elle se confronte directement aux niveaux inconscients auxquels opère l'idéologie patriarcale dans la société bourgeoise. Elle nous montre les craintes qui se trouvent à l'origine du plaisir, censément non problématique, ressenti par les hommes à la vue du corps de la femme. Deuxièmement, elle indique que, dans la mesure précisément où elle concerne les structures et le fonctionnement de l'inconscient, la théorie psychanalytique, tout en étant pertinente pour les féministes, constitue un complément nécessaire aux approches plus courantes – la sociologie ou la pure histoire de l'art – des questions de l'art et de la politique sexuelle.

Nous pouvons en tirer plusieurs conclusions importantes. La perception de soi qu'ont les femmes, leur subjectivité, ne doit pas être considérée comme relevant d'un conditionnement social, parce qu'elle est déterminée par les structures de l'inconscient. Ces dernières reposent sur l'impact de la différence des sexes, sur les significations attribuées à la différence de sexes dans notre culture et sur la manière dont l'absence du phallus est présentée aux femmes. Dans une culture patriarcale, la féminité n'est pas une alternative à la masculinité mais son négatif. La masculinité et la féminité sont des positions culturellement déterminées. L'identité sexuelle n'est pas donnée à la naissance ; nous sommes classé·e·s comme masculin ou féminin par la culture dans laquelle nous sommes immergé·e·s lorsque nous apprenons à parler et que nous nous reconnaissons comme « il » ou « elle », comme fils ou fille. Le langage symbolise donc une culture patriarcale dans laquelle le phallus est le signifiant du pouvoir. La femme en tant que femme n'est pas présente dans le fantasme et dans le langage, sinon comme le chiffre de la domination masculine, la scène du fantasme masculin. Dans l'organisation actuelle de la différence des sexes qui sous-tend la culture patriarcale, il n'est pas possible de se contenter, par conséquent, d'évoquer et d'affirmer un ensemble de significations positives et alternatives pour les femmes. Il reste un gros travail de déconstruction à accomplir. L'« altérité » de la femme en tant que négatif de l'homme, et la répression de la femme au sein de notre culture, offrent des possibilités radicales de contester l'oppression des systèmes patriarcaux, pour les hommes comme pour les femmes. Dans la pratique artistique, les femmes peuvent s'engager dans des travaux de dévoilement de ces constructions idéologiques en remettant en cause les institutions traditionnelles de l'art et de l'artiste, en analysant les significations que revêtent les représentations des femmes et en alertant le public sur le *travail* idéologique de l'art, sur les effets des pratiques et des représentations artistiques.

NOTES — 1
Coventry Patmore, *The Angel in the House*, Macmillan, Londres/Cambridge 1866.

2
Linda Nochlin, « Eroticism and Female Imagery in Nineteenth Century Art », in Linda Nochlin et Thomas B. Hess (dir.), *Woman as Sex Object : Studies in Erotic Art, 1730-1970*, Newsweek Inc., New York 1972, p. 11.

3
Sylvia Sleigh, *Feminist Art Journal*, 1972.

4
Margaret Walters analyse en détail ces questions soulevées par les tableaux de nus masculins dans l'histoire de l'art et dans les formes artistiques et médiatiques actuelles dans *The Nude Male. A New Perspective*, Paddington Press, Londres 1978.

5
Lucy Lippard, « The Pains and Pleasures of Rebirth : European and American Women's Body Art », in *From the Centre*, op. cit., p. 125.

6
Collectif fondé à Rome en 1970 par Carla Lonzi, Carla Accardi et Elvira Banotti. Rivolta femminile est également le nom de leur manifeste et de la maison d'édition fondée par Carla Lonzi.

7
Ici et suivante : Judy Chicago, *Through the Flower. Mon combat d'artiste femme*, Les Presses du réel, Dijon 2018, p. 57, p. 122.

8
Lucy Lippard, *From the Centre*, op. cit.

9
Laura Mulvey, « You Don't Know What's Happening, Do You Mr Jones ? », *Spare Rib*, n°8, 1973, p. 29-40.

10
Il serait impossible de rendre compte ici de l'ensemble de ce processus, mais on peut se référer aux études suivantes de la théorie psychanalytique et du rôle que joue ce processus dans la représentation : Laura Mulvey, « Plaisir visuel et cinéma narratif » [1975], in *Au-delà du plaisir visuel. Féminisme, énigmes, cinéphilie*, op. cit. ; Jacques Lacan, *Écrits* [1966], Le Seuil, Paris 1999.

11
Laura Mulvey, « You Don't Know What's Happening, Do You Mr Jones? », art. cit., p. 15-16.

12
Ibid., p. 30.

V — Retour au XXe siècle : féminité et féminisme

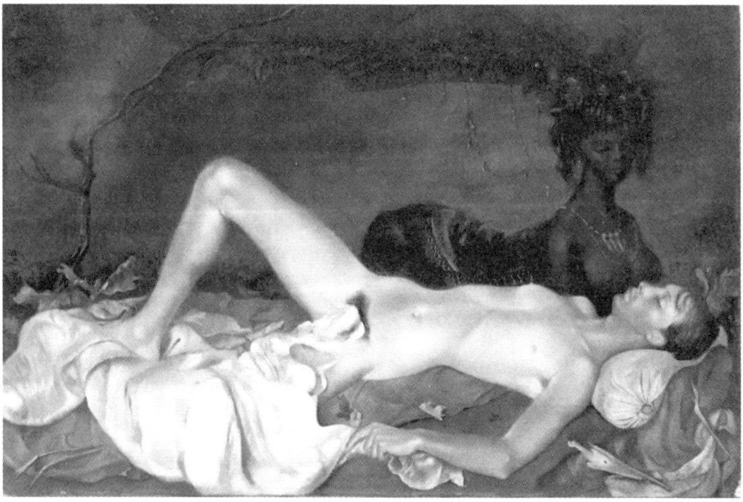

Leonor Fini
Divinité chtonienne guettant le sommeil d'un jeune homme, 1947

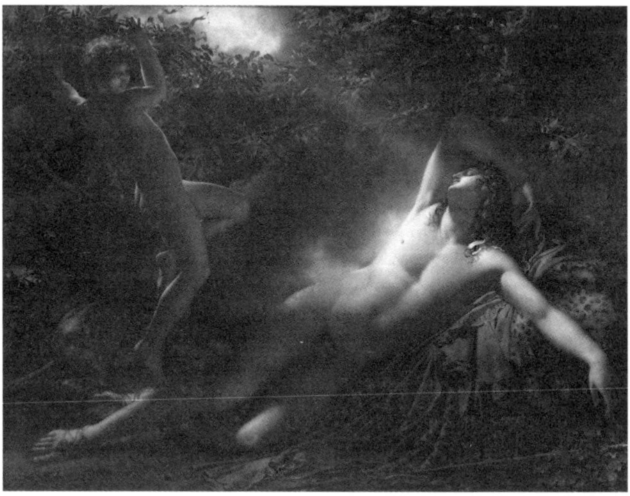

Anne-Louis Girodet
Endymion – Effet de lune
(dit aussi *Le Sommeil d'Endymion*), 1791

EN HAUT : Huile sur toile, 27 × 15,9 cm
EN BAS : Huile sur toile, 198 × 261 cm. Musée du Louvre, Paris

Tout au long de ce livre, nous avons retracé la position des femmes dans l'art en analysant les structures qui déterminent et maintiennent les différences de pouvoir et de privilège entre les hommes et les femmes. Ces structures ne comprennent pas seulement les conditions de production mais aussi les conditions de réception, tout aussi importantes. Notre point de départ était le besoin de comprendre et d'expliquer certaines contradictions. En effet, des contradictions apparaissent entre, d'une part, le silence ou les stéréotypes de l'histoire de l'art actuelle sur l'art des femmes passé et présent, et, de l'autre, le grand nombre de femmes qui pratiquent l'art. Cette situation illustre un type d'attitude patriarcale propre au XXe siècle. Si l'égalité des chances paraît exister, elle est efficacement contredite par des niveaux déguisés mais profonds de contrainte, d'encadrement et d'oppression.

Toute étudiante en art se trouve dans une situation historiquement déterminée où le fonctionnement de l'idéologie est profondément enraciné mais désespérément difficile à saisir. Seule dans son atelier ou dans une école d'art traditionnelle, la femme artiste ne peut réaliser qu'une percée limitée. La situation exige d'ailleurs beaucoup plus que l'acceptation symbolique d'une poignée de femmes artistes par le système. Non content de maintenir les conceptions traditionnelles et les définitions limitées de l'art, celui-ci incarne également les valeurs mêmes qui rendent structurellement nécessaires l'encadrement et la répression des femmes.

Dans « The Women Artists' Movement – What Next » – un article détaillé sur la situation des artistes féministes américaines actuelles qui, en menant une campagne constante, sont parvenues à faire augmenter la part de femmes exposées dans les principales institutions nationales –, Lucy Lippard a remis en question, à juste titre, le bien-fondé d'une recherche effrénée de reconnaissance – forcément limitée – de la part de l'establishment. Les quotas ont beau être plus élevés, ils restent des quotas. Et ils risquent de constituer autant de barrières à de nouveaux changements :

> Le grand danger de la situation actuelle en Amérique […], c'est que l'obstacle soit accepté, que les femmes artistes se contentent d'une « part » du gâteau, si longtemps dominé par les hommes, satisfaites du luxe nouveau d'une meilleure représentation dans les musées et galeries (mais pas encore dans les postes d'enseignement et les manuels d'histoire de l'art), plutôt que de continuer à explorer les

> alternatives. Ces alternatives, espérons-le, changeront plus que les seuls pourcentages, plus que l'aspect superficiel de la manière dont l'art est perçu, acheté, vendu et utilisé dans notre culture[1].

Si l'art des femmes est absorbé par l'establishment de cette manière partielle, Lucy Lippard prévoit que, d'ici une décennie, nous nous retrouverons à notre point de départ : quelques noms auront été ajoutés à l'histoire de l'art mais le système restera intact, et un nouveau groupe de femmes se demandera pourquoi il en reste exclu. Ses doutes légitimes sur la lutte des femmes artistes pour la reconnaissance font écho à nos questions sur les stratégies des historiennes de l'art à l'égard des femmes artistes du passé.

Les commentaires de Lucy Lippard soulèvent une question pertinente. Les femmes artistes doivent-elles orienter leurs énergies vers l'accès à l'establishment de l'art et exiger une pleine participation à ses avantages évidents : l'exposition, la reconnaissance critique et le statut – voire le revenu ? Ou doivent-elles, à l'inverse, orienter leurs efforts vers leurs propres systèmes, alternatifs et indépendants, de galeries, d'expositions et de programmes pédagogiques ? Il s'agit moins d'oppositions, en réalité, que de stratégies différentes. Tactiquement, les efforts collectifs des femmes pour mettre en place leurs propres réseaux de soutien sont extrêmement importants, et ils ont, de fait, ouvert de nouveaux espaces pour un grand nombre de femmes. Mais il y a un vrai danger à rester en marge, à occuper la sphère séparée établie pour la pratique des femmes au XIXe siècle, une sphère qui, dans le meilleur des cas, se trouve annexée à la production culturelle *mainstream*.

Les deux types d'intervention – au sein de l'establishment tel qu'il existe et en recourant à des institutions alternatives à celles qui dominent les pratiques artistiques – sont nécessaires. En examinant les relations que les femmes artistes ont entretenues avec les institutions de l'art au XVIIIe siècle, telles que les académies, nous avons noté l'existence d'ateliers de femmes et de réseaux alternatifs. Il existe également des indices que des politiques symboliques, limitées et tardives, d'admission de femmes ont été mises en place dans ces instances officielles. Mais l'exclusion des femmes de ces académies ne s'est pas uniquement traduite par une réduction de l'accès à l'exposition, au statut professionnel et à la reconnaissance. Elle leur a interdit de participer à la production des langages de l'art et aux significations, aux idéologies, aux visions du monde et aux relations sociales de la culture dominante, et donc de les déterminer différemment. Les femmes artistes ont bien entendu produit leur propre variante, ou des significations différentes, par leur travail ; elles ont contesté ou perturbé la manière dont les femmes étaient représentées. Mais leurs interventions ont pu être rejetées, ignorées, redéfinies et finalement effacées, parce que le pouvoir de déterminer ce qui relevait de l'art « avec une majuscule », du « grand art » ou d'un « art historiquement important » est demeuré entre les mains d'institutions dominées par les hommes. Nous avons indiqué l'importance particulière qu'avait prise pour les femmes la conjoncture des pratiques d'avant-garde à la fin du XIXe siècle, lorsque les pratiques institutionnelles *et* les pratiques de représentation avaient été remises en cause et restructurées conjointement. Les pratiques d'avant-garde du XXe siècle ont elles aussi remis en cause les notions traditionnelles de l'art, de l'artiste et des codes de la représentation mais, dans de nombreux cas, leur impact a été absorbé et détourné sans incident pour devenir le nouvel ordre établi. Il est vrai que la participation des femmes à ces pratiques d'avant-garde est restée conditionnée par leur statut de femmes. Cela ressort clairement de la manière dont les hommes ont considéré leurs collègues féminines au sein de ces mouvements et dans le fait que les critiques ont réagi de manière stéréotypée aux œuvres réalisées par les femmes. Certains de ces mouvements de l'art du XXe siècle présentent pourtant un intérêt particulier pour la théorie et la pratique féministes.

Dans la partie précédente, nous avons traité des pièges et des difficultés rencontrés par les femmes artistes obligées de travailler selon des codes de représentation dominés et contrôlés par les hommes. Différents mouvements modernistes au cours du XXe siècle, comme l'abstraction, l'« art conceptuel » et l'« assemblage d'objets trouvés », ont rompu avec la représentation figurative et les moyens d'expression traditionnels des beaux-arts. La conception romantique de l'artiste a été remise en cause à la fois par ceux qui ont souligné l'impersonnalité de l'œuvre d'art ou envisagé l'individu comme un simple médium, et par ceux qui ont utilisé le hasard et l'automatisme et encouragé l'implication du public. La séparation classique entre l'artiste, le produit (l'expression de l'artiste) et le public s'est réduite ; et l'on a examiné par ailleurs l'activité de l'art elle-même, le processus de fabrication et la manière dont les significations étaient produites, dans un processus qui incluait le spectateur ou la réceptrice tout autant que l'auteur.

Malgré l'apparition de nouvelles pratiques signifiantes et la transformation du rapport du public à l'œuvre d'art, le critique a pris une importance sans précédent : c'est lui qui a reconsidéré et évalué l'importance de la production artistique, tout en élaborant les théories et les hypothèses sur lesquels reposait l'art moderne. Le critique de l'art moderne est un élément central des pratiques artistiques du XXe siècle ; il conditionne la réception des œuvres d'art. Mais c'est pourtant par le discours des critiques que l'idéologie opère pour protéger le système dominant et pour imprimer ses stéréotypes et valeurs au travail réalisé par les femmes, y compris dans les pratiques artistiques radicales.

Dans cet ouvrage, nous n'avons pas cherché à déterminer une essence féminine (biologique ou sociale) ou même féministe dans l'art ou à révéler une culture féminine alternative longtemps cachée, aussi gratifiant que cela puisse être pour notre perception de soi. Une telle chose ne peut manifestement pas exister isolée, comme une essence conservée dans le congélateur de la culture masculine. Nous avons plutôt le souci de découvrir les relations que les femmes artistes ont entretenues, à travers les transformations historiques, avec les institutions de l'art et avec l'idéologie.

Les activités hétérogènes des femmes au cours du XXe siècle permettent de rejeter avec force toute idée d'un art féminin homogène. Bien au contraire, nous sommes confrontées aux manières très différentes dont les femmes sont intervenues dans les pratiques d'avant-garde. Néanmoins, ce sont les pratiques ou les mouvements ayant abordé les questions de la différence des sexes, même de façon indirecte, que nous allons examiner.

Afin de faire ressortir les éléments qui concernent précisément une analyse féministe, nous regarderons en détail les œuvres de quelques femmes en particulier au sein de certains mouvements modernistes. Ces artistes et ces œuvres ne sont pas des exemples particuliers dont nous voudrions établir la réputation. Si nous avons choisi des artistes déjà connues, c'est précisément parce que leurs œuvres ont été largement débattues par les critiques et que cela nous permet d'inscrire leur œuvre dans le contexte de sa réception par les critiques.

Il y a plusieurs raisons d'examiner le Surréalisme – l'un des mouvements les plus importants du XXe siècle –, la plus évidente étant qu'un grand nombre de femmes y ont pris part dont, parmi les plus connues, Dorothea Tanning (1910-2012), Meret Oppenheim (1913-1985), Leonor Fini (1907-1996), Remedios Varo (1908-1963), Leonora Carrington (1917-2011) et Toyen (1902-1980). Leur contribution au Surréalisme a été masquée toutefois par les attitudes masculines. Les autres Surréalistes et les historiens modernes ont soit ignoré les femmes surréalistes, soit noté leur sens de la mode excentrique – à l'instar de Marcel Jean qui, dans son *Histoire de la peinture surréaliste*[2], parle galamment de Leonora Carrington pour sa cuisine surréaliste. Ils se sont délectés des bijoux surréalistes charmants de Meret Oppenheim ainsi que du style élégant et chic et du don pour la décoration et le mobilier de Leonor Fini.

Mais le Surréalisme revêt de l'importance pour notre analyse au-delà de la seule présence des femmes en son sein. Les Manifestes surréalistes ont été rédigés dans le sillage de la Première Guerre mondiale et de mouvements artistiques qui, comme Dada, avaient réagi contre la bourgeoisie et le système ayant mené l'Europe à la guerre. Les Surréalistes ont déclaré leur opposition aux conceptions dominantes de l'art et aux valeurs perverties de leur société – à sa répression et ses notions du bon sens et de l'ordre rationnel. Dans les années 1930, certains membres du mouvement se sont ouvertement alliés à des mouvements politiques révolutionnaires. D'autres se sont particulièrement intéressés à la promotion de définitions tout à fait nouvelles de l'art et d'un autre rôle pour l'artiste. Lucy Lippard a décrit l'un de ces buts dans l'introduction de son livre *Surrealists on Art* :

> Le Surréalisme visait à initier un nouvel humanisme dans lequel le talent n'existait pas, dans lequel il n'y avait pas d'artistes et de non-artistes, mais une conscience large et nouvelle qui allait balayer avec elle le vieux concept de l'art[3].

L'intérêt des Surréalistes pour la psychanalyse – qu'ils l'aient bien comprise ou qu'ils se soient contentés de la trouver utile – représentait un désir d'attaquer l'ordre symbolique de leur culture, de libérer l'imaginaire et les matériaux refoulés ou censurés et d'enrichir leur expérience et leur conception de l'humanité. Ce contre quoi ils ont réagi, d'après la définition d'André Breton (1896-1966), c'était tout ce qui était masculin ; et ce qu'ils ont cherché était symbolisé par tout ce qui était attribué à la féminité :

> le temps serait venu de faire valoir les idées de la femme aux dépens de celles de l'homme, dont la faillite se consomme assez tumultueusement aujourd'hui. C'est à l'artiste, en particulier, qu'il appartient, ne serait-ce qu'en protestation contre ce scandaleux état des choses,

> de faire prédominer au maximum tout ce qui ressortit au système féminin du monde par opposition au système masculin, de faire fonds exclusivement sur les facultés de la femme, d'exalter, mieux même, de s'approprier jusqu'à le faire jalousement sien tout ce qui la distingue de l'homme sous le rapport des modes d'appréciation et de volition. [...] C'est toujours la femme perdue, celle qui chante dans l'imagination de l'homme, mais au bout de quelles épreuves pour elle, pour lui ? – ce doit être aussi la femme retrouvée. Et, tout d'abord, il faut que la femme se retrouve elle-même, qu'elle apprenne à se reconnaître à travers ces enfers auxquels la voue sans son secours plus que problématique la vue que l'homme, en général, porte sur elle[4].

Bien que les Surréalistes aient assimilé la masculinité et le patriarcat à l'ordre répressif, ils avaient l'intention de le subvertir en s'appropriant le féminin. Ce qu'ils définissaient comme « autre » devait être pris en charge par les hommes pour satisfaire leur désir d'une humanité totale. Présumons que les femmes ne pouvaient pas, à l'inverse, désirer s'approprier tout ce qui était dénigré comme masculin pour se réaliser.

Beaucoup de conceptions surréalistes du féminin, et leur fascination pour la Femme, ne sont rien d'autre que des conceptions idéalistes ou essentialistes de la différence entre les sexes et contribuent, en définitive, à soutenir les définitions traditionnelles de la Femme comme Nature, de la Femme comme énigme silencieuse ou de la Femme comme enfant. Elles se préoccupaient directement néanmoins, même de manière déconcertante, de transformer les définitions existantes de la différence des sexes. Leur conception de l'androgyne primordial – un composé de masculin et de féminin – peut ne pas être interprétée seulement en fonction de son contenu humaniste manifeste mais également comme un désir inconscient de revenir à l'état que Sigmund Freud percevait dans l'enfant pré-œdipien (le « petit homme »), à savoir la bisexualité – l'identité de genre non encore figée – de l'enfant humain, avant son positionnement dans la culture patriarcale comme un sujet définitivement masculin ou féminin.

La tentative de briser l'ordre de notre culture, la recherche d'un idéal androgyne ou l'exploration de l'imaginaire, de la castration, de l'anxiété et de la différence des sexes, entreprises par tant d'artistes surréalistes masculins, ont été cruciales pour les femmes de ce cercle. Qu'il s'agisse du culte du féminin plutôt que la célébration de la masculinité machiste en art, de la conception de l'artiste comme médium plutôt que comme force d'ordre et de domination ou de la recherche de significations cachées et mystérieuses par une variété de techniques : tous ces éléments ont ouvert la voie à la participation des femmes au mouvement.

Leonor Fini est arrivée à Paris dans les années 1930. Bien qu'elle n'ait jamais été membre du groupe, elle a participé à des expositions surréalistes et s'est liée d'amitié avec Max Ernst (1891-1976), Paul Éluard (1895-1952) et Leonora Carrington. Son travail traite résolument de la Femme, sous des formes mythiques diverses – en tant qu'alchimiste, déesse, prêtresse, couturière, fileuse ou Sphinx –, et souvent sous ses propres traits. Les invocations de mythes anciens et d'archétypes féminins des religions païennes célèbrent la femme en tant que créatrice et puissante, mais retombent néanmoins dans les définitions traditionnelles de la femme : silencieuse ou réduite au silence, mystérieuse, chtonienne et énigmatique. Pourtant, l'on peut voir dans la façon dont Leonor Fini combine ses images de la femme avec sa propre image – la femme comme alchimiste avec la femme comme artiste, dans les rituels de l'art – une tentative d'attribuer à la femme la force divine – l'accès à un autre niveau d'expérience – qui était précisément l'attribut sacré et exclusif du « grand artiste masculin ».

Par son recours répété au Sphinx (par exemple dans le *Petit Sphinx gardien* de 1948) – une créature dans la culture égyptienne à l'origine masculine, devenue ensuite un symbole de la femme, moitié humain, moitié bête, dans la mythologie grecque –, Leonor Fini offre une image de la femme telle que la perçoit la société patriarcale : mythologique, intermédiaire entre les sphères de la nature et de l'humanité, inquiétante, mystérieuse et éternellement silencieuse. Le Sphinx exerce une fascination infinie, c'est un symbole de l'inconnu. Comme l'ont suggéré Laura Mulvey et Peter Wollen dans leur film *Riddles of the Sphinx* (1977), c'est le symbole du féminin en tant qu'inconscient.

Dans les années 1960, les œuvres ultérieures de Leonor Fini abordent plus directement la différence des sexes, avec des couleurs plus froides, un style plus austère et linéaire, parfois clinique, et des protagonistes toujours silencieux. Dans *La Peine capitale* (1969), elle traite de la castration. Une figure féminine se tient à genoux à côté du billot. Derrière elle, se trouve une jeune fille privée de la vue, les yeux couverts d'un grand chapeau de soleil, un couteau de cuisine à la main. L'une et l'autre regardent une figure assise, les jambes écartées, les poils pubiens marqués d'une tache rouge vif. Certains voient dans ce tableau une référence à la castration, en particulier en raison de la dinde que tient la jeune fille menacée par le couteau. Constantin Jelenski rapporte les propos de Leonor Fini à propos du tableau *Le Fait accompli* de 1967 :

> Dans un café plein de filles, la silhouette d'un homme est dessinée à la craie sur le sol comme le fait la police pour marquer l'emplacement d'un cadavre. « C'est dans ce tracé [dit Fini], que se situe la révolte de la sorcière, révolte contre tout ce que l'homme porte en lui de poids social. C'est-à-dire : de mensonger, de conventionnel, de sordide – c'est tout cela que les filles de ce tableau ne supportent pas[5].»

Tout en révélant le coût terrible du système patriarcal pour les femmes, Leonor Fini désire éliminer les distinctions de sexe. Mais elle utilise la distinction de sexe dans son propre travail : elle procède à des inversions. Ses tableaux reposent souvent sur des séries d'oppositions : verticales et horizontales, sommeil et conscience ou noir et blanc. Dans la *Divinité chtonienne guettant le sommeil d'un jeune homme* de 1947 [p. 244], elle reprend un thème populaire de l'art rococo et romantique, qui a trouvé sa plus parfaite illustration dans *Endymion – Effet de lune* (1791) [p. 244] d'Anne-Louis Girodet (1767-1824). Elle remplace la sensualité du garçon endormi, doucement caressé par l'étreinte de lumière de Séléné, la déesse de la Lune, dans l'œuvre de 1791, par une atmosphère plus sinistre et goyesque. Un jeune homme anguleux dort, les jambes étendues, les organes génitaux protégés, cachés par un drapé souple, typique de l'effacement traditionnel de la sexualité féminine dans les images du nu féminin. Les ombres de sa barbe imminente le situent au seuil de l'âge adulte. Une sphinge noire le guette, ornée de bijoux minoens et de plumes d'autruche. Le regard de la sphinge n'est pas subordonné à celui du spectateur, il domine : sa conscience et sa droite vigilance signifient son pouvoir sur l'homme étendu. Plusieurs significations possibles du tableau sont cachées par les références ésotériques et les symboles privés, mais il renvoie activement aux représentations traditionnelles, et les retravaille. Une fois encore, la menace que constitue la femme pour l'ordre masculin est représentée par des figures mythologiques, en reprenant peut-être les intuitions de Sigmund Freud dans sa lecture de mythes et légendes – comme l'histoire de la tête de Méduse – et, bien, sûr, dans le drame d'Œdipe. Le pouvoir de la femme – la guetteuse, mais aussi la créature fantastique – est représenté par l'utilisation structurelle de verticales et d'horizontales et l'utilisation de la couleur – la sphinge noire qui contraste avec l'homme pâle. Leonor Fini crée aussi des oppositions entre différents aspects de la féminité, en particulier dans *Le Train blanc* de 1966 [p. 254] qui, comme l'a fait remarquer Linda Nochlin, est la reprise d'un tableau victorien, *Les Compagnes de voyage* (1862) d'Augustus Egg (1816-1863) [p. 254]. De prime abord, Leonor Fini paraît révéler ce qui se trouve sous la surface des peintures des maîtres anciens : la sexualité des femmes, cachée sous des couches d'étoffes victoriennes mais, en même temps, elle utilise la dichotomie sommeil/veille avec un autre effet.

Dans le tableau d'Augustus Egg, deux jeunes femmes identiques, passives, voyagent dans un wagon. L'une lit et l'autre dort, le corsage déboutonné de manière à peine perceptible, tandis que leurs jupons se gonflent pour créer des formes vaguement suggestives. Leonor Fini rend manifeste la sexualité victorienne refoulée. Elle utilise l'imagerie du train dans plusieurs tableaux, et les jumeaux ou les doubles apparaissent à maintes reprises dans son travail. Dans *Le Train blanc*, ils paraissent refléter l'intérêt des Surréalistes pour la résolution des contraires : le conscient et l'inconscient, le sommeil et la veille, la vie et la mort, les comportements socialement acceptables et inacceptables, le masculin et le féminin. Leonor Fini a dit un jour : « Je suis pour un monde de sexes non différenciés, ou peu différenciés. » Les hommes surréalistes tendaient à rechercher l'androgynie en s'appropriant ce qu'ils considéraient comme le féminin. De son côté, Leonor Fini paraît exiger pour les femmes une « humanité » plus complète, qui ne repose pas uniquement sur l'acquisition de qualités prétendument « masculines ». Elle conteste la vision unidimensionnelle des femmes, telle qu'elle apparaît chez Augustus Egg, en différenciant les compagnes de voyage. Elle a dit de ces femmes, en décrivant le tableau : « [l']une est une belle vache, très blanche et somnolente, tandis que l'autre, beaucoup plus vivante, beaucoup plus alerte, tire le rideau. Elle ne sait pas ce qu'elle va faire après, si elle va assassiner l'autre ou lui faire l'amour[6]. »

Les images de Leonor Fini sont étranges et difficiles à comprendre en raison de leur mélange de symbolisme ésotérique et de formes figuratives clairement définies. Son œuvre reflète certaines tendances importantes qui reposent sur les principes du Surréalisme mais s'en écarte également. La valorisation de la femme comme alchimiste ou prêtresse repose sur d'autres niveaux de signification, qui se révèlent dans les formes et images qu'elle choisit et les références à la mythologie ou qui figurent dans les oppositions structurelles des compositions. Ces œuvres

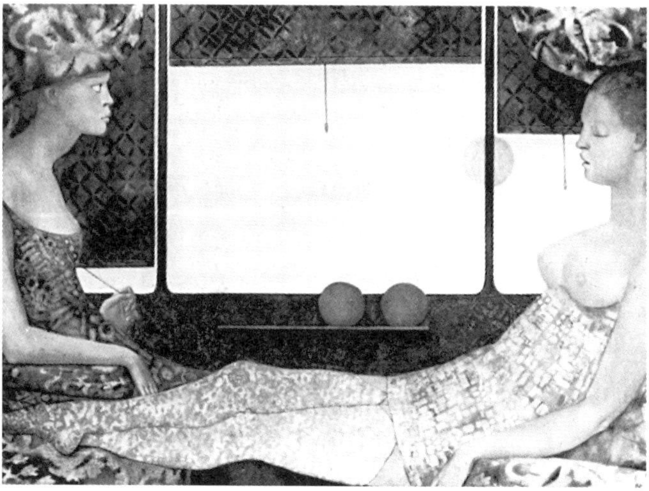

Leonor Fini
The White Train (Le Train blanc), 1966

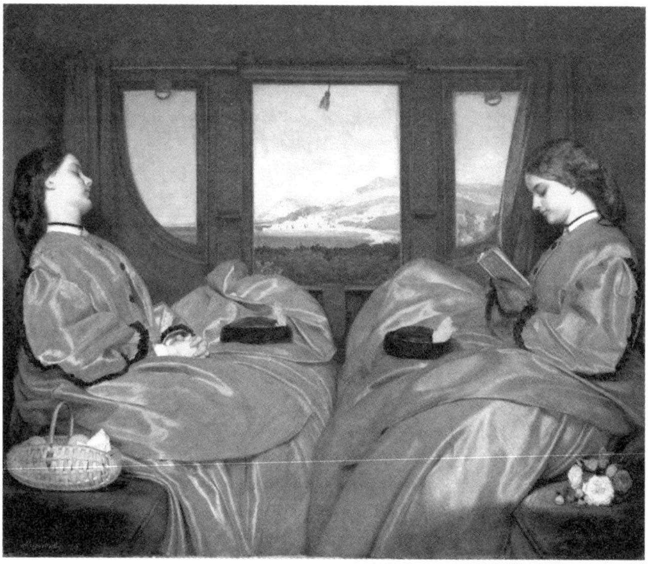

Augustus Egg
The Travelling Companions (Les Compagnes de voyage), 1862

EN HAUT : Huile sur toile, 64,8 × 76,4 cm
EN BAS : Huile sur toile, 64,8 × 76,4 cm. The Museum and Art Gallery, Birmingham

traitent de la femme et de la structure de la différence des sexes mais la femme est perçue, inévitablement, comme énigmatique et ambiguë. Par conséquent, il ne s'agit pas d'images simplement « positives » qui célèbrent la puissance des femmes ou une culture féminine alternative, mais des indications de cette inconnue qu'est la femme, vaguement présente dans notre culture par les mythes et les fantasmes – une menace du refoulé. Ce qui est présent, en revanche, dans la pratique de Leonor Fini, c'est le discours de la femme artiste travaillant sur des représentations traditionnelles, modifiant leurs significations et révélant les peurs, la division contraignante de la masculinité et de la féminité.

Transformer les significations et briser le bon sens étaient deux des objectifs du Surréalisme. Cela était tout particulièrement apparent dans les activités qui ont supplanté les conceptions traditionnelles de l'artiste et de l'objet d'art et offert une plus grande place au public. Certaines œuvres, connues sous le nom d'« objets surréalistes », ont abandonné les moyens d'expression traditionnels – l'huile et la toile – et retravaillé des objets de la vie quotidienne. Le célèbre *Déjeuner en fourrure* de 1936 [p. 256] de Meret Oppenheim réunit deux formes banales : une tasse sur sa soucoupe et des morceaux de fourrure. Mais leur juxtaposition produit des effets puissants, que l'on ne peut rapporter directement à aucun de ses éléments constitutifs. Il se produit le choc de l'inattendu : des éléments détachés de leur rôle dans la vie quotidienne, des objets transformés par le fait qu'ils sont placés dans un contexte inhabituel, non seulement une tasse à thé et un morceau de fourrure dans une exposition d'art, mais aussi la fourrure dans la cuisine, le luxe sur la surface de l'ordinaire. La juxtaposition est pleine de significations condensées mais, pour prolonger la terminologie freudienne, elle suggère un autre aspect des processus de l'inconscient : le déplacement. N'y a-t-il pas, dans le choc produit par l'objet, une connotation sexuelle vague et désagréable ? À qui associe-t-on les tasses à thé et les manteaux de fourrure ? Et, dans un sens plus large et symbolique, les récipients, la nourriture et les poils introduisent un autre niveau de référence à la sexualité féminine. Il est impossible de ne pas se poser ces questions parce que ce recours à la juxtaposition et aux objets de récupération libère de nombreuses significations. Déplacés et condensés, les indices de la différence sexuelle féminine apparaissent dans une pratique pleine de sens, dans les matériaux et les méthodes utilisés et dans l'espace ouvert au spectateur et à la spectatrice pour qu'il·elle formule ses propres interprétations à l'objet. Meret Oppenheim regroupe tous ces éléments.

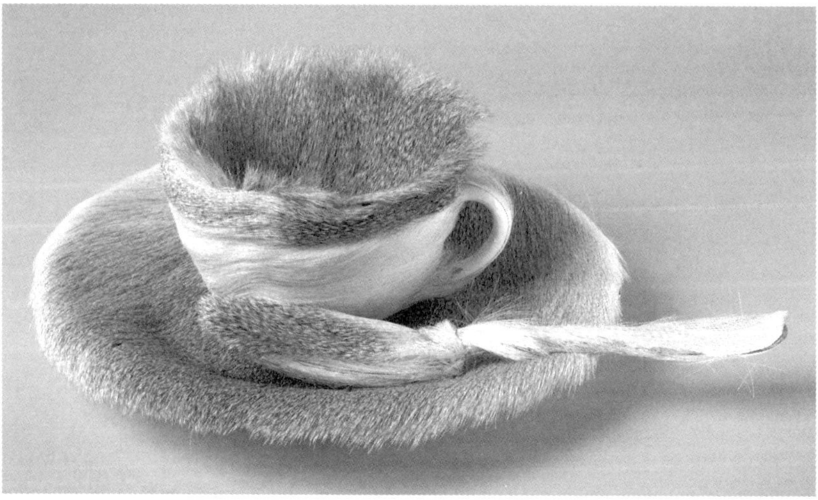

Meret Oppenheim
Le Déjeuner en fourrure, 1936

Née à Berlin, Meret Oppenheim s'installe à Paris en 1932 et étudie à l'Académie de la Grande Chaumière. Elle rencontre des membres du groupe surréaliste et expose avec eux au Salon des surindépendants de 1933. En raison de difficultés financières, elle se tourne vers le stylisme et crée pour Elsa Schiaparelli (1890-1973) un bracelet en métal couvert de fourrure qui inspire *Le Déjeuner en fourrure*. Poursuivant l'engagement surréaliste à élargir la définition de l'art, elle continue de créer vêtements et bijoux, même après le bon accueil reçu pour *Le Déjeuner en fourrure*, exposé en 1936. Trente-six ans plus tard, elle réalise une série inspirée de cette œuvre. Agacée d'avoir été invitée à la « refaire » (*Art and Artists Magazine*, 1976), elle en fait un objet-souvenir tiré à plusieurs exemplaires, en utilisant des cadres trouvés dans un magasin de souvenirs italien, satirisant ainsi sa légende en même temps que le passé.

Tasse de porcelaine, soucoupe, cuillère et fourrure, diamètre : 32,7 cm, hauteur : 7,3 cm
The Museum of Modern Art, New York

Meret Oppenheim ne s'est pas contentée d'exploiter les possibilités offertes par d'étranges juxtapositions d'objets dans sa recherche de nouvelles expériences, de et par l'art. Elle a également organisé des événements comme le *Festin* (1959), dans lequel elle joue de manière troublante sur l'idée de la femme comme nourriture et fait d'une femme nue la pièce maîtresse d'un festin. Elle a élaboré de nouvelles définitions des rôles des hommes et des femmes qui étaient à la fois conformes et distinctes des théories générales surréalistes. Elle tendait à supposer, elle aussi, qu'il existait une « essence » de la femme en dessous ou au-delà des rôles socialement prescrits et des définitions en vigueur et, comme d'autres femmes du mouvement, elle s'est appuyée sur les archétypes et mythologies de la fertilité.

Mais alors que, dans *Arcane 17*, André Breton évoquait la valeur de la féminité du point de vue de l'appropriation par les hommes des qualités particulières associées aux femmes, Meret Oppenheim exigeait que les femmes se réapproprient leur « masculinité ». À en juger par les idées de masculinité et de féminité projetées et introjectées, ce commentaire de 1975 porte la marque de la pensée jungienne – Meret Oppenheim a entamé une analyse jungienne en 1944 :

> Je crois que les hommes, depuis qu'ils ont créé le patriarcat, c'est-à-dire depuis la dévaluation de la femme, ont projeté la féminité qui leur est propre, qui est considérée comme inférieure, sur la femme. Cela signifie pour les femmes qu'elles doivent vivre leur propre féminité plus la féminité que les hommes projettent sur elles. Elles sont donc des femmes au carré. On ne leur permet pas de vivre leur masculinité. La chose vaut en sens inverse pour l'homme[7].

Si les femmes ont participé à de nombreux mouvements du XXe siècle, le Surréalisme – non seulement comme mouvement mais aussi comme approche ayant continué à exercer une influence sur d'autres pratiques d'avant-garde – a conservé une importance particulière pour les études féministes parce qu'il a été une tentative consciente de combattre le refoulement en introduisant le rêve et le fantasme dans le discours de l'art. Nombre de Surréalistes sont pourtant restés dans les limites d'un style de représentation figuratif qui n'avait que partiellement rompu avec les significations et connotations traditionnelles. Certaines formes d'abstraction comme l'Expressionnisme abstrait américain des années 1940 et 1950, davantage marquées par les préoccupations et pratiques relatives aux processus inconscients des Surréalistes que par leurs styles de représentation, ont offert un autre type d'espace et de potentiel à l'intervention des femmes et à la transformation du langage de l'art.

Contrairement à l'art pré-moderne, dans lequel la manière de peindre une chose était subordonnée à la chose représentée, l'Expressionnisme abstrait a mis en évidence l'acte de peindre lui-même et est parvenu, par le recours au geste, à la forme abstraite, à la ligne et à la couleur, à produire de nouvelles significations.

Malgré ces nouvelles possibilités de signification, l'artiste est resté, dans l'Expressionnisme abstrait, extrêmement important parce que l'activité de peindre, les matériaux ou leurs effets et les gestes de l'artiste sont devenus l'objet du travail lui-même. Ainsi, plutôt que de supplanter l'artiste, l'Expressionnisme abstrait a suprêmement célébré les gestes et la créativité de l'auteur·e : ce que l'on voit sur une toile de l'Expressionnisme abstrait, ce sont les traces de la créativité de l'artiste.

La situation des femmes artistes dans le groupe de l'Expressionnisme abstrait, et dans l'évolution ultérieure de la peinture américaine dans les années 1950, a donc été traversée de contradictions fondamentales. Alors que les pratiques signifiantes ont ouvert des possibilités, particulièrement pour les femmes, de produire de nouvelles significations, le statut encore plus mythique de l'artiste au sein de ces pratiques a provoqué, sur le terrain du discours des critiques à propos des femmes artistes, une collision frontale entre les conceptions du « grand artiste » et les stéréotypes de la féminité. L'œuvre d'Helen Frankenthaler (1928-2011) – qui a rapproché l'Expressionnisme abstrait et le Color Field Painting – et sa réception par les critiques illustrent superbement la dialectique entre le travail singulier et distinctif réalisé par une femme au sein de cette avant-garde et la méconnaissance critique de ce même travail par des réactions stéréotypées. Comment une femme pouvait-elle en effet être acclamée comme une « action painter » et atteindre les hauteurs semi-divines du créateur ? La chose étant impossible, les critiques n'ont pas seulement évité de la considérer dans des termes pertinents par rapport au mouvement dont elle faisait partie ; ils se sont souvent rabattus, pour interpréter ses créations, sur les conventions traditionnelles de l'art figuratif.

Helen Frankenthaler a achevé une formation artistique privilégiée en 1950. Entre l'école, l'université et la visite des musées de New York, elle a acquis une connaissance approfondie des dernières évolutions de l'art moderne et s'est impliquée dans les débats en cours sur la peinture américaine. En 1951, le critique Clement Greenberg (1909-1994) lui a présenté le travail de Jackson Pollock (1912-1956) – notamment ses *drippings*, dans lesquels ce dernier avait abandonné la peinture de chevalet au profit d'une méthode consistant à poser ses toiles sur le sol, à se déplacer tout autour et à y projeter de denses réseaux de peinture à l'aide d'un bâton [p. 260]. Ayant vu ces tableaux et parfaitement compris les arguments de Clement Greenberg sur le développement du modernisme et les problèmes formels de la peinture, Helen Frankenthaler a élaboré sa propre technique – le *soak-stain* (tremper-tâcher) –, qui devait avoir d'importantes répercussions sur le développement du Color Field Painting. Sa démarche – qui consistait à verser de la peinture sur une toile de coton non préparée posée au sol [p. 260] – a eu de l'importance parce qu'elle lui a permis d'affirmer les notions de planéité et de bidimensionnalité de la surface du tableau, et donc de réfuter l'*illusion* de l'espace tridimensionnel. La couleur flottante, qui imprégnait le support de toile, dont elle faisait littéralement partie, créait cependant, par sa profondeur, le sentiment d'un espace ambigu, où les différentes forces des couleurs s'avançaient ou reculaient. Les tableaux se conformaient à la notion de planéité tout en l'affaiblissant, de manière à faire intervenir le maximum d'ambiguïté. Helen Frankenthaler a poursuivi consciemment ce thème de l'ambiguïté. En 1957, elle a réalisé une grande toile à laquelle elle a ensuite donné le titre d'une étude critique importante sur le recours à l'ambiguïté dans la création littéraire : *Seven Types of Ambiguity* (1930) de William Empson.

Sa compréhension profonde des prémisses de l'art formaliste moderne, par le biais de cette innovation, lui a valu la reconnaissance, mais seulement en 1969. Il aura fallu d'abord que deux hommes, Kenneth Noland (1924-2010) et Morris Louis (1912-1962), admettent ce qu'ils lui devaient dans leur propre usage, ultérieur et différent, de cette procédure. Eugene C. Goossen (1920-1997) lui a rendu l'hommage définitif de l'histoire de l'art dans l'introduction d'une grande rétrospective de son œuvre au Whitney Museum of American Art en 1969 : « La peinture américaine récente aurait été sensiblement différente sans sa présence, et l'absence de son travail nous priverait d'un certain nombre d'œuvres majeures sur lesquelles repose l'art contemporain[8]. » Elle a donc été reconnue, en un sens, mais, au bout du compte, peu de critiques ou même d'admirateurs enthousiastes ont été capables de prendre toute la mesure de son travail. Face à la réflexion sérieuse que celui-ci exigeait, le discours critique a recouru de façon d'autant plus révélatrice aux

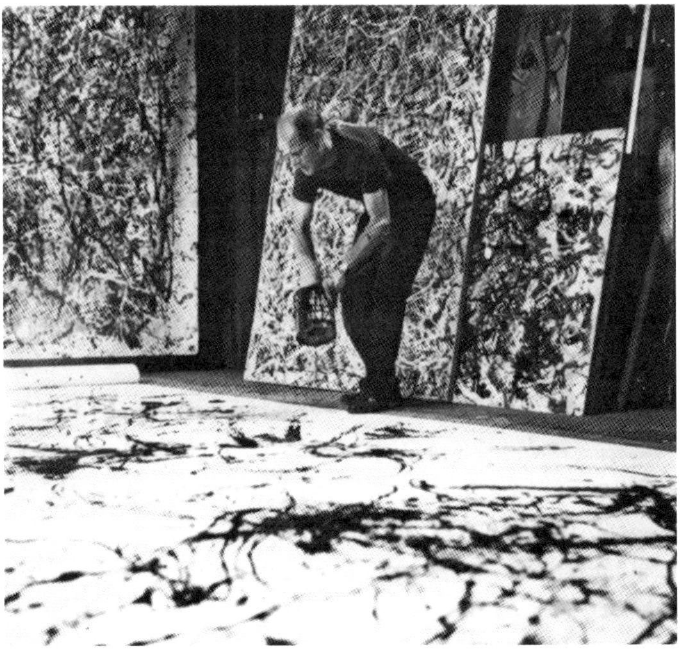

Jackson Pollock au travail, 1951

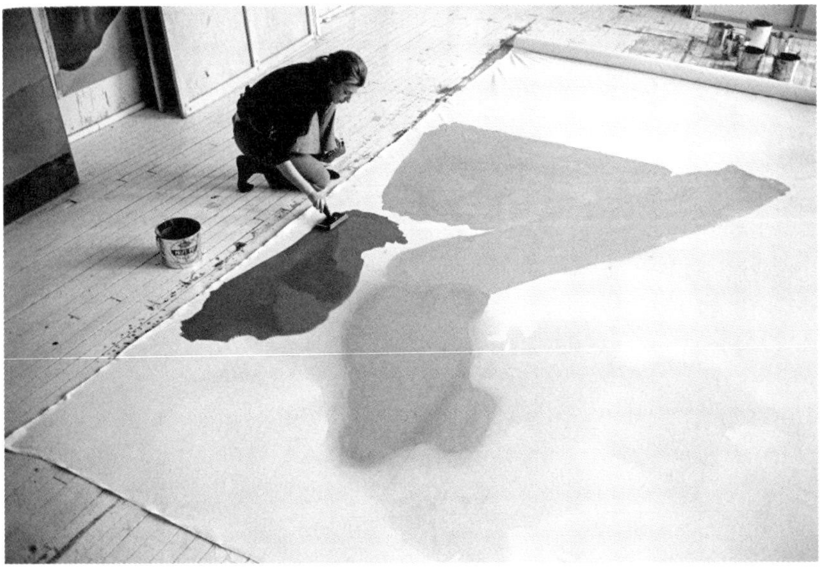

Helen Frankenthaler au travail, 1969

EN HAUT : Photographie de Hans Namuth
EN BAS : Photographie de Ernst Haas

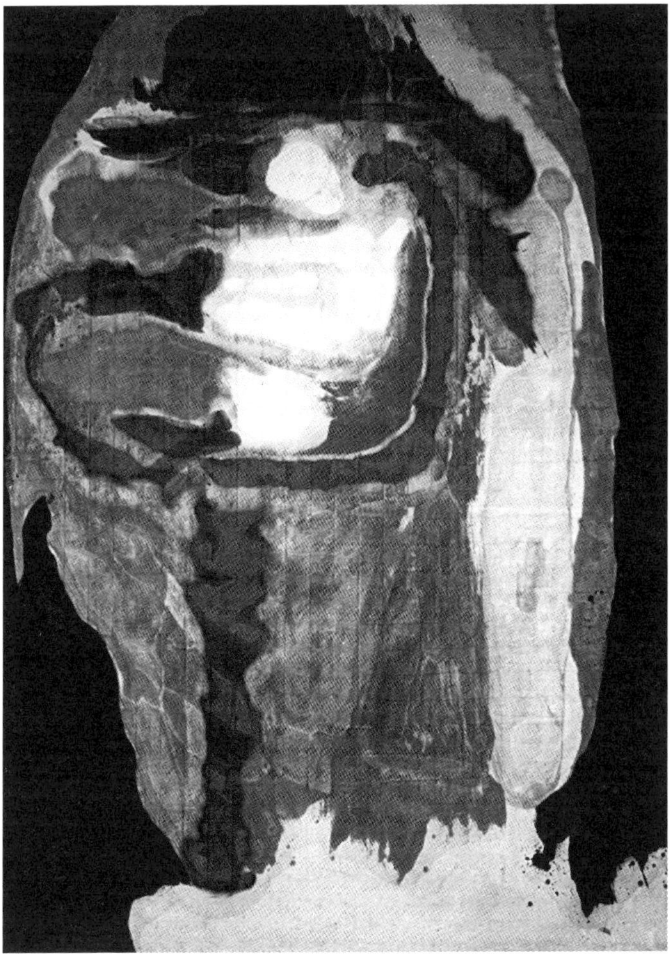

Helen Frankenthaler
The Maud, 1963

Huile sur toile, 238,9 × 177,8 cm

stéréotypes féminins et aux catégories séparées. Les changements de terminologie superficiels et la plus grande sophistication universitaire ne disent pas grand-chose d'autre que ce qu'écrivait George Moore à propos de Berthe Morisot, parce que, dans le même catalogue, Eugene C. Goossen commentait :

> Quel que soit le degré d'abstraction de ses tableaux, ils ne perdent jamais entièrement ce lien héréditaire avec le monde de la nature et ses manifestations. C'est l'exact opposé du type d'art qui ne se nourrit que d'un autre art et qui dérive de la théorie esthétique en cours[9].

Helen Frankenthaler se trouve ainsi associée à la nature et distinguée de la théorie et de l'intellect, mais cette conception est contredite à la fois par l'artiste elle-même et par les circonstances de sa classe, de son milieu, de ses études, de son implication dans les théories-clés de l'époque et son évidente compréhension de leurs enjeux.

Le stéréotype féminin persiste. Barbara Rose (1936-2020), l'auteure d'une monographie détaillée sur l'artiste, écrit ainsi : « Elle est fondamentalement une peintre-née et intuitive, pas une peintre intellectuelle » ou « Il ne fait aucun doute que l'image qui éclate, qui flotte, qui s'étend, qui se déploie, qui s'épanouit et qui fleurit est bien la sienne ». Les verbes et les métaphores organiques rappellent les stéréotypes féminins bien connus, et ceux-ci sont renforcés par les tentatives de la placer dans une tradition de l'histoire de l'art ou de la culture plus large. De manière significative, Barbara Rose désigne la fête galante du XVIIIe siècle, l'art rococo d'Antoine Watteau et les premiers cartons de Francisco de Goya comme autant de précédents au ton « lyrique » et « pastoral » d'Helen Frankenthaler ; et Dore Ashton (1928-2017) la compare au poète lyrique, qu'elle définit comme égocentrique, émotif et spontané.

Le discours des critiques sur Helen Frankenthaler n'est pas seulement imprégné de notions de féminité ; il contribue aussi à la retirer efficacement de son contexte historique précis. Son art devient aussi intemporel que la nature, renvoyant inexplicablement au XVIIIe siècle, même en plein essor de l'art national américain des années 1950. Helen Frankenthaler est circonscrite et catégorisée, mais le langage des critiques nous donne une idée de ce qui pouvait et ne pouvait pas se dire dans l'art à propos des femmes, même dans les années 1950.

Les métaphores inappropriées, les glissements déconcertants vers les références historiques et les analogies littéraires non pertinentes, la recherche d'un point de départ : tous ces stratagèmes tournent autour d'une chose qui ne peut se dire, d'une chose inadmissible. Personne ne peut simplement écrire : voici un artiste, une femme, qui travaille à un moment particulier et qui en partage les prémisses mais qui produit autre chose parce qu'elle innove et dit des choses nouvelles. Au lieu de cela, les critiques se contentent de suggérer qu'il y a là un art immanquablement, intemporellement et typiquement féminin.

Il faut pourtant discuter des tableaux d'Helen Frankenthaler dans le contexte spécifique des pratiques de l'art américain des années 1950. Elle a été impressionnée par les *drippings* de Jackson Pollock pour trois raisons précises. « Pollock a élargi le champ de l'inventivité de chacun », dit-elle. Son vocabulaire a ouvert de nouvelles possibilités à la peinture. Deuxièmement, elle a été impressionnée par les éléments surréels qui apparaissaient chez lui, les niveaux d'association implicites : « Chez Pollock, j'ai été touchée par l'aspect surréaliste – par surréaliste, j'entends la qualité d'association. C'est ce qui se produit en association après que votre œil a fait l'expérience de la surface comme une grande image. C'est accidentel mais enrichissant[10]. » Helen Frankenthaler reconnaissait enfin que les tableaux de Jackson Pollock avaient suscité plusieurs niveaux de signification, par leur recours aux conceptions du hasard et aux méthodes de travail automatiques des Surréalistes.

Fondée sur une parfaite compréhension du potentiel des procédés de Jackson Pollock et soutenue par ses connaissances approfondies de l'histoire de l'art moderne, Helen Frankenthaler s'est efforcée de suivre les implications de l'abstraction *soak-stain*, qui créait parfois des formes [*Gestalts*] reconnaissables – des schémas qui suggéraient plus directement des formes connues, mais devenaient ensuite entièrement abstraits, remplis de peinture, richement colorés et profondément saturés. Un tableau de 1963, *The Maud* [p. 261], fournit des indications utiles sur ses processus de travail et leurs effets, sur la manière dont la peinture parvient à suggérer des significations. C'est une grande toile, de près de 2,40 sur 2,10 mètres, qui comporte des zones contrastées de peinture diluée et flottante de formes abstraites et un cadre plus foncé, plus accidenté et anguleux. Il y a une sorte de densité de l'espace et de confusion de la profondeur entièrement produite par la manière dont la toile a été peinte. Helen Frankenthaler étendait la toile sur le sol et y versait la peinture. Elle la retournait ensuite pour que la nouvelle face supérieure porte l'empreinte accidentelle du grain des lames du parquet. Cela donnait une texture aléatoire et une légère suggestion de grille à la couleur, laquelle se trouvait désormais, littéralement, derrière la surface, mais continuait de flotter à travers. L'artiste imprégnait ensuite les zones les plus foncées de ce côté « retourné » de la toile, et la zone la plus sombre suggérait recul et profondeur. Pourtant, parce qu'elle ne portait pas la marque du grain du bois, cette couche se trouvait clairement au-dessus de la surface inversée peinte auparavant. Des ambiguïtés subtiles d'espace et de profondeur apparaissent alors en raison des différentes couches de peinture et des caractéristiques aléatoires produites pendant le processus de peinture. L'atmosphère des couleurs douces, l'intimité d'un espace intérieur délimité par des zones menaçantes et irrégulières, les formes d'une peinture plus pâle et plus mobile tout comme le titre lui-même suggèrent beaucoup de choses mais ce ne sont que des possibilités, des espaces pour la réaction du spectateur ou de la spectatrice, qui sont laissés ouverts après que l'artiste a transféré la peinture sur la toile et choisi de s'arrêter à un certain point.

Le tableau ne ressemble pas à une œuvre de Jackson Pollock : il est moins linéaire, plus saturé de couleur, plus fluide et moins chargé. Mais il y a des différences plus profondes. Les critiques n'ont vu ces différences qu'en fonction d'interprétations stéréotypées des résultats. Les tableaux d'Helen Frankenthaler sont perçus comme des images de la nature. Les critiques superposent la différence de « style » observée à des idées conventionnelles d'une essence de la féminité ou de l'art des femmes. Mais, en contradiction avec les prémisses de l'Expressionnisme abstrait, ils regardent les produits finis, *les tableaux*, et non la façon dont l'artiste les a réalisés.

La réponse du spectateur ou de la spectatrice aux tableaux peints selon ces procédures et ces modes d'utilisation des matériaux est conditionnée par des réactions subjectives à certaines formes, couleurs et associations, elles-mêmes déterminées par les attitudes culturelles et les attentes induites par la société. La lecture des tableaux d'Helen Frankenthaler et de Jackson Pollock dépend néanmoins de la manière particulière dont les peintres ont agi sur la toile. L'art de la première est d'ailleurs aussi distinct de celui du second que de celui des autres femmes qui travaillaient dans le mouvement, comme Grace Hartigan (1922-2008) ou Lee Krasner (1908-1984). Les tableaux ne sont conformes à aucun stéréotype ; ils ne sont pas des représentations symboliques de la femme. Ils sont le discours d'une femme qui illustre un certain nombre de possibilités, offertes aux femmes impliquées dans des pratiques novatrices, de produire, même momentanément, de nouvelles significations, de nouveaux effets et leurs propres énoncés. Par ailleurs, cette étude de la réception critique de l'œuvre d'Helen Frankenthaler révèle clairement que le langage des critiques modernes continue de reproduire le stéréotype féminin et qu'il chasse, une fois encore, les femmes de leur place dans l'histoire de l'art.

L'avant-gardisme est devenu une institution dans l'art moderne. Chaque changement stylistique successif est rattrapé, de plus en plus rapidement, par l'acceptation du public. Les nouveaux mouvements et les nouvelles tendances se produisent dans une séquence accélérée, lorsqu'ils ne se chevauchent pas.

Au début des années 1960, un retour à la figuration s'est opéré avec l'École de New York lorsque les artistes ont fait appel à de nouveaux matériaux et motifs : les objets « récupérés » du monde des biens de consommation et les images « récupérées » des publicités et d'autres médias, qui célébraient et promouvaient la croissance rapide de l'économie américaine et du nationalisme américain. Marisol Escobar (1930-2016), vénézuélienne de naissance mais résidente aux États-Unis, connue professionnellement sous le nom de Marisol, a fait partie de la Beat Generation de New York à la fin des années 1950, et fut associée au développement du Pop Art. Cindy Nemser, qui l'a interrogée dans son livre, *Art Talk*, présente ainsi sa place et la légende qui s'est développée autour d'elle : « Elle est devenue célèbre dans les années 1960 pour ses sculptures-collages satiriques et géniales, pour sa beauté et pour ses longs silences mystérieux[11]. »

Les œuvres de Marisol prennent la forme de grandes figures autonomes – des individus et des groupes –, faites de bois et de métal, composées de visages, de mains et de pieds dessinés, moulés ou peints, et, souvent, d'objets réels utilisés comme des accessoires : vêtements, sacs à main, tables, etc. Marisol partageait quelques-unes des préoccupations des artistes Pop masculins pour les nouvelles formes et les nouveaux médias mais, contrairement à eux, ne les utilisait pas pour célébrer la société de consommation américaine. Elle passait au crible les cercles politiques et artistiques contemporains. Dans *LBJ* par exemple, un assemblage de 1967, une immense figure machiste du président américain Lyndon B. Johnson domine de sa taille trois petites poupées, nichées dans la paume de son énorme main – sa femme et ses deux filles. Dans la série « Babies » (1962-1963), d'énormes bébés en colère deviennent des êtres monstrueux et dégoûtants. *Baby Girl* (1963) contient une poupée minuscule qui a les traits de Marisol. À son sujet, elle a déclaré :

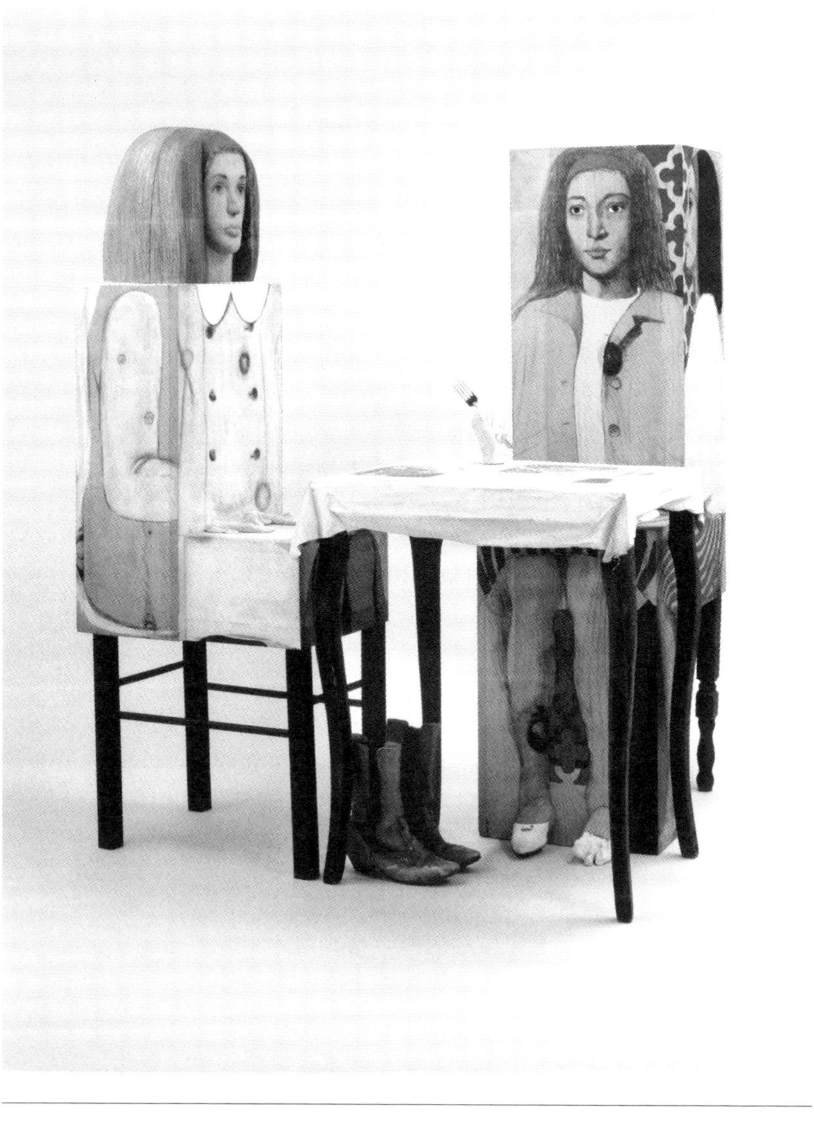

Marisol Escobar
The Dinner Date, 1963

Bois, peinture, plâtre et objets, 139,7 × 135,9 × 111,8 cm
The Yale University Art Gallery, Yale

« Pour moi, cela représentait l'Amérique. Ce bébé monstre, énorme, prend le contrôle. Je lui avais même mis les drapeaux – les rayures. Et les gens croient que c'est un enfant. »

Ses grandes sculptures – taillées, collées ou montées – intègrent et transforment également un certain nombre d'éléments qui l'intriguaient dans l'art non européen – amérindien, mexicain, précolombien – et l'art populaire. C'est ce qui explique que sa pratique ait été parfois rejetée comme décorative ou artisanale. Marisol formulait en réalité une critique claire et précise des définitions étroites de l'art héritées de l'impérialisme artistique : l'art occidental se trouvant placé dans une position privilégiée, l'art des autres cultures était écarté, traité non par l'histoire de l'art mais par l'ethnographie ou l'anthropologie.

Marisol réalise souvent des figures féminines, des masques auxquels elle donne ses propres traits. Cela ne tient pas à son narcissisme, d'après elle, mais au fait qu'elle travaille tard et qu'elle n'a pas d'autre modèle à qui faire appel. Pourtant, il est notable à quel point, dans *The Dinner Date* (1963) [p. 266], la répétition du même visage peut être suggestive et complexe : une femme vue sous différents aspects, sous différents angles ; le visage d'une femme comme un masque, un habillage comme les autres vêtements. L'œuvre interroge en outre la variété des formes d'auto-identification des femmes par opposition à l'encouragement fait aux femmes de se conformer à un moule homogène : un masque à la mode, un visage « in », d'après les magazines de mode et les publicités de maquillage. Les sculptures de Marisol jouent aussi sur les différents niveaux d'illusion et de réalité dans l'art : collages-assemblages d'objets ; fragments de corps, front et torse en bois sculpté, bras peint, vraies bottines, main en plâtre disloquée tenant une vraie fourchette ; têtes peintes mais visages faits de masques d'après nature ; sculptures en bois, assises sur de vraies chaises en bois, à une vraie table, s'apprêtant à dîner d'une télévision peinte. Elle examine les illusions que nous sommes prêts à accepter dans l'art, alors que la disposition autour d'une table de deux figures présentant les mêmes traits suggère, d'une certaine manière, que nous ne rencontrons jamais personne et ne faisons que projeter sur les autres une facette de nous-mêmes.

Si la pratique de Marisol a été salué au départ par la critique, peu de choses ont été écrites à son sujet. Sa réputation de beauté légendaire et le mythe de ses silences de sphinx n'ont, en revanche, pas cessé de grandir. La mystique de sa beauté et de ses prétendus silences sont un retour au stéréotype de la femme artiste du XVIIIe siècle, ou plutôt une version actualisée de ce stéréotype : la femme artiste comme un bel objet, qui ne parle pas et n'est faite que pour être regardée. Marisol perçoit très clairement ce que signifie ce traitement de la femme. Au cours d'un entretien, Cindy Nemser lui demandait :

> Il y a cette mystique dont les gens parlent – cette mystique du silence. Les gens disent : « Marisol ne parle jamais. »
> Marisol : « Eh bien, je crois que c'est une manière de m'éliminer. Ils disaient que j'étais mystérieuse, comme une madone, et que je ne disais rien. J'y pensais l'autre jour, c'est une façon de vous éliminer. [...] Je suis une très bonne artiste, mais je dois être perçue comme un fantôme et pas vraiment comme une personne. [...] Il me semble que, dans les années 1960, je n'apparaissais pas aux hommes comme une menace. Ils pensaient que j'étais mignonne et effrayante. Maintenant, ils prennent mon art au sérieux, mais ils ne m'aiment pas tant que ça[12]. »

La carrière d'Eva Hesse (1936-1970) a traversé une décennie d'intenses changements. Elle a participé à la réaction contre l'Expressionnisme abstrait et à l'exploration de l'éventail des positions désormais accessibles aux artistes new-yorkais au cours des années 1960. Sa mort prématurée et le caractère intrigant de son journal ont fait naître un mythe autour d'elle. Il n'est plus nécessaire de « l'éliminer » ou de la réduire au silence : elle est devenue une légende nostalgique. Un ouvrage récent de la critique féministe Lucy Lippard a évalué l'importance réelle de son travail, lequel a eu d'ailleurs un impact dans de nombreux ateliers d'artiste et écoles d'art. Une certaine tendance à idéaliser son art et à en parler en termes purement formalistes, en se l'appropriant comme un type d'abstraction sublime et spirituel, s'est également développée.

Sa biographie fournit de bons matériaux pour une légende à la Vincent van Gogh. Née dans l'Allemagne nazie en 1936, elle a été très tôt séparée de ses parents, avant qu'ils ne réussissent tous à s'enfuir en Amérique en 1939. Plusieurs membres de sa famille ont disparu pendant la Seconde Guerre mondiale. Aux États-Unis, ses parents se sont séparés, puis sa mère est morte, et enfin son père. En 1966, elle a divorcé de son mari et, en 1969, elle a été atteinte d'une tumeur au cerveau. Elle est morte un an après. Il serait facile de sentimentaliser ou d'idéaliser ces événements tragiques, mais il ressort clairement de son journal qu'elle a retravaillé ces expériences extrêmes dans une autoanalyse fine et cohérente et qu'elle les a transformées dans sa sculpture, expérimentale et remarquable. Chronologiquement et stylistiquement, son travail relève de l'esthétique minimaliste et post-minimaliste new-yorkaise de la fin des années 1960. Il combine une réduction formelle rigoureuse, un humour érotique et un iconoclasme volontaire. Dans sa sculpture, Eva Hesse s'est inspirée de l'érotisme mécanique de Marcel Duchamp (1887-1968), des « Combine Paintings » de Robert Rauschenberg (1925-2008), de l'humour et de l'absurdité de Claes Oldenburg (1929-2022) et des incongruités et du contenu sexuel de l'héritage surréaliste. Des contradictions formelles et un sens audacieux de l'absurde, fondé sur ces différentes tendances modernistes, lui ont permis d'ouvrir de nouveaux espaces, de trouver un nouveau moyen de parler en tant que femme.

La création artistique a été pour elle un processus permanent d'exploration de l'art et du soi, qui ne s'est pas déroulé seulement dans les objets qu'elle a créés mais aussi dans ses écrits, où elle a soumis les notions d'art et d'artiste à d'intenses recherches. Ses notes et son journal font partie intégrante de son travail. Cependant, ce dernier montre que les préoccupations formelles étaient pour elles un moyen de rompre avec les conventions et les idées préconçues de l'art et de trouver quelque chose d'entièrement nouveau. Dans un entretien avec Cindy Nemser, elle déclare :

> Je cherche à résoudre un facteur inconnu de l'art, un facteur inconnu de la vie. Il ne peut pas être séparé comme une idée ou une composition ou une forme. Je ne crois pas que l'art puisse être fondé là-dessus. [...] En réalité, mon idée, à présent, c'est de lutter contre tout ce que j'ai appris ou même tout ce que l'on m'a inculqué sur ces choses – trouver une chose inévitable qui est ma vie, ma pensée, mes sentiments[13].

Dans la culture patriarcale, comme l'écrit Simone de Beauvoir dans *Le Deuxième Sexe*, la femme est une construction sociale : « On ne naît pas femme : on le devient. [...] c'est l'ensemble de la civilisation qui élabore ce produit [...] qu'on qualifie de féminin[14]. » Les femmes sont privées d'une autodétermination et d'une connaissance de soi en profondeur, tandis qu'elles sont bombardées par les définitions des autres et les identités, les significations et les rôles imposés. Chez Eva Hesse, la recherche de dépassement par l'art – ou, selon ses propres mots : « étendre mon art à quelque chose qui n'existe pas encore », « tomber dans le gouffre »,

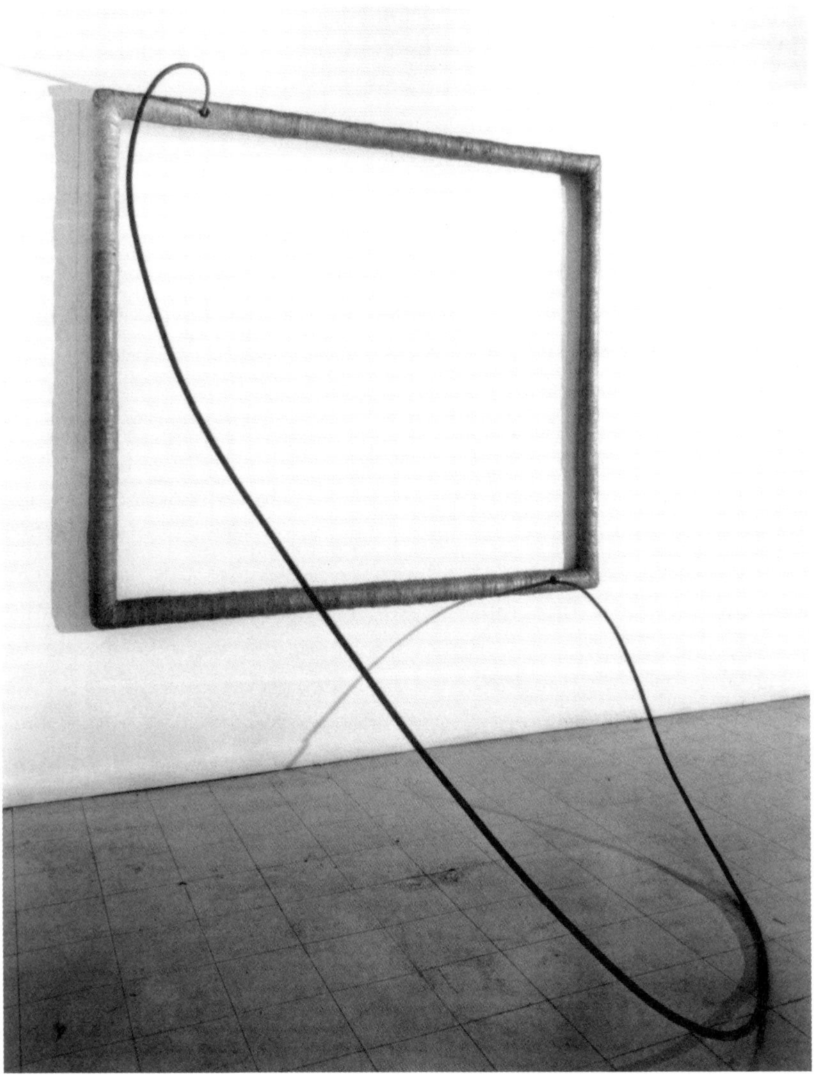

Eva Hesse
Hang Up, 1966

Acrylique sur tissu, bois et acier, 182,9 × 213,4 × 198,1 cm
The Art Institute of Chicago, Chicago

échapper aux conventions et aux idées préconçues – s'est doublée d'une intense autoanalyse, d'une exploration des contradictions entre la construction sociale qu'est la féminité et l'expérience vécue des femmes dans notre culture.

La lecture de Simone de Beauvoir l'avait sensibilisée aux identités conflictuelles des femmes. Comme Marie Bashkirtseff, elle voulait être « grande » et voulait se trouver. Elle voyait dans la pratique de l'art un moyen de se frayer un chemin à travers limites et contradictions, et de découvrir un langage imprégné de ses propres significations. En 1964, elle expliquait la dialectique de ses intentions en matière d'art, et les découvertes qu'elle avait faites, par le travail, par les processus de fabrication : « [L'art] est une idée, un point de vue, le travail est très secondaire. Pourtant, il est vrai qu'avec la fabrication, on voit des choses que l'on ne verrait pas autrement. » Son engagement à être une artiste, à être une grande artiste, était constamment détourné par ce que l'on attendait d'elle en tant que femme. En janvier 1964, elle écrit : « Je ne peux pas être tant de choses. Je ne peux pas faire ce que tout le monde attend de moi. [...] Femme, belle, artiste, épouse, femme au foyer, cuisinière, vendeuse, toutes ces choses. Je ne peux même pas être moi-même ou savoir ce que je suis[15]. » Sa quête de connaissance de soi s'est notamment traduite par un engagement dans la psychanalyse, qui lui a donné le cadre théorique pour comprendre les structures de l'inconscient. Dans son journal, elle fait cette déclaration :

> Forces conflictuelles en Eva
> Force-mère : instable, créative, asexuée, menaçant ma stabilité, sadique, agressive
> Force-père : gentille petite fille, obéissante, soignée, propre, organisée, masochiste

Dans cette division freudienne, on peut lire le partage entre le conscient et l'inconscient. Elle semble également voir cette division comme masculine et féminine – entre l'ordre symbolique, représenté par le père dans une structure sociale patriarcale, et ce qui est refoulé, qu'elle appelait la « force-mère », avec toute l'ambivalence de l'identification d'une petite fille à la mère et de la réaction contre la mère. Ces deux forces coexistent pourtant en elle. Dans ses notes, Eva Hesse a essayé d'examiner la différence des sexes et la subjectivité féminine, dans les limites de sa perspective freudienne classique.

Dans ses sculptures, réalisées au cours d'une décennie de crises et de bouleversements intenses dans l'art américain, elle a produit des images ambiguës, érotiques, absurdes, pleines d'inconfort et de conflits. Une sculpture de 1966, *Hang Up* [p. 270], a constitué l'une de ses avancées les plus importantes, en utilisant uniquement des oppositions et des conjonctions, d'étranges combinaisons de matériaux – des objets de récupération, des exagérations, de l'absurdité. Son intérêt pour le concept d'absurdité venait des théories existentialistes :

> C'était l'une de mes premières déclarations, et la plus importante. C'était la première fois que mon idée d'absurdité ou de sentiment extrême était apparue. C'était une grande œuvre, de 1,80 sur 2,10 mètres. La construction était vraiment très naïve. [...] C'est un cadre, manifestement, accroché au mur avec une tige très mince, solide, mais facile à plier, qui en sort. Le cadre est entièrement composé de corde. Tout est bien attaché comme un bandage d'hôpital – comme si quelqu'un s'était cassé un bras. Le tout est entièrement rigide, avec un bon cordon tout autour. [...] C'est extrême, et c'est pour ça que je l'aime et que je ne l'aime pas. C'est si absurde d'avoir cette longue tige de métal qui sort de cette structure. Et elle en sort beaucoup, de 3 ou 3,30 mètres ; et de quoi est-ce qu'elle sort ? Elle sort de ce cadre – quelque chose et pourtant rien et – oh, plus d'absurdité – c'est très, très bien fait. Les couleurs du cadre sont très soigneusement modulées du clair au foncé – l'ensemble est ridicule. [...] Il a une sorte de profondeur que je n'ai pas toujours réussi à atteindre, et c'est le type de profondeur ou d'âme ou d'absurdité de la vie ou de signification ou de sentiment ou d'intellect que je cherche à obtenir[16].

Que signifie cette notion de profondeur qu'elle a eu l'impression d'atteindre par l'absurdité et le néant ? *Hang Up* présente un cadre vide, bandé de manière obsessionnelle et peint avec soin, et une tige métallique qui décrit une courbe d'espace vide et projette quelques ombres au sol et sur le mur. Il est significatif qu'Eva Hesse ait refusé d'y représenter une femme ou de se présenter elle-même. Le cadre de *Hang Up* est laissé vide. Elle a défini l'espace mais pas une image. Contrairement à Helen Frankenthaler, manifestement présente dans son œuvre, Eva Hesse n'a laissé de l'auteure qu'une trace indirecte. Elle marchait sur la corde raide, selon ses propres mots, entre quelque chose – un objet, une peinture ou une sculpture, des matériaux, une forme – et rien, aucune connotation évidente. D'une certaine manière, qui rappelle Leonor Fini, elle fait de la femme une présence cachée et inconnue. Elle ne s'appuyait pas sur les mythes ou les légendes mais s'en approchait de manière entièrement abstraite. La femme est absente en tant qu'image mais présente en tant qu'auteure. Les contradictions perçues par Eva Hesse en tant qu'artiste et en tant que femme ne sont pas résolues ; elle ne traite que de l'absurdité de ces extrêmes.

Il n'y a dans son œuvre écrit ou sculpté aucune idée d'une essence féminine, aucune essence identifiable de quelque sorte que ce soit. Son œuvre est un type de discours verbal et visuel. Elle peut être lue comme une sorte de cartographie de la position à partir de laquelle, en tant qu'artiste et en tant qu'individu, une femme crée de l'art et élargit le champ de ce qui peut se dire ou se créer. Son but n'était pas de produire des significations alternatives et positives, mais de briser les significations reçues afin de parler pour elle-même, de produire de nouveaux espaces, des espaces différents qui offraient des possibilités multiples.

Les critiques ont admiré son travail mais furent souvent déconcertés et perturbés par son érotisme et sa présence, même si celui-ci reposait sur des moyens si inhabituels. Certains critiques enthousiastes ont néanmoins qualifié son travail de « sublime », un adjectif suffisamment imprécis pour ne pas avoir à s'y confronter, tout en jetant sur lui un voile émotionnel de mystère et de spiritualité. Helen Frankenthaler, Marisol et Eva Hesse ont été récupérées aux fins des stéréotypes. L'art hétérogène créé par les femmes devient un « art des femmes » homogène et, quoique dans des termes moins ouvertement suffisants que ceux des Victoriens, on l'empêche de menacer le privilège et la domination de l'« art masculin ». Ni Helen Frankenthaler, ni Marisol, ni Eva Hesse n'avaient pourtant expressément l'intention de contester les institutions modernistes de l'art et de l'artiste d'avant-garde. Elles ont travaillé en leur sein, y sont intervenues et y ont produit des significations différenciées par le biais de cette intervention. Nous pouvons constater que leurs activités au sein de l'avant-garde moderniste se sont accompagnées d'implications radicales. Cette conscience de leur position en tant que femmes, telle qu'elle a informé leur pratique, était pourtant individualiste ; il lui manquait une compréhension politique de cette position.

Dans les années 1970, l'émergence du mouvement des femmes a pourtant eu un impact radical sur les femmes artistes. Différentes stratégies féministes sont apparues. Les femmes ont contesté la sous-représentation des femmes artistes dans les expositions, la critique, l'enseignement et le soutien étatique. D'autres ont fondé leurs propres institutions, comme le Women's Workshop de l'Artists Union et la Women's Arts Alliance de Londres, pour contester, de différentes manières, les conceptions dominantes de l'artiste et les définitions de l'art. Elles ont cherché à étendre la diffusion de leur travail, à découvrir des publics nouveaux et plus larges.

Les pratiques ont été très diverses. Il n'existe pas plus de catégorie homogène de l'art féministe qu'il n'existait de catégorie unique de l'art des femmes. Les pratiques féministes ont produit une pluralité de positions esthétiques et politiques, une multiplicité de styles, de moyens d'expression et de sujets. Les femmes se sont impliquées dans le cinéma, la télévision, la performance et la vidéo autant que dans les domaines traditionnels des beaux-arts – la peinture, la sculpture, l'assemblage et la photographie. Tout l'art féministe est pourtant informé par une conscience politique de la position différentielle des femmes dans notre société, et vise à combattre toutes les formes d'oppression des femmes.

L'un des effets les plus immédiats de l'intervention féministe dans l'art a été d'attirer l'attention sur le fait que la production culturelle et les représentations – dans l'art comme dans les médias, le cinéma et la télévision – étaient eux-mêmes idéologiques et politiques. L'art n'est ni pur ni neutre. Comme nous l'avons montré, il s'agit d'une pratique idéologique, protégée par des structures de pouvoir : des institutions qui contribuent à exclure certains artistes et certaines formes artistiques, ou à produire des représentations favorables au système social existant, en rejetant ou en déformant celles qui le remettent en cause. Les artistes féministes ont exploré les définitions de l'art, de l'artiste et de la femme qui sous-tendaient ces systèmes de pouvoir ; elles ont contesté le rejet de l'art des femmes comme étant simplement habile et décoratif ainsi que les représentations, dans le champ de l'art, de la femme comme nature, exclusivement identifiée à la féminité et à la vie de famille.

En travaillant sur et contre ces définitions imposées, les femmes artistes leur ont résisté. Elles parlent des aspects cachés des vies des femmes et de leurs expériences en tant que femmes, de leur propre point de vue. Face à la banalisation, il est apparu important de valider le travail domestique des femmes, les domaines privés et tabous de la sexualité féminine et les traditions artisanales. Ces domaines jouent un grand rôle dans la perception que les femmes ont d'elles-mêmes et de leur passé. Le travail en leur sein prête néanmoins à confusion et présente le risque d'apparaître simplement comme une confirmation de l'association traditionnelle des femmes avec le corps, le foyer et l'aiguille. Mais ces stratégies ne sont qu'un aspect de l'art féministe. D'autres travaux documentent les domaines de la vie et du travail des femmes – au bureau ou dans les usines, par exemple – que ne reconnaissent pas, et que refoulent, les représentations courantes des femmes comme femmes d'intérieur et objets sexuels. Les femmes ont également réalisé des œuvres visant à analyser les structures économiques et sociales de la division sexuelle du travail qui, à l'intérieur comme à l'extérieur du foyer, produisent ces idéologies de la féminité domestique des femmes, des inclinations et devoirs « naturels ».

Ces différentes positions et orientations sont étroitement liées dans le paysage complexe des pratiques artistiques féministes. De nombreuses artistes travaillent simultanément, ou à des moments différents, à tous ces niveaux, et combinent analyse, documentation historique et prise de conscience.

Il existe donc une variété de féminismes au sein des pratiques artistiques contemporaines, et ceux-ci sont confrontés à des problèmes complexes et interdépendants, qu'ils abordent de manière diverse. L'exposition *Hayward Gallery Annual II*, organisée par l'Arts Council à Londres en 1978, nous offre une occasion d'examiner l'impact du féminisme à la lumière de notre analyse globale des femmes, de l'art et de l'idéologie[17].

La manifestation artistique Hayward Gallery Annual a été créée en 1977 par le British Arts Council pour fournir un aperçu annuel de l'art britannique actuel, sélectionné par un groupe d'artistes et de critiques. Après plusieurs années de campagne menée par les femmes, dans le mouvement des femmes et en dehors, pour l'inclusion d'un plus grand nombre de femmes artistes dans ces expositions officielles, l'Arts Council s'est laissé convaincre d'inviter cinq femmes à sélectionner les œuvres de la deuxième édition de la Hayward Gallery Annual en 1978. Les cinq sélectionneuses – Gillian Wise Ciobotaru (1936-2020), Rita Donagh (*1939), Tess Jaray (*1937), Liliane Lijn (*1939) et Kim Lim (1936-1997) – ont organisé une exposition qui n'était pas exclusivement féminine, afin qu'elle ne puisse pas être rejetée, avec suffisance, comme une simple exposition de femmes ou une enquête exhaustive sur le travail des femmes artistes britanniques contemporaines. Seize des vingt-trois artistes seulement étaient des femmes. Ce ratio de seize femmes pour sept hommes n'est pas simplement une inversion de la part, lamentablement faible, de femmes exposées dans les manifestations organisées par l'État – aucune à l'exposition *New Art* en 1972, quatre dans une exposition comptant trente-six hommes intitulée *The Condition of Sculpture* en 1975, seize femmes pour cent six hommes à l'exposition *British Painting Today* en 1975, une dans l'Hayward Gallery Annual précédente sur un total de trente-deux hommes. Les hommes constituaient au moins un tiers de l'exposition. C'était une exposition assez variée.

Le processus de sélection et l'exposition qui s'ensuivit ont mis en évidence la diversité des positions des organisatrices de l'événement et des participantes. Certaines étaient féministes ; d'autres ne s'identifiaient pas au mouvement des femmes ; d'autres encore s'opposaient fermement à l'idée que le fait d'être une femme affecte leur vie ou leur art. Quelques femmes, enfin, n'y ont pas participé du tout. Leurs formes d'art, et le public de ces formes d'art, étaient politiquement incompatibles avec le fait d'exposer dans un espace comme la galerie de l'Arts Council, au sein d'une exposition d'art de l'establishment, parmi des œuvres qui répondaient en grande partie aux définitions traditionnelles des beaux-arts ou aux mouvements de l'art *mainstream* actuels.

Certain·e·s ont considéré cette exposition comme un simple événement *stratégique*, destiné à montrer la position des femmes en tant que groupe défavorisé et à revendiquer l'égalité des droits d'accès aux avantages de l'establishment artistique. Pour d'autres, c'était une occasion de replacer le travail des femmes dans le contexte des pratiques de l'art contemporain dont il était issu. Il était donc possible de percevoir que l'art des femmes n'était pas nécessairement différent de celui de leurs collègues masculins, sauf dans le cas où les travaux entendaient marquer une différence de perspective, de but ou d'effet. Il y avait en outre une possibilité qui n'a pas été explorée mais qui, d'une certaine manière, s'est concrétisée. L'exposition aurait pu être un événement plus ouvertement politique, exposant des démarches impliquées dans les débats au sein de la théorie féministe et de la pratique artistique féministe, indiquant ainsi qu'il existait une différence importante entre le travail des artistes qui sont des femmes et le travail réalisé par des féministes.

Les réactions de la presse ont été surprenantes. Dans le *Sunday Times*, Suzanne Hodgart a présenté l'exposition à venir par les expressions révélatrices suivantes :

> Les artistes masculins seront probablement sur la défensive lorsque la Hayward Gallery Annual de cette année s'ouvrira la semaine prochaine. L'exposition a été proposée et organisée par un groupe

de cinq femmes artistes. Elles ont choisi vingt-trois artistes, *dont quelques-uns seulement sont des hommes*[18].

Pourquoi une telle exposition placerait-elle les hommes sur la défensive ? Quelle menace constitue-t-elle ? Pourquoi Suzanne Hodgart insiste-t-elle sur le fait qu'il y ait *seulement* sept hommes, plutôt que sur la nouveauté d'une exposition présentant principalement les œuvres de femmes artistes ? Dans les critiques qui ont suivi, la présence des sept hommes n'a pourtant pas empêché que l'exposition soit traitée comme étant exclusivement, et de manière stéréotypée, un « événement artistique féminin ». La presse l'a présentée comme le « Girl's Own Annual » [référence au magazine britannique destiné aux jeunes garçons et adolescents *Boy's Own Paper*, regroupé chaque année depuis 1879 dans le *Boy's Own Annual*] (William Feaver). Toutes les conceptions bien connues de l'art des femmes et des femmes artistes y ont été réaffirmées avec un dénigrement feutré et une supériorité complaisante : « The Female Twist » [le tournant féminin], « Wayward Gallery » [la galerie capricieuse (jeu de mots avec la Hayward Gallery)], « Ladies First » [les femmes d'abord], « Distaff Side » [le côté maternel], « Ladies Night at the Hayward » [soirée des femmes à la Hayward]. Dans le *Guardian*, Michael McNay a laissé entendre une note de soulagement avec son « No Deadlier than the Male » [pas plus féroces que les hommes (référence au film de Ralph Thomas, 1967)]. La menace est apparue malgré tout dans le fait que les femmes ont été désignées, régulièrement et avec insistance, comme étant tout sauf des femmes adultes : des filles, des femmes libérées, des personnes capricieuses et des mères.

La plupart des critiques ont cependant fini par soutenir l'exposition. Edward Lucie-Smith a écrit : « Quel plaisir que de pouvoir accueillir chaleureusement une exposition bilan de l'art britannique contemporain. […] Le résultat est l'événement artistique le plus stimulant que j'aie vu depuis longtemps » (*Evening Standard*, 24 août 1978). Dans *Arts Review* (1er septembre 1978), Frances Spalding lui a réservé un accueil plus indirect : « S'il était possible de séparer l'exposition du problème politique qu'elle soulève – le rôle des femmes artistes en Grande-Bretagne aujourd'hui –, elle n'en resterait pas moins l'une des expositions d'art moderne les plus excitantes depuis un moment. » Un critique du *Christian Science Monitor* (2 octobre 1978) s'est félicité du fait que « les vagues intuitions [n'aient pas pesé] lourd », et en a parlé comme de « l'une des expositions collectives les plus stimulantes [qu'il avait] vues en Grande-Bretagne depuis un certain temps ». John Russell Taylor, dans le *Times*, a exprimé de manière plus flagrante ses attentes et, plus explicitement, son soulagement, de voir que l'art des femmes n'était pas conforme à ses préjugés : « Il y a un niveau de réussite très constant dans cette exposition, sans aucune trace des canards boiteux qui auraient pu être admis pour la seule raison que c'était la soirée des femmes » (24 août 1978).

Étonnamment, les termes qui reviennent le plus souvent dans l'*éloge* réservé aux œuvres présentées dans l'exposition – et qui concernent aussi souvent l'art réalisé par les hommes que celui réalisé par les femmes – sont ceux traditionnellement utilisés pour *dénigrer* l'art. Des termes au ton approbateur ont été appliqués aux artistes Julia Farrer (*1950), Tess Jaray, Edwina Leapman (*1934) et Sandra Blow (1925-2006) qui servaient habituellement à rejeter le travail des femmes parce qu'il ne relevait pas du grand art, parce qu'il n'était que le signe d'une sensibilité féminine : « constructions d'une grande finesse lyrique », « délicatesse », « raffinement », « exquis », « décoratif » ou « minutieux ». Ironiquement, les critiques ont même pris un plaisir particulier à la scénographie de l'exposition, qui avait prévu des espaces séparés, comme autant d'ateliers, pour chaque artiste. Michael Shepherd a eu ce commentaire : « J'aime à penser que c'est parce que le côté femme d'intérieur chez la femme comprend les relations entre l'espace et la substance et tient compte du public. » Les éléments constitutifs du stéréotype féminin reviennent sous toutes leurs formes : la femme comme ménagère, raffinée, décorative et attentionnée. Paradoxalement, ce sont ces motifs mêmes qui ont permis de valider le travail présenté dans l'exposition.

Toutes les œuvres n'ont pourtant pas reçu cet accueil. Celui-ci n'a concerné, en premier lieu, que les discussions sur les aspects formels des œuvres des hommes et des femmes représentés dans l'exposition qui correspondaient de manière non problématique aux styles et préoccupations de l'art moderne *mainstream*. L'hostilité – exprimée, de manière significative, dans les mêmes termes – a été réservée aux travaux exposés par les féministes qui, dans la forme comme dans le contenu, ont remis au cause les concepts dominants des femmes et de leur relation à l'art. Les réactions ouvertement hostiles aux travaux féministes présentés dans l'exposition ont pris l'une des deux formes suivantes. Puisque l'œuvre avait des motifs et des résonances politiques, elle ne relevait pas de l'art, ou avait sa place ailleurs – au foyer ou à la maternité, mais pas dans une galerie d'art. Une grande partie de ces attaques contredit les définitions traditionnelles du « grand art » des hommes lui-même, celui-ci étant censé être stimulant intellectuellement, tandis que l'art des femmes n'est que de bon goût et d'une grande habileté manuelle. Si l'art des femmes est féminin, c'est parce qu'il a très peu de contenu intellectuel et tend à n'être que décoratif. Le travail des féministes, qui exigeait un effort intellectuel, cessait donc d'être de l'art, et devenait plutôt une « politique de l'art », et cette dernière n'avait pas sa place, parce que l'art devait être une expérience purement visuelle. Dans le *Times Literary Supplement* (27 août 1978), Tim Hilton a attaqué l'« intrusion » dans l'art de ce qui lui apparaissait comme de la politique : « À bien des égards, on est encouragé à lire cette exposition plutôt qu'à en faire l'expérience visuelle. » Telle était sa plainte. À deux reprises dans son article, il considère que les œuvres d'art féministes, définies comme une « politique de l'art », constituaient la partie la plus faible de l'exposition – faible n'étant pas dans ce cas un jugement qualitatif mais une différence d'opinion, idéologique, quant à ce que l'art pouvait et ne pouvait pas aborder, ou devait et ne devait pas aborder. Lorsque l'art des femmes échappe aux attentes stéréotypées et ne se contente plus, par conséquent, de rester dans la sphère que l'homme a créée pour lui, il est rejeté comme n'étant tout simplement pas de l'art. Tim Hilton accuse les organisatrices d'avoir « parfois permis au féminisme militant de l'emporter sur le goût artistique ». Pour parachever l'agression, il qualifie l'exposition tout entière de « Salon des refusées[19] ». Et il poursuit :

> [La sélection] a clairement été faite avec beaucoup de gentillesse, et elles se sont mises en quête d'œuvres d'art. En même temps, victimes de leur penchant pour le mineur, elles ont nécessairement exclu des femmes dont le travail était de haute qualité et qui appartenaient par nature et par inspiration aux traditions des beaux-arts. Montrer Katherine Gili et Jennifer Durrant, par exemple, n'aurait pas seulement fait honte à toutes les autres contributrices, cela aurait détruit aussi la logique tacite de la sélection, à savoir que l'art de seconde zone mérite autant d'être montré que celui de premier ordre.

Kenneth Robinson, l'auteur d'une critique parue dans *Punch* (6 septembre 1978), intitulée « Wayward Gallery », commençait quant à lui ainsi : « Je n'aimais pas l'idée de regrouper toutes ces femmes artistes libérées à la Hayward Gallery de Londres », puis pointait le travail de Mary Kelly :

> Cette femme ennuyeuse avait couvert plusieurs murs de cadres présentant chacun des réflexions sur la croissance d'un enfant et les premières questions, précieuses, de l'enfant sur le corps de ses parents. Ces questions m'ont rappelé ces histoires horriblement vraies qui paraissent toutes les semaines dans les magazines féminins. Je m'en voudrais cependant de critiquer une chose qui pourrait égayer la salle d'attente de Queen Charlotte [une maternité de West London] ou l'entrée de Mothercare [une chaîne de magasins spécialisés dans les vêtements et articles pour bébés]. Toujours est-il que je ne m'attendais pas à trouver cela à la Hayward Gallery.

Le fait qu'une intervention des femmes dans les domaines de la grande culture suscite des réactions favorables n'était en réalité ni surprenant ni inexplicable. Les critiques ont intégré l'exposition dans la catégorie du féminin dans l'art – une stratégie de différenciation et de séparation de l'art des femmes permettant simultanément de l'approuver et d'affirmer la domination masculine. Malgré ses participants masculins, l'exposition a été saluée comme étant visuellement plutôt qu'intellectuellement intéressante, conçue avec une sensibilité domestique et décorative, agréable et peu exigeante. Tant qu'il était possible de réaffirmer cette catégorie de la différence, l'exposition dans son ensemble présentait peu de problèmes et ne remettait en question aucune hypothèse. En réalité, les critiques hostiles eux-mêmes n'étaient pas fondamentalement en désaccord avec ceux qui lui étaient favorables. Certes, ils avaient plus de préjugés et méprisaient ouvertement ce qu'ils considéraient comme relevant du féminin. Pour eux, ces œuvres étaient féminines, et donc mauvaises ; elles ne pouvaient pas être à la fois bonnes et féminines.

Cependant, prises dans leur ensemble, les critiques ont généralement été défavorables aux artistes dont le travail était ouvertement féministe. L'étude de Susan Hiller (1940-2019) sur la perception et la catégorisation de l'art dans les autres cultures – *Fragments* (1976-1978), son œuvre consacrée à la poterie des femmes Pueblo – a été traitée comme relevant du domaine de l'anthropologie. Sa pratique d'artiste, consistant à réexaminer les histoires fragmentées du travail artistique des femmes dans d'autres cultures du passé afin de remettre en question les hypothèses et les hiérarchies culturelles, a été ignorée et recouverte par les hypothèses culturelles et idéologiques des critiques sur ce qui constituait son thème, la poterie.

Pourquoi la contribution féministe à cette exposition exigeait-elle ce traitement spécifique ? Qu'y avait-il dans le travail de Mary Kelly, en particulier, qu'il fallait distinguer si catégoriquement du féminin et priver de son statut d'art ?

Mary Kelly (*1941) est une artiste qui travaille en Grande-Bretagne et s'est pleinement impliquée dans le mouvement des femmes. Son travail aborde théoriquement et pratiquement la lutte politique. Comme elle l'a dit dans un entretien avec Rozsika Parker : « Mon implication dans le Mouvement des Femmes a déterminé ma pratique d'artiste. »

Son premier engagement féministe dans la pratique artistique a été sa participation à la réalisation du film *Nightcleaners* (1975) du Berwick Street Film Collective, qui portait sur la campagne pour la syndicalisation des agents de nettoyage de l'industrie, dans laquelle les réalisateurs s'étaient activement impliqués.

En 1975, elle a collaboré avec deux femmes, Kay Hunt (1933-2001) et Margaret Harrison (*1940), à une exposition intitulée *Women and Work*, qu'elles décrivaient de la manière suivante :

> un document sur la division du travail dans une industrie particulière, qui montre les changements des modes de travail et la constitution de la main-d'œuvre pendant la mise en œuvre de l'Equal Pay Act [qui visait à supprimer les inégalités salariales entre les hommes et les femmes]. En même temps, nous avons découvert que la division du travail dans l'industrie était sous-tendue par la division du travail au foyer et, qu'en réalité, le problème central des femmes était la reproduction[20].

L'exposition se composait d'objets et d'enregistrements, de graphiques, de rapports médicaux et de copies de projets de loi écrits, photographiés et filmés. L'objectif n'était pas de « dresser un tableau » de la division du travail dans l'industrie, mais d'organiser différents matériaux afin de permettre au public qui voulait bien les lire et les regarder de comprendre le fonctionnement de la division du travail en régime capitaliste, au début des années 1970. Son projet suivant, *Post-Partum Document* (1973-1979) [p. 282-287], a mis en relation la nouvelle compréhension de la division sexuelle du travail au foyer dans le mouvement des femmes et sa propre expérience de la garde d'enfants afin d'étudier les ramifications, pour la lutte des femmes, de la reproduction et de la garde d'enfants.

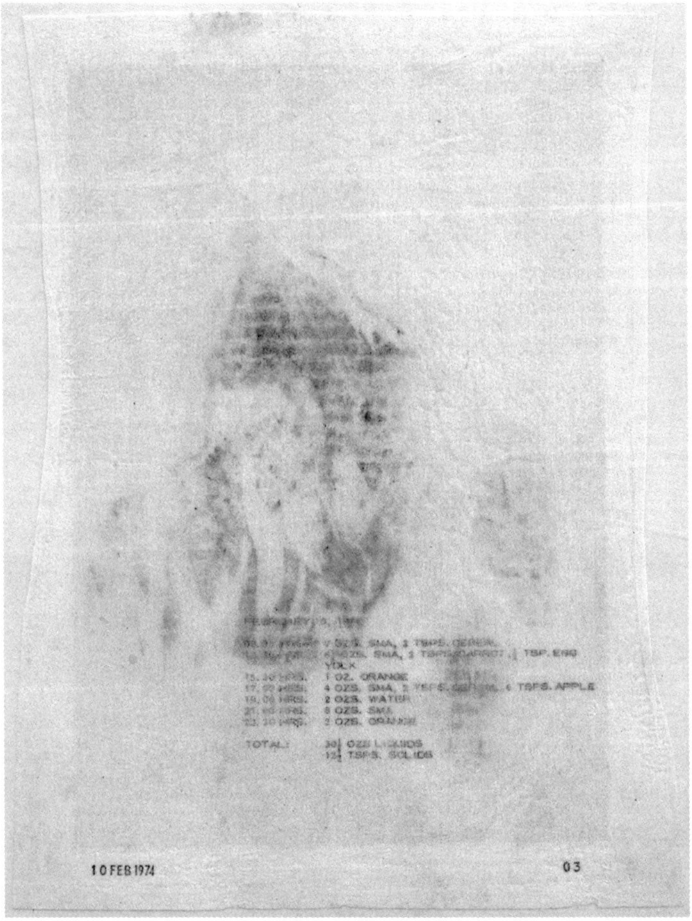

Mary Kelly
Post-Partum Document, Documentation I: Analysed Fecal Stains and Feeding Charts, 1974 (détail)

Le processus d'alimentation et de changement est enregistré toutes les heures pendant une période de trois mois en 1974. Le code correspond à la « normalité » des selles. « Au début de la période post-partum, ce que veut la mère, principalement, c'est que l'enfant soit ‹ en bonne santé ›. Les selles normales ne sont pas seulement une indication de la santé de l'enfant. Au sein du patriarcat, elles constituent la preuve de l'aptitude naturelle de la femme à la maternité et la garde des enfants. […] L'enfant est le symptôme de la mère, dans la mesure où elle est jugée à travers lui. » In Mary Kelly, *Post-Partum Document, Footnotes and Bibliography*, 1976.

31 éléments, 71,1 × 35,6 cm chaque. Collection Art Gallery of Ontario, Toronto

Post-Partum Document de Mary Kelly s'inscrit dans les débats de la fin des années 1970 au sein du mouvement des femmes et des pratiques artistiques contemporaines. La publication de *Psychanalyse et féminisme* (1974) de Juliet Mitchell a suscité un intérêt considérable pour les implications des concepts de la psychanalyse moderne dans les théories de l'idéologie. Il apparaît que nous n'avons pas, à la naissance, d'essence humaine ou de sexualité prédéterminée, mais que notre identité ou notre « subjectivité », en tant que membre masculin ou féminin de la société, se construit et se produit via les processus d'interaction par lesquels le nourrisson humain, physiologiquement et psychologiquement informe à la naissance, acquiert le langage, le sens de soi et une position sexuelle masculine ou féminine. Les deux domaines les plus importants de ce travail concernent la division du sujet humain entre le conscient et l'inconscient et la fonction du langage comme système symbolique de significations culturelles structurant notre expérience et déterminant ce que nous pouvons et ne pouvons pas dire. Un certain nombre d'artistes contemporain·e·s ont alors commencé à s'intéresser à ces questions et essayé de comprendre les implications du rôle de l'inconscient, de la différence des sexes et des systèmes de signification dans le langage et la représentation, afin de produire un travail qui ne se contente pas de réaffirmer les idéologies dominantes de notre société.

Par sa forme, *Post-Partum Document* évite délibérément la représentation picturale traditionnelle de la mère et de l'enfant et son ensemble de significations prédéterminées. L'artiste présente en outre ses propres mots – journaux intimes, enregistrements de conversations, déclarations – d'une manière telle qu'il n'est pas possible de les considérer sentimentalement, comme les confessions autobiographiques et personnelles d'une mère. Le format scripto-visuel de cette œuvre – dans son introduction et ses six parties, comme dans les notes de bas de page et extensions qui l'accompagnent – résulte de la nécessité de trouver de nouvelles manières de représenter l'importance politique et sociale des relations intersubjectives entretenues par une femme et son enfant au cours des premières années de celui-ci. Mary Kelly a rassemblé et classé des documents portant sur les six premières années de la vie de son fils autour de moments spécifiques et idéologiquement significatifs, ceux au cours desquels il acquiert une identité séparée tandis qu'elle s'adaptait à sa « perte ».

Post-Partum Document commence par les séparations initiales intervenant pendant le sevrage du sein [p. 282]. La deuxième partie [p. 285] concerne la période des premières paroles. Les sons isolés qu'entend la mère – lesquels ne constituent pas un discours morphologique ou syntaxique – lui paraissent significatifs comme des holophrases, soit des phrases complètes sur le plan conceptuel. La mère et l'enfant sont donc inscrits dans une relation particulière : c'est parce qu'elle remplit ses sons de signification que son enfant semble communiquer, de telle sorte que, même si ses premiers sons initient le mouvement vers son indépendance en tant que locuteur, la mère reste un intermédiaire fondamental.

La troisième partie [p. 286] retrace les évolutions cruciales se produisant lorsque la dyade mère-enfant est rompue, d'abord par l'intervention du père – non seulement par sa présence effective mais aussi par le fait que la mère se réfère à lui dans son discours –, puis par l'entrée de l'enfant à l'école maternelle. Cette partie prend la forme de pages de dessin de l'enfant, de plus en plus circulaires, de représentations de lui-même et d'extraits en surimpression de conversations enregistrées entre la mère et le fils, laissant progressivement apparaître l'utilisation par ce dernier du pronom « je » – un signe qu'il recourt de plus en plus au langage et se sépare de sa mère, tandis qu'il apprend à se représenter lui-même, et donc à se distinguer d'elle. Outre ces conversations, des extraits du journal de sa mère sont exposés, lesquels consignent ses propres réactions à la situation, et, enfin, un réexamen ultérieur par la mère de son adaptation à ces événements importants et de ce qu'elle en comprend.

Une quatrième partie aborde les pensées et fantasmes de la mère, en se concentrant sur quelques objets – un moulage en plâtre du poing de l'enfant et une partie de son doudou – qui acquièrent le statut de fétiches ou de substituts de l'enfant. Le plaisir narcissique qu'éprouve la mère dans le corps du bébé, en tant que partie d'elle-même, doit être abandonné, à ce stade, en raison de la maturation de l'enfant et en réponse à la prohibition patriarcale de l'inceste. Ces objets-signes, ou fétiches, sont des compensations pour – et des tentatives de – surmonter la perte, par l'enfant, du corps de la mère et, par la mère, du corps de l'enfant – perte qui est la loi de notre culture et le prédicat de la différence des sexes. Par le choix des objets et de la présentation, dans cette partie et la suivante, Mary Kelly se prononce aussi sur le rôle du fétichisme dans l'art lui-même.

La cinquième partie [p. 287] est plus complexe, parce qu'elle documente la période de curiosité de l'enfant à l'égard des corps et différences anatomiques alors qu'il tente de trouver les réponses aux questions « Que suis-je ? » et « Qui suis-je ? » Cela réactive réciproquement chez la mère, au niveau inconscient, des fantasmes de sa propre enfance et de son passage, au moment œdipien, à une position féminine dans le langage et la culture, une position de « manque » qui est partiellement cachée, au moins dans le fantasme, par l'expérience de la maternité. Lorsque l'enfant apprend à prendre sa position genrée sur l'axe de la différence des sexes et que la mère s'efforce de représenter la sexualité féminine, la place « négative » de la mère en tant que femme est scellée une fois de plus dans le processus même par lequel son fils en vient à adopter une position masculine et à reconnaître « l'ordre des choses patriarcal ».

La sixième partie achève le processus de séparation et de positionnement avec la pleine entrée de l'enfant dans le langage, indiquée par le fait qu'il apprend à écrire son nom. Représentation, langage et position sexuelle sont donc perçus comme étant étroitement liés, et se déterminent mutuellement dans le processus même de la construction du sujet humain parlant et sexué. Le travail de Mary Kelly constitue une tentative de révéler ces processus et leur importance, tant pour les femmes que pour l'art. Elle a élaboré *Post-Partum Document* pour montrer ce qui se cache derrière la division sexuelle du travail dans la garde d'enfants, ce qu'il y a d'idéologique dans la notion d'instinct maternel naturel et ce qui est refoulé, et presque irreprésentable, dans le langage patriarcal : la subjectivité féminine. En faisant de la relation mère-enfant le sujet de sa pratique artistique, elle aborde quelques-unes des questions politiques les plus importantes et les plus fondamentales en ce qui concerne les femmes, l'art et l'idéologie.

Pour en savoir plus sur *Post-Partum Document* (1973-1979), se référer à www.marykellyartist.com/post-partum-document-1973-79.

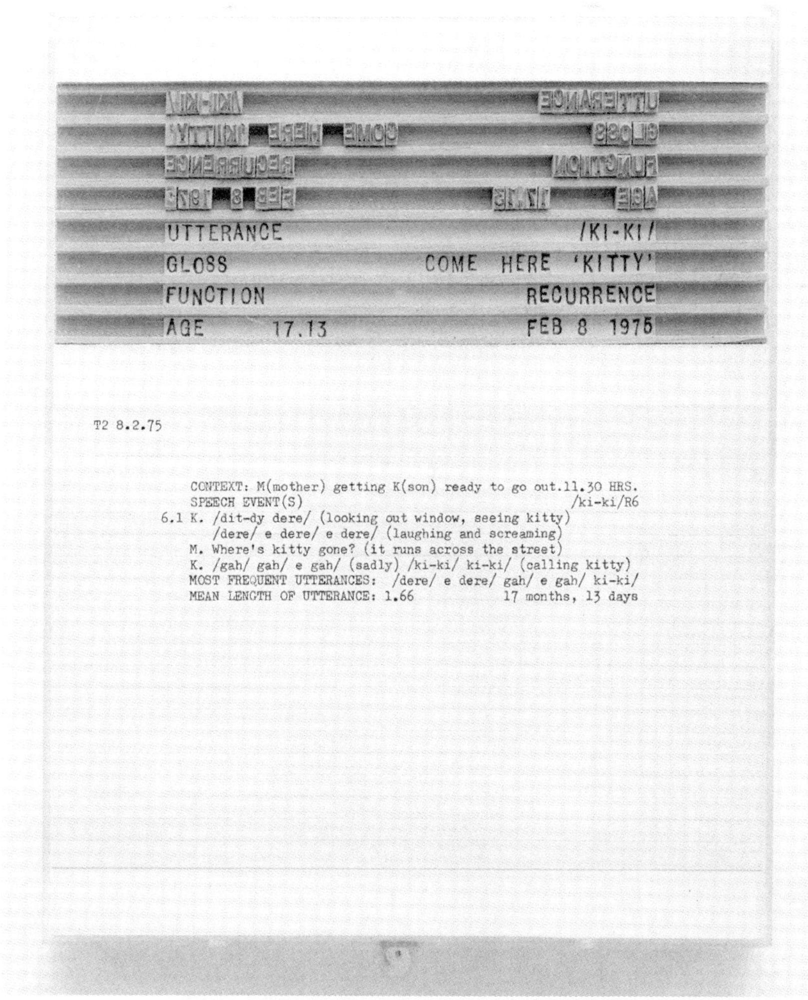

Mary Kelly
Post-Partum Document, Documentation II: Analysed Utterances and Related Speech Events, 1975 (détail)

La transition d'énoncés à un mot à un discours articulé est enregistrée au cours de séances quotidiennes de vingt minutes pendant une période de cinq mois en 1975. Les annotations correspondent à l'interprétation par la mère des mots de l'enfant ; et la fiche donne le contexte de leur utilisation.

26 éléments, 58,4 × 25,4 cm chaque. Collection Art Gallery of Ontario, Toronto

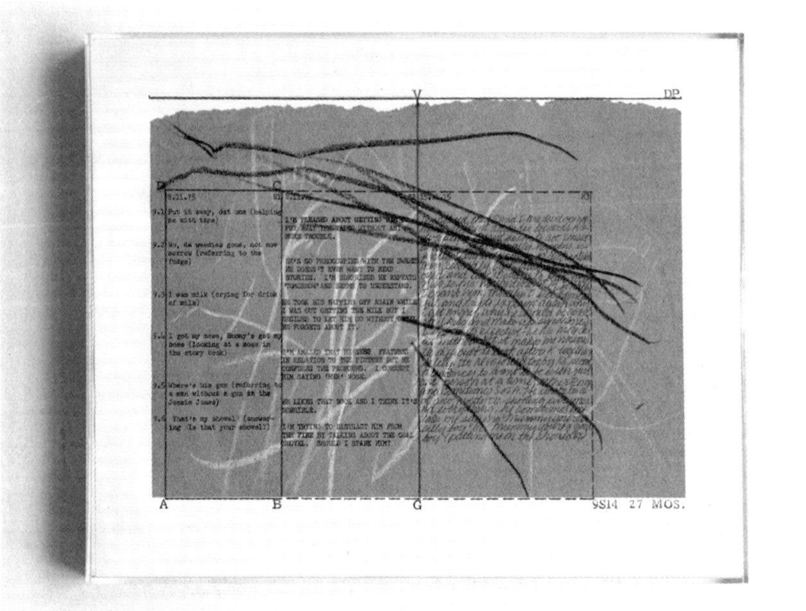

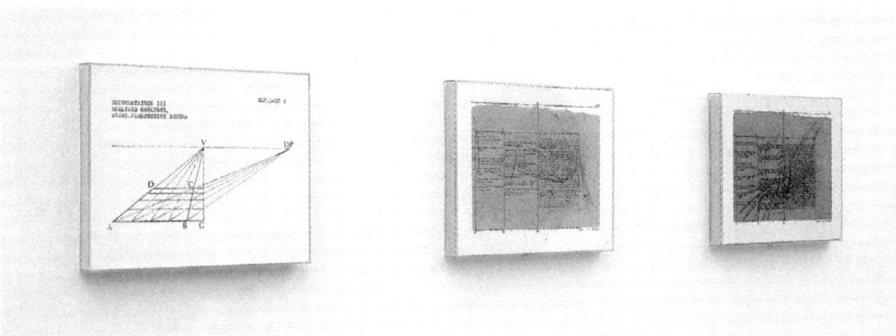

Mary Kelly
Post-Partum Document, Documentation III: Analysed Markings and Diary-Perspective Schema, 1975 (détails)

Les conversations quotidiennes sont enregistrées une fois par semaine pendant les trois premiers mois d'école maternelle de l'enfant en 1975. Chaque conversation est réécoutée plus tard le même jour, et à nouveau la semaine suivante, en superposant les notations de la mère aux gribouillages de l'enfant dans un schéma en perspective traditionnel « révisé ».

13 éléments, 35,6×71,1 cm chaque. Collection Tate Modern, Londres

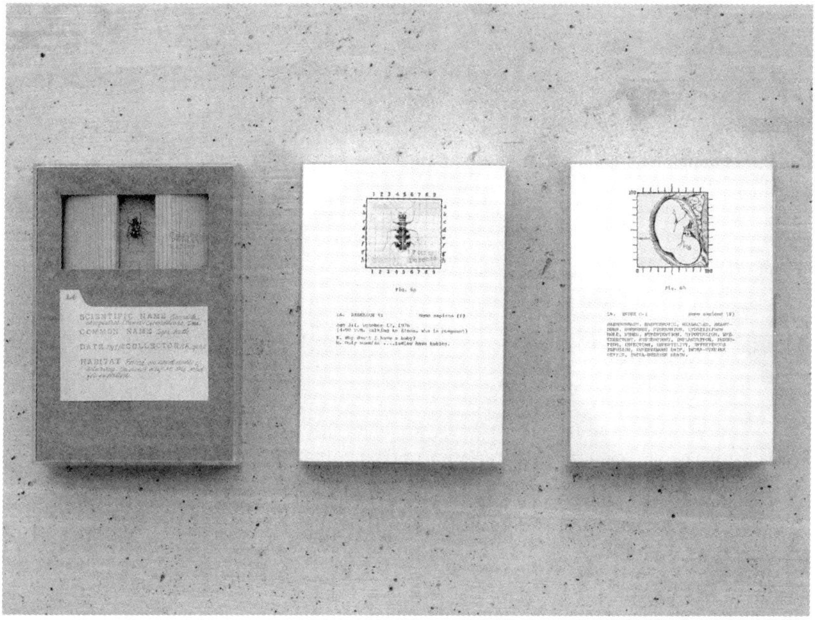

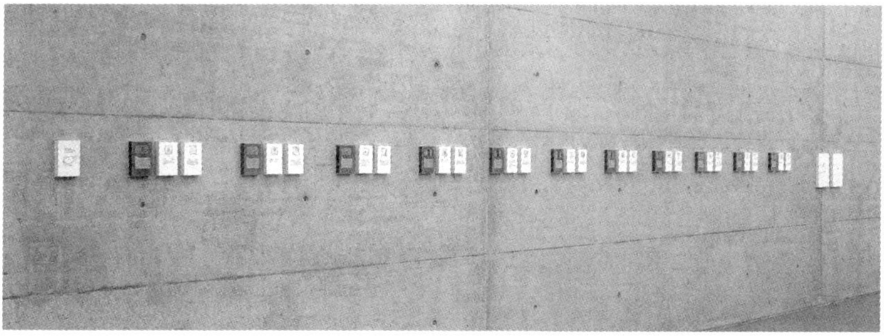

Mary Kelly

Post-Partum Document, Documentation V: Classified Specimens, Proportional Diagrams, Statistical Tables, Research and Index, 1977 (détails)

« Dans le *Post-Partum Document*, j'essaie de montrer la réciprocité du processus de socialisation au cours des premières années de la vie. Il n'y a pas que la personnalité future du nourrisson qui se forme à ce moment crucial, c'est aussi le cas de celle de la mère, dont la psychologie ‹ féminine › est scellée par la division sexuelle du travail dans la garde des enfants. » In Mary Kelly, *Introduction to Post-Partum Document*, 1973.

36 éléments, 18 × 13 cm chaque. Collection Australia National Gallery, Canberra

Mary Kelly est l'exemple d'une artiste féministe qui a pris en charge les problèmes d'une pratique radicale de l'art en contestant les conceptions traditionnelles de l'objet d'art. Laura Mulvey l'explique clairement dans sa critique de l'exposition *Post-Partum Document* de Mary Kelly organisée à l'ICA (Institute of Contemporary Arts) de Londres en 1976 :

> L'exposition s'inscrit dans les pratiques artistiques radicales qui refusent de considérer les objets d'art comme de purs objets en soi et prennent plutôt l'exposition comme un espace permettant de donner à la documentation la force d'une argumentation. Elle prive l'objet de sa valeur marchande, et ses significations n'apparaissent véritablement que si le travail qu'y a mis l'artiste est complété par le travail qu'y met le public en lisant la documentation et en comprenant les théories[21].

En outre, l'œuvre de Mary Kelly regroupe dans la galerie d'art les rôles historiquement séparés de l'artiste et de la mère, mais aussi le public et le privé ou le domestique et le professionnel, dont la séparation a contribué à définir structurellement ce qui relève ou non de l'art.

L'œuvre de Mary Kelly aborde l'un des mythes du patriarcat : la femme en tant que nature et culture [*nature and nurture*], et en tant que mère du fait de sa capacité « naturelle » à donner naissance à des enfants, laquelle est utilisée pour ignorer la créativité des femmes. Cependant, elle le fait en refusant de montrer la mère, en excluant l'idée de la femme comme objet et spectacle. À la place, elle utilise des journaux intimes et des objets qui portent les traces de la relation entre la mère et l'enfant. Mary Kelly insiste sur le fait qu'elle tient moins à documenter le développement de l'enfant dans la phase pré-œdipienne qu'à montrer le processus réciproque de la socialisation, pour la mère et pour l'enfant, dans les premières années de la vie. Il n'y a pas que la personnalité future du nourrisson qui se forme à ce moment crucial, c'est également le cas de celle de la mère, dont la psychologie « féminine » est scellée par la division sexuelle du travail dans la garde des enfants.

Dans la partie « Weaning from the Breast » [le sevrage du sein] du *Post-Partum Document* [p. 282] par exemple, Mary Kelly rend compte du processus de sevrage et révèle l'importance des émotions et angoisses qui l'accompagnent, en documentant et commentant les fonctions de digestion et d'excrétion de l'enfant à travers les traces de sa santé – bonne ou mauvaise – révélées par les taches d'une série de couches-culottes.

« Les selles normales ne sont pas seulement une indication de la santé de l'enfant ; au sein du patriarcat, elles constituent la preuve de l'aptitude naturelle de la femme à la maternité et à la garde des enfants. » Les couches ainsi exposées sont accompagnées de tableaux d'alimentation cliniques. Chez l'enfant, le processus de sevrage du lait maternel stérilisé et le passage aux aliments solides est physiologiquement très complexe et, de fait, le développement du système digestif reste peu connu des manuels de médecine. Dans les idéologies patriarcales de la maternité, il est pourtant attendu que la mère sache tout du sevrage par son seul « instinct ». Les doutes et inquiétudes (« Qu'est-ce que j'ai fait de mal ? »), légitimement éprouvés lorsque l'enfant est malade ou n'est « pas normal », sont donc l'effet et le symptôme du fonctionnement de cette idéologie. Mary Kelly révèle ce processus en juxtaposant les couches – les preuves à partir desquelles la mère juge son enfant et se juge elle-même – et le savoir médical, symbolisé par les tableaux d'alimentation présentés de manière clinique. La mère est censée connaître tout cela instinctivement. Elle est donc jugée et façonnée à travers son enfant. En analysant l'impact sur elle-même de la maternité et de la garde d'enfants à partir de points de vue personnels, psychanalytiques et politiques, elle remet radicalement en cause les notions de « naturel » et d'« instinct », faisant ressortir le fonctionnement de l'idéologie dans la famille.

Bien qu'elle ait choisi, pour présenter ce travail, un format associé aux pratiques radicales de l'avant-garde britannique des années 1970, son impact ne s'est pas limité à l'establishment de l'art. Il s'est fait connaître du grand public dans les pages de la presse populaire. La réaction de la presse traduit peut-être une incompréhension générale à l'égard des pratiques d'avant-garde, mais les stratégies particulières de cette même presse par rapport au travail, à l'humour et à la dérision de Mary Kelly reflètent le besoin de défendre l'art et la société contre les critiques radicales de ses mythes et de ses institutions. Le moyen de se protéger de ce travail féministe n'a pas simplement consisté à le stéréotyper mais aussi à nier qu'il s'agissait d'art. Dans un dessin de presse qui réagissait à la partie de l'exposition consacrée aux selles et à l'alimentation, un *père* excédé, qui surveille son jeune fils turbulent, dit à la mère, un peu à l'écart : « Le jeune Henry vient de faire une nouvelle œuvre d'art sur le tapis ». Dans sa tentative de ridiculiser et de rejeter le travail de Mary Kelly, le dessin réaffirme de manière significative toutes les conceptions conventionnelles de l'objet d'art et de la créativité, en les attribuant ici, bien entendu, à un petit *homme*.

NOTES — 1
Lucy Lippard, « The Women Artists' Movement – What Next », in *From the Centre*, op. cit., p. 14.

2
Marcel Jean, *Histoire de la peinture surréaliste*, Le Seuil, Paris 1959.

3
Lucy Lippard, *Surrealists on Art*, Prentice-Hall, Englewood Cliffs, New Jersey 1970, p. 4.

4
André Breton, *Arcane 17*, 1945, in *Œuvres complètes*, t. III, Gallimard, Bibliothèque de la Pléiade, Paris 1999, p. 65 et 60.

5
Constantin Jelenski, *Leonor Fini*, Clairefontaine, Lausanne 1968, p. 14.

6
Ibid., p. 37.

7
Citée in *Künstlerinnen International 1877-1977*, Neue Gesellschaft fur Bildende Kunst, Berlin 1977, p. 78.

8
Eugene C. Goossen, *Helen Frankenthaler*, Whitney Museum of American Art, New York, International Council of the Museum of Modern Art., New York 1969, p. 8.

9
Ibid., p. 13.

10
Henry Geldzahler, « An Interview with Helen Frankenthaler », *Artforum*, n°IV, 1965, p. 36-38.

11
Ici et suivante : Cindy Nemser, « Marisol », *Art Talk. Conversations with 12 Women Artists*, Charles Scribner's, New York 1975, p. 179 et p. 188.

12
Ibid., p. 182.

13
Cindy Nemser, « An Interview with Eva Hesse », *Artforum*, n°9, 1970, p. 59.

14
Simone de Beauvoir, *Le Deuxième Sexe*. op. cit., p. 13.

15
Lucy Lippard, *Eva Hesse*, New York University Press, New York 1976, p. 24.

16
Cindy Nemser, « An Interview with Eva Hesse », *art. cit.*, p. 59.

17
[NdE] Un dossier documentaire sur cette exposition est accessible en ligne : https://artsandculture.google.com/story/PAXhlEs3uzZeJw, consulté en mai 2024. Les participant·s de cette exposition sont Sue Beere, Sandra Blow, Pamela Burns, Marc Camille Chaimowicz, Stephen Cox, Susan Derges, Rita Donagh, Julia Farrer, Elisabeth Frink, Steve Furlonger, Susan Hiller, Alexis Hunter, Tess Jaray, Mary Kelly, Edwina Leapman, Liliane Lijn, Kim Lim, Leopoldo Maler, Adrian Morris, Deanna Petherbridge, Michael Sandle, Wendy Taylor et Gillian Wise Ciobotaru.

18
Suzanne Hodgart, *Sunday Times*, 13 août 1978 ; nous soulignons.

19
En 1863, à Paris, le jury du Salon avait suscité un tollé en rejetant certains artistes. Un salon alternatif, le Salon des refusés, avait vu le jour pour montrer à quel point les tableaux refusés étaient médiocres.

20
Entretien de Mary Kelly avec Rozsika Parker, « What Is Feminist Art ? », in Andrew Brighton et Lynda Morris (dir.), *Towards Another Picture. An Anthology of Artists Working in Britain, 1945-1977*, Midland Group Nottingham, Nottingham 1977.

21
Laura Mulvey, *Spare Rib*, n°53, 1976, p. 40.

CONCLUSION

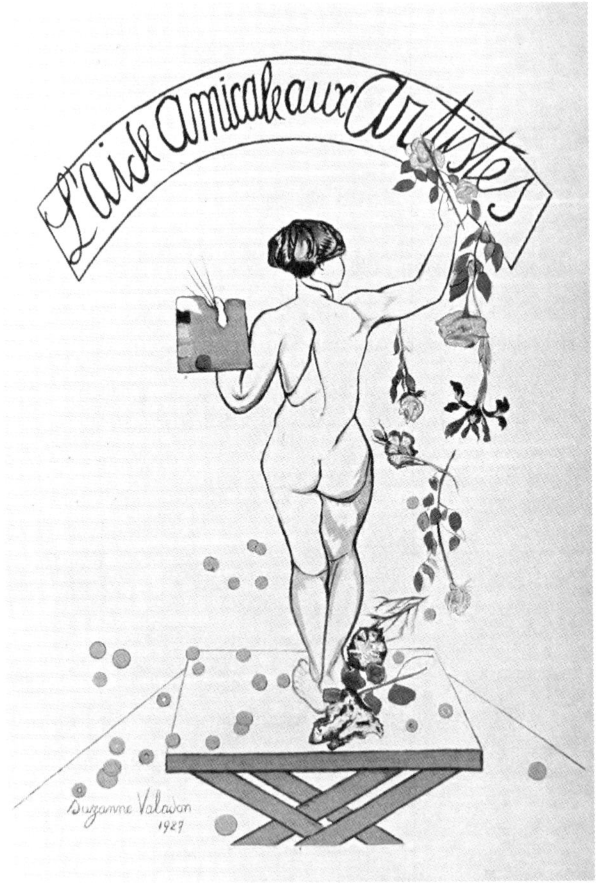

Suzanne Valadon
Nu à la palette, 1927

Les critiques de Suzanne Valadon se sont émerveillés de son traitement du nu féminin – un nu si « peu féminin ». Dans l'introduction du catalogue de l'exposition que le Musée national d'art moderne de Paris lui consacre en 1967, Bernard Dorival écrit d'abord que son travail n'a rien de commun avec celui des « femmes de la peinture », avant de conclure que, si un trait féminin apparaît malgré tout dans son art, c'est, selon lui, son dédain pour la logique et son indifférence aux contradictions : elle est « la plus virile – et la *plus grande* – de toutes les femmes de la peinture » (nous soulignons). Son éloge révèle tout simplement l'équation moderne entre la grandeur et la masculinité, et souligne clairement qu'une femme qui accède à la grandeur est une exception à son sexe.

Fusain sur papier, 63 × 42 cm. Musée national d'art moderne, Centre Pompidou, Paris

Dans *Maîtresses d'autrefois. Femmes, art et idéologie*, nous avons fait valoir que l'art des femmes avait occupé une position stratégique, quoique contradictoire, dans l'histoire de l'art : toujours présent, toujours différent, mais représenté, dans la discipline de l'histoire de l'art, comme toujours absent ou toujours le même. Une analyse plus fine des implications de la manière dont l'art des femmes a été, à maintes reprises, débattu et rabaissé nous a permis d'établir qu'il existait un lien important entre la représentation de l'art des femmes et la création des théories dominantes sur l'art et sur l'artiste.

Nous devons rejeter les idées simples qui veulent que l'art des femmes ait été ignoré, négligé ou maltraité par l'histoire de l'art, et remettre sérieusement en question la croyance que les femmes sont obligées de lutter pour entrer dans le domaine de l'art existant, dominé par les hommes, et en obtenir la reconnaissance. Nous découvrons que l'art des femmes n'a pas seulement été à la hauteur des critères prétendument « objectifs » de la réussite en art – les critères que les hommes atteignent si facilement, en vertu de leur sexe –, mais qu'il a été amené à jouer également un rôle majeur dans la création et la reproduction de ces critères eux-mêmes. Cela constitue une relecture fondamentale de l'histoire des femmes artistes et de l'importance historique de l'art des femmes. L'attention se déplace des périphéries vers le centre – le centre étant le développement historique des définitions de l'art et des identités de l'artiste en tant que prérogatives exclusives de la masculinité.

Nous connaissons désormais les raisons et l'importance politique de la persistance d'un stéréotype féminin dans la structure des pratiques idéologiques de l'histoire de l'art. Selon ce stéréotype, les femmes sont présentées négativement comme manquant de créativité, comme n'ayant rien d'important à apporter et comme n'ayant eu aucune influence sur l'évolution de l'art. Mais paradoxalement, pour nier les femmes, il faut les reconnaître ; elles sont mentionnées pour être catégorisées, mises à part et marginalisées. Nous nous sommes donc concentrées sur l'histoire de l'art – ses termes, ses catégories, ses valeurs et ses discours – en tant qu'idéologie. En brisant le stéréotype féminin de l'histoire de l'art – pour le mettre au jour comme le produit, non du genre féminin, mais des discours masculins de l'histoire de l'art –, nous avons montré qu'il était l'un des principaux éléments de la construction de l'hégémonie des hommes dans les pratiques culturelles et dans l'art.

En essayant de relier l'histoire des femmes dans l'art et l'histoire des idéologies dans l'art, nous avons été amenées à remettre en question certaines interprétations actuelles de l'histoire de l'art des femmes. Des auteures du XIXe comme du XXe siècle ont prétendu que les femmes artistes avaient connu une progression lente mais constante dans le champ de l'art entre les premières célébrités du XVIe siècle, comme Sofonisba Anguissola, et les artistes professionnelles, plus nombreuses, mais non encore pleinement intégrées, d'une époque plus récente. Nous avons cependant observé une histoire plus contrastée au cours de laquelle, d'une époque à l'autre, les facteurs du sexe, de la classe et des forces dominantes dans l'art, mais aussi les transformations de l'identité de l'artiste, ont produit des possibilités distinctes et changeantes pour les pratiques des femmes. Les femmes artistes ont négocié leur situation dans ces changements de circonstances pour produire un art qui a été parfois conforme, parfois en conflit avec les idéologies en vigueur dans la création artistique. Pourtant, au cours des deux derniers siècles, avec la consolidation de la société bourgeoise et l'imposition stricte d'un statut économique et social des femmes – qui s'est traduit par l'élaboration d'une « féminité naturelle » des femmes et d'une domesticité ordonnée par Dieu –, les femmes artistes ont été soumises à un processus de contrainte plus complexe. L'antithèse entre l'artiste et la « Femme » est devenue beaucoup plus forte et s'est ancrée beaucoup plus profondément.

Notre ouvrage n'est pas une étude définitive ou exhaustive de cette histoire. Il comporte beaucoup de lacunes et de généralisations. Nous avons essayé de construire un cadre conceptuel pour analyser les femmes, l'art et l'idéologie. Nous tentons de présenter une nouvelle manière de lier les histoires spécifiques des femmes, tout au long de l'histoire de l'art, aux idéologies et aux structures qui ont façonné leurs pratiques, et la place qu'ont pris ces mêmes pratiques dans les récits de l'histoire de l'art du passé. Cela nous permet de mieux comprendre certains paradoxes et contradictions de la situation actuelle des femmes dans l'art, comme l'augmentation du nombre de femmes artistes et le fait qu'un très petit nombre d'entre elles soient pleinement reconnues, l'écart entre les 50 % de femmes admises dans les écoles d'art et leur absence des principaux postes d'enseignement de l'éducation artistique, ou le langage des critiques, avec le redéploiement du stéréotype féminin dans presque toutes les références aux femmes artistes publiées dans la presse artistique. Les pratiques artistiques des femmes n'ont jamais été entièrement interdites, découragées ou refusées ; elles ont été plutôt circonscrites et limitées à leur fonction de moyen permettant à la masculinité d'acquérir et de maintenir sa suprématie dans cette sphère importante que constitue la production culturelle.

L'élaboration d'un nouveau cadre et nos révisions historiques concernent à la fois les historiennes féministes et les artistes féministes. Nous devons comprendre le processus et les pratiques historiques ayant déterminé la situation actuelle des femmes artistes si nous voulons affronter le rôle de la production culturelle et des représentations dans les systèmes de domination sexuelle et de pouvoir.

ANNEXES

Bibliographie

La vaste littérature sur les femmes dans l'art et quelques femmes artistes en particulier a déjà été répertoriée dans les ouvrages et articles (mentionnés ci-dessous) d'Alexis Rafael Krasilovsky (1972), Donna G. Bachmann et Sherry Piland (1978), Linda Nochlin et Ann Sutherland Harris (1976), Karen Petersen et J. J. Wilson (1976) et Lise Vogel (1973). Nous n'avons donc répertorié que les sources les plus importantes et ajouté des lectures complémentaires en fonction du découpage en parties du présent ouvrage.

Cette bibliographie reprend celle publiée en 1981 dans l'édition anglaise originale par Pandora Press. Quand un ouvrage est disponible dans sa version française, il est indiqué selon l'édition ayant servi à la traduction du ou des passage(s) cité(s) dans le présent ouvrage.

1 — Les stéréotypes de la critique

— Donna G. Bachmann et Sherry Piland (dir.), *Women Artists : An Historical, Contemporary and Feminist Bibliography*, Scarecrow Press, Metuchen, New Jersey/Londres 1978

— Elizabeth C. Baker et Thomas B. Hess, *Art and Sexual Politics*, Macmillan, New York 1973

— Rosalie Braeutigam, Betty Fiske et June Wayne, *Sex Differentials in Art Exhibition Reviews : A Statistical Study*, Tamarind Lithography Workshop, Los Angeles 1972

— Anthea Callen *et al.*, « A Beginning Time : Three Women Artists Look at Experience of Art College », *Spare Rib*, n°44, 1976

— Berenice A. Carroll (dir.), *Liberating Women's History : Theoretical and Critical Essays*, University of Illinois Press, Urbana 1976

— Ellen C. Clayton, *English Female Artists*, deux volumes, Tinsley Brothers, Londres 1876

— Clara E. Clement, *Women in the Fine Arts from the Seventh Century B.C. to the Twentieth Century A.D.* [1904], Hacker Art Books, New York 1974

— Leonore Davidoff, *The Best Circles. Society, Etiquette and the Season*, Croom Helm, Londres 1973

— Lamia Doumato, « The Literature of Women in Art », *Oxford Art Journal*, vol. 3, n°1, 1980

— Elizabeth Ellet, *Women Artists in All Ages and Countries*, Harper and Brothers, New York 1859

— Mary Ellmann, *Thinking About Women* [1968], Virago, Londres 1979

— Elsa Honig Fine, *Women and Art : A History of Women Painters and Sculptors from the Renaissance to the 20th Century*, Allanheld & Schram/Prior, Montclair & New Jersey/Londres 1978

— Shulamith Firestone, *La Dialectique du sexe*, Stock, Paris 1972

— Elizabeth Broun et Ann Gabhart, *Old Mistresses : Women Artists of the Past*, cat. exp., Walters Art Gallery, Baltimore 1972 ; voir aussi *Walters Arts Gallery Bulletin*, 1972, vol. 24, n°7

— Vivian Gornick et Barbara K. Moran, *Woman in Sexist Society : Studies in Power and Powerlessness*, Basic Books, New York 1971
— Germaine Greer, *The Obstacle Race. The Fortunes of Women Painters and Their Work*, Farrar, Straus & Giroux, Londres 1979
— Alexis Rafael Krasilovsky, « Feminism in the Arts : An Interim Bibliography », *Artforum*, vol. 10, n°10, juin 1972
— Susan Lipschitz (dir.), *Tearing the Veil : Essays on Femininity*, Routledge, Londres 1978
— Dorothy Miner, *Anastaise and Her Sisters : Women Artists of the Middle Ages*, Walters Art Gallery, Baltimore 1974
— Elizabeth Mongan *et al.*, *Berthe Morisot : Drawings, Pastels, Watercolors, Paintings*, Tudor/Shorewood, New York 1960
— George Moore, *Modern Painting*, Walter Scott, Londres 1893
— Berthe Morisot, *Correspondance de Berthe Morisot avec sa famille et ses amis, Manet, Puvis de Chavannes, Degas, Monet, Renoir et Mallarmé*, Quatre Chemins-Éditart, Paris 1950
— Denise Munault, *Woman as Heroine*, cat. exp., Worcester Art Museum, Worcester 1972
— Cindy Nemser, « Stereotypes and Women Artists », *Feminist Art Journal*, avril 1972
— Linda Nochlin, « Pourquoi n'y a-t-il pas eu de grands artistes femmes », in *Femmes. Art et pouvoir*, Jacqueline Chambon, Nîmes 1993, p. 201-244
— Linda Nochlin et Ann Sutherland Harris, *Femmes peintres. 1550-1950* [1976], Éditions des Femmes, Paris 1981
— Gloria Feman Orenstein, « Review Essay : Art History », *Signs*, vol. 1, n°6, 1976
— Karen Petersen et J. J. Wilson, *Women Artists : Recognition and Reappraisal from the Early Middle Ages to the Twentieth Century*, Harper & Row, New York 1976
— Griselda Pollock, « Underground Women : Art by Women in the Basement of the National Gallery », *Spare Rib*, n°21, 1974
— Griselda Pollock, *Mary Cassatt*, Harper & Row, New York 1980
— Laura M. Ragg, *The Women Artists of Bologna*, Methuen & Co., Londres 1907
— Therese Schwartz, « They Built Women a Bad Art History », *Feminist Art History*, automne 1973
— Walter S. Sparrow, *Women Painters of the World, from the time of Caterina Vigri, 1413-1463, to Rosa Bonheur and the present day*, Hodder & Stoughton, Frederick A. Stokes, Londres 1905
— Eleanor Tufts, *Our Hidden Heritage : Five Centuries of Women Artists*, Paddington Press, Londres/New York 1974
— Octave Uzanne, *Parisiennes de ce temps*, Mercure de France, Paris 1910
— Marius Vachon, *La Femme dans l'art*, J. Rouam, Paris 1893
— Martha Vicinus, *Suffer and Be Still : Women in the Victorian Age*, Indiana University Press, Bloomington 1972
— Lise Vogel, « Fine Arts and Feminism : The Awakening Consciousness », *Feminist Studies*, vol. 2, 1972
— Lise Vogel, « Women, Art and Feminism », *Female Studies*, vol. 7, 1973
— Annemarie Weyl Carr, « Women Artists in the Middle Ages », *Feminist Art Journal*, vol. 5, n°1, printemps 1976
— Virginia Woolf, *Les Fruits étranges et brillants de l'art*, Éditions des Femmes, Paris 1983
— Virginia Woolf, *Trois guinées*, Blackjack Éditions, Paris 2012
— Virginia Woolf, *Une chambre à soi*, 10/18, Paris 1996

II — Habiles artisanes

— Lady Marian Alford, *Needlework as Art*, Sampson Low, Marston, Searle, and Rivington, Londres 1886
— A. G. I. Christie, *English Medieval Embroidery*, The Clarendon Press, Oxford 1938
— Alice Clark, *Working Life of Women in the Seventeenth Century*, Routledge and Kegan Paul, Londres 1982
— Ruth Finlay, *Old Patchwork Quilts and the Women Who Made Them*, J. B. Lippincot Co., Philadelphie/Londres 1929
— Maurice H. Grant, *Flower Paintings through Four Centuries*, F. Lewis, Leigh-on-Sea 1952
— Jonathan Holstein, *The Pieced Quilt : An American Design Tradition*, Graphic Society, New York, 1973
— Margaret Emily Jourdain, *The History of English Secular Embroidery*, K. Paul, Trench, Trübner, Londres 1910
— Mary Hunt Kahlenberg et Anthony Berlant, *The Navajo Blanket*, Praeger Publishers, Inc. et Los Angeles County Museum of Art, Los Angeles/New York 1972
— Albert Frank Kendrick, *English Needlework*, Black, Londres 1967

— Donald King, *Samplers*, Victoria and Albert Museum & Her Majesty's Stationery Office, Londres 1960
— Mary Lamb, *Miscellaneous Prose 1798-1834*, Methuen & Co., Londres 1903
— Louise Lamphere, « Strategies, Cooperation and Conflict among Women in Domestic Groups », in Michelle Zimbalist Rosaldo et Louise Lamphere (dir.), *Woman, Culture and Society*, Stanford University Press, Stanford 1974
— Michael Levey, *Du Rococo à la Révolution. Les principaux courants de la peinture au XVIII*[e] *siècle*, Thames & Hudson, Paris 1989
— Patricia Mainardi, « Quilts : The Great American Art », *Feminist Art Journal*, hiver 1973
— William Morris, « Les arts mineurs » [1877], in *Contre l'art d'élite*, coll. « Savoir », Hermann, Paris 1985
— Sherry B. Ortner, « Le féminin est-il au masculin ce que la nature est à la culture ? », in Christine Verschuur (dir.), *Genre, mouvements populaires urbains et environnement*, Graduate Institute Publications, Genève 2007, p. 49-68
— Rozsika Parker, « The Word for Embroidery Was WORK », *Spare Rib*, n°37, 1975
— Ivy Pinchbeck, *Women Workers and the Industrial Revolution, 1750–1850*, Augustus M. Kelley, New York 1969
— Griselda Pollock, « A Tale of Old and New : Patchwork Quilts », *Spare Rib*, n°26, 1975
— Eileen Power, *Medieval Women* [1975], Cambridge University Press, Cambridge 1997
— Michelle Zimbalist Rosaldo et Louise Lamphere (dir.), *Woman, Culture and Society*, Stanford University Press, Stanford 1974
— Sheila Rowbotham, *Féminisme et révolution*, Payot, Paris 1973
— Sheila Rowbotham, *Hidden from History : 300 years of Women's Oppression and the Fight against It*, Pluto, Londres 1973
— Carlton Safford et Robert Bishop, *America's Quilts and Coverlets*, Dutton, New York 1972
— Edith Appleton Standen, « Working for Love and Working for Money : Some Notes on Embroideries and Embroiderers of the Past », in *East Side House, Winter Antiques Show*, cat. exp., 1966
— Ruth M. Underhill, *The Navajos*, University of Oklahoma Press, Norman 1956
— Horace Walpole, *Anecdotes of Painting in England 1760-1795*, Yale University Press, New Haven 1937
— Elizabeth Stone, *The Art of Needlework*, Henry Colburn Publisher, Londres 1840

III — « La petite artiste de Dieu »

— Elizabeth Barrett Browning, *Aurora Leigh, and Other Poems* [1856], introduction de Cora Kaplan, The Women's Press, Londres 1978 ; tr. fr. *Aurora Leigh*, A. Savine, Paris 1890
— Marie Bashkirtseff, *Journal*, 2 tomes, Fasquelle, Paris 1955
— Marie Corelli, « Nehemiah P. Hoskins », in *Cameos : Short Stories*, Hutchinson & Co, Londres 1896
— Dinah M. Craik, *Olivia*, 2 tomes, Michel Lévy frères, Paris 1870
— Carol Duncan, « Happy Mothers and Other New Ideas in French Art », *The Art Bulletin*, vol. 55, n°4, décembre 1973
— Carol Duncan, « Virility and Male Domination in Early Twentieth Century Vanguard Art », *Artforum*, vol. 12, n°4, décembre 1973
— William H. Gerdts *et al.*, *The White, Marmorean Flock*, Vassar College Art Gallery, Poughkeepsie 1972
— Nathaniel Hawthorne, *Le Faune de marbre* [1860], José Corti, Paris 1994
— Rozsika Parker, « The Portrait of the Artist as a Young Woman », *Spare Rib*, n°34, 1975
— Elizabeth Stuart Phelps, *The Story of Avis*, George Routledge and Sons, Londres 1877
— Griselda Pollock, « Artists, Media, Mythologies. Genius, Madness and Art History », *Screen*, vol. 21, n°3, 1980
— Maurice Z. Schroder, *Icarus : The Image of the Artist in French Romanticism*, Harvard University Press, Cambridge Massachusetts 1961
— Charles Sterling, « A Fine ‹ David › Reattributed », *Bulletin of the Metropolitan Museum of Art*, vol. 9, 1951
— Margaret Farrand Thorp, *The Literary Sculptors*, Duke University Press, Durham 1965, p. 91
— June Wayne, « The Male Artist as Stereotypical Female », *Art Journal*, vol. 32, 1973
— Raymond Williams, *Culture and Society 1780-1950*, Chatto and Windus, Londres 1958

— Raymond Williams, *Keywords*, Croom Helm, Londres 1976
— Margot Wittkower et Rudolf Wittkower, *Les Enfants de Saturne : psychologie et comportement des artistes de l'Antiquité à la Révolution française*, Macula, Paris 1985

IV — Les femmes peintes

— Simone de Beauvoir, *Le Deuxième Sexe* [1949], 2 tomes, coll. « Folio essais », Gallimard, Paris 1986
— Rosetta Brooks, « Woman Visible, Women Invisible », *Studio International*, vol. 193, n°987, 1977
— Judy Chicago, *Through the Flower. Mon combat d'artiste femme*, Les Presses du réel, Dijon 2018
— Rosalind Coward, « Re-reading Freud : The Making of the Feminine », *Spare Rib*, n°70, 1978
— Rosalind Coward et John Ellis, *Language and Materialism*, Routledge and Kegan Paul, Boston/Londres/Henley 1977
— Elizabeth Cowie, « Women, Representation and the Image », *Screen Education*, n°23, 1977
— Elizabeth Cowie, « Woman as Sign », *M/F*, n°1, 1978
— Cora Kaplan, « Language and Gender », in Cora Kaplan (dir.), *Papers on Patriarchy : Conference, London, 1976*, PDC et Women's Publishing Collective, Brighton 1976
— Cora Kaplan, *Salt and Bitter and Good*, Paddington Press, Londres 1975
— Jacques Lacan, *Écrits* [1966], Le Seuil, Paris 1999
— Juliet Mitchell, *Psychanalyse et féminisme*, Éditions des Femmes, Paris 1974
— Laura Mulvey, « You Don't Know What's Happening, Do You Mr Jones ? », *Spare Rib*, n°8, 1973, p. 29-40
— Linda Nochlin et Thomas B. Harris (dir.), *Woman as Sex Object : Studies in Erotic Art, 1730-1970*, Newsweek Inc., New York 1972
— Rozsika Parker, « Censored : Feminist Art that the Arts Council Is Trying to Hide », *Spare Rib*, n°54, 1977
— Rozsika Parker, « Images of Men : Invalided Men in Women's Art and Literature », *Spare Rib*, n°99, 1980
— Griselda Pollock, « What's Wrong with ‹ Images of Women › ? », *Screen Education*, n°24, 1977
— Anne-Marie Sauzeau Boetti, « Negative Capability as Practice in Women's Art », *Studio International*, vol. 191, n°979, 1976
— Lisa Tickner, « The Body Politic : Female Sexuality and Women Artists Since 1970 », *Art History*, vol. 1, n°2, 1978
— Lisa Tickner *et al.*, *Women's Images of Men*, cat. exp., Institute of Contemporary Arts, Londres, 1980
— Margaret Walters, « Playmales », *Spare Rib*, n°33, 1974.
— Margaret Walters, *The Nude Male. A New Perspective*, Paddington Press, Londres 1978

V — Retour au XXe siècle : féminité et féminisme

— Judith Barry et Sandy Flitterman, « Textual Strategies : The Politics of Art-Making », *Screen*, vol. 21, n°2, 1980
— Judy Chicago et Miriam Schapiro, « A Feminist Art Program », *Art Journal*, vol. 31, n°1, 1971
— Jane Clarke, « Women and Representation : a Discussion with Laura Mulvey », *Wedge*, n°2, 1978
— Tricia Davis et Phil Goodall, « Personally and Politically : Feminist Art Practice », *Feminist Review*, vol. 1, n°1, mars 1979
— Catherine Elwes, Rosa Garrard et Sandy Nairne, *About Time : Video, Performance and Installation by 21 Women Artists*, Institute of Contemporary Arts, Londres 1980
— *Feministische Kunst Inernational*, cat. exp., Haags Gemeentemuseum, La Haye, 1981
— Margaret Harrison, « Notes on Feminist Art in Britain 1970-1977 », *Studio International*, vol. 193, n°987, 1977
— *Hayward Gallery Annual '78*, cat. exp., British Arts Council, Londres 1978
— Mary Kelly, « Notes on Reading the *Post-Partum Document* », *Control Magazine*, n°10, 1977
— *Künstlerinnen International, 1877-1977*, Neue Gesellschaft für Bildende Kunst, Schloss Charlottenburg, Berlin 1977
— Lucy Lippard, *Surrealists on Art*, Prentice-Hall, Englewood Cliffs 1970
— Lucy Lippard, *Eva Hesse*, New York University Press, New York 1976
— Lucy Lippard, *From the Centre : Feminist Essays on Women's Art*, Dutton, New York 1976

— Lucy Lippard, « The Anatomy of an Annual », in *Hayward Gallery Annual '78*, cat. exp., British Arts Council, Londres, 1978
— Lucy Lippard, *Issue : Social Strategies by Women Artists*, cat. exp., Institute of Contemporary Arts, Londres, 1980
— Laura Mulvey, « The *Post-Partum Document* by Mary Kelly », *Spare Rib*, n°55, 1976 (voir aussi les débats, n°s 56 et 57)
— Cindy Nemser, *Art Talk. Conversations with 12 Women Artists*, Charles Scribner's, New York 1975
— Gloria Feman Orenstein, « Women of Surrealism », *Feminist Art Journal*, printemps 1973
— Rozsika Parker, « Women Artists Take Action », *Spare Rib*, n°13, 1973
— Rozsika Parker, « Art, of Course, Has No Sex ; but Artists Do », *Spare Rib*, n°25, 1974
— Rozsika Parker, « Portrait of the Artist as a Housewife », *Spare Rib*, n°60, 1977
— Rozsika Parker Rozsika, « Feministo », *Studio International*, vol. 193, n°987, 1977
— Rozsika Parker, « Interview with Mary Kelly », en partie publié dans Andrew Brighton et Lynda Morris, *Towards Another Picture*, Midland Group Nottingham, Nottingham 1977
— Rozsika Parker, « The Story of Art Groups », *Spare Rib*, n°95, 1980
— Rozsika Parker, « About Time : Video, Performance and Installation by 21 Women Artists », *Spare Rib*, n°102, 1981
— Rozsika Parker, « Feminist Art Practice Represented in ‹ About Time ›, ‹ Women's Images of Men › and ‹ Issue › », *Art Monthly*, n°43, février 1981
— Griselda Pollock, « Feminism, Femininity and the *Hayward Gallery Annual II* », *Feminist Review*, n°2, 1979
— Griselda Pollock, « Issue », *Spare Rib*, n°103, 1981
— Miriam Schapiro, « Education of Women as Artists », *Art Journal*, vol. 31, n°3, 1972
— Women's Artists Collective, « Women's Art 1877-1977 », *Spare Rib*, n°59, 1977

Index des noms

M

N

O

P

R

S

T

Note sur les auteures

Née à Londres en 1945, formée en histoire de l'art au Courtauld Institute of Art (1966-1969), Rozsika Parker devient en 1972 la rédactrice en chef des pages Arts du magazine féministe britannique *Spare Rib* (1972-1993). En 1973, elle rencontre Griselda Pollock et cofonde le Women's Art History Collective. En 1978, elles écrivent *Old Mistresses : Women, Art and Ideology* pour Oresko Books, finalement publié en 1981 par Pandora Press. En 1987, elles publient ensemble *Framing Feminism : Art and the Women's Movement 1970-1985*, une analyse de l'histoire des archives de l'art féministe et des débats critiques afférents en Grande-Bretagne. En 1984, Rozsika Parker publie *The Subversive Stitch : Embroidery and the Making of the Feminine*, un ouvrage fondateur sur les histoires entremêlées de la broderie, des idéologies de genre et de la résistance des femmes par le biais de la créativité. Après avoir suivi une formation en psychothérapie, elle analyse l'ambivalence maternelle dans ses ouvrages *Torn in Two : Experience of Maternal Ambivalence* (1995) et *Mother Love, Mother Hate : The Power of Maternal Ambivalence* (1996). Consacré au jardinage, *The Anxious Gardener* (2006) est une réflexion personnelle sur cette passion. Au moment de sa mort prématurée en 2010 des suites d'un cancer, elle préparait un dernier manuscrit sur la dysmorphie corporelle.

Griselda Pollock est Professeur émérite d'histoire sociale et critique de l'art à l'université de Leeds, où elle a enseigné pendant 44 ans, créant en 1990 un programme unique d'études supérieures sur le féminisme et les arts visuels. Née en 1949 à Bloemfontein (Mangaung, Afrique du Sud), elle grandit au Canada et s'installe au Royaume-Uni dans les années 1960. Elle étudie l'histoire moderne à l'université d'Oxford et se tourne vers l'histoire de l'art au Courtauld Institute of Art (1970-1972) où elle obtient son doctorat sur Vincent van Gogh et l'art hollandais (1980). Avec Rozsika Parker, elle cofonde le Women's Art History Collective en 1973. En 1978, elles écrivent *Old Mistresses : Women, Art and Ideology*, publié en 1981. En 1987, elles publient ensemble *Framing Feminism : Art and the Women's Movement 1970-1985*, une analyse de l'histoire des archives de l'art féministe et des débats critiques afférents en Grande-Bretagne. Ses principales publications féministes comprennent *Vision and Difference : Feminism, Femininity and the Histories of Art* (1988), *Mary Cassatt : Painter of Modern Women* (1995 puis 2020, publié en français en 2021 par Casimiro), *Differencing the Canon : Feminist Desire and the Writing of Art's Histories* (1999), *Looking Back to the Future : Essays on Life, Death and Art* (2000), *Encounters in the Virtual Feminist Museum: Time, Space and the Archive* (2007), *After-Images-After-Affects : Trauma and Aesthetic Transformation* (2013), *Charlotte Salomon in the Theatre of Memory* (2018), *Killing Men and Dying Women : Imagining Difference in 1950s New York Painting* (2022) et *Woman in Art : Helen Rosenau's Little Book of 1944* (2023). Son ouvrage *Avant-Garde Gambits : Gender and the Colour of Art History* (1993) a été réédité en 2023 sous le titre *On Gauguin*.

Griselda Pollock a conçu plusieurs expositions dont *Art in the Time-Space of Memory and Migration : Bracha L Ettinger in the Freud Museum*, Londres, 2009, et *Medium & Memory*, Hackelbury Fine Art, Londres, 2023. En 2020, elle est lauréate du prestigieux Holberg Prize for Arts, Humanities, Social Science, Law and Theology.

Pour de plus amples informations sur ses publications et ses recherches actuelles et passées, voir https://ahc.leeds.ac.uk/fine-art/staff/410/griselda-pollock.

Note sur la collection

Créée à l'initiative de l'Association des amis de la maison rouge pour soutenir l'action de la Fondation Antoine de Galbert, la collection « Lectures maison rouge » est aujourd'hui intégrée à la fondation.

Conçue et dirigée par Patricia Falguières, elle s'est donnée pour objectif de susciter et de traduire des textes d'artistes, de critiques et d'historien·ne·s de l'art qui interrogent l'histoire de l'art contemporain, du collectionnisme et de l'exposition.

Chaque ouvrage est confié à une personnalité du monde de l'art ou de l'architecture qui en suit l'élaboration et l'enrichit d'une préface et d'un appareil de notes.

Le premier titre de la collection, *White Cube – L'espace de la galerie et son idéologie* par Brian O'Doherty, a mis à la disposition du public, des artistes, critiques, curateur·rice·s, collectionneur·se·s et étudiant·e·s en histoire de l'art, un ouvrage de référence, « l'une des plus heureuses trouvailles de la littérature artistique, tous siècles confondus » (Patricia Falguières).

Le second ouvrage, *Le Grand Déchiffreur – Richard Hamilton sur Marcel Duchamp. Une sélection d'écrits, d'entretiens et de textes*, dirigé par Corinne Diserens et Gesine Tosin, a permis au public français de découvrir le dialogue intense et érudit unissant Marcel Duchamp à Richard Hamilton – offrant ainsi un corpus inédit pour comprendre l'œuvre de ces deux artistes ayant bouleversé les données de l'expérience esthétique au vingtième siècle.

Le troisième ouvrage, *Huit textes, vingt-trois entretiens (1965-2009)*, dirigé par Jean-Pierre Criqui, regroupe une sélection d'écrits et d'entretiens avec Ed Ruscha, laquelle offre un éclairage fascinant et détaillé sur un artiste, à la fois peintre, dessinateur, graveur, photographe, cinéaste et concepteur de publications qui transformèrent radicalement la notion de livre d'artiste, et dont l'œuvre compte parmi les plus importants du siècle dernier.

En 2012, la publication de l'ouvrage polyphonique *Autoportrait* de Carla Lonzi, préfacé et édité par Giovanna Zapperi, a permis aux amateurs français de découvrir cette figure indissociable de l'histoire culturelle, sociale et politique de l'Après-guerre ; et de plonger dans un montage textuel d'une nature inédite et indéniablement enrichissante pour tous ceux que la « fabrique de l'art » intéresse.

Intitulé *Carlo Scarpa – L'Art d'exposer*, le cinquième volume de la collection offre l'occasion unique, grâce à Philippe Duboÿ, l'un des meilleurs connaisseurs de son œuvre, de comprendre la pensée et les réalisations en matière d'expositions temporaires et de réaménagements muséaux de l'architecte italien, aujourd'hui au panthéon des muséographes.

En 2016, la publication de *Hubert Damisch & Jean Dubuffet – Entrée en matière*, dirigée par Sophie Berrebi, a montré la richesse d'un parcours intellectuel et artistique croisé, d'une relation érudite, faite de ruptures et d'un respect mutuel, entre une figure majeure de l'art du XXe siècle, Jean Dubuffet, et un historien de l'art philosophe, Hubert Damisch.

Publié en 2017, l'ouvrage *Ce que le sida m'a fait – Art et activisme à la fin du XXe siècle* de l'historienne de l'art Élisabeth Lebovici s'est rapidement imposé comme un livre incontournable des années 2010, lauréat du Prix Pierre-Daix en décembre 2017. Illustré par de nombreuses archives et *ephemera* qui soulignent l'importance du graphisme dans la lutte contre le sida, *Ce que le sida m'a fait* est un ouvrage nécessaire pour comprendre les « années sida », cette période d'une créativité artistique et activiste née de l'urgence de vivre et du combat pour la reconnaissance de tous·tes. Une nouvelle édition révisée, augmentée d'une postface inédite et d'une chronologie, a paru en 2021.

En 2021, *Art contemporain africain. Histoire(s) d'une notion par celles et ceux qui l'ont faite*, anthologie de 27 textes réunis, présentés et introduits par Cédric Vincent, propose une généalogie plurielle et polémique du concept d'art contemporain africain, des années 1920 à l'Âge des Indépendances, des débuts de la globalisation artistique au contexte mondialisé actuel, aussi bien au Nigéria, en Afrique du Sud, en Éthiopie et au Sénégal qu'en France, au Royaume-Uni et aux États-Unis.

Remerciements

À la mémoire de Gay Fischer et Kathleen Pollock.

Cet ouvrage est né au sein du Mouvement de libération des femmes et de nombreuses personnes y ont contribué de diverses manières. Nous tenons à remercier tout particulièrement le Women's Art History Collective, notamment Denise Cale, Pat Kahn, Tina Keane et Alene Straussberg ; le collectif du magazine *Spare Rib* : Adrian Forty, Susan Hiller, Kim Parker, Ruth Pavey, Ruthrie Petrie et Nanette Salomon ; ainsi qu'Ann Scott, qui nous a apporté une aide précieuse en commentant et corrigeant le manuscrit.

—Rozsika Parker & Griselda Pollock

L'association des Amis du National Museum of Women in the Arts (NMWA, Washington) est heureuse de contribuer à la traduction en français de l'ouvrage désormais classique *Old Mistresses. Women, Art and Ideology* de Rozsika Parker et Griselda Pollock.

En France, les Amis du NMWA, comme vingt-sept autres comités de soutien dans le monde, font rayonner l'engagement du National Museum of Women in the Arts et se mobilise pour une meilleure visibilité des femmes artistes vivant et travaillant en France. La devise du NMWA est « Champion Women through the Arts ».

Les actions des Amis du NMWA en France s'articulent autour de trois grands axes : des rencontres avec des artistes lors de dîners en leur présence ; l'organisation de visites privées d'ateliers et d'expositions en présence des artistes et des commissaires ; l'accompagnement d'artistes grâce au programme de mentorat « une artiste une entrepreneure ».

Pour plus d'informations et connaître l'ensemble de nos actions de soutien en faveur des femmes artistes, vous pouvez vous reporter au site Internet www.lesamis-dunmwa.fr et au compte Instagram attaché.

LES AMIS DU
NATIONAL MUSEUM
OF WOMEN IN THE ARTS

Directrice de collection
Patricia Falguières

Responsables éditoriaux
Clément Dirié, Pauline de Laboulaye

Traduction des textes depuis l'anglais
Christophe Degoutin

Édition
Clément Dirié

Conception graphique
no-do pour JRP|Editions

Caractère typographique
NuSwift

Intérieur de couverture
Anna Dorothea Therbusch, *Autoportrait*, c. 1782 ; Marie-Denise Villers, *Marie-Joséphine Charlotte du Val d'Ognes*, 1801

Fabrication
Standart Impressa, Vilnius

Fabriqué en Europe

Édité par

JRP|Editions
Rue des Bains, 39
CH – 1205 Genève
www.jrp-editions.com
info@jrp-editions.com

En coédition avec
Fondation Antoine de Galbert, Paris
52, rue de Charenton
F – 75012 Paris
fondationantoinedegalbert.org

ISBN 978-3-03764-578-9

Titres parus

Brian O'Doherty, *White Cube – L'espace de la galerie et son idéologie*, ouvrage dirigé par Patricia Falguières, 2008

Richard Hamilton, *Le Grand Déchiffreur – Richard Hamilton sur Marcel Duchamp. Une sélection d'écrits, d'entretiens et de textes*, ouvrage dirigé par Corinne Diserens et Gesine Tosin, 2009

Ed Ruscha, Huit textes, vingt-trois entretiens (1965-2009), ouvrage dirigé par Jean-Pierre Criqui, 2010

Carla Lonzi, *Autoportrait*, ouvrage dirigé par Giovanna Zapperi, 2012

Carlo Scarpa – L'Art d'exposer, ouvrage dirigé par Philippe Duboÿ, 2015

Hubert Damisch & Jean Dubuffet – Entrée en matière, ouvrage dirigé par Sophie Berrebi, 2016

Elisabeth Lebovici, *Ce que le sida m'a fait. Art et activisme à la fin du XXe siècle*, 2017 ; nouvelle édition augmentée en 2021

Art contemporain africain. Histoire(s) d'une notion par celles et ceux qui l'ont faite, ouvrage dirigé par Cédric Vincent, 2021

Les titres publiés par JRP|Editions sont disponibles dans le réseau international de librairies spécialisées et sont distribués par les partenaires suivants :

— Suisse
AVA Verlagsauslieferung AG
www.ava.ch

— Allemagne et Autriche
Gabriele Kern Publishers' Services
gabriele.kern@publishersservices.de

— France
Les presses du réel
www.lespressesdureel.com

— Royaume-Uni, autres pays européens, États-Unis, Canada, Asie et Australie
ARTBOOK|D.A.P.
www.artbook.com

Pour obtenir une liste de nos librairies partenaires dans le monde ou pour toute autre question, contactez JRP|Editions directement à info@jrp-editions.com, ou visitez notre site Internet www.jrp-editions.com pour plus d'informations sur la compagnie et le programme éditorial.